헌법과 운동화

강신업 정치 칼럼

강신업 저

이 시대의
공정과 상식에
대하여

헌법과 운동화

초판 1쇄 발행 2022년 5월 2일

지은이 강신업
발행인 이향준
발행처 (주)법률저널
등록일자 2008년 9월 26일
등록번호 제15-605호
주소 151-862 서울 관악구 복은4길 50 (서림동 120-32)
대표전화 02)874-1144
팩스 02)876-4312
홈페이지 www.lec.co.kr
ISBN 978-89-6336-697-5

정가 21,000원

헌법과 운동화

강신업 정치 칼럼

머리말

저자의 변(辯)

본서는 '정치'와 '정치인'에 대한 글입니다. '사실태(事實態)'로서의 정치와 정치인, '이상태(理想態)'로서의 정치와 정치인에 대한 사유이자 '정치적 존재'와 '정치적 당위'에 대한 논고입니다. 그리고 양자의 틈을 줄이기 위한 다소 거창한 기획입니다.

정치는 현실과 이상의 괴리를 좁히는 일이요, 현재와 미래를 연결 짓는 작업입니다. 사람과 사람을 잇는 일이요, 흩어진 의견을 하나로 모으는 작업입니다. 존재에서 당위를 끌어내는 일이요, 당위에 맞게 존재를 개조하는 작업입니다. 그리고 이 책은 바로 그 작업에 관한 것입니다.

인간 세상에서 현실과 이상 간의 불일치는 인간과 사회가 불완전한 데서 비롯됩니다. 사실 그러한 불일치는 인간과 사회의 자연적이고 내재적인 문제입니다. 문제는 양자 간 불일치가 크면 클수록 인간이 행복으로부터 멀어진다는 데에 있습니다.

정치란 바로 이런 불일치를 해결하기 위한 시도입니다. 부자유하되 자유를 지향하고 불평등하되 평등을 지향하는 인간과 사회를 구제하는 방법입니다. 그 방법은 대개 존재를 당위에, 현실을 이상에 맞추는 것이 됩니다. 물론 때로 당위를 존재에, 이상을 현실에 맞추는 것도 필요합니다. 본질은 양자의 중간 어느 지점을 택하거나 양자의 차원 자체를 바꾸는 것이 아니라 양자를 서로 가까이 위치시켜야 한다는 것입니다. 그런 까닭에 정치인은 석공이나 목수에 비견됩니다. 깎고 다듬고 맞추는 것이 그들의 일입니다.

문재인 정권 5년간 전례 없는 정치적 퇴행이 일어났고 필자는 이에 대한 많은 비판적 사유를 피할 수 없었습니다. 그리고 필자의 사유는 매주 한편의 칼럼이 되었습니다. 이 책에는 문재인 대통령 당선쯤부터 윤석열 대통령 당선 시까지 근 5년 동안 일어난 정치적 사건과 그에 대한 단상이 들어 있습니다. 지면 관계상 이 책에 모든 글을 다 담지는 못했지만, 이 책에서 독자 여러분들은 지난 5년간 있었던 대한민국 제19대 대통령 문재인 정치의 일단과 그에 대한 평가를 만날 수 있을 것입니다. 정권교체에 대한 필자의 열망과 윤석열 전 검찰총장의 대통령 당선의 당위성에 대한 필자의 논설도 만날 수 있을 것입니다.

물론 필자의 글은 대한민국 정치의 '사실태'에 대한 논설보다는 정치의 '이상태'를 찾아 이를 현실에 구현해야 한다는 '의무론'에 방점이 찍혀 있습니다. 이 때문에 필자의 글은 권력의 본질과 위험성, 그리고 정치인의 자질과 자세에 관해 많은 지면을 할애했습니다. 예나 지금이나 변하지 않는 위정자의 오판과 어리석음을 경계해야 한다는데 비교적 많은 시간을 쏟았습니다. 그런 이유로 필자의 글은 때로 계몽적이고 때론 현학적인 모습으로 비칠 수도 있을 것입니다.

그러나 사실 필자의 글의 처음과 끝을 관통하는 논지는 매우 간단합니다. 정치의 목적은 오로지 '생민(生民)'이고, 정치의 방법은 '소통(疏通)'이라는 것입니다. '모든' 정치인의 '모든' 정치행위는 '생민과 소통'으로 귀결되어야 한다는 것입니다. 어쩌면 필자는 이 간단한 말을 위해 공연히 여러 말을 늘어놓았는지도 모릅니다. 그러나 필자가 굳이 다설(多說)에 대해 변명을 한다면 '생민과 소통'이라는 간단한 정치 원리를 실행에 옮긴 정치인이 역사상 매우 드물다는 사실입니다. 멀리 갈 것 없이 대한민국 제19대 대통령 문재인에 대한 실망은 필설로 다 옮길 수 없습니다. 여기서 굳이 펜에 담아 잉크와 종이를 축내지는 않겠습니다.

본서에 담긴 필자의 글 편들은 그 자체로 대한민국 정치발전과 개혁을 위한 시도입니다. 그리고 정권교체를 위한 헌사입니다. 매주 칼럼을 쓰는 필자의 자세는 사실 구국운동에 가까운 것이었습니다. 자유민주주의와 시장경제, 민본주의와 공화주의에 대한 신념이 5년 동안 쉬지 않고 글을 쓰는 동력이었습니다. 필자의 정성이 헛되지 않아 다행히 정권교체가 이루어졌습니다. 그리고 대한민국 제20대 대통령 윤석열은 필자가 그토록 강조해 마지않았던 '생민'과 '소통'에 정치의 방점을 찍고 있습니다. 대통령과 참모 간, 대통령과 언론 간, 대통령과 국민 간 '칸막이 없는 소통'을 통해 '국민의 삶을 보살피는 정치'를 구현하겠다는 국정 목표를 명확히 제시했습니다. 청와대 해체와 새로운 형식의 대통령 집무실 마련은 그 구현의 방법입니다. 대통령과 참모가 같은 공간에서 막힘없이 소통하며 국정을 운영하고 대통령 집무실이 있는 같은 건물 1층에 프레스센터를 두어 언론과 막힘없이 소통하며 그 견제와 감시까지 받겠다는 것입니다.

이는 획기적인 발상입니다. 정치의 본령을 정확히 파악한 데서 나온 담대한 구상입니다. 윤석열 대통령의 성공을 기원합니다. 부디 윤석열 대통령 시대를 기점으로 후진적인 상태에 머물러 있던 대한민국 정치가 세계 일류로 도약하길 기원합니다. 그리하여 대한민국 정치가 대한민국의 비약적인 경제발전과 문화융성을 견인하길 기대합니다.

지난 2017년부터 법률저널에 매주 '강신업의 법과 정치' 칼럼을 게재해 왔습니다. 이들 칼럼을 엮어 이제 '헌법과 운동화'라는 칼럼집으로 탄생했습니다. 칼럼이 비록 시간 차이가 있음에도 불구하고 정치의 지향점은 불변한다는 의미에서 칼럼의 내용을 그대로 유지했습니다. 다만, 독자들 이해의 편의를 위해서 칼럼의 게재 일자를 명기했습니다.

끝으로 귀한 지면을 매주 할애해 주시고 칼럼을 기꺼이 책으로 엮어 주신 법률저널 이향준 발행인과 아주 오래전 늦깎이 고시생 때부터 필자에게 늘 심적 위안을 주시고 이 책에 실린 미력한 글들을 격려해 주신 데서 나아가 이 책의 기획과 교정까지 손수 도맡아 주신 법률저널 이상연 편집국장께 머리를 깊이 숙여 감사를 표합니다. 이 책이 대한민국 정치발전에 작은 물방울만 한 도움이라도 된다면 그것은 모두 제 글을 읽어주시고 제 글쓰기를 응원해주신 독자 제위 여러분과 법률저널사의 공임이 틀림없습니다. 감사합니다.

2022년 4월 어느 날 이른 아침

서초동 사무실에서, 강신업 쓰다

차례

1

정치진퇴시기론(政治進退時機論)

정치는 모름지기 진퇴의 시기를 알아야 한다. 그것은 과거 전제군주 시대나 오늘의 민주국가나 마찬가지다. 그렇다면 오늘날 정치인이 나아가야 할 때는 언제인가. 국민이 원할 때다. 물러나야 할 때는 언제인가. 국민의 신임이 떠났을 때다.

춘추시대 월(越)나라의 공신 범려(范□). 월왕 구천(勾踐)을 도와 오(吳)나라 부차(夫差)를 패망시킨 그는 떠날 결심을 했다. 위험과 손해는 나눌 수 있으나 권력과 이익은 나눌 수 없는 것임을 알았기 때문이다. 구천은 그런 범려에게 나라의 반을 떼어 주겠다며 떠나지 말 것을 부탁했다. 하지만 범려는 가벼운 짐만을 챙겨 식구들과 함께 배를 타고 제(齊)나라로 떠났다.

그 후 범려는 이름을 바꾸고 해변에 숨어 살며 농사를 지어 많은 재산을 모았다. 재산이 늘자 명성이 사방으로 퍼져나갔고 제나라에서 재상으로 모시려 했다. 하지만 범려는 그 유명한 구수존명불상(久受尊名不祥, 귀한 이름을 오래 갖고 있으면 상서롭지 못하다)이라는 말을 남기고 주위 사람들에게 재산을 나눠준 후 얼마간의 재화와 보물만을 챙겨 다시 오(陶)

나라로 떠났다.

유방(劉邦)을 도와 한나라를 건국한 장량(張良). 유방은 항우(項羽)를 무찌르는 데 세운 공을 높이 사 제나라 땅 중 3만호를 장량에게 봉읍으로 제공하려 했다. 하지만 장량은 이를 거절하고 유방과 처음 만난 유(留) 땅만을 봉지로 갖고 유후(留侯)에 머물렀다. 유방이 수도인 관중(關中)으로 들어간 후에는 병을 구실로 아예 조정에 나오지 않았다.

범려와 장량. 두 사람은 사기(史記)에서 사마천에게 높은 평가를 받고 있다. 물론 범려는 부차를 무찌르는데, 장량은 항우를 무찌르는 데 큰 공을 세웠다. 그러나 그 때문만은 아니다. 범려는 구천에게 토사구팽(兎死狗烹)당한 문종(文種)과 달리, 장량은 유방에게 토사구팽 당한 한신(韓信)과 달리 목숨과 명예를 온전히 지켰다. 사마천은 욕심과 미련을 버리고 제 때 물러난 그들의 현명함과 결단력을 매우 높이 평가했다. 지금도 장량의 사당 한쪽 바위에 새겨진 成功不居(성공불거, 성공한 자리에 오래 머물지 않는다)와 知止(지지, 자기 분에 지나치지 않도록 그칠 줄을 안다)는 후세인들에게 물러남과 멈춤의 지혜를 전해주고 있다.

이순신(李舜臣) 장군 역시 비단 전쟁에서 승리했기 때문에 한국 역사에 영웅이 된 것이 아니다. 장군은 준비를 철저히 한 후에야 전쟁에 나아갔다. 그는 출전하라는 왕명을 어겼다는 이유로 조정으로 압송돼 모진 고문을 당하면서도 무모한 출전을 하지 않았다. 그의 판단이 얼마나 올바른 것이었는가는 그 후 원균(元均)이 칠천량 전투에서 대패하고 목숨까지 잃은 것에서 여실히 드러난다.

이순신 장군이 23전 전승을 거두며 임진왜란에서 나라를 위기에서 구한 것은 나아가야 할 때와 물러서야 할 때를 정확히 알고 행동했기 때문이다. 장군은 작은 공명심으로 일을 그르치지 않았고 진정 나아가야 할 때는 조정과 명나라의 반대를 무릅쓰고 당당히 나아가 노량해전을 승리로 이끌고 영웅다운 최후를 맞이했다.

정치는 모름지기 진퇴의 시기를 알아야 한다. 그것은 과거 전제군주시대나 오늘의 민주국가에서나 마찬가지다. 그렇다면 오늘날 정치인이 나아가야 할 때는 언제인가. 국민이 원할 때다. 물러나야 할 때는 언제인가. 국민의 신임이 떠났을 때다. 국민이 원하지 않는데도 나서거나 국민이 원하는데도 물러서지 않는다면 반드시 불행으로 이어진다.

우리 역사에서 나서지 말아야 할 때 나선 대표적인 사람이 전두환 전 대통령이다. 그는 바로 그 때문에 수감생활을 해야 했고 역사에 이름을 더럽혔다. 물러날 때 물러나지 않았던 가장 대표적인 사람은 박정희 전 대통령이다. 그는 많은 업적을 이뤘으나 국민의 신임이 떠났는데도 비정상적인 방법으로 권력을 유지하다가 목숨을 잃었다. 역사는 어김없이 되풀이된다. 정치지도자는 모름지기 지금이 내가 나서야 할 때인지, 물러서야 할 때인지를 잘 알고 처신해야 한다.

2017.04.07.

2

필승의 선거전략 – 합종연횡(合縱連橫)

혹자는 이념이나 성향이 다르면 후보들 간 합종연횡이 불가능하다고 할지 모른다. 그러나 과거 김대중과 김종필이 성향이 같아서 연대한 것은 아니다. 합종연횡은 사실 승리를 위한 세력 간 결합이지 이념이나 성향 간 결합은 아니다.

합종연횡(合從連橫)은 전국시대 최강국인 진(秦)과 연(燕), 제(齊), 초(楚), 한(韓), 위(魏), 조(曺) 6국 사이의 외교 전술이다. 그중에서도 합종(合從)은 소진(蘇秦)이 진에 대응하기 위해 남북으로 6국이 연합할 것을 주창한 것이고, 연횡(連橫)은 동서 간의 연합으로 장의(張儀)가 소진의 연합책을 깨뜨리기 위해 6국을 찾아다니며 진나라와 연합하는 것만이 안전하다고 설득한 것이다. 이후 합종연횡은 세를 불리기 위해 이합하고 집산하는 의미로 사용되게 되었다.

역사적으로 전쟁에서는 합종연횡이 승패를 가른 경우가 많았다. 적벽대전(赤壁大戰)도 그 중 하나라고 할 수 있다. 서기 208년 북방을 통일한 조조가 30만 대군을 이끌고 형주(荊州, 湖南省)를 치기 위해 남하하자 당시 형주를 지키던 유포의 아들 유종은 싸워보지도 않고 항복하고 말았다. 이때 손권과 유비는 서로 손을 잡고 적벽(赤壁)에서 조조를 크게 물리쳤는데, 그 결과 손권의 강남 지배가 확정되고 유비도 형주 서부에 세력을 얻어 천하 3분의 형세가 확정되었다.

합종연횡이 승패를 가르기는 선거에서도 마찬가지다. 제15대 대통령 선거를 앞두고 있던 1997년 9월 당시 유력 주자는 김대중, 이회창, 김종필, 이인제, 조순이었다. 그리고 약 3개월 후인 1997년 12월 18일 치러진 제15대 대통령 선거에서는 새정치국민회의 김대중 후보가 40.3%, 한나라당 이회창 후보가 38.7%, 국민신당의 이인제 후보가 19.2%를 얻어 새정치국민회의 김대중 후보가 대통령으로 당선되었다.

김대중 후보가 대통령으로 당선될 수 있었던 가장 큰 이유는 소위 DJP연합 때문이었다. 김대중을 제외한 이회창, 김종필, 이인제는 모두 보수 후보였기 때문에 이들 3인, 또는 조순까지 4인이 모두 출마하는 경우는 유일한 진보 후보인 김대중의 당선 가능성이 높았다. 그러나 만약 보수 후보인 이회창, 김종필, 조순이 보수연합 구도를 형성하거나 이회창, 김종필, 이인제가 합종하는 경우 김대중은 승리할 가능성이 거의 없었다. 이런 상황에서 김대중은 내각제라고 하는 권력분점을 매개로 김종필과의 연횡에 성공했고, 결국 개인적 지지율에서 1위를 다투던 후보가 지지율 3~4위에 머물고 있던 후보와 연합함으로써 대세가 굳어지게 되었다. 이에 대해 이회창이나 이인제는 끝까지 연합하지 못해 패배를 자초하고 말았다.

제16대 대통령 선거에서 노무현이 이회창을 이길 수 있었던 것도 그 원동력은 노무현과 정몽준의 연대에 있었다. 당시 가장 강한 후보는 이회창이었고 노무현과 정몽준은 2약을 형성하고 있었다. 이때 노무현과 정몽준은 여론조사를 통한 단일화에 전격 합의했고, 결국 노무현으로 단일화가 이루어진 이후 이회창에게로 기울었던 선거 흐름이 팽팽한 접전 양상으로 바뀌게 되었다. 노무현은 이후 단일화를 통해 얻은 동력을 배가시켜 선거 직전 나온 정몽준의 연대 파기에도 불구하고 48.9%의 지지를 얻어 46.6%에 그친 이회창을 제치고 제16대 대통령으로 당선되었다.

제19대 대선에서도 합종연횡은 여전히 유효한 승리 공식이다. 2017. 4. 21. 현재 여론조사에서 가장 앞서가는 후보는 문재인이다. 따라서 현 시점에서 다른 후보가 문재인을 이기기 위해서는 합종책이 필요하다. 가령 현재 2위를 달리는 안철수 후보가 승리를 보장받는 방법은 유승민이나 홍준표 후보와 연대하는 것이다. 안철수가 유승민과의 연대에 성공하면 안철수와 문재인은 박빙의 승부를 펼치게 될 것이고, 홍준표와의 연대에 성공할 때는 안철수가 승리할 가능성이 매우 크다. 가능성은 크지 않지만, 문재인이 심상정과의 연대에 성공하면 문재인의 승리는 가능성이 한층 커진다.

혹자는 이념이나 성향이 다르면 후보들 간 합종연횡이 불가능하다고 할지 모른다. 그러나 과거 김대중과 김종필이 성향이 같아서 연대한 것은 아니다. 합종연횡은 사실 승리를 위한 세력 간 결합이지 이념이나 성향 간 결합은 아니다. 대통령 선거가 20여 일 남았다. 합종연횡은 선거 하루 이틀을 앞두고도 일어날 수 있는 만큼 최종 승자가 누가 될지 지금으로선 예측불허다.

2017.04.21.

3

대통령성공방정식(大統領成功方程式)

대통령은 오히려 자신을 반대했던 쪽에 먼저 손을 내밀고, 능력 있는 인사라면 선거에서의 행보와 관계없이 과감히 발탁해서 쓰는 등 당파를 초월한 정책을 펴야 한다. 인재를 두루 구해 적재적소에 배치하고 국정을 투명하게 운영하면서 좋은 정책이라면 다른 후보가 냈던 것도 과감히 채택해야 한다.

선거는 국민을 대표해서 나라를 운영할 자, 국민이 낸 세금을 운용할 자를 정하는 일종의 경기다. 선거는 폭력에 의한 권력의 쟁취라는 전 근대적 방법의 평화적 대체물이라는 속성을 아울러 갖는다. 선거는 또한 승자가 모든 것을 갖는 승자 독식의 서바이벌 게임(Survival Game)이기도 하다.

선거에서 승리한 자들은 사실 아주 많은 것을 얻는다. 대선 승리는 두말할 필요가 없다. 승리해서 대통령이 된 사람은 승리를 만끽하며 논공행상(論功行賞)을 하고 승리에 조력한 자들 역시 적지 않은 전리품을 챙긴다. 선거의 승리자들은 심지어 승리에 도취한 나머지 자신들의 주인인 국민을 까맣게 잊어버리고 모든 것을 자기들 맘대로 해도 되는 것처럼 착각한다. 그러는 사이 국민은 승자와 패자로 편이 갈린다. 대통령이나 여당은 지지자들에게 자리나 이권, 또는 적어도 승리감을 나눠주는 방법으로 자기편을 철저히 챙긴다. 반면 자신들을 지지하지 않았거나 반대했던 세력을 철저히 무시하거나 소외시키고 심지어 개혁에 반대하는 반동 세력으로 내몰아 불이익을 주는 것을 주저하지 않는다. 이때 블랙리스트나 화이트리스트가 만들어지고 최악의 경우 소위 반대편 부역자들에 대한 보복도 시작된다.

사실상 오늘날 대한민국에서 대선이 끝나면 국민은 더는 평등한 국민이 아니다. 국민은 정권의 전리품을 실제로 나누어 갖는 중심세력, 선거에서 이긴 후보를 계속해서 지지하면서 정신적 친위대가 되는 주변 세력, 자신이 선택한 후보가 낙선한 후 원통한 패배자가 되어 5년간 불평불만을 쏟아내는 반대 세력으로 분화된다. 그리고 이들 세력 간에는 5년 내내 갈등과 반목이 계속된다. 승리한 쪽은 승리의 대가로 얻은 권력으로 소위 자신의 입맛에 맞는 정치를 하려 들고 패배한 쪽은 절치부심(切齒腐心)하며 복수를 엿본다. 이때 대통령이 '내가 선거에 이겨서 그 전리품을 나를 도와준 사람에게 나누어 주는데 그것이 무엇이 문제냐?'는 식의 사고를 갖게 되면, 야당이나 야당을 지지하는 국민의 반발은 물론이고 여당이나 여당을 지지하는 국민까지 등을 돌리게 된다.

따라서 새 대통령은 국민 모두를 포용하는 정치를 해야 한다. 반대 세력까지도 끌어안는 관용의 정치, 반대편 인사라도 능력이 있으면 과감하게 기용하는 대탕평책(大蕩平策)을 펴야 한다. 새 대통령은 "태산은 한 줌의 흙도 마다하지 않았기에 큰 산을 이뤘고, 강과 바다는 작은 개울물도 가리지 않았기에 깊어졌다(泰山不讓土壤 故能成其大 河海不擇細流 故能就其深, 태산불양토양 고능성기대 하해불택세류 고능취기심)"는 옛말을 명심해야 한다.

다시 한 번 강조하거니와 국민이 대통령에게 위임한 권한은 대통령 맘대로 하라는 것이 아니다. 국민의 명령은 국민 모두를 위해 일하라는 것이다. 그 때문에 대통령은 자신을 지지해준 국민만의 대통령이 아닌 국민 모두의 대통령이 되어야 한다. 특히 국정을 쉽게 운용하기 위해, 또는 자신을 지지해준 일파에 빚을 갚기 위해 편을 가르는 식의 국정운영을 해서는 안 된다. 대통령은 오히려 자신을 반대했던 쪽에 먼저 손을 내밀고, 능력 있는 인사라면 선거에서의 행보와 관계없이 과감히 발탁해서 쓰는 등 당파를 초월한 정책을 펴야 한다. 인재를 두루 구해 적재적소에 배치하고 국정을 투명하게 운영하면서 좋은 정책이라면 다른 후보가 냈던 것도 과감히 채택해야 한다. 반면 오늘 대중의 인기에 영합하기 위해 미래를 저당 잡히는 정책을 펴서는 안 된다. 취지가 아무리 좋다 하더라도 지속가능성이 없는 정책은 과감히 버려야 한다. 표를 얻을 목적으로 내 건 대중영합주의(Populism) 공약도 폐기해야 한다.

대통령은 국민에 의해 일시적으로 채용된 '국민의 제일가는 머슴(First Civil Servant)'일 뿐이다. 대한민국의 주인은 바로 국민이다. 대통령은 이 사실을 한 시도 망각해선 안 된다. 대통령은 국민이 자신에게 맡겨준 권한을 적법하게, 그리고 적정하게 행사하기 위해 온갖 노력을 다해야 한다. 이것이 대통령이 성공하는 방법이다.

2017.04.28.

4

보수와 진보, 그 허구와 진실

진보와 보수는 옳고 그름의 문제가 아니다. 보수와 진보는 그 자체가 목표가 될 수도 없다. 보수와 진보는 서로 양극단에서 마주 보는 관계가 아니라 서로 같은 방향을 향해 나아가지만, 그 방법과 속도를 달리하는 것일 뿐이다.

보수주의(保守主義)는 급격한 변화를 피하고 현재의 제도나 체제를 유지하려는 사상이나 태도를 말한다. 몇 마디 말로 정의할 수는 없지만, 보수주의는 일반적으로 현재에 대한 변화를 부정하는 '보존(保存)의 원리'와 과거의 것을 현대에 이용하려는 '역행(逆行)의 원리'를 그 주요 내용으로 한다. 반면 진보주의(進步主義)는 보수주의에 대립하는 개념으로 현재의 정치경제나 사회문화 또는 체제나 제도의 모순을 급진적이고 혁신적인 개혁을 통해 새롭게 바꾸려는 성향이나 태도를 일컫는다.

다만 여기서 우리는 보수주의와 진보주의가 절대적 개념이 아니라 시대적·역사적 상황에 따른 상대적 개념이라는 점을 유의해야 한다. 가령 18세기 J. J. 루소 등의 자유주의와 민주주의는 유럽의 절대왕정에 반발하여 개인의 자유와 평등을 주장했다는 점에서 당시로서는 진보적 개념이었지만 산업혁명 이후 자본주의의 모순에 반발한 사회주의가 생겨나면서 상대적으로 보수적 개념이 되었다.

한편 보수주의와 진보주의가 상대적이라는 말은 그것 자체가 어떤 방향성이나 특정성을 갖는 것은 아니라는 뜻이다. 보수주의나 진보주의는 원칙적으로 가치중립적 개념이기 때문에 시대 상황과 연결될 때야 비로소 특정한 의미가 있다. 따라서 우리가 정치이념으로서의 보수와 진보를 상호 비교하여 논할 때, 우리는 이 시대 보수주의가 지키고자 하는 내용이 무엇인지, 진보주의가 추구하는 개혁의 내용이 무엇인지를 먼저 살펴야 한다. 가령 오늘날 보수주의자들은 시장에 의한 소득의 분배라는 자유주의 개념을 고수하려 드는 데 비해 진보주의자들은 소득의 정치적 재분배라는 쪽에 초점을 맞춘다. 또 오늘날 보수주의인 자유주의적 입장은 국가와 기업, 노동조합 등 커다란 조직에 맞서 다양성에 기초한 개인의 자유와 권익을 지키려 하는 데 반해 진보주의인 사회주의적 입장은 더 많은 사회구성원의 삶을 공평하게 개선하기 위해 정부가 나서 각종 복지정책을 시행하고 가능한 이를 확대할 것을 요구한다.

19대 대선에서도 보수주의를 표방하는 후보는 경제성장을 통한 재원 마련 없이 복지 확대를 주장하는 것은 포퓰리즘에 지나지 않는다는 태도를 견지하는 반면 진보주의를 표방하는 후보는 복지 그 자체가 경제성장을 가져오는 투자라는 개념을 주창하고 있다. 그런데 위 두 주장은 어느 것이 맞고 어느 것이 틀렸다고 할 수 없는 것이다. 성장을 하면 그 혜택이 결국은 국민에게 돌아간다는 점에 이의를 달 진보주의자는 없을 것이고, 성장도 결국은 국민 모두의 복지증진을 목표로 해야 한다는 데 이의를 달 보수주의자도 없을 것이기 때문이다.

보수냐 진보냐는 사실 방향이 아닌 속도의 문제라고 할 수 있다. 가령 최저임금을 10,000원으로 올리는 것만 하더라도 진보주의자들은 그 시기를 전격적으로 앞당겨야 한다고 주장하는 데 반해 보수주의자들은 우리 경제성장에 맞춰 점차 올려야 한다는 태도다. 또 진보주의자들은 노동자들의 생존권이나 삶의 질이라는 측면에 중점을 두지만, 보수주의자들은 자칫 최저임금의 급속한 인상이 경제에 충격을 줘 성장 동력을 약화할 것을 우려한다. 그리고 이러한 견해 차이는 복지와 성장 중 어느 것을 우선할 것인지, 그리고 복지의 사회적 확대를 어느 속도로 추진해 갈 것인지를 결정하는 요소가 된다.

두말할 것도 없이 사회가 안정을 유지하는 가운데 발전을 계속하기 위해서는 진보와 보수, 좌와 우가 때로 경쟁하고 때로 협력하는 건강한 긴장 관계를 유지하지 않으면 안 된다. 진보와 보수는 옳고 그름의 문제가 아니다. 보수와 진보는 그 자체가 목표가 될 수도 없다. 보수와 진보는 서로 양극단에서 마주 보는 관계가 아니라 서로 같은 방향을 향해 나아가지만, 그 방법과 속도를 달리하는 것일 뿐이다. 그런데도 보수와 진보의 이념과는 하등 관계없는 국가안보와 국민생명의 보장이라는 문제까지 보수와 진보라는 이념의 틀로 끌어들여 논쟁을 벌이는 대한민국 정치는 그야말로 후진적이라 하지 않을 수 없다. 사실 현재의 대한민국 정치는 진보와 보수가 무엇인지도 모르고 이념 논쟁의 늪에 빠져 허우적대고 있는 꼴이다. 하루빨리 늪에서 벗어나는 것이 대한민국 정치 발전의 지름길이다.

2017.05.04.

5

신군주론(新君主論)

권력자가 호연지기(浩然之氣)를 보일 때는 성공했을 때가 아니라 실패했을 때다. 권력자는 실패를 과감히 인정하고 책임지는 모습을 보여야 한다. 관건은 어떻게 실패를 성공으로, 재난을 성취로 전환할 것인가 하는 점이다.

동서고금을 통해 권력을 손에 넣는 것은 위험한 일이다. 권력의 향기는 너무도 강렬해서 권력자는 수중에 넣은 권력에 취하지 않도록 특히 조심해야 한다. 공자(孔子)는 주역에 나오는 항룡에 대해 "너무 높이 올라갔기 때문에 존귀하나 지위가 없고, 너무 높아 교만하므로 자칫 민심을 잃을 수도 있으며, 남을 무시하므로 보필을 받을 수도 없다"라고 했다. 너무 높이 오른 용은 반드시 후회가 있다는 항룡유회(亢龍有悔)의 고사다. 그렇다면 권력자가 위태로움을 피하는 방법은 무엇인가?

먼저 원칙과 절도를 지켜야 한다. 권력자 스스로 무사무욕(無私無慾)의 경지에 이르러야 하고, 작은 이익을 두고 다른 정파나 다른 이와 다투지 않아야 한다. 국민의 소리를 듣는 일에 게을러서는 안 되며 민생을 살피는 일에 전념해야 한다. 다산 정약용은 목민심서(牧民心書)에서 백성을 보살피는 것이 정치의 목적이고, 이것은 백성과의 소통을 통해서 이루어질 수 있다고 했다. 권력자가 국민에게 자신의 주장이나 의견을 받아들이게 하는 것은 실로 높은 수준의 치술(治術)이다.

용인(用人)에 뛰어나야 한다. 사람을 알아보고, 인재를 선택하고, 재능을 가늠하여 기용하는 것이야말로 권력자의 요건이다. 세종(世宗)은 나라를 다스리는 데 가장 중요한 것은 인재의 등용이라 여겼다. 세종이 인재를 등용하는 기준은 무엇보다 능력이었다. 세종은 천인 출신이나 기생의 아들이라 해서 물리치지 않았고, 능력이 있는 인물로 평가되면 작은 허물은 묻어주었다. 젊은 시절 잠시 뇌물 사건에 연루된 황희 정승과 천인 출신 장영실을 중용한 것이 그 예다.

호가호위(狐假虎威)하는 자들과 곡학아세(曲學阿世)하는 자들을 경계할 줄 알아야 한다. 자기가 하면 로맨스고 남이 하면 불륜이라고 하는 식의 자기편의주의적 사고방식을 가진 자들, 얼굴이 두꺼워서 눈 하나 깜빡하지 않고 거짓말을 일삼는 자들, 그리고 마음이 시커멓게 검어서 자기 이익 챙기는 데 일말의 주저함도 없는 자들, 이런 자들이 소위 공직이라고 하는 자리를 거머쥐고 사익을 챙기는 일이 없도록 유의해야 한다.

자기 잘못이나 실패를 겸허하게 인정할 줄 알아야 한다. 권력자가 호연지기(浩然之氣)를 보일 때는 성공했을 때가 아니라 실패했을 때다. 권력자는 실패를 과감히 인정하고 책임지는 모습을 보여야 한다. 관건은 어떻게 실패를 성공으로, 재난을 성취로 전환할 것인가 하는 것이다. 이를 위해 권력자는 변화하는 세상에 대처할 힘과 임기응변의 능력을 길러야 한다.

모름지기 청렴해야 한다. 다산은 목민심서에서 청렴은 수령의 본 업무이며 모든 선(善)의 원천이며 덕의 근본이니, 청렴하지 않고 능히 수령 노릇 할 수 있는 자는 없을 것이라고 말하였다. 다산이 목민심서에서 아전의 폐해와 아전을 다스리는 법에 대해 많은 지면을 할애한 것도 탐관오리의 부패가 백성을 고달프게 하는 가장 큰 문제라는 것을 알고 있었기 때문이다.

권력자는 국민의 생활을 나아지게 하는 것, 즉 '유항산유항심(有恒産有恒心, 먹고 살만한 일정한 재산이 있어야 변하지 않는 마음을 유지할 수 있다)'이라는 말을 명심하여 국민의 삶을 윤택하게 하는 일에 최선을 다해야 한다. 청나라의 강희제(康熙帝)는 백성들의 농사를 돕기 위해 정확한 달력을 만들고자 서양 역법과 수학 공부를 시작했고, 이를 더 철저히 하기 위해 서구인들도 배우기 힘들다는 라틴어까지 익혔다.

무엇보다 권력의 본질과 한계를 알아야 한다. 퇴계 이황 선생은 "한 나라 임금이라면 가슴에 깊이 새겨야 할 말"이라며 주역의 구절을 임금에게 강의하는 경연 자리에서 "임금 된 자가 지금 내 권세가 영원할 것으로 생각해서는 안 됩니다. 한 발 나아가면 한발 물러서고, 나라를 소유하고 난 뒤 결국 시간이 지나면 나라를 놓치게 되는 것이 세상의 이치입니다. 이치를 모르고 교만과 독단으로 국정을 처리하신다면 결국 후회의 끝을 맺을 수밖에 없을 것입니다."라며 항룡유회(亢龍有悔)를 거듭 강조했다.

대한민국의 대통령은 국정을 책임진 최고 권력자다. 새 대통령은 부디 권력의 본질과 위험을 간파하고 슬기로운 정치를 하길 바란다. 권력자의 자세와 본분을 잊지 말아야 함은 물론이다.

2017.05.12.

6

정치적 다수결과 개인의 자유

정치적 권위와 개인의 자유를 어떻게 균형 지울 것인지는 우리 시대의 중요 과제가 되었다. 사실 다수결주의는 형식적 평등을 달성하는 데는 유용한 도구일지 모르나 실질적 평등을 구현하는 데는 부족한 제도이기 때문이다.

우리 사회에서 개인은 과연 다수로부터의 자유를 누리고 있는가. 자유가 적어도 자신의 의지대로 행동할 권리를 의미한다고 할 때, 현대사회에서 개인이 정부, 여론 그리고 대중으로부터 벗어날 수 있는가. 민주주의의 토대인 다수결주의(多數決主義)는 소수의견에 대한 존중을 전제로 한다. 만약 민주주의가 다수의 뜻에만 따르는 것이라면 다수가 소수를 억압하는 다수의 독재일 뿐 민주주의라 부를 수도 없다.

우리 사회에는 이주민, 장애인, 성 소수자, 극빈자, 소수 종교의 신도 등 수많은 소수자가 존재하고 있고, 지금, 이 순간도 정치, 경제, 외교, 문화 각 분야에서 많은 소수자가 생겨나고 있다. 또한 현대사회는 극도로 분화되어 있어 어떤 영역에서는 다수에 속하는 사람이라도 다른 분야에선 소수자일 수밖에 없다.

그런데도 우리 사회는 여전히 소수에 대한 다수의 배려가 부족하다. 다수결주의는 다수가 소수를 억압하는 수단이 된 지 오래고, 이에 지친 현대인들은 대중과 여론으로부터 개인의 자유와 개성, 정체성을 지키기 위해 사회공동체로부터의 자발적 이탈을 시도하고 있다. 가령 혼밥족, 혼술족 등 소위 '나홀로족'이 늘고 있는 것은 어쩌면 여론과 대중이라는 다수로부터 자신의 자아를 지키려는 조용한 저항이다. OECD 회원국 중에서도 한국의 자살률이 1위를 달리는 것 역시 대한민국 사회가 소외되고 고통 받는 소수에 대한 배려와 관용의 정신이 부족하다는 것을 단적으로 보여주는 예다.

우리가 다수결을 민주주의의 금과옥조(金科玉條)처럼 받아들여선 안 되는 이유는 다수결에 따른 선거 결과와 국민의 의사가 같은 것이라고 볼 수는 없기 때문이다. 사실 다수결은 64%를 넘지 않으면 제3의 안이 나왔을 때 뒤집힐 가능성이 있다고 한다. 이 "64% 다수결 원칙"에 따르면 그 이하의 다수결 결과는 진정한 다수의 의견이 아닌 셈이기 때문에 반수(半數)를 넘었다고 해서 그것이 곧 국민의 뜻이라고 할 수도 없다. 특히 국가의 과제를 두고 다수와 소수가 근소하게 갈릴 때 다수결에 의한 결정은 자칫 사회적 불평등을 심화시키는 합법적 수단이 될 수 있다. 그 때문에 특히 다자간 대결에서 다수결로 합법성과 정당성까지 확보했다는 생각에 사로잡혀 국가가 정책을 무리하게 추구하면 실질적 정의와 평등을 해칠 수도 있다.

국가의 가치가 궁극적으로 국가를 구성하는 개인의 가치라고 할 때 국가가 개인의 가치를 훼손한다면, 이는 국가의 자기부정(自己否定)이 된다. 따라서 국가의 큰 방향이 다수결에 의해 정해질 때조차도 국가는 이를 구성하는 개인들의 가치를 골고루 담으려 노력해야 한다. 존 스튜어트 밀(John Stuart Mill)이 자유론에서 말한 것처럼 "단 한 사람을 제외한 모든 인류가 같은 의견이고, 그 한 사람만이 반대 의견을 갖는다고 해도, 인류에게는 그 한 사람에게 침묵을 강요할 권리가 없다. 이는 그 한 사람이 권력을 장악했을 때, 전 인류를 침묵하게 할 권리가 없는 것과 마찬가지다."

정치적 권위와 개인의 자유를 어떻게 균형 지울 것인지는 우리 시대의 중요 과제가 되었다. 어쩌면 오늘날처럼 다기화(多岐化)되고 다분화(多分化)된 사회에서 다수결주의를 일률적으로 적용하는 것이야말로 시대에 뒤떨어진 사고방식일 수도 있다. 사실 다수결주의는 형식적 평등을 달성하는 데는 유용한 도구일지 모르나 실질적 평등을 구현하기에는 부족한 제도이기 때문이다.

민주주의와 자유주의의 성숙도는 그 사회의 일원인 개인이 정부와 대중으로부터 얼마나 자유로운가에 달려 있다. 원칙적으로 모든 개인은 타인에게 피해를 주지 않는 한 여론과 대중으로부터 독립적으로 사고하고 행동할 자유가 있다. 만약 정부가 정권의 이념과 맞지 않는다거나 여론의 지지를 받지 못한다는 이유로 개인의 자유 확대를 위해 필요한 정책의 도입을 소홀히 한다면, 이는 개인의 자유가 억압되고 개성이 파멸되는 결과로 이어지게 된다. 대한민국 사회가 나가야 할 방향은 다양성의 대폭적 확대다. 정치적 다양성은 물론이고 개인의 삶 자체가 개성을 마음껏 발휘할 수 있는 방향으로 사회적 논의가 전개돼야 함은 물론이다.

2017.05.19.

7

출사(出師)의 조건

공직 후보자에 대한 검증은 철저히 하되 공직 수행에 지장이 없는 수용 한도 내의 것이라면 과거 있었던 작은 과실까지 공직의 결격 사유로 삼을 필요가 없을 것이다. 황희(黃喜)는 젊었을 때 실수로 매관매직에 연루된 적이 있었지만, 세종은 그의 인품과 능력을 높이 사 그를 중용하였다.

공직은 단순히 호구지책을 위한 생계 수단이 아니다. 공직은 다른 사람에게 자신을 자랑하기 위해 맡을 수 있는 자리도 아니다. 누군가 자기 능력에 맞지 않는 공직을 탐낸다면 자신을 속이는 것이고 국민에게 죄를 짓는 것이다. 율곡은 치국평천하(治國平天下)는 수기치인(修己治人)을 했을 때만 가능한 것인데 단순히 녹봉을 타려고 벼슬을 하는 것은 죄악이라고 말했다. 퇴계 역시 지행병진설(知行竝進說)을 주창하며 일생 의로운 벼슬이 아니면 맡지 않으려는 고민을 수없이 거듭했다.

현대사회에서 공직 역시 생계유지를 위한 수단이라는 점을 부인하긴 어렵다. 그러나 공직은 생계 수단으로서의 직업 그 이상의 의미가 있다. 헌법 제7조에서 천명하고 있는 것처럼 공무원은 "국민 전체에 대한 봉사자이며, 국민에 대하여 책임을 진다." 이 때문에 공직자는 국민의 일부나 특정한 개인이 아닌 국민 전체를 위해 일해야 한다. 공직의 불가매수성(不可買收性)이란 바로 공직을 담당한 사람은 업무를 처리하는 데 정의롭고 청렴해야 한다는 의미다. 공직이 민간의 여타 직업과 다른 점은 바로 직무수행의 책임감과 엄정함에 대한 요구다. 공직은 어떤 형태로든 공권력을 사용하는 것이기 때문에 대등한 사인 간 계약관계를 그 기본으로 하는 민간의 여타 직업과 같을 수가 없는 것이다. 그 때문에 다산 정약용의 목민심서 전편에 흐르는 중심사상도 수령의 정기(正己, 자의 몸을 바르게 함)와 청백(淸白, 재물에 대한 욕심이 없고 곧고 깨끗함)에 관한 것이다.

요즘 문재인 정부에서 일할 공직자들에 대한 인사청문회가 한창이다. 청문회 과정 중에 크고 작은 비리들이 문제로 대두되고 이를 두고 논란이 가열되기도 한다. 인사청문회는 검증을 당하는 공직 후보자에게는 아주 고통스러운 과정일 수도 있다. 국민 앞에 자신과 가족들의 과거 사생활이 고스란히 노출된다는 것은 여간 감내하기 어려운 일이 아닐 것이다. 이 때문에 미국에서는 도덕성 등 사생활에 관한 청문은 비공개로 하고 정책검증만을 공개로 하는 방법을 택하고 있다. 우리도 도덕성 검증과 정책검증을 분리해서 도덕성 검증은 비공개로 하는 것을 생각해 봤으면 한다.

어쨌든 '대한민국의 주권은 국민에게 있다'라는 우리 헌법의 문구를 굳이 거론하지 않더라도 대통령의 인사권 역시 국민으로부터 위임받은 권력인 이상 국민이 용납하지 못하는 인사는 정당성을 부여받을 수 없다. 그러나 다른 한편으로 인사청문회가 이미 선거에 의해 민주적 정당성을 부여받은 대통령의 인사권을 지나치게 제약한다면 이것 또한 대의민주제의 정신에 어긋나는 것이다. 그 때문에 대통령이 그 책임 하에 선택한 공직 후보자에 내해 수용 가능한 작은 과실까지 공직의 결격 사유로 삼아 대통령의 인사권에 제동을 하는 것은 바람직하지 않다.

P.F. 드러커는 그의 저서 '현대의 경영'에서 이렇게 썼다. "누구나 과실을 저지르면서 여러 가지 일을 터득해 나가는 법이다. 과실이 많으면 많을수록 그 사람은 이전보다 나아진다. 그만큼 새로운 일을 많이 해보았기 때문이다. 나 같으면 한 번도 실책을 저질러 보지 못한 사람을 최상급의 직책으로 승진시키는 일 따위는 하지 않겠다. 실책이 없는 사람은 무사안일주의로 지낸 사람이기 때문이다."

공직 후보자에 대한 검증은 철저히 하되 공직 수행에 지장이 없는 수용 한도 내의 것이라면 과거 있었던 작은 과실까지 공직의 결격 사유로 삼을 필요는 없을 것이다. 황희(黃喜)는 젊었을 때 실수로 매관매직에 연루된 적이 있었지만, 세종은 그의 인품과 능력을 높이 사 그를 중용하였다.

공직을 맡을 사람이 따로 정해져 있는 것은 아니다. 그러나 적어도 국가의 큰 직을 맡아 일하겠다는 사람이라면 공직에 대한 이해, 공직에 대한 사명감 그리고 공직을 맡을 능력과 경험을 갖추고 있어야 한다. 공직이 요구하는 도덕성을 갖추어야 함은 물론이다. 이런 기준에 아주 부족한 사람은 혹 제의가 오더라도 스스로 사양하는 것이 옳다. 준비 안 된 상태에서 고위직을 맡겠다고 나서는 것은 대통령을 속이는 것이고 나아가 국민을 우롱하는 것이기 때문이다. 바야흐로 공직 인사의 계절이다. 모쪼록 훌륭한 인재가 적소에 나아가 국가발전과 국민 행복의 선봉장 역할을 했으면 하는 마음이다.

2017.06.02.

8

권력 생존의 비밀(權力生存의 祕密)

좋은 정치를 위해 꼭 필요한 것 중 하나가 대통령에게 가차 없이 쓴 소리하는 사람의 존재다. 위징(魏徵)은 당 태종에게 가장 신랄하고 적절한 간언을 하여 소위 '쓴소리의 황제'라 불렸다. 당 태종이 '정관의 치(貞觀의 治)'라 불리는 선정을 베풀 수 있었던 것은 위징 같은 비판적 조언자가 있었기 때문이다.

맹자(孟子)는 좋은 정치는 역사를 통해 배울 수 있다고 하면서 "훌륭한 사람이 되고 싶으면 역사 속에서 훌륭한 인물을 찾아 그들의 삶과 학문을 연구하여 귀감으로 삼아야 한다. 그들을 모르고서 어찌 훌륭한 사람이 되려 한단 말인가. 훌륭한 역사적 인물이 살아온 시대적 배경과 그가 처해 있던 시대를 고찰해서 자신의 거울로 삼아야 한다"라고 했다.

얼마 전 퇴임한 미국 44대 대통령 오바마는 2008년 취임 때부터 에이브러햄 링컨, 존 F. 케네디, 마틴 루터 킹 목사 등을 닮으려 했다고 한다. 오바마는 링컨에게서 통합의 리더십, 케네디에게서는 변화의 리더십, 킹 목사로부터는 평등의 리더십을 배우고자 했다. 오바마는 퇴임을 앞두고 "힘들고 고립감을 느껴 연대감을 얻고 싶을 때는 에이브러햄 링컨이나 마틴 루터 킹, 마하트마 간디, 넬슨 만델라의 책을 읽으며 도움을 받았다"는 말을 하기도 했다.

역사를 좋아하는 문재인 대통령은 정치가 중에서는 프랭클린 루스벨트(미국 제32대 대통령)를 좋아한다고 한다. 문재인 대통령이 2012년에 페이스 북에 존경하는 정치인으로 루스벨트를 언급했다는 것이다. 아마도 뉴딜(New Deal)로 대공황을 극복한 루스벨트의 과감한 개혁정책에 매료되었기 때문이 아닌가 싶다. 어쩌면 공무원을 대거 채용해서 청년 실업을 해소하겠다는 문재인 대통령의 발상은 루스벨트가 공공사업을 벌여 실업을 구제한 것을 벤치마킹한 것일 수도 있다. 모르긴 해도 문재인 대통령이 좋아하는 정치인은 루스벨트 외에도 많을 것이다. 문재인 대통령도 직책을 수행하다가 힘들고 어렵고 답답할 때가 오면 오바마처럼 루스벨트든 다른 누구든 존경하는 정치인들의 책을 찾아 읽는다면 각오를 새롭게 다지는 데 큰 도움이 될 것이다.

국가의 최고 지도자라는 자리는 일순간도 편한 자리가 아니다. 청나라의 강희제(康熙帝)는 "역대 황제 중에서 간혹 일찍 세상을 떠난 사람을 두고 역사책에는 지나친 방탕에 빠져 기력이 쇠했기 때문이라 한다. 하지만 직접 경험해 보니 방탕해서 그랬다기보다 정무를 보는 일이 너무 힘들고 벅차 수명이 짧아진 것이다."라고 말한 바 있다. 한 집안의 가장 노릇 하기도 벅찬 데 하물며 한 나라의 수장 노릇을 하는 것이 어찌 그리 만만한 일이겠는가.

대통령은 정치를 잘하기 위해 책에서는 역사상 위대한 인물을 만나야 하듯, 현장에서는 국민과 격의 없이 어울려야 한다. 국민이 정말 원하는 것은 무엇인지, 그들이 무엇 때문에 힘들어하는지를 알기 위해선 끊임없는 소통이 필요하다. 오바마 대통령이 퇴임 후까지 인기를 누릴 수 있는 비결도 결국은 국민과의 소통이다. 오바마는 '어린아이들의 아빠요 오빠'라고 불릴 정도로 어린아이들과도 소통하기를 멈추지 않았다. 대통령이 외국 순방을 하는 것도 중요하고 외국 정상과의 만남도 중요하지만, 어찌 보면 더 중요한 것은 국민과의 만남과 소통이다. 다만 사람의 능력에는 한계가 있으므로 모든 사람을 만날 수도, 모든 사람의 말을 들을 수도 없으므로 가까운 사람들의 경험과 지혜를 빌려 사용하는 것이 필요하다. 대통령이 청와대 비서진이나 내각의 각료들과 수시로 만나 격의 없이 토론하고 대화하는 것이야말로 그들의 생각과 경험을 빌릴 수 있는 최고의 방법이 될 것이다. 물론 야당의 지도자나 야당 국회의원들과도 자주 만나 비판적인 의견을 듣는 것도 매우 중요하다.

사실 좋은 정치를 하기 위해 꼭 필요한 것 중 하나가 대통령에게 가차 없이 쓴소리 하는 사람의 존재다. 중국 최고의 군주로 일컬어지는 당태종은 태자로 책봉되고부터는 당대의 학자들에게 가르침을 받으며 책에 묻혀 살았고, 황제가 된 뒤에는 자신이 혹시 잘못하는 것이 있으면 가차 없이 지적하도록 간언을 장려했다. 위징(魏徵)은 당 태종에게 가장 신랄하고 적절한 간언을 하여 소위 '쓴소리의 황제'라 불렸다. 당 태종이 '정관의 치(貞觀의 治)'라 불리는 선정을 베풀 수 있었던 것은 위징 같은 비판적 조언자가 있었기 때문이다. 역사적 인물과의 소통, 국민과의 소통, 그리고 충실한 비판자와의 소통은 대통령이 좋은 정치를 할 수 있는 필요조건이다. 또 그것이 오바마가 성공한 원인이기도 하다. 새 대통령은 더도 말고 덜도 말고 딱 오바마 만큼만 소통했으면 한다.

2017.06.09.

9

상개혁약수(上改革若水)

개혁은 때로 물을 거슬러 올라가는 것일 수밖에 없지만 가능한 결대로 흘러가는 것이어야 한다. 노자가 도덕경에서 말한 상선약수(上善若水)의 이치는 개혁에도 똑같이 적용되는 것이다. 상개혁약수(上改革若水)의 이치를 명심하는 것, 아마도 이보다 더 좋은 개혁 성공의 방법론은 없을 것이다.

조선 역사상 가장 획기적인 개혁을 꿈꾸었던 사람 중의 하나가 정암 조광조다. 그는 요순시대를 가장 이상적인 사회로 보고 유교적 이상정치를 현실에 구현하려 했다.

조광조의 개혁 목표는 조선을 성리학적 이상사회, 도덕적 윤리에 기초한 공동체로 만드는 것이었다. 그가 관리 선발제도로 현량과(賢良科, 조선 중종 때 학문과 덕행이 뛰어난 인재를 천거하게 하여 대책만으로 시험한 제도)를 도입한 것이나 향약(鄕約, 조선시대 향촌의 자치규약)보급 운동을 추진한 것은 덕에 의해 통치되는 유교적 공동체를 구현하기 위한 것이었다. 그는 한 번의 과거시험으로 관리를 선발하게 되면 덕성을 평가할 수 없다면서 평소 학문과 인물 됨됨이를 지켜본 동료 유생들의 추천을 받은 자만 시험을 치르게 할 것을 주장했다. 그는 또 향촌 사회에 성리학적 윤리를 확립하고 미풍양속을 진작시켜 구성원 모두가 상부상조하며 살 수 있는 이상적인 공동체를 기획했다.

그러나 민본정치를 강령으로 한 조광조의 개혁은 결국 실패했다. 여러 가지 이유가 있지만, 무엇보다 지나치게 급진적이고 과격했기 때문이다. 개혁은 기존 제도의 틀 안에서 점진적인 변화를 추구해야 하는 것임에도 그는 혁명적 방법을 차용했다. 처음 조광조의 개혁을 지지하던 중종조차 그의 급진성과 과격성에 진저리를 낼 정도였으니 그의 개혁은 어쩌면 그 방법에서 이미 실패를 내포하고 있었다고 해야 한다.

조광조는 이상을 실현하기에 급급한 나머지 자신들의 의견에 맞지 않는 반대 세력을 소인배로 지목하는 등 알력과 반목을 불러일으켰다. 그는 협상과 양보를 통해 상대방을 설득해 나가는 대신 자신이 옳다고 믿는 신념을 위해 상대를 굴복시키는 전사의 모습을 보였는데, 이것이 그의 몰락을 가져온 결정적 이유가 되었다.

율곡은 동호문답(東湖問答)에서 조광조에 대해 "오직 한 가지 애석한 것은 조광조가 출세한 것이 너무 일러서 경세치용(經世致用)의 학문이 아직 크게 이루어지지 않았고 같이 일하는 사람 중에는 충현(忠賢)도 많았으나 이름나기를 좋아하는 자가 섞여 있어 의논하는 것이 너무 날카롭고, 일하는 것도 점진적이지 않았으며 임금의 마음을 바로잡는 것으로 기본을 삼지 않고 겉치레만을 앞세웠으니, 간사한 무리가 이를 갈며 기회를 만들어 틈을 엿보는 줄을 모르고 있다가, 신무문(神武門)이 밤중에 열려 어진 사람들이 모두 한 그물에 걸리고 말았다"라고 썼다. 조광조의 개혁을 안타까워하면서도 조광조의 개혁이 실패할 수밖에 없었던 이유를 날카롭게 지적한 것이다.

동서고금(東西古今)을 통해 개혁은 늘 어려운 것이다. 개혁에 성공하기 위해선 치밀한 설계가 필요하다. 그려진 설계도에 따라 개혁 작업을 진행해 나가야 한다. 설계도에 없는 작업을 즉흥적으로 진행해선 안 된다. 지나친 이상주의도 경계해야 한다. 정치는 결코 이상이 아니다. 그것은 냉혹한 현실이다. 정치는 설익은 풋내기의 한낱 꿈을 시험하는 현장이 아니다. 정치는 누가 더 선한가를 다투는 경연장도 아니다.

개혁은 기본적으로 시대의 변화에 맞게 제도를 합리적으로 바꾸는 문제이지 전에 집권했던 세력을 도덕적으로 재단하는 일이 아니다. 기본적으로 개혁은 기존체제를 유지하면서 기존체제가 허용하는 범위 안에서 사회적 모순을 제거하는 것이다. 때문에 개혁은 기존의 사회제도 또는 정치체제를 전면적으로 변혁시키는 혁명보다도 어려운 것일 수 있다. 그동안 쌓인 사회적 모순과 구폐를 타파하고 국민을 더욱 잘 살게 하고 행복하게 하는 것이 개혁의 궁극적 목적이다. 그렇다면 개혁은 국민 눈높이에 맞는 것이 되어야 한다. 목표가 아무리 높고 좋다 하더라도 과정과 방법이 사회와 국민의 수용 한도를 넘는 것이라면 그 개혁은 성공할 수 없다.

개혁을 망치는 것은 대개 바늘허리에 실매는 조급증과 자신만이 옳다고 생각하는 독선과 아집이다. 개혁은 때로 물을 거슬러 올라가는 것일 수밖에 없지만 가능한 결대로 흘러가는 것이어야 한다. 노자가 도덕경에서 말한 상선약수(上善若水)의 이치는 개혁에도 똑같이 적용되는 것이다. 상개혁약수(上改革若水)의 이치를 명심하는 것, 아마도 이보다 더 좋은 개혁 성공의 방법론은 없을 것이다.

2017.06.16.

10

침묵의 정치학(沈默의 政治學)

무릇 가장 지혜로운 사람은 모두가 말할 때 침묵을 지키는 사람이고, 가장 용기 있는 사람은 다른 사람이 모두 침묵할 때 말하는 사람이다. 정치인에게 잘 말할 수 있는 재능도 중요하지만, 더 중요한 것은 말할 때와 침묵할 때를 가릴 줄 아는 지각이다.

오늘날 유명인이나 정치인의 말과 글은 SNS를 통해 전 세계로 실시간으로 퍼져나간다. 과거 권력이 총구에서 나왔다면 21세기 권력은 스피커와 인터넷에서 나온다. 오늘날 정치인들이 그저 기회만 있으면 마이크를 잡으려 들고, 페이스북이나 트위터에 일상적인 신변잡기라도 늘어놓으며, 어떻게 해서든 대중의 눈과 귀를 잡아두려 애쓰는 것도 다 그 때문이다. 하긴 이미지로 먹고사는 현대의 정치인들이 대중에게 이름과 얼굴을 알리고 잘 포장된 이미지를 심지 않으면 다음을 기약할 수 없으니 그들의 몸부림을 이해 못 할 바도 아니다.

그러나 정치인들에겐 대단히 유감스럽게도 대중들은 말 많은 정치인일수록 그가 무슨 말을 했는지 기억하지 못하지만, 그의 막말이나 말실수는 기막히게 잘 기억하는 경향이 있다. 그 때문에 대개 정치인들은 말을 해서 이익을 얻는 경우보다는 침묵해서 화를 면하는 경우가 더 많다. 톨스토이는 "말을 제대로 못 했던 것을 유감으로 생각한다면 침묵을 지키지 못했던 것에는 백 번이라도 후회해야 한다"고 말했거니와, 이 말은 특히 정치인들이 곱씹어 새겨야 할 명언이다.

무릇 가장 지혜로운 사람은 모두가 말할 때 침묵을 지키는 사람이고, 가장 용기 있는 사람은 다른 사람이 모두 침묵할 때 말하는 사람이다. 정치인에겐 잘 말할 수 있는 재능도 중요하지만, 더 중요한 것은 말할 때와 침묵할 때를 가릴 줄 아는 지각이다. 정치인은 물론 때로 휘몰아치는 웅변으로 대중의 마음을 움직여야 하고, 또 때로 촌철살인(寸鐵殺人)의 말 한마디로 상대방을 단번에 제압할 수 있어야 한다. 그러나 대중이나 유권자를 의식한 나머지 마음에도 없는 말을 아무렇지 않게 떠들어 대는 것은 단연코 최악이다. 앞뒤 생각 없이 나오는 대로, 즉흥적으로 지껄인 말은 이미 말이 아니라 헛소리에 불과하고, 특히 남을 비방하거나 시기하는 헛소리는 오히려 자신의 혀를 베는 칼이 되기에 십상이다. 이 때문에 말 좋아하는 정치인은 다른 사람에게 모함을 받을까 걱정할 것이 아니라 자신의 혀로 자기 목을 자르는 일이 없도록 특히 유의해야 한다.

어떤 일에 있어서나 성공을 결정하는 결정적 조건은 침묵이다. 그리고 모든 일에서 성공에 항상 가장 큰 방해가 되는 것은 다른 사람의 일에 참견하는 것이다. 사람은 보통 해야 할 말을 안 해서보다 하지 말아야 할 말을 해서 자신의 인생을 망치는 수가 많다. 알베르트 아인슈타인은 "인생에 있어서 성공을 A라 한다면, 그 법칙을 A = X + Y + Z로 나타낼 수 있고, 이때 X는 일, Y는 노는 것이다. 그러면 Z는 무엇인가? 그것은 침묵을 지키는 것이다"라고 말한 바 있다.

오늘날 세상은 남녀노소나 장삼이사(張三李四)할 것 없이 저마다 이렇게 저렇게 말을 쏟아내고, 이런저런 말들이 SNS를 통해 확산하면서 말 공해가 되고 글 공해가 되어 사람들을 상하게 하고 있다. 인터넷명예훼손죄로 고발당하거나 처벌받는 사람의 수도 날이 갈수록 늘고 있다. 정말 말이 화를 부르는 시대라고 해도 과언이 아니다. 이런 때일수록 말은 운치 있게 압축적으로 해야 한다. 아니 꼭 필요한 경우가 아니면 가능한 말을 아껴야 한다. 누구든 과분하게 말하기를 좋아하면 큰 손해를 입고, 만족을 알고 적당한 곳에서 멈추면 위험을 당하지 않는다. 침묵은 너절하게 늘어놓는 말보다 뛰어난 웅변이 될 수 있다. 침묵은 그저 말하기를 그만둔 상태가 아니라 지혜와 용기를 담아 소리 없이 말하는 것이다.

오늘 우리 사회의 시대정신은 곳곳에 쌓인 구조적 부패의 쇠사슬을 끊고 투명하고 공정한 사회를 만들라는 것이다. 오늘 우리 국민의 요구는 튼튼한 국가안보와 내실 있는 경제성장을 바탕으로 국민 복지를 확대하라는 것이다. 절대 쉽지 않은 난제다. 이런 때 정치인들은 보수니, 진보니, 수구나 개혁이니 하는 말로 국민을 분열시키거나 개혁의 동력을 저하시켜서는 안 된다. 정말 중요한 것은 그저 묵묵히 미래 청사진을 제시하고 이를 실천해 나가는 것이다. 지금 우리에게 필요한 것은 공리공론(空理空論)을 배척하고 일을 참되고 실속 있게 행하는 무실역행(務實力行)의 정신이다. 바야흐로 말은 줄이고 행동은 늘일 때다.

2017.06.23.

— 11

지인지감(知人之鑑)

권력자는 뛰어난 이가 뛰어나다는 것을 알아보는 것도 중요하지만 동시에 간사한 자가 간사하다는 것을 알아보는 것이 중요하다. 뛰어난 이를 몰라본다고 해서 나라가 무너지지는 않지만 간사한 자를 알아보지 못하고 가까이할 때 당장 나라가 망한다.

권력자가 갖추어야 할 자질은 여럿이지만 그중에서도 사람을 알아보는 능력, 즉 지인지감(知人之鑑)은 꼭 필요한 자질로 거론된다.

권력자가 실패하는 가장 큰 이유 중의 하나는 주변에 자천 타천으로 몰려드는 사람 중 소신도 능력도 없는 소인배들을 걸러내지 못하기 때문이다. 권력자는 보통 열 길 물속은 알아도 한 길 사람 속은 모른다고 하는 평범한 사실을 망각하고 특정인을 지나치게 신뢰하는 경향이 있다. 자기의 사람 보는 능력을 과신한 나머지 스스로 함정에 빠지는 것이다. 물론 여기에는 간직(奸職)일수록 아부에 능하다는 것도 원인이 된다. 얼른 들어도 아첨하는 말에 불과한데도, 누가 봐도 저건 아니다 싶은데도 권력자는 무조건 손뼉을 치는 아첨꾼을 예뻐한다. 그러나 간직의 목표는 처음부터 국가와 국민에게 충성하는 것이 아니라 오로지 권력자에게 충성하여 자리를 보전 받고 영달을 누리는 것이다. 이 때문에 이런 자들은 그저 권력자의 심기를 편하게 하는 것을 지상의 목표로 삼는다. 권력자에게 올바른 말을 하고 권력자의 잘못을 지적하여 올바른 길로 유도한다는 생각은 아예 없다. 간직은 오히려 충직(忠職)의 일거수일투족을 예의 주시하면서 작은 흠이라도 꼬투리를 잡아 어떻게든 이를 부풀려 충직이 권력자의 눈에 나도록 한다. 간직들은 또 충직들을 해코지하기 위해 유력자와 굳게 결탁해 당파를 형성하고 권력자에게로 가는 언로(言路)를 막아서 권력자와 충직 사이를 이간질한다. 간직의 목표는 권력자가 충직의 바른 소리를 듣지 못하게 하는 것이다. 그러다 일부 간직들이 권력자의 눈을 가리고 귀를 가리는 지경에 이르면 권력은 부패하고 끝내 몰락하고 만다.

따라서 권력자는 뛰어난 이가 뛰어나다는 것을 알아보는 것도 중요하지만 동시에 간사한 자가 간사하다는 것을 알아보는 것이 중요하다. 뛰어난 이를 몰라본다고 해서 나라나 조직이 당장 무너지지는 않지만 간사한 자를 알아보지 못하고 가까이할 때 당장 나라가 망한다. 그 때문에 어떤 사람이 과연 직에 맞는 업무능력과 도덕적 자질을 갖추고 있는지를 판단하는 것이야말로 권력자가 반드시 갖추어야 할 자질이다. 그러나 사람의 능력이나 인품을 제대로 파악하기는 쉽지 않은 일이다. 공자는 《논어》에서 지인지감(知人之鑑)의 네 단계에 대해 "날 때부터 사람을 잘 알아보는 것이 첫째, 사람 보는 법을 배워서 사람을 알아보는 것이 둘째, 겪고 나서야 사람을 알아보게 되는 것이 셋째, 겪고서도 사람 보는 법을 배우려 하지 않는 것이 넷째"라고 말했다. 사람을 알아보는 능력을 타고 태어나는 것이 최선이지만 그렇지 못한 경우 권력자는 적어도 사람 보는 법을 배워야 한다는 말이다.

요즘 국회에서 인사청문회(人事聽聞會)가 한창이다. 대통령이 지명한 공직 후보자가 업무능력과 도덕적 자질을 갖추고 있는지를 점검하기 위한 것이다. 대통령이 사람을 잘 못써 공직에 임명된 자가 국민을 위해 일하지 않고 자기 자신을 위해서, 또는 대통령이나 일부 정파의 사적 이익을 위해 공직을 이용하지 않을까 염려해서 공직 후보자의 사명감이나 도덕적 자질을 점검하고, 또 혹 업무능력이 모자라서 국사를 그르치지 않을까 미리 점검해 보자는 것이다. 인사청문회는 말 그대로 공직 후보자를 점검하는 기회가 되어야 한다. 공직 후보자의 적격성을 놓고 여야 간 이견이 있을 수는 있지만, 누가 봐도 답이 나오는 문제를 두고 당리당략에 따라 소모적인 정쟁을 벌인다면 이는 국민을 무시하는 처사다.

대통령은 국민이 위임한 권력을 행사하는 자리다. 대통령의 인사권 행사는 대통령이 만족하는 인사가 아니라 국민이 만족하는 인사가 되어야 한다. 대통령은 그저 사람 좋다는 소리는 듣지만, 능력 없는 사람을 써서는 안 되고, 능력은 하늘을 이길만하지만, 인품이 바닥인 사람을 써서도 안 된다. 대통령의 인사실패는 국정 실패로 이어지고 결국은 국민의 불행으로 직결되는 까닭에 대통령의 인사는 가능한 오류가 없어야 한다. 대통령의 인사에 오류를 막는 가장 좋은 방법은 역시 교차검증이다. 국회 인사청문회는 대통령의 인사를 점검·보완할 수 있는 제도적 장치다. 물론 이 장치를 제대로 활용할 권리와 의무는 대통령과 국회에 있다.

2017.06.30.

12

대동법(大同法)과 생활개혁(生活改革)

국민이 개혁의 필요성을 인정하면서도 쉽게 피로감을 느끼는 이유는, 그것이 자신의 삶과 직접적인 관계가 없거나 별로 관계가 없기 때문이다. 개혁을 격렬하게 요구하던 국민도 그로 인해 개인의 생활이 더 나아지거나 사회가 더 정의로워지는 것을 피부로 느끼지 못하면 바로 등을 돌린다.

개혁은 쉽지 않다. 역사 이래 개혁은 늘 추구되었으나 성공한 경우는 많지 않다. 조선시대 대동법 시행 과정은 기득권 세력의 반대를 무릅쓰고 새로운 제도를 도입하는 것이 얼마나 어려운지를 잘 보여준다.

대동법(大同法)은 공납의 폐해를 극복하기 위한 조세제도였다. 공납(貢納)은 민호마다 토산물을 현물로 내는 세금 제도다. 가구를 기준으로 지방특산물을 내도록 했기 때문에 토지가 전혀 없는 사람마저 징세의 대상이 되었다. 게다가 특산물을 사재기하여 폭리를 취하는 자들이 많아지면서 가난한 백성들은 공납을 부담하기 위해 가산을 탕진할 수밖에 없었다. 급기야 농민들이 더는 수탈을 견디지 못하고 정착지를 떠나 유랑하는 등 그 폐단은 형용하기 어려웠다.

대동법은 공납의 폐단을 없애기 위해 세금을 오직 쌀로만 내게 한 제도다. 백성들이 소유한 토지 면적에 비례해서 부과한다. 이 제도의 도입 필요성에 대해서는 이전부터 논의가 있었지만, 대지주들의 반대로 시행이 되지 못하다가 광해군(光海君)이 집권하고서야 경기도에서 부분적으로 도입되었다. 그러나 그 후로도 토지를 다수 보유한 양반 세력 등의 반대로 이 제도가 전국적으로 시행되는 데는 무려 100년이 걸렸다. 이렇게 도입이 더뎠던 데는 비단 대지주뿐 아니라 공물 거래를 통해 이익을 얻는 상인이나 또 이들로부터 뇌물을 받아서 배를 불려온 아전들이 너나 할 것 없이 자기 이익 지키기에 여념이 없었기 때문이다.

이런 상황에서 대동법 시행에 일생을 바친 이가 김육(金堉, 1580~1658)이다. 대동법은 토지를 많이 갖고 있었던 삼남 지방의 부호들, 공납에서 이권을 챙기는 아전들 그리고 공납으로 인해 이익을 얻는 장사치들까지 모두가 반대했기 때문에 그 확대 시행이 여간 어려운 것이 아니었다. 이때 김육은 "삼남 지방에는 부호가 많은데, 그들은 대동법의 시행을 좋아하지 않습니다. 그러나 국가에서 법령을 시행함에 있어서는 마땅히 가난한 백성들의 바람을 따라야 합니다. 어찌 부호들이 꺼린다고 백성들에게 편리한 법을 시행하지 않겠습니까?"라고 왕에게 고하면서 절대 물러서지 않았다.

대동법 도입이 중요했던 이유는, 이것이 백성들의 실생활과 직결된 문제였기 때문이다. 대동법은 조세의 품목과 절차를 간소화해서 세금 징수 과정에서 일어날 수 있는 부패 발생의 여지를 근본적으로 제거했다. 그리고 그 혜택은 조선 백성에게 골고루 돌아갔다. 대동법은 백성들의 삶의 고통을 덜어주는 백성 구제 개혁이었다.

국민이 개혁의 필요성을 인정하면서도 쉽게 피로감을 느끼는 이유는, 그것이 자신의 삶과 직접적인 관계가 없거나 별로 관계가 없기 때문이다. 개혁을 격렬하게 요구하던 국민도 그로 인해 개인의 생활이 더 나아지거나 사회가 더 정의로워지는 것을 피부로 느끼지 못하면 바로 등을 돌린다. 따라서 개혁은 먼저 국민의 생활과 밀접한 관련이 있는 것, 그 성과를 국민 누구나 직접 느낄 수 있는 것부터 시작해야 한다. 국민의 실생활과 관련이 없는 이념개혁을 앞자리에 내세울 때 국민은 곧바로 피로감을 느낀다. 그리고 이런 피로감이 쌓이면 언제 그랬냐는 듯 여론이 돌아선다. 모든 국민과 밀접한 연관이 있는 경제개혁이나 교육개혁이 정치개혁이나 이념개혁보다 결코 하위개념이 될 수 없는 이유다.

많은 반대에도 불구하고 대동법이 전국적으로 시행될 수 있었던 이유는 시대와 역사가 이를 원했기 때문이다. 제도가 아무리 이상적이라 해도 시대와 공간이라는 한계를 넘어설 수는 없다. 따라서 오늘 개혁을 추진함에 있어서는, 이 시대 국민이 요구하는 것이 무엇인지부터 잘 살펴야 한다. 피부에 와 닿지 않는 거창한 이념이나 구호는 반대 세력들의 반감을 사고 개혁동력을 약화시킬 뿐이다. 진정한 제도개혁은 행정절차의 단순화와 행정을 집행하는 과정에서의 자의적 해석을 금지하는 것임을 대동법은 잘 보여주고 있다.

예나 지금이나 인간이 벗어날 수 없는 영원한 숙제는 '삶'이다. 결국 문제는 이념이 아니라 생활이다. 개혁의 목적은 결국 국민구제다. 성공한 생활 개혁으로 조선엔 대동법이 있었다. 그렇다면 오늘 대한민국에서 가장 시급한 생활 개혁 방안은 무엇일까?

2017.07.07.

13

대중영합주의와 미래착취(未來搾取)

세상은 오늘을 사는 사람들만의 것이 아니다. 현재인(現在人)들은 미래인(未來人)들에게, 다만 일시적으로 공간을 빌려 사는 임차인에 불과하다. 그들은 때가 되면 후세에 내가 서 있는 자리를 내주고 물러나야 한다. 이것이 오늘을 사는 사람이 미래를 생각지 않을 수 없는 이유다.

포퓰리즘(populism)은 보통 몸에 좋은 쓴 약보다는 몸에는 안 좋지만 우선 입에 단 꿀과 같다. 위정자(爲政者)들은 정권을 얻거나 유지하기 위해 이 꿀을 적당히 나눠주는 방법을 쓴다. 대중들은 이에 취해 저 죽는지 모르고 입맛을 다셔가며 받아먹다가 파멸하고 만다.

파생상품이 있다. 상품의 미래 변동을 예측해서 배팅하는 선물거래(先物去來)가 대표적이다. 이것은 미래의 가격 변동을 현시점으로 끌어온 것으로 통화량을 늘려 경제 규모를 키우는 효과가 있다. 가령 미국의 파생 금융상품 서브프라임 모기지론(Subprime Mortgage Loan, 비우량 주택담보대출)은 미국의 경기 호황을 가져왔다. 파생상품이 파생상품을 낳고 그 파생상품이 또 다른 파생상품을 낳는 식으로 증권 발행을 거듭한 까닭에 그 발행금액만큼 경제가 커졌다. 그러나 대가는 혹독했다. 거품이 터지면서 세계 금융위기가 찾아왔고 미국뿐 아니라 전 세계가 경기침체를 겪어야 했다.

위정자들은 대개 대중의 정치적 지지를 얻기 위해, 경제 호황 등의 정치적 수사를 위해 현실에 맞지 않는, 미래세대에 큰 부담이 될 정책을 아무렇지 않게 시행하려 든다. 그리고 그 책임은 아무 잘못도 없는 국민이 고스란히 지게 된다. 이것이 대중영합주의의 폐해다.

아르헨티나는 20세기 초까지 세계 5위권 경제 대국이자 유럽 사람들이 이민 가기를 원하는 부국(富國)이었다. 그러나 후안 페론 대통령은 1946년 집권한 후 국가 예산의 19%를 생활보조금으로 쓰는가 하면, 특히 1950년대 실업자가 대량으로 발생하자 이들을 전원 공무원으로 채용하는 등 퍼주기 정책을 펼치다가 결국 국고가 바닥나고 경제가 자생력을 잃게 되었다. 오늘날 아르헨티나 국민은 높은 실업률과 살인적 물가고로 고통 받고 있다.

한때 유럽에서 가장 살기 좋은 나라에 속했던 그리스는 좋은 일자리 창출을 명분으로 공무원 숫자를 계속 늘리다 전체 노동인구 4명 중 1명이 공무원인 나라가 됐다. 급기야 85만 명에 달하는 공무원 월급이 재정지출의 50%가 넘고 연금부담까지 겹치며 2009년 국제통화기금(IMF)에서 긴급구제금융을 받는 처지가 되고 말았다.

베네수엘라는 해외에 석유를 판매해서 벌어들인 오일 달러를 나눠 쓰며 흥청거리다 원유 값이 급락하면서 시장에서 식빵조차 구하지 못하게 되었다. 급기야 현재 베네수엘라 국민은 거리에서 쓰레기통을 뒤지고 이웃 나라인 브라질이나 코스타리카 등으로 대거 탈출을 시도하고 있다.

새 정부가 들어서면 으레 대중에 영합하는 정책을 펴려든다. 그러나 정부는 이때 당장 먹기 좋은 꿀이 아니라 건강에 좋은 약을 처방해야 한다. 기존 국가정책을 급격하게 바꾸기보다는 먼저 시간을 두고 그 부작용을 자세히 검토해야 한다. 한번 시행된 복지혜택을 없애는 것은 정책적으로 거의 불가능한 만큼 복지정책을 펼 때는 그에 따른 사회 경제적 비용과 재원 조달 계획을 구체적으로 세워야 한다.

우리는 포퓰리즘 정책을 펴다 나라를 거덜 낸 국가들을 타산지석으로 삼아야 한다. 만에 하나라도 정치가 경제 평등을 내세워 나라의 성장 동력을 약화시킨다면 이는 나라의 미래를 망치는 지름길이다. 경제민주화라는 명분으로 사회 양극화의 책임을 기업에 전가한다면, 이는 경제민주화가 아니라 경제 정치화이고 포퓰리즘의 전형이다. 엄연히 다른 논리가 지배하는 경제 문제를 정치적 이해관계를 내세워 좌지우지한다면 지속 가능한 경제성장과 현대국가들이 공통의 목표로 삼는 복지혜택의 확대는 요원해진다.

세상은 오늘을 사는 사람들만의 것이 아니다. 현재인(現在人)들은 미래인(未來人)들에게, 다만 일시적으로 공간을 빌려 사는 임차인에 불과하다. 그들은 때가 되면 후세에 내가 서 있는 자리를 내주고 물러나야 한다. 이것이 오늘을 사는 사람이 미래를 생각지 않을 수 없는 이유다. 예나 지금이나 오늘을 사는 자들이 삼가야 할 것은 포퓰리즘에 빠져 미래세대를 착취하는 것이다. 특히 위정자들은 오늘의 인기를 위해 국가의 미래를 저당 잡히는 일을 해서는 안 된다. 위정자들이 아침 이슬과도 같은 짧은 인기를 얻기 위해 역사에 오명을 남긴다면 이 얼마나 우매한 짓이겠는가?

2017.07.14.

14

천심(天心)과 민심(民心)

오늘 권력을 가진 자는 살얼음을 밟듯 조심해서 인심을 살펴야 한다. 가장 조심할 것은 어떤 경우에도 권력의 미향과 단맛에 취하지 말아야 한다는 것이다. 취한 권력자는 보통 국민이 자신을 좋아하고 존경한다고, 그래서 웬만한 허물은 그냥 덮어 줄 것이라는 착각에 빠져 잘못을 범한다.

인간의 욕망은 끝이 없다. 인간은 원하는 어떤 일을 이루고 나면 곧바로 또 다른 것에 욕심을 낸다. 인간의 이런 욕망은 개인 행복 증진과 역사 발전의 원동력이 되어 왔다. 만약 인간이 주어진 조건과 상황에 그저 만족하고 더 나은 내일을 꿈꾸지 않았다면 오늘날의 인류 문명은 불가능했을 것이다.

그러나 인간의 대중적 욕망은 재앙을 가져오는 수가 많다. 특히 권력이나 돈에 대한 욕심은 대개 그것을 좇는 자의 패망을 부른다. 불빛을 좇다가 불에 타 죽는 나방과 같은 꼴이다. 그런데도 사람들이 권력과 돈의 덫에 빠지는 이유는 그 단맛 때문이다. 위험하다는 것을 알면서도 유혹을 이기지 못해 권력과 돈을 향해 질주하다 심연의 나락으로 떨어지는 것이다.

인간의 권력과 돈에 대한 천착은 '남과 다름'에 대한 욕구 때문이다. 인간은 기본적으로 다른 사람으로부터 인정받기 위해 남과 다름을 추구한다. 또 인간은 다른 사람들과 같은 취급을 받는 것을 못 견뎌서 평범한 일상으로부터의 탈출을 꿈꾼다.

위정자가 개혁을 부르짖는 것도 같은 이치다. 현재의 권력은 언제나 과거 권력과의 차별화를 시도한다. 과거 권력과 동등한 취급을 받는 것을 견디지 못하기 때문이다. 하지만 아이러니한 것은 아무리 거창한 개혁을 내걸어도, 아무리 과거 정권과의 차별화를 시도해도 현재의 권력은 '남과 다름'을 추구하는 다음 권력에 의해 구태로 낙인찍히고 또다시 개혁이 대상이 된다는 것이다.

위정자가 정책의 백년대계를 꿈꾼다면 과거를 존중하는 자세를 가져야 한다. 국민으로부터 잘한다고 칭찬받기 위해 '이전 권력과 다름'을 추구해선 안 된다. 인정할 것은 인정하고 계승할 것은 계승하는 가운데 개선을 추구해야 한다. 모든 것을 한 방에 뒤집으려 할 경우, 그것이 쉽지도 않으려니와 또 가사 성공한다고 하더라도 얼마 가지 못해 동력을 잃고 만다. 의도적 차별화를 기획하는 권력은 바로 그 의도성 때문에 순수할 수 없고 그 비순수성 때문에 권력의 생명인 정당성을 잃는다.

민심은 천심이라고 한다. 이 의미는 민심은 하늘처럼 언제든 변할 수 있다는 말이기도 하다. 햇빛을 창창하게 내리부어 온 천지가 타들어 가게 하는 것도 하늘의 뜻이고 비를 사정없이 퍼부어 온 천지를 물바다로 만드는 것도 하늘의 뜻이다. 민심도 이와 다르지 않다. 권력을 내주는 것도 백성의 뜻이고 그 권력을 거두는 것도 백성의 뜻이다. 이것이 민심과 천심이 같은 이치다.

사람이 하늘의 뜻에 순응하듯이 권력은 백성의 뜻에 순응해야 한다. 사람이 비를 내리는 하늘을, 비 한 방울 안 주는 하늘을 원망할 수는 있으나 그 하늘을 응징할 수 없듯 권력은 어떤 경우에도 자신의 허물을 백성의 탓으로 돌릴 수 없다. 광대다변(廣大多變)한 자연의 질서가 모두 하늘의 뜻이듯 권력에 대한 모든 작용과 반작용은 백성의 뜻이다. 비를 퍼부은 하늘이나 햇볕 내리쬐는 하늘이 다 같은 하늘이듯이 권력을 부여한 어제의 백성이나 권력을 응징하는 오늘의 백성은 다르지 않다. 달라진 것은 그저 바람의 방향이고 백성의 마음이다.

임진왜란 극복의 일등공신 서애 류성룡(柳成龍, 1542~1607)은 "국가가 유지되는 것은 인심에 의해서이다. 비록 위태롭고 곤란한 시기라도 인심이 굳게 뭉치면 국가는 편안하지만, 인심이 떨어지고 흩어지면 국가는 위태롭다"라고 했다. 백성을 위하는 위정자라면 마땅히 백성을 분열시키지 말아야 한다. 백성의 마음을 산란시켜 국가를 위태롭게 하는 것보다 더 나쁜 위정자는 없다.

오늘 권력을 가진 자는 살얼음을 밟듯 조심해서 인심을 살펴야 한다. 가장 조심할 것은 어떤 경우에도 권력의 미향과 단맛에 취하지 말아야 한다는 것이다. 취한 권력자는 보통 국민이 자신을 좋아하고 존경한다고, 그래서 웬만한 허물은 그냥 덮어 줄 것이라는 착각에 빠져 잘못을 범한다. 그러나 하늘이 비를 내릴 때, 벼락을 칠 때 항상 신호를 주는 것은 아니다. 마른하늘에서도 벼락은 친다. 오늘도 국민은 그저 무심하기만 한 것 같다. 하지만 언제 나쁜 권력자를 응징하자고 달려들지 모른다. 이때는 이미 늦다. 무릇 권력을 가진 모든 자들이 하루하루를 근신하고 또 근신해야 하는 이유다.

2017.07.28.

15

지상의 척도

'양심'이 천상의 척도라면 '법'은 지상의 척도다. 법은 오로지 공동체의 유지와 존속을 위해 존재한다. 법은 사람의 내면을 변화시켜 보다 선량하고 양심적인 사람을 만드는 것을 목표로 하는 것이 아니다.

「누군가 요제프 K.를 무고했음이 틀림없다. 그가 아무런 나쁜 짓도 하지 않았는데도 어느 날 아침 체포되었기 때문이다.」

카프카(Franz Kafka 1883~1924)의 『심판(Der Prozeß)』의 첫 구절이다. 요제프 K는 서른 번째 생일에 영문도 모른 채 체포된다. 그는 온갖 수단을 동원해서 자신을 변호하려 애쓰지만 모든 노력은 수포로 돌아간다. 작품의 쟁점은 과연 요제프 K에 죄가 있느냐는 것이다

소설의 주인공인 요제프 K는 갑자기 이상한 심판의 틀에 갇혔다. 그는 자신을 옥죄는 것이 어떤 법인지, 그 법체계가 어떻게 작동하는지 알지 못한다. 그가 어떤 잘못으로 어느 날 아침 자신의 침실에서 감시자들과 마주치게 되었는지조차 확실하지 않다. 그는 자기 죄가 무엇인지도 모른 채, 어쩌면 아무런 죄가 없는데도 부조리한 소송절차에 휘말려 미로 속에서 헤매다 기어코 목숨을 잃고 만다.

사람이 체포되고 재판을 받고 희생되었다. 그런데 이유가 무엇인지를 모른다. 가난? 가정이나 직장에서 소임을 다하지 않은 것? 아니면 거대하고 기계적인 관료조직이 그 존재 이유를 찾기 위해 무고한 사람을 희생시킨 것인가? 그것도 아니면 혹 불순한 누군가가 정치적 목적을 위해 사법제도를 악용했기 때문일까? 어느 것도 가능하다. 어차피 공동체에서의 죄와 벌이란 공동체의 목적에 의해 만들어진 억압 수단일 것이기 때문이다.

대개 인간이 인간을 심판하는 것은 결과 지향적인 것이고 인간이 만든 사법시스템이라고 하는 것도 별 믿을 것이 못 된다. 그것은 불완전하기 짝이 없고 그것을 운영하는 자들 역시 진실을 알 수 있는 위치에 있지 않다. 죄를 지었다고 불리는 자나 그를 심판하는 자나 가려진 진실을 찾아 그저 이리저리 떠밀려 표류하다 우연히 닿은 곳에 닻을 내릴 뿐이다.

어떤 사회에서 사법시스템이라고 하는 것, 그것이 너무도 부조리한 것이어서 합리적 이성에 의할 때 도대체 용인될 수가 없다. 어쩌면 소설에서 요제프 K가 죽고 사는 것은 사법절차를 거쳐 정해지는 것이 아니라 보이지 않는 어떤 힘, 어떤 부조리한 권력에 의해 결과가 이미 정해져 있었다. 요제프 K가 이리저리 빠져나갈 방법을 찾아 발버둥 치는 동안 그의 죄와 벌을 미리 정해놓은 누군가는 입가에 희한한 웃음을 연신 날리고 있었을 것이다.

사실 죄에 대한 가장 확실한 처벌 기준은 인간의 '법'이 아닌 신이 설계한 '양심'이다. 죄와 벌의 주인공 라스콜니코프는 자신은 '비범인(非凡人)'으로서 도덕률을 뛰어넘을 수 있다고 생각했지만 전당포 노파를 살해한 후 심한 불안과 두려움에 사로잡히게 되고, 양심의 가책 때문에 사람을 만나는 것을 두려워하다가, 급기야 다른 사람들과 단절되었다는 무서운 고독감과 악몽으로 고통 받는다. 스스로 설정한 잘못된 이념에 사로잡혀 살인의 죄를 범한 자가 자기를 마음의 감옥에 가두고 양심의 가시에 찔리는 가혹한 형벌을 당한 것이다.

그렇다면 양심의 가책을 받지 않는, 스스로 떳떳한 사람에 대한 처벌은 정당한 것인가. 대답은 간단하지 않다. 다만 '양심'이 천상의 척도라면 '법'은 지상의 척도다. 법은 오로지 공동체의 유지와 존속을 위해 존재한다. 법은 사람의 내면을 변화시켜 보다 선량하고 양심적인 사람을 만드는 것을 목표로 하지 않는다. 양심에 비추어 일말의 가책을 받지 않는 행위가 죄로 규정되고 벌이 가해지는 것도 그 때문이다.

법은 형식적 진실 추구에 만족하는 것이고 또 그럴 수밖에 없다. 증거재판주의가 의미하는 함의는 이미 천상의 척도가 아닌 지상의 척도에 의한 판단을 전제한다. 그렇다면 심증은 너무 많은데 이를 뒷받침하는 증거가 없다면 어떻게 할 것인가. 증명되지 않았으므로 무죄다. 혹자는 이에 대해 정의에 부합하지 않는 결과가 도출될 수도 있다고 말할 것이다. 그러나 정의 역시 공동체의 유지를 위한 지상의 척도다. 천상에 정의라는 개념은 존재하지 않는다.

인간이 다른 인간을 심판하는 것은 신이 미리 정한 세상의 질서에 들어 있지 않을 것이다. 그런데도 오늘도 여전히 재판이 열리는 이유는 그것이 인간의 불완전함을 채우는, 우리가 이제껏 알고 있는 가장 효율적인 지상의 심판 방법이기 때문이다. 죄와 벌, 그리고 심판은 인간이 벗어날 수 없는 운명이자 풀어야 할 영원한 숙제다.

2017.08.04.

16

프로 정치 VS. 아마추어 정치

율곡은 "옹졸한 사나이는 벼슬을 얻지 못하였을 때는 얻으려고 걱정하고, 벼슬을 얻었을 때는 잃을까 걱정한다. 참으로 벼슬을 잃을까 걱정하는 사람은 그 수단으로 어떤 것이라도 한다"라고 말했거니와, 참된 정치인에게 높은 지위는 결코 목표가 될 수 없다. 소위 벼슬이라는 것은 국가와 사회를 위해서 일할 수 있는 수단에 지나지 않는다.

정치인 김영삼은 정치는 세(勢)라 했고, 정치인 김대중은 정치는 생물(生物)이라 했으며, 정치인 김종필은 정치는 허업(虛業)이라 했다. 정치에 대한 위 3인의 정의는 그야말로 촌철살인(寸鐵殺人)이다. 오랜 정치 생활을 통해 수많은 부침(浮沈)을 겪으며 정글과도 같은 정치 세계에서 살아남은 프로 정치인의 진수를 느끼게 한다.

소위 3김이라 불리는 세 명의 정치인들은 각각 나름의 공과가 있고 그들의 정치 이력을 두고는 이런저런 비판이 가능할 것이다. 하지만 그들은 적어도 정치에 대해 진지했고 분명한 철학을 갖고 있었다. 그들은 자신들이 정치를 하는 이유와 목적을 분명히 했고, 강력한 리더십을 발휘하며 당과 국가를 이끌었다. 정치 9단이라는 세간의 평처럼 프로 중의 프로라고 할 수 있다.

오늘날 우리 정치계에 걱정스러운 것 중의 하나는 그릇 큰 프로 정치인이 나타나지 않는다는 것이다. 국가의 비전을 제시하고 우리가 처한 현안을 정확히 인식한 후 세계사의 흐름에 맞춰 우리가 나아갈 방향을 제시하는 정치인은 드물고 그저 당장 박수 받을 일만 생각하는 아마추어 정치인들이 판을 치고 있다는 것이다. 이들 아마추어에게 정치는 국가와 국민을 위한 신성한 책무가 아니라 그저 여기저기 생색내면서 꼬박꼬박 녹봉을 챙길 수 있는 폼 나는 직업일 뿐이다. 그들이 걱정하는 것은 국가와 민족의 미래가 아니라 자신이 선거에 패하거나 임명직에서 밀려나 모양새 나는 직업을 잃는 것뿐이다.

그러나 두말할 것도 없이 정치는 생계 해결을 위한 수단으로, 또는 무게 잡기 위해 할 수 있는 일이 아니다. 그저 근사한 지위를 얻어 자기를 과시하기 위해 정치를 하는 것이라면 지금 당장 그만두는 것이 옳다. 다른 일도 마찬가지지만 정치에서 성공하는 비결은 하루하루 맡은 일에 최선을 다하는 것이다. 진실로 나라와 국민에 작은 도움이라도 되고자 한다면 오늘 내가 맡은 일에 전력을 기울여야 한다. 우리는 남이 성공한 것을 보면 "운이 좋다"라고 말하면서 대수롭지 않게 여기고 그 사람이 성공을 위해 기울인 노력을 과소평가하는 경우가 많다. 그러나 그것이 무엇이든 노력 없이 운으로만 성공하는 경우는 현실 세계에서 있을 수 없다. 정치에서의 성공 역시 남이 모르는 사이에 불면불휴(不眠不休)로 지혜와 창의를 모으는 노력을 기울일 때 가능하다. 한껏 폼 나는 곳만 찾아다니면서 사진 찍어 SNS에 올리는 일에나 골몰한다면 결코 성공한 정치인이 될 수 없고 그 생명도 짧을 수밖에 없다.

정말로 큰 정치인이 되기 위해서는 언뜻 작아 보이는 일도 소홀히 해서는 안 된다. 노자는 "큰 나무도 가는 가지에서 시작되고, 10층 탑도 작은 벽돌 하나하나를 쌓아 올리는 데서 시작되는 것이다"라고 말했거니와 무릇 정치인은 너무 급히 큰 벼슬을 얻으려 해서는 안 된다. 차근차근 경험을 쌓아 더 큰 임무를 맡을 때를 대비해야 한다. 아직 출사하지 못한 것을 걱정할 필요도 없다. 준비가 되지 않은 채 공직을 맡는 것만큼 몸을 망치고 집안을 망치는 일도 없다. 충분한 역량을 키운 후에 맡아도 감당하기 어려운 것이 공직이다.

율곡 이이(李珥, 1536~1584)는 "옹졸한 사나이는 벼슬을 얻지 못하였을 때는 얻으려고 걱정하고, 벼슬을 일단 얻었을 때는 그것을 잃을까 걱정한다. 참으로 벼슬을 잃을까 걱정하는 사람은 그 수단으로 어떤 것이라도 한다"라고 말했거니와, 참된 정치인에게 높은 지위는 결코 목표가 될 수 없다. 소위 벼슬이라는 것은 국가와 사회를 위해서 일할 수 있는 수단에 지나지 않는다. 일에는 관심이 없고 자리에만 관심이 있는 자들은 공직이 자기의 명예나 권세욕을 충족시키기 위한 것이 아니라는 사실을 알아야 한다. 대개 부정부패(不正腐敗)는 일이 아닌 자리를 위해 벼슬을 차지한 사람에게서 일어난다.

당연한 말이지만 일단 정치에 입문했으면 프로가 되게 노력해야 한다. 좋은 정책을 구상하고 실현 방법을 찾아 국민 생활의 불편을 해소하는 일에 앞장서는 정치인은 지금 당장은 아니더라도 언젠가 결국 그 빛을 발하게 된다. 아마추어 정치가 위험한 이유는, 정치라는 업(業)은 개인 차원의 문제가 아니라 나라의 성장은 물론 국민 행복과 직결되는 문제이기 때문이다. 국가발전과 국민 행복에 이바지하는 진정한 프로 정치인들이 많이 나오길 기대하며 정치인들의 분발을 촉구한다.

2017.08.11.

17

평등의 덫

이제부터 우리는 패러다임(Paradime, 사고틀)을 과감하게 전환해야 한다. 누구나 같은 일을 하고 같은 대접을 받는 것은 불가능하다. 사회의 조화를 위해서는 여러 사람이 각자의 능력과 적성에 맞는 역할을 맡아야 한다. 모두가 공무원이 되고 공기업이나 대기업의 직원이 되고자 하는 사회는 언젠가 아무도 그렇게 될 수 없는 상황에 직면한다.

'법 앞의 평등'은 모든 사람이 성별·종교 또는 사회적 신분 등에 의해 모든 차별을 받지 않는다는 것을 의미한다. 이러한 평등 개념은 '신 앞의 평등'에 대한 세속적 개념으로 인간 사회에서 동물계에 존재하는 약육강식의 원리를 배제하고 인간의 인간에 대한 속박을 금지하고자 만들어진 인위적 개념이다. 그런데 오늘날 이러한 인위적 개념이 자연적 개념으로 오해되고 때로 의도적으로 왜곡되어 소비되는 경우가 많아지고 있다. 평등의 개념을 개인의 업적이나 능력에 따른 상대적·비례적 평등이 아닌 절대적 평등으로 이해하고 국가와 사회에 이를 요구하고 있다.

사정이 이렇게 된 것은 무엇보다 정보혁명으로 지식이 폭발적으로 유통되고 소비되면서 사람들이 누구나 자신을 전문가 또는 지식인으로 여기게 되었기 때문이다. 오늘날은 누구나 전문적인 지식을 인터넷을 통해 즉각적으로 검색하고 습득하는 것이 가능하고, 이러한 지식과 정보에 대한 접근성은 대중의 역할 담당 능력을 크게 배가시켰다. 전문성 획득은 대중의 기대 수준을 높였고 기대 수준의 인플레는 엄연히 존재하는 현실적 차이를 인정하지 않는 태도를 불러왔다. 자신의 상품 가치를 객관적 평가보다 훨씬 높여 잡은 자칭 지식인들이 저마다 양질의 일자리를 찾으면서 공직이나 대기업은 수백 대 일의 경쟁력을 보이지만 중소기업이나 육체적 업무를 담당해야 하는 일자리는 철저히 외면 받고 있다.

심각한 것은 일자리에 대한 '눈높이 인플레'가 대한민국의 앞날을 어둡게 한다는 것이다. 직업학교에서 기술을 익혀 중소기업에 취업하거나 창업을 통해 상공인으로 성공하려는 사람은 드물고 너나 할 것 없이 공무원이 되어 안정적 삶을 영위하겠다고 법석을 떠는 나라에 투자할 사람은 없다. 세계 3대 투자가로 꼽히는 짐 로저스는 얼마 전 KBS 프로그램 「명견만리」에 출연해 한국은 더는 투자 매력이 없는 나라라고 말했다. 특히 서울 노량진 고시촌을 찾은 그는 "합격률이 1.8%에 불과한 공무원 시험에 도전하는 청년들의 노력은 대단하지만, 이 현실은 매우 안타깝다, 청년들이 '도전'보다 '안정'을 추구하는 나라에서는 '혁신'이 일어나기 어렵다"라며 사실상 이 상태로는 한국경제가 성장하기 어렵다는 진단을 내렸다. 우리 경제가 왜 이 모양이 되었는지, 정말 미리 막을 수는 없었던 것인지 안타깝기 그지없다. 사실 우리 민족은 예부터 평등 욕구가 강하다고 일컬어진다. '나'보다는 '우리'를 유난히 강조하다 보니 '너'와 '나'의 차이를 대수롭지 않게 받아들인다. 이런 태도는 공동체의 결속에 도움이 된 측면도 있으나 다른 한편으로는 각자 저마다의 소질과 능력을 개발하는데 큰 방해요인이 되어 왔다.

이제부터 우리는 패러다임(Paradime, 사고틀)을 과감하게 전환해야 한다. 누구나 같은 일을 하고 같은 대접을 받는 것은 불가능하다. 사회의 조화를 위해서는 여러 사람이 각자의 능력과 적성에 맞는 역할을 맡아야 한다. 모두가 공무원이 되고 공기업이나 대기업의 직원이 되고자 하는 사회는 언젠가 아무도 그렇게 될 수 없는 상황에 직면한다.

독일에 일류상품이 많은 이유는 마이스터(Meister, 匠人) 제도 때문이다. 직업학교가 잘 정비된 독일에서는 11살 때부터 직업교육을 받게 되는데, 이렇게 길러진 마이스터들이 소시지 제조, 맥주 제조, 기계, 배관 등 약 350여 개 직종에서 전문가로 활동하고 있다. 가령 독일 자동차 벤츠의 메르세데스-AMG 라인의 엔진은 모든 공정을 엔지니어 1명이 담당하는데 심지어 제조자의 낙관을 찍을 정도라고 한다.

모두가 같은 직업을 추구하기보다는 각자 한 분야의 전문가가 되려는 사회가 더 건전한 발전을 이룰 것은 자명하다. 특히 인간이 로봇이나 AI(인공지능)와 경쟁해야 하는 4차 산업혁명 시대는 장인만이 살아남을 수 있다고 한다. 지금 이 시점에서 우리가 선진국으로 도약하는 방법은 4차 산업혁명 시대에 걸맞은 장인들을 가능한 한 많이 길러내는 것이다. 국가는 장인을 기르기 위한 제도를 정비하고 인적·물적 지원을 아끼지 말아야 한다. 독일의 마이스터 제도처럼 전문기술인을 길러내는 교육제도를 발전·정착시켜야 함은 물론이다. 이제 우리도 '평등의 덫'에서 과감히 벗어나야 한다. 어쩌면 진정한 평등은 모두가 다를 때, 그때 실현되는 것이다.

2017.08.18.

18

직업정치(職業政治)와 정치교육(政治教育)

막스 베버는 정치를 한다는 것은 국가가 가진 폭력, 그 악마적 힘과 손잡는 것이라고 보고, 이렇게 국가의 폭력을 이용한다는 점에서 정치는 근본적으로 비극이며, 이 때문에 냉정과 열정의 균형감(均衡感)이 필요하다는 점을 역설했다.

플라톤(Plato, BC427~BC347)은 스승 소크라테스(Socrates, BC470~BC399)가 사형당한 후 지인에게 보낸 편지글에서 이렇게 썼다. 「국가의 통치권은 공정하고도 진실한 철학자가 장악하든가, 아니면 철학자가 신의 계시를 받아서 참다운 철학자가 되든가 해야 한다. 그렇게 되지 않는다면 인류의 불행은 절대 끊이지 않을 것이다.」

플라톤은 국가를 운영하는 기술로서의 정치가 가진 폭력성을 간파하고, 이러한 폭력을 공정하고 지혜롭게 운영할 수 있는 자가 정치를 맡아야 한다고 보았다. 소위 철인정치(哲人政治)를 통한 이상국가론(理想國家論)이다. 이 오래된 명제가 비록 우리의 대중민주주의 사회에서 그대로 통용될 수는 없다 하더라도 플라톤이 파악한 정치의 위험성과 슬기로운 정치의 이상은 오늘도 여전히 유효하다.

근대 정치사상가 중 가장 우뚝 선 막스 베버(Max Weber, 1864~1920)는 '정치는 폭력을 다루는 악마의 기술'이라는 인식하에 정치인의 자질과 정치 윤리에 주목했다. 베버는 그의 저서 『직업으로서의 정치』에서 지배의 정당성에 대한 논의를 비롯하여 직업 정치가의 출현, 그 형태와 자질과 윤리를 다루었다. 여기서 특히 시선을 끄는 것은 정치의 본질과 소명, 그 배반에 대한 통렬한 지적이다.

베버는 직업정치인의 자질로 '열정, 책임감, 균형감'을 들었는데, 정치엔 대의에 대한 헌신으로서의 열정(熱情), 결과에 대한 책임의식(責任意識), 열정과 냉정함 사이의 균형감각(均衡感覺)이 필요하다는 것이다. 그는 어리석고 비열해 보이는 세상에 좌절하지 않고 그 어떤 상황에서도 "그럼에도 불구하고!"라고 말할 수 있는 열정을 가진 사람만이 정치에 대한 소명(召命)이 있다고 보았다. 베버는 정치는 자만심이나 허영심 충족을 위해 적당히 할 수 있는 일이 아니라면서 권력 행사의 객관적 결과에 대한 책임감, 즉 책임윤리가 없는 것은 치명적인 정치적 죄악이며 정치적 소명에 대한 배반임을 강조하였다. 베버는 정치를 한다는 것은 국가가 가진 폭력, 그 악마적 힘과 손잡는 것이라고 보고, 이렇게 국가의 폭력을 이용한다는 점에서 정치는 근본적으로 비극이며, 이 때문에 냉정과 열정의 균형감(均衡感)이 필요하다는 점을 역설했다.

정치는 아무나 적당히 할 수 있는 일도 아니고 또 아무나 적당히 하게 놔둬서도 안 되는 것이다. 굳이 베버의 말이 아니더라도 책임감도 없이, 불타는 열정도 없이 정치를 한다는 것은 국민에 대해 죄를 짓는 일이다. 그런데도 준비되지 않은 사람들이 정치를 하겠다고 이리저리 나서고, 또 그렇게 나선 사람들이 유력자에게 줄만 잘 서면 정치를 할 수 있는 오늘의 정치토양은 반드시 개선되어야 한다.

정치 발전을 위해서는 정치 지망생들이 정치에 대한 사고의 지평을 넓히고 정치적 상상력을 함양해야 한다. 정치 지망생들은 그들이 옳다고 믿는 가치와 대의를 실현하는 정치의 역할을 제대로 해내기 위한 정치 공부를 해야 한다. 이를 위한 체계적인 교육이 필요함은 물론이다. 그리고 이 교육은 각 정당이 정치 아카데미를 세워 실시하는 것이 바람직하다. 정치교육은 먼저 정치 지망생들에게 정치에 필요한 개인적 자질을 갖추어 주는 것을 목표로 해야 한다. 플라톤은 한 개인이 자기 삶을 이상적으로 실현하기 위해서는 세 가지 덕목을 갖춰야 한다고 보았는데, 그가 말하는 지혜, 용기 그리고 절제는 특히 정치인들에게 반드시 요구되는 특질이다. 지혜란 이성에 따라 분별 있게 행동하도록 하는 덕목이고, 용기는 어려운 일을 기꺼이 떠맡아 담당하는 덕목이며, 절제는 감각적인 욕망을 억제하도록 하는 덕목이기 때문이다. 그다음으로 정치교육은 막스 베버가 말하는 열정, 책임감, 균형감각을 길러주는 것을 목적으로 해야 한다.

정치적 자질은 선천적으로 타고나는 측면도 없진 않지만, 교육을 통해서 얼마든지 함양시킬 수 있는 것이다. 각 당이 정치 지망생들을 모아 정치아카데미에서 수업을 받게 하고, 이들 중 자질이 있는 사람들을 공천하여 지방의회 등에서 정치 경험을 쌓게 한 후 중앙 정치무대로 진출시킨다면 대한민국의 선진정치(先進政治) 구현도 크게 앞당겨질 것이다. 이제 우리 정치도 삼류라는 오명에서 벗어날 때가 되었다.

2017.08.25.

19

궁핍한 시대의 희망 - 자유, 평등, 박애

세계 시민은 누구나 마땅히 자유롭고 차별받지 않는 삶을 살 수 있어야 한다. 지구촌 어느 곳에서 압제(壓制)에 시달리며 차별받는 시민이 있다면 이를 해결할 책임은 세계 모든 국가와 시민에게 있다. 종교나 정치적 이유로 핍박받고 가난에 시달리는 동료 세계 시민을 더는 방치해서는 안 된다.

지금 우리는 어떤 시대에 살고 있는가. 우리가 사는 오늘은 세기말적 퇴폐기(頹廢期)에 있는 것도 아니고 그렇다고 새로운 천년을 시작하며 가졌던 설레는 환상이 남아 있는 것도 아니다. 아니 오히려 뭔가 어둡고 암울한 분위기가 지구 전체를 감돌고 있다. 특히 한 세기의 전환은 물론 새로운 천년을 맞이하며 가졌던 세계평화(世界平和)와 공동번영(共同繁榮)의 희망이 20년도 채 안 돼 실망과 좌절로 변해버린 느낌이다.

역사는 발전해 가는 것이라는 믿음을 굳이 버릴 필요는 없다 하더라도, 지금 분명한 것은 오늘의 자유와 평등을 가져온 과거의 빛나는 사조가 퇴조하고 산업혁명(産業革命)이 가져온 대량생산(大量生産)과 대량소비(大量消費)의 부작용이 커지면서 세계가 점점 더 극한의 경쟁으로 내몰리고 있다는 것이다.

경제 강국들의 보호무역주의(保護貿易主義)가 기승을 부리고 외교관계가 자국 이익 중심으로 흐르는 가운데 세계 각국의 전통적 선린우호(善隣友好) 관계가 깨지고 각 나라는 저마다 각자도생(各自圖生)에 바쁘다. 특히 미국이나 중국 등 몇몇 강대국들이 자신들의 세계 패권을 유지하거나 확보하는 일에만 몰두하면서 상황은 점점 나빠지고 있다.

세계 각지의 난민문제(難民問題)는 보통 심각한 것이 아니다. 시리아 내전이 7년째 진행 중이고 6,400여만 명의 사람들이 피난의 여정에 있다. 분쟁과 박해를 피해 집을 버리고 떠난 사람 중 51%는 보호가 절실한 어린아이들이다. 멈추지 않는 내전으로 난민들은 끝없이 증가하고 있지만, 그들을 위한 지원과 후원은 점점 줄어들어 난민들의 가난과 불행이 갈수록 심해지고 있다.

가장 걱정되는 것은 세계 각국의 군비경쟁(軍備競爭)이다. 북한이 대륙간 탄도미사일은 물론 수포폭탄 실험까지 내달리면서 한반도를 일촉즉발의 상황으로 몰아넣고 있고, 그 와중에 트럼프 미국 대통령은 우리나라는 물론 일본과 대만에도 대량의 살상무기(殺傷武器) 수출을 노골화하고 있다. 중국도 항공모함을 건조하고 진수시키는 등 군사 대국의 야망을 숨기지 않고 있다. 지구 전체가 일종의 화약고(火藥庫)가 되어가는 셈이다.

이쯤에서 세계 각국은 문제가 더 심각해지기 전에 프랑스대혁명의 정신을 되새겨야 한다. 1830년 7월 14일 왕의 정치에 분노한 일단의 프랑스 시민들이 왕정 반대파들이 수감 되어있던 바스티유 감옥을 습격하는 것으로 시작된 프랑스혁명은 정치적으로는 절대왕정이 붕괴되고 자유와 평등을 이루는 토대를 마련했고, 경제적으로는 상인의 활동을 넓혀 경제 활성화에 이바지했으며, 사회적으로는 구체제의 사회적 모순을 타파하고 새로운 근대 시민사회를 여는 기폭제가 되었다. 비록 국가의 당면 문제들을 해결하지 못하고 있던 틈을 타 나폴레옹이 쿠데타를 일으켜 정권을 장악하며 혁명은 막을 내렸지만, 프랑스혁명의 핵심 이념인 '모든 사람은 법 앞에서 자유롭고 평등하며 차별을 받아서는 안 된다'라는 사상은 나폴레옹 군대를 따라 세계 각지로 퍼져나갔고, 프랑스혁명의 자유(自由), 평등(平等), 박애(博愛) 3대 원칙은 오늘날까지도 대부분 국가의 헌법에 큰 영향을 주어 우리는 오늘도 그 혜택을 누리며 살고 있다.

우리가 오늘 되새겨야 할 것은 시민의 자유와 평등은 비단 선진국이나 일부 국가 시민들만의 전유물(專有物)이 아니라는 것이다. 세계 시민은 누구나 마땅히 자유롭고 차별받지 않는 삶을 살 수 있어야 한다. 지구촌 어느 곳에서 압제(壓制)에 시달리며 차별받는 시민이 있다면 이를 해결할 책임은 세계 모든 국가와 시민에게 있다. 종교나 정치적 이유로 핍박받고 가난에 시달리는 동료 세계 시민을 더는 방치해서는 안 된다.

세계를 화약고로 만드는 군비경쟁은 조속히 중단되어야 한다. 무기를 팔아서라도 자국의 무역적자를 줄이고 경제적 부를 축적하겠다는 자국제일주의(自國(第一主義(제일주의)) 사상이 더 지속되어서는 안 된다. 가난과 질병으로 고통 받는 세계 시민들을 구제하기 위한 박애주의(博愛主義) 사상을 크게 진작시켜야 한다. 세계 지도자들이나 세계 시민들이 프랑스대혁명의 정신을 다시금 되새겨야 할 때다.

2017.09.15.

20

사이버 사디즘, 사이버 나르시시즘

인터넷에서의 공격이 가혹한 것은 인터넷의 자기검열 기능 부재 때문이다. 인터넷에서는 현실 세계와 달리 다른 사람의 통제를 받지 않는다. 이렇게 보장된 익명성은 많은 경우 '나'를 드러내지 않으면서 '남'을 괴롭히는 사디즘(sadism)으로 전환된다.

얼마 전 SNS에 240번 버스 기사를 향한 비난이 쇄도했다. 한 제보자가 '240번 버스 운전기사가 아이가 혼자 내렸으니 세워달라는 엄마의 애원을 무시하고 달렸다'라는 목격담을 인터넷 게시판에 올린 것이 발단이었다. 버스 기사는 졸지에 피도 눈물도 없는 사람이 되어 버렸다. 급기야 서울시가 조사에 나서고 노선 상 "안전 문제 때문에 정류장이 아닌 곳에 버스를 세우고 사람을 내리게 하기는 어려웠다"라는 발표가 나왔다. CCTV가 공개되고 경위가 확인되면서 소위 240번 버스 괴담은 사실이 아닌 것으로 판명되었다. 인터넷에 글을 올렸던 첫 제보자가 공개적으로 사과하면서 사태는 일단락됐지만, 버스 기사와 그 가족이 엄청난 고통을 받았음은 물론이다. 과거 유럽의 마녀사냥이 오늘 대한민국에서 인터넷을 통해 부활하는 느낌이다. SNS를 이용해 개인 누구나가 1인 뉴스공급자가 되고 난립하는 인터넷 언론이 여과 없이 받아쓰는 일이 많아지면서 무고한 시민이 인터넷 대중들로부터 무차별 인신공격을 당하는 일이 반복되고 있다. 일단 누군가가 자신의 목격담이나 간접 체험한 사실을 그럴듯하게 양념을 쳐서 인터넷에 올리면 이후 이에 동조한 인터넷 공화국의 시민들이 각자 자신의 주관을 더 해 실체를 부풀려 거듭 유통하고, 이 과정에서 공격대상을 향한 분노와 저주의 말들이 여과 없이 쏟아진다.

인터넷에서의 공격이 가혹한 것은 인터넷의 자기검열 기능의 부재 때문이다. 인터넷에서는 현실 세계와 달리 다른 사람의 통제를 받지 않는다. 이렇게 보장된 익명성은 많은 경우 '나'를 드러내지 않으면서 '남'을 괴롭히는 사디즘(sadism)으로 전환된다. 특히 인터넷에서는 자신을 여러 가지 모습으로 바꿀 수 있으므로 어느 때에 이르러서는 현실에서와 전혀 다른 광기의 주체가 된다. 실체를 드러낼 필요가 없는 모니터 속에서는 현실의 제약 때문에 하지 못하던 행동이나 생각도 과감하게 드러낼 수 있다. 내 현실적 정체를 감추고 나를 익명의 다수 가운데 하나로 자리바꿈하면 내가 누군지 알 수 없다는 점을 이용해 남을 공격하고 비방하기가 쉬워진다. 이것이 검열받지 않는 정체성이다.

한편 SNS에 취한 사람들은 화면에 비친 자기 모습에 애착을 갖고 자신을 사랑하게 되는데, 이런 식의 나르시시즘(narcissism)이 과도해지면 자신과 다른 상대에 대해 근거 없는 비판과 욕설을 퍼붓게 된다. 현실 속에서 얼굴을 서로 맞대고 이야기할 때는, 의미가 분명하지 않을 때 상대의 생각과 의사를 되물어 확인하는 과정을 거치기 때문에 대화를 주고받는 과정에서 스스로 정제되고 정화된다. 그러나 인터넷에서는 그런 과정이 생략되기 때문에 자기애적(自己愛的) 확증편향성(確證偏

向性)을 가진 송신자의 관점에서 주관적으로 해석되어 '듣고 싶은 대로 듣는' 일이 생기게 된다.

실재와 가상의 자아 사이의 모호한 경계선에 관해 서술한 디지털 시대의 주도적인 사상가 셰리 터클(Sherry Turkle, 1948~)은 1997년 펴낸 『스크린 위의 삶(Life on the screen)』에서 현실 세계에서는 인식론적 자아가 존재론적 자아에 굴복하지만, 사이버공간에서는 육체를 떨쳐버린 인식론적 자아가 주도권을 갖게 된다고 말한다. 현실 세계의 정체성은 육체와 직업에 의해 규정되는 단일한 정체성인 데 반해 사이버공간의 정체성은 생각과 마음에 따라 여러 가지가 다양한 형태로 나타난다는 것이다. 또한, 온라인에서 만들어지는 자기 정체성은 즉각적이고 즉흥적이며 미완성인데다 기분과 필요에 따라 얼마든지 바꿀 수 있는 것이기 때문에 인터넷에서는 사물에 대한 성찰과 자신에 대한 반성을 바탕으로 한 다른 사람들과의 상호 연대감 형성이 어렵다는 것이다.

현실에서도 그렇지만 우리는 인터넷에서는 더욱 절제하고 자제해야 한다. 확인되지 않은 사실을 즉각적으로 인터넷에 올리거나 다른 사람들을 따라 무차별적으로 저주에 가까운 욕설을 퍼붓는 것은 절대 삼가야 한다. 특히 인간관계를 지나치게 인터넷에 의존하는 것은 매우 위험하다. 사디즘이나 나르시시즘에 빠져 남을 다치게 하고 결국 자기 자신을 다치게 할 수 있기 때문이다. 인터넷 공간은 분명 또 다른 하나의 세계다. 그러나 그곳 역시 우리가 발 딛고 있는 세상과 결코 분리될 수 없는 곳이다. 우리가 잊지 말아야 할 것은 사람은 피와 살을 가진 존재라는 사실이다.

2017.09.22.

21

생존(生存)과 유희(遊戱)

인간을 말할 때 사랑을 빼고 나면 더는 실체형용(實體形容)이 불가능하다. 인간이 더 인간다워지고 인간의 본성에 충실해지는 방법은 사랑이라는 유희를 통해서만 가능하다. 물론 여기서 사랑은 형이하학적(形而下學的) 차원의 개념이 아니라 높은 경지의 정신적 승화를 포함하는 개념이다.

생존은 모든 생명의 지향이다. 생존한다는 것은 곧 살아남는다는 것이고 생존게임에서 승리했음을 의미한다. 생존엔 에너지가 필요하여서 생존한다는 것은 또한 생명 에너지를 외부로부터 얻는 데 성공했음을 의미한다. 생존에너지를 스스로 얻지 못할 때 다른 생명 에너지원에 기생(寄生)하거나 그것도 아니면 사멸(死滅)할 수밖에 없다. 인간 역시 이런 자연의 법칙을 벗어날 수 없다. 인간의 생존은 생존게임에서 성공하고 스스로 삶의 에너지를 마련할 때만 영속할 수 있다.

유희는 모든 생명의 목적이다. 생명의 목적이 오로지 존재하는 것에 있다면 맹목적인 것이 되고, 오로지 자손을 남기는 데에 목적이 있다면 허무하기 그지없다. 오히려 생명의 목적이 유희에 있다고 할 때 비로소 생명 자체의 존재 이유가 그나마 그럴듯해진다. 어쨌든 인간은 기본적으로 유희적 존재라는 것을 부인할 수는 없는바, 이 때문에 인간 존재의 많은 양태는 유희와 분리되어 생각할 수 없다.

인간은 살아 있는 동안 어떤 방식으로든 유희를 추구하는바, 어쩌면 인류 문명의 역사는 인간이 일로부터 탈피하여 유희의 시간을 늘려온 역사라고 해도 과언이 아니다. 사실 일이 생존에너지를 얻기 위한 수단이라면 유희는 생존 자체의 목적이라고 할 수 있다. 그 때문에 인간 본성에 더욱 가까운 것은 일이 아니라 유희다. 사실 따지고 보면 그것이 음악이든 시든 그림이든 간에 모든 예술은 인간의 유희와 관련된 것이다.

일이 아닌 유희가 인간 본성에 가깝다는 사실을 우리는 동물계에서 쉽게 발견할 수 있다. 동물들은 먹는데 많은 시간을 쏟기는 하나 그들은 생존을 위해 먹을 뿐 먹기 위해 사는 것은 아니다. 우리는 새끼동물들이 엄마 젖을 빠는 순간을 빼고는 거의 항상 어떻게든 까불대며 놀기를 멈추지 않는다는 데서 이러한 사실을 안다.

유희는 생존을 위해 꼭 필요하다. 인간의 생존은 그냥 얻어지는 것이 아니라 끊임없이 생존 의지를 작동시킬 때 비로소 얻어지는 것이고, 이러한 생존 의지는 유희에서 그 동력을 얻는다. 일반적으로 유희는 특별한 목적의식 없이도 그것 자체로서 흥미를 느끼게 되는 활동을 총칭하는 말로 쓰인다. 따라서 유희가 생존을 위한 수단이라고 할 때 다소 의아하게 느껴질 수 있으나 유희를 제거한 상태에서의 인간의 삶이란 원천적으로 불가능하다. 아니 가사 가능하더라도 그것은 이미 인간다운 삶이 아닌 그저 살아 있는 생물로서 존재하는 것일 뿐이다. 심지어 독일의 실러(Friedrich Schiller 1759~ 1805)는 "인간은 놀이를 즐기고 있을 때만이 완전한 인간이다"라고 하였거니와 유희는 인간을 인간답게 하는 가장 기본적 요소다. 살아있는 인간이라고 해서 반드시 유희하는 인간은 아니다. 그러나 그 반대의 명제는 성립한다. 유희하는 인간은 진정한 의미에서 살아있는 인간이다.

인간 유희의 정점에는 사랑이 자리한다. 사랑은 인간이 생존과 유희를 결합한 것으로 인간의 계속적 존속을 가능케 하는 동력이다. 인간을 말할 때 사랑을 빼고 나면 더는 실체형용(實體形容)이 불가능하다. 사실 인간이 더 인간다워지고 인간의 본성에 충실해지는 방법은 사랑이라는 유희를 통해서만 가능하다. 물론 여기서 사랑은 형이하학적(形而下學的) 차원의 개념이 아니라 높은 경지의 정신적 승화를 포함하는 개념이다. 그렇게 되지 않고선 사랑은 인간 사회를 영속시키는 유희가 될 수 없기 때문이다.

반인륜적이라고 하는 범죄가 하루가 멀다고 일어난다. 심지어 소년들까지 사람의 생명을 빼앗는 악행을 태연히 저지른다. 그들에게는 범죄가 하나의 유희가 되었기 때문이다. 소위 '범죄유희(犯罪遊戱)'라는 것이다. 소년범죄를 막기 위해서 소년법을 개정하고 엄히 처벌해야 한다는 목소리가 높다. 그러나 솔직히 말해 그것이 소년법을 개정해서 될 일은 아니다. 가정과 학교를 사랑의 공간으로 탈바꿈시키는 것이 우선이다. 이미 너무나 많은 가정이 그리고 학교가 진정한 의미의 생존이 불가능한 폐허로 변해버렸다. 이러한 폐허 속에서 자라는 아이들은 어쩌면 생존을 위해 범죄라는 몸부림을 치는지도 모른다. 더 늦기 전에 가정과 학교의 건강성을 회복해야 한다. 물론 그 방법은 사랑을 통해서만 가능하다.

2017.09.29.

22

잉여쾌락(剩餘快樂)의 함정(陷穽)

충분히 자력으로 생계를 이어갈 수 있는데도 국가가 만연히 복지라는 이름의 공짜 돈을 지급하면 자칫 소비 욕구에 대한 목마름을 가중시킬 위험이 있다. 복지혜택은 적어도 자유를 파괴당하거나 생계의 위협을 당하는 사람들을 대상으로 하는 것이지 잉여쾌락을 위한 것일 수 없다.

현대인들은 과거 어느 때 보다 물질적 풍요를 누리면서도 욕망의 결핍에 사로잡혀 있다. 잉여쾌락을 추구하는 현대인의 소비에 대한 갈증은 그 끝을 알기 어렵다. 대량생산과 대량소비가 가져온 물질문명에 깊이 길들여지면서부터 인간은 소비 욕구를 거부할 수 없게 되었고, 필요해서가 아니라 욕망을 채우기 위해 잉여소비를 계속하는 지경에 이르렀다. 물질의 소비를 넘어 욕망을 소비하는 것이다.

덴마크 격언에 "모자는 빨리 벗고 지갑은 천천히 열어라"라는 말이 있다. 돈을 버는 것은 '의지'의 문제지만 돈을 쓰는 것은 '본능'의 문제다. 욕망에 굴복한 패자가 되지 않기 위해서는 이 본능을 잘 다스려서 돈을 효과적으로 사용해야 한다. 루소(Rousseau, Jean Jacques 1712~1778)는 인간을 망치는 것은 욕망과 능력의 불균형이라고 했거니와, 처지나 상황을 무시한, 경제적 능력을 넘어선 소비는 개인은 물론 가정의 파멸과 불행을 불러온다.

국가도 별반 다르지 않다. 국가가 포퓰리즘(Populism)에 빠져 분수에 맞지 않는 복지 소비를 계속하면 파국을 면하기 어렵다. 국민은 가난한데 국가만 부자일 수는 없다. 국가의 복지재원은 결국 국민의 세금에서 나온다. 국가나 위정자가 돈을 벌 능력은 없다. 그 때문에 위정자들이 인기를 얻기 위해 과다한 복지 소비를 할 때 국고는 금방 바닥날 수밖에 없다. 위정자들이 부를 창출하지는 못하면서 국민의 인기를 얻기 위해, 또는 어설픈 이념에 빠져 나라의 곳간을 거덜 내면 국민은 결국 거리의 쓰레기통을 찾아 헤매게 된다.

복지정책은 사실상 현대국가의 제1차적 과제다. 사회복지 정책의 입안과 실현은 지구상에 존재하는 모든 정부의 관심사가 되었고, 보편적 복지와 선별적 복지 논쟁은 과거 동서 간 이념 대립만큼이나 첨예하다. 사회주의를 사상적 기반으로 하는 보편적 복지가 말 그대로 국민 누구에게나 같게 복지혜택을 주자고 주장하는 반면 자유주의를 기반으로 한 복지정책인 선별적 복지는 국가의 재정 형편을 보아가며 일부 계층에게만 복지혜택을 주자고 한다. 양 정책은 각기 장단점을 갖지만, 대립의 정점에는 복지재원 조달의 방법이나 복지의 지속가능성에 대한 시각차가 자리 잡고 있다.

로마 황제인 티투스(Titus Flavius Vespasianus 재위 79~81)는 불과 2년 동안 통치했지만, 그 명성이 지금까지도 이어지고 있다. 그가 존경을 받게 된 것은 베수비오(Vesuvio) 화산의 폭발이었다. 대재앙이 일어났을 때 티투스 황제는 곧바로 현장으로 달려가 구조 활동을 주도했고 피해를 본 사람들에게는 보상금을 지급했다. 그는 가난한 사람들은 목욕

탕을 무료로 사용할 수 있게 하고 그곳에서 국민을 만났다. 그는 거창하게 복지라는 말을 내세우지는 않았지만 정말 필요한 때 정말 필요한 복지혜택을 제공함으로써 모든 국민의 존경을 받았다.

복지정책의 성공 여부는 결국 필요한 때 필요한 곳에 적절한 지원을 할 수 있느냐 하는 것이다. 언제 닥칠지 모르는 자연재해나 질병의 창궐 등을 생각하면 국가의 곳간을 충분히 채워둘 필요가 있고, 따라서 복지정책은 그 대상과 범위를 급격히 늘리기보다는 점진적인 확대를 해나가는 것이 바람직하다.

가난이 정말 무서운 이유는 그것이 확실히 자유를 파괴하고 삶을 고단하게 하고 생명을 갉아먹기 때문이다. 국가는 국민을 극심한 가난 상태에 두어서는 안 된다. 복지는 바로 이때 빛을 발한다. 충분히 자력으로 생계를 이어갈 수 있는데도 국가가 만연히 복지라는 이름의 공짜 돈을 지급하면 자칫 이것은 오히려 소비 욕구에 대한 목마름을 가중할 위험이 있다. 복지혜택은 적어도 자유를 파괴당하거나 생계의 위협을 당하는 사람들을 대상으로 하는 것이지 잉여쾌락을 위한 것일 수 없다.

리처드 바크(Richard Bach 1936~)는 갈매기의 꿈을 통해 "가장 높이 나는 새가 가장 멀리 본다"라고 했다. 눈앞에 보이는 것에만 매달리다 보면 오히려 큰 것을 놓칠 수 있다. 복지정책도 마찬가지다. 멀리 보고 계획을 세워야 한다. 현대인들의 복지혜택은 결국 우리 후손들의 짐이 될 수밖에 없다. 혹여라도 오늘의 '잉여복지'가 내일의 '가난의 통곡'이 되지 않도록 특별히 조심해야 할 것이다.

2017.10.13.

23

종심소욕불유구(從心所慾不踰矩)

모든 개인이 덕목수양을 통해 완벽한 인격을 이룰 때 역할의 집합체로서의 사회 체제가 각 개인에게 내면화되며, 또 그렇게 되면 각 개인이 저마다 마음먹은 대로 해도 사회 전체가 마치 '뭇별들이 북극성을 에워싸고 도는 것'처럼 조화롭게 된다.

논어에 나타난 공자의 사상은 甲=甲이라는 정명론으로 연결된다. 정명론은 '임금은 임금다워야 하고 신하는 신하다워야 하며 아버지는 아버지다워야 하고 아들은 아들다워야 한다(君君 臣臣 父父 子子)'라는 명제다. 공자는 어떻게 행동해야 임금답고 신하다운지를 결정해 주는 것은 예(禮)이고, 주례(周禮)에 따르는 행동만이 임금답고 신하다운 것이라고 한다. 왜 그래야 하는가에 대해서 공자는 다른 이유를 들지 않고 '마땅히' 해야 하기 때문이라고 한다. 즉 의(義)이기 때문이라는 것이다.

공자가 말하는 인간은 생물학적 존재로서의 개별적 인간이 아니라 무수한 인간관계 속에서 여러 역할을 담당하는 사회적 존재다. 다시 말해 인간은 역할들의 집합적 총체의 담지자이며, 인간의 하루란 아니, 일생이란 역할 교체의 연속이다. 예컨대 집에 있을 때 아버지 앞에서는 아들로, 학교에서 선생 앞에서는 학생으로, 친구들과 있을 때는 친구로서 해야 할 역할을 담당한다.

또 사회적 인간관계란 언제나 상대와 짝을 이루는 관계로, 예컨대 아버지-아들, 남편-아내, 어른-아이, 친구-친구 등의 관계가 된다. 사회는 개인 역할의 집합적 총체이기 때문에 모든 개인은 어떤 역할을 맡게 되더라도 그 역할을 제대로 수행해야 한다는 것이 공자의 정명론이 가지는 함의이다.

정명론(定命論)은 의미 없는 동어반복이 아니라 현실과 이상을 나누는 동시에 현실은 이상에 접근해야 한다는 명제이다. 현실 속에서 일정한 역할을 부여받은 개인은 그 역할이 요구하는 이상적인 본질을 구현해야 한다. 공자는 변화하는 현실 속의 개체는 불완전한 존재이지만 이상을 구현할 가능성이 인간의 마음속에 보존되어 있다고 본다. 즉 공자에게 있어 甲이 甲답기 위해서는 마음속에 보존된 이상으로서의 甲을 구현해내야 하고 이는 수양을 통해 덕을 쌓음으로써 가능하게 된다.

공자의 인(仁) 사상은 공자의 정명론이 인간의 덕의 문제로 나타난 것이다. 공자에 있어서 인(仁)은 '사랑함'과 '완벽한 인격'을 의미한다. 정명론으로 볼 때 개인의 수많은 역할 수행은 하나의 근원적인 사랑(仁)의 다양한 표출이다. 한 개인이 아들의 처지에 있을 때 그 사랑은 아버지에 대해서 효라는 사랑으로 나타나고, 신하의 상황에 있을 때는 임금에 대해 충이라는 사랑으로 나타난다. 나아가 남편, 형제, 친구 등등 모든 역할 수행은 결국 하나의 근원적인 사랑이 다양하게 표출된 현상이다. 충효 등 역할 수행에 따른 덕목뿐만 아니라 다른 모든 덕목 또한 인(仁)에 포함된다. 공자에 따르면 역할에 따라 어떻게 행동해야 할지 아는 것이 지(智)이며, 그 행동 방식이 예(禮)이고, 그렇게 과감하게 행동할 수 있는 것이 용(勇)이다. 이렇게 볼 때 인은 모든 덕을 포괄한다. 그 모든 덕을 다 실현하면 인자(仁者)가 되는데, 인자는 곧 완벽한 인격을 갖춘 자이다.

공자는 정명론을 통해 질서 있고 조화로운 사회를 이루려 한다. 이상적인 사회를 현실에 구현하기 위해서는 사회의 구성원들이 각자 맡은 역할을 완벽하게 수행해야 하고, 이를 위해 구성원 각자는 우선 인의, 충서 등의 덕목을 닦아야 한다. 모든 개인이 덕목수양을 통해 완벽한 인격을 이룰 때 역할의 집합체로서의 사회 체제가 각 개인에게 내면화되며, 또 그렇게 되면 각 개인이 저마다 마음먹은 대로 해도 사회 전체가 마치 '뭇별들이 북극성을 에워싸고 도는 것'처럼 조화롭게 된다[공자는 논어의 爲政(위정)편에서 이러한 상태를 從心所慾 不踰矩(종심소욕 불유구)라고 하였다]

오늘 우리 사회가 매우 어지럽다. 인륜이 땅에 떨어지고 패악이 넘친다. 아버지가 아버지답지 않고 아들이 아들답지 않고 스승이 스승답지 않고 학생이 학생답지 않다. 사람들 각자가 저마다의 편리와 이익을 좇다 보니 다른 사람에 대한 배려는 사라지고 세상은 점점 각박해져만 간다. 우리가 오늘 오래된 책장에서 '공자님 말씀'을 다시 꺼내 드는 이유는 '기본 중의 기본'으로 돌아가는 것이 가장 빠른 문제 해결 방법일 것이기 때문이다. 우리가 모두 사회에서, 인간관계에서 부여받은 각자의 역할을 충실히 수행하는 것, 뭇별들이 북극성을 도는 것처럼 조화로운 사회를 만드는데 이보다 더 좋은 방법이 있을 수 있겠는가?

2017.10.20.

24

공무심(公務心)

공무심(公務心)은 무엇인가. 공적 업무를 행하는 바른 마음이다. 공무심은 시대적 사명감과 책임감으로 대변되는 정신이다. 공무심은 청렴과 청빈을 우선 가치로 삼으면서 일상생활에서 검약과 절제를 미덕으로 삼는 정신인 동시에 비루하게 시류에 영합하지 않고 역사의식 하에 시시비비(是是非非)를 가리는 정신이다.

강원랜드 등 공기업 채용 비리가 점입가경(漸入佳境)이다. 강원랜드가 2012년부터 2013년도까지 채용한 518명 전원이 청탁에 의한 입사였다고 한다. 특히 청탁자 중에는 국회의원 10여 명과 그 외 강원랜드를 담당하는 지식경제부(현 산업통상자원부) 등 정부 부처의 고위 관리가 포함된 것으로 나타났다. 청탁 없이 채용 원서를 접수하고 시험을 보고 면접을 본 사람들은 그야말로 바보같이 이미 합격이 정해진 청탁자들의 들러리를 섰다.

강원랜드뿐이 아니다. 항공우주산업, 대한석탄공사 등 여타 공기업의 채용 비리도 만만치 않다. 오죽하면 문재인 대통령까지 나서 공공기관이나 공기업에 대해 전수조사를 해서 채용 비리 실태를 밝혀내 청탁자들을 처벌하고 부정 취업을 한 사람들에 대해서는 채용을 취소하라는 지시를 하였겠는가? 도대체 대한민국은 정의가 있는 나라인가? 공공기관이나 공기업의 공채시험을 이리도 농락할 수 있는 것인가? 이것이 과연 기회가 공정하고 결과가 평등한 나라인가?

대한민국 이대로는 안 된다. 반칙과 특권의 고리를 끊지 않고는 공정한 대한민국을 이룰 수 없다. 부당한 특권을 행사하고 반칙을 범한 사람들은 소위 이 나라의 지도층이라고 하는 사람들이다. 그들은 자신들의 직위나 권한을 이용해 사리사욕을 채웠을 뿐 직무에 대한 소명 의식이나 최소한의 직업적 양심도 없었다. 이번 공기업 등 공공기관 채용비리는 대한민국의 공적 업무 담당자 중 너무도 많은 수가 공무심을 갖고 있지 않다는 것을 보여주는 것이다.

공무심(公務心)은 무엇인가? 공무심이란 공적 업무를 행하는 바른 마음이다. 공무심은 공무를 담당한 사람이면 누구나 가져야 할 마음의 자세다. 공무심은 조선의 선비정신처럼 시대적 사명감과 책임감으로 대변되는 정신이다. 공무심은 청렴과 청빈을 우선 가치로 삼으면서 일상생활에서 검약과 절제를 미덕으로 삼는 정신인 동시에 비루하게 시류에 영합하지 않고 역사의식 하에 시시비비(是是非非)를 가리는 정신이다. 사리사욕(私利私慾)을 채우기 위해 옳지 않은 일을 행하고 염치를 저버리는 일 따위를 과감히 배척하는 자세다.

공무심은 안빈낙도(安貧樂道)와 청렴을 실천하는 자세다. 가난하게 사는 것을 부끄럽게 생각하지 않고 오히려 그것을 즐기는 마음이다. 조선의 선비들은 구차(苟且)하고 가난한 생활 속에서도 그에 구속되지 않고 편안한 마음으로 도(道)를 즐겼다. 공자는 "나물 먹고 물을 마시고 팔을 베고 누웠어도 낙이 그 가운데에 있으니, 의롭지 않은 부와 귀는 나에게는 뜬구름과 같을 뿐이다(飯疏食飮水 曲肱而枕之 樂亦在其中矣 不義而富且貴

於我如浮雲, 반소사음수 곡굉이침지 낙역재기중의 불의이부차귀 어아여부운)"(《논어》 술이)라고 하였거니와 공무심은 바로 이처럼 정의롭지 않은 부와 귀를 과감히 떨치고 유유자적할 수 있는 선비정신이다. 조선의 선비들은 꼿꼿한 지조와 목에 칼이 들어와도 두려워 않는 강인한 기개, 옳은 일을 위해서는 사약(賜藥)도 불사하던 불요불굴의 정신력을 갖고 있었다. 조선의 선비들에게 변절이란 상상할 수 없었다. 그들은 '예의'로 행동을 규제하고 '염치'를 가지고 자신의 마음을 단속했다.

공무를 담당한 사람들은 후세에 이름이 더럽혀지는 것을 특히 경계해야 한다. 한순간 권세를 이용하여 호의호식하고 원하는 대로 살 수는 있으나 권세는 바람처럼 사라지고 결국 남는 것은 탐욕의 대가로서의 더러운 이름뿐이다. 조선이 세계 왕조 역사상 보기 드물게 500년 왕조를 유지할 수 있었던 것은 조선의 지배계층이 올바른 마음가짐을 갖고 있었기 때문이다. 그들은 적어도 비루하고 구차하게 자신의 이익을 추구하며 살지 않았다.

대한민국은 100년도 안 돼 벌써 병들어 가고 있다. 지금 이 시점에서 잘못된 것을 바로잡지 않으면 병폐가 깊어져 영영 치유할 기회를 잃게 될 것이 분명하다. 정부와 관계기관은 강원랜드 등 공공기관의 채용 비리에 가담한 자들을 모두 찾아내 일벌백계하고 불법과 부정으로 취업한 자들의 취업을 모두 무효로 해야 한다. 이것은 정의의 문제다. 임마누엘 칸트(Immanuel Kant 1724~1804)는 "내일 지구가 망하는 한이 있더라도 오늘 반드시 사형을 집행해야 한다"라고 말하지 않았던가?

2017.10.27.

25

민주주의의 꽃

분권형 지방자치는 권력의 중앙집권을 막아 실질적 권력분립을 이룰 방법인 동시에 사회 전 분야에서 벌어지고 있는 양극화와 계층별 소외현상을 극복할 수 있는 방법이다. 지방자치는 또한 진정한 의미에서의 주민자치와 풀뿌리민주주의를 실현해 대한민국의 주인이 국민임을 확인하는 길이다.

주민들이 직접 정치에 참여하는 주민자치(住民自治)는 민주주의의 이상적 구현 형태이다. 그리고 현대국가가 주민자치를 실현하는 현실적 방안은 지방자치다. 지방자치(地方自治)는 자신이 속한 지역의 일을 주민들이 직접 처리한다는 민주정치의 가장 기본적인 요구에 기초를 두고 있다.

문재인 대통령은 전남 여수에서 열린 전국 시도지사들과의 두 번째 간담회에서 자치(自治)와 분권(分權)이 대한민국의 새 성장 동력이 될 것이라면서 이를 헌법적으로 보장하는 개헌을 추진하겠다는 뜻을 밝혔다. 대통령은 또한 이 자리에서 '자치분권 로드맵'을 만들겠다는 구상도 함께 내놓았다.

지방자치에 대한 문재인 대통령의 인식과 구상은 전적으로 옳다. 실질적 의미의 지방자치는 민주주의의 꽃을 활짝 피우는 방법일 뿐 아니라 경제적으로도 대한민국을 한 단계 격상시킬 수 있는 성장 동력원이 될 수 있다. 서구 선진국에서 볼 수 있듯 민주주의가 이상적으로 구현된 나라는 사회, 경제적으로도 큰 성공을 거두었다. 민주주의의 성숙한 발전이 경제성장을 가져오고 이러한 성장은 다시 복지국가로의 추동력을 제공하고 있는 까닭이다.

오늘날 우리 국민의 직접민주주의에 대한 욕구는 그 어느 때보다 크게 분출되고 있다. 대의민주제에서 나타난 정치권력의 타락과 병폐를 지켜보며 국민이 국정에 직접 참여하는 참여자, 주권자이자 납세자로서의 감시자 역할을 자임하고 나선 것이다. 국민의 이런 정치 욕구는 다시 지방분권과 자치분권에 대한 강력한 요구로 이어진다. 지방정부가 지방입법권, 지방행정권(조직권), 자치재정권(조세권) 및 자치복지권 등 지방자치 4대 자치권을 모두 갖고 주민들이 여기에 직접 참여하는 정치가 시대적 요청이 된 것이다.

분권형 지방자치는 권력의 중앙집권을 막아 실질적 권력분립을 이룰 방법인 동시에 사회 전 분야에서 벌어지고 있는 양극화와 계층별 소외 현상을 극복할 수 있는 방법이다. 지방자치는 또한 진정한 의미에서의 주민자치와 풀뿌리민주주의를 실현해 대한민국의 주인이 국민임을 확인하는 길이다. 지역 주민들이 능동적으로 참여해서 각 지역에 맞는 발전 방향을 모색하고 스스로 이를 실현하는 과정에서 민주주의가 발전함은 물론이다. 그 때문에 J.S.밀(John Stuart Mill 1806~1873)은 "지방자치는 자유의 보장을 위한 장치이고 납세자의 의사 표현 수단이며 정치의 훈련장이다."라고 하였다.

대한민국은 지금 지방분권 시대로의 대전환기를 맞아 지방분권 개헌이라는 큰 과제를 앞두고 있다. 중앙집권적 정치방식이 한계를 드러내고 있고 국민의 정치참여 욕구가 그 어느 때 보다 크게 두드러지고 있는 지금 지방분권 및 자치분권 개헌은 더 미룰 수 없는 과제다. 지방정부와 중앙정부의 상호 견제와 협력은 대한민국을 보다 자유롭고 공정하며 부유한 나라로 만드는 지름길임이 틀림없다.

그러나 지방자치는 지역 주민의 성숙한 시민의식 없이는 성공하기 어렵다. 1948년 정부수립 후 얼마 지나지 않은 1952년 시작돼서 특히 제2공화국 시기에는 전면적으로 실시되었던 지방자치가 1990년대 들어 다시 도입될 때까지 오랫동안 중단된 데는 사실 우리 국민의 지방자치에 대한 이해와 민주적 참여의식이 부족했던 탓도 크다. 그 때문에 정부는 지방분권과 균형발전을 실현·강화하고자 하는 정부의 비전과 의지를 국민에게 적극 홍보·공유하고 지역 주민들이 자발적으로 참여하고 체험할 기회를 만들어 지방자치에 대한 이해를 넓히고 공감대를 확산하는 데 주력해야 한다. 지방정부의 실패가 지역의 발전을 가져오기는커녕 지역 주민들을 수렁의 구렁텅이로 몰아넣을 수 있다는 사실도 간과해선 안 된다. 특히 지방별 편차가 유독 심한 우리나라에서 지방정부의 재정자립 확보는 쉬운 문제가 아니어서 지방별 편차가 더 크게 벌어질 우려도 있다. 따라서 그동안 쌓아온 지방자치의 정치 경험과 2013년에 시작된 지방자치 박람회를 통해 축적한 노하우를 살려 지방시대의 개막에 철저히 대비할 필요가 있다. 모쪼록 지방분권형 개헌을 통해 대한민국 전국 방방곡곡에서 자치 민주주의의 꽃이 활짝 피길 기대한다.

2017.11.03.

26

살인과 사형

어떤 이유로든 살인이 용인되고 제어되지 않는다면 인간 사회는 만인 대 만인의 살육의 장으로 바뀌고 말 것이다. 이 때문에 국가는 살인 범죄를 막는 사회방어망을 촘촘히 구성해야 한다.

용인 일가족 살해 사건은 패륜 범죄의 극단을 보여준다. 자기 이복동생과 의붓아버지는 물론 친어머니까지 무참하게 살해한 대목에서, 또 그것이 돈을 위한 치밀한 계획범죄였다는 데서 우리는 놀라지 않을 수 없다. 유명 탤런트 송 모 씨의 남편이 변호사 사무실에서 목에 칼이 찔려 살해된 사건은 돈과 관련된 청부살인이라는 점에서 매우 놀랍다. 어금니 아빠로 알려진 이영학의 여중생 살해 사건은 딸의 친구를 대상으로 성적 욕구를 해소하려 한 범행이었다는 점에서 엽기적이다.

살인 범죄는 왜 끊이지 않는 것일까. 사회병리학적 현상, 물질만능주의의 탓, 아니면 롬브로소 (Cesare Lombroso, 1835~1909)가 말하는 범죄인 개인의 생래적 특질 때문인가. 그것도 아니면 우리나라가 오랫동안 사형을 집행하지 않는 국가가 되면서 누가 누구를 어떤 이유로 몇

명을 죽이든 범죄인 자신은 적어도 죽지는 않을 것이라는 일종의 안도감 때문인가. 만약 그런 안도감 때문이라면, 그렇다면 지금부터라도 사형수에 대해선 남김없이 사형을 집행하면 살인 범죄를 줄일 수 있을까.

사형이 형벌로서 살인 범죄를 억제할 정도의 위하력이 있느냐 하는 문제는 여전히 논란이 많다. 먼저 18세기 후반 이탈리아의 베카리아(Cesare Beccaria, 1738~1794)가 그의 저서 ≪범죄와 형벌≫에서 사형은 법률상으로나 형벌의 효과 면에서 실효를 거둘 수 없으므로 불필요하다고 역설한 이래, 사형폐지론자들은 사형은 사실상 순간적이며 일반인에 대한 위화·경계의 면에서 큰 효과가 없고 오히려 장기간 자유 박탈이 더욱 효과적이라고 주장한다. 그들은 사형폐지국의 범죄 수치는 사형이 폐지되면 사회 안정에 악영향을 줄 것이라는 주장을 뒷받침하지 못한다면서, 가령 캐나다의 경우 10만 명당 살인율은 1975년 3.09%였으나 사형을 폐지한 지 27년이 지난 2003년 살인율은 1975년 대비 오히려 44%가 낮아진 10만 명당 1.73%를 기록했다는 것 등을 예로 든다. 반면 사형존치론자들은 여전히 사형은 인간의 죽음에 대한 공포 본능을 이용한 가장 냉혹한 형벌로서 일반적 범죄예방 효과가 크다고 주장한다. 그들은 일부 사람들은 사형의 범죄억제 효과가 무기징역형보다 명백히 그리고 현저히 높다는 견해를 뒷받침할 합리적·실증적 근거가 빈약하다고 하지만 반대로 무기징역형이 사형과 대등한 혹은 오히려 더 높은 범죄억제 효과가 있어 무기징역형만으로도 사형의 일반 예방적 효과를 대체할 수 있다는 주장 역시 현재로서는 가설(假說)의 수준을 넘지 못한다고 반박한다.

어떤 이유로든 살인이 용인되고 제어되지 않는다면 인간 사회는 만인 대 만인의 살육의 장으로 바뀌고 말 것이다. 이 때문에 국가는 살인 범죄를 막는 사회방어망을 촘촘히 구성해야 한다. 물론 흉악범죄인에 대해 전격적으로 사형을 집행하는 것도 하나의 방법이 될 수 있을 것이다. 그러나 그것이 현실적으로 쉬운 문제가 아니라면 사형제도 존치니, 사형집행이니 하는 논의에 시간과 정력을 낭비할 것이 아니라 살인범죄를 현실적으로 줄일 수 있는 대안을 찾아 철저히 이행해야 한다.

법질서 확립을 통해 살인을 예방해야 함은 물론 사이코패스 등 개인의 범죄적 특질에 대해서는 이를 조기 발견하고 치료할 수 있는 개인 맞춤형 범죄 예방 시스템을 구축해야 한다. 우리의 형사법 체계를 점검·보완할 필요도 있다. 혹시 사람을 살해하고도 자신은 징역형을 살면 그만이고 또 잘하면 가석방으로 방면될 수 있다는 사정이 살인 범죄에 영향을 주는 것은 아닌지도 신중히 살펴야 한다. 특히 돈을 목적으로 한 청부살인의 경우 형벌의 위하력이 약한 것이 범행을 막지 못한 원인일 수 있다는 지적을 귀담아들을 필요가 있다. 경합범 형량 산정에서 가중주의로 돼 있는 현행법을 개정해서 누적주의로 전환하는 것도 생각해보아야 한다. 가령 금품을 목적으로 세 사람을 죽였을 뿐 아니라 친어머니까지 살해한 용인 살해 사건 같은 경우 우리나라도 미국처럼 누적주의를 취하면 징역 몇 백 년이 나올 수도 있고 오히려 그것이 집행 없는 사형보다 일반예방 효과가 클 수도 있을 것이다. 하여튼 더는 무고한 국민이 살인 범죄의 희생양이 되는 것은 막아야 한다. 방법을 찾아 행하는 것은 국가의 의무다.

2017.11.10.

27

소영웅주의자들의 정의와 오만

소영웅주의자들이 놓치는 핵심은 인간의 삶은 대개 옳고 그름의 문제가 아니라 '어울림'의 문제라는 것이다. 한 줌의 흙과 흙이 모여 태산을 이루고 한 방울의 물과 물이 모여 바다를 이루듯 한 사람 한 사람이 모여 다수를 이룰 때 비로소 인간은 '동물'이 아닌 '인간'이 된다.

소영웅주의(小英雄主義)에 사로잡힌 사람들은 정의를 강조한 나머지 일반적 사유와 행동에서 벗어나는 경우가 많다. 그들은 자신은 정의롭고 다른 사람들은 그렇지 않다고 믿기 때문에 오만에 빠져 다른 사람을 쉽게 공격한다. 자기 확신에서 비롯된 그들의 배타적 태도는 논리적이고 합리적인 관찰과 분석을 방해해 급기야 표현 진실을 실체 진실로 받아들이고 이를 행동의 근거로 삼게 만든다. 결국 소영웅주의자들은 불확실한 사실을 움직일 수 없는 진리인 양 선전하며 다른 사람의 명예를 훼손하고 심지어 무고하기까지 한다. 더 우스운 것은 사실이 드러난 후에도 아직 진실이 밝혀지지 않았다며 자신의 아집을 버리지 않는다는 것이다.

소영웅주의자들의 이런 식의 독선은 개인은 물론 사회를 병들게 한다는 점에서 매우 위험하다. 그들이 오만과 독선에서 벗어나지 못하는 이유는 자신의 믿음을 회의의 대상으로 객관화시키지 못하기 때문인데, 그들은 데카르트 (Descartes, René 1596~1650)의 '나는 생각한다. 고로 나는 존재 한다'라고 하는 말이 편견과 오해에서 벗어나 참 진리를 찾아가야 한다는 교훈임을 알아야 한다. 칸트(Immanuel Kant 1724~ 1804)가 이성의 자율적 사용을 강조하면서 이성 비판을 철학의 법정에 올린 이유도 바로 과감하게 알기 위해서 열심히 따져보지 않으면 인간은 오류를 범할 수밖에 없기 때문이다. 인간의 이성이란 것도 완전히 믿을 수 없는 것이기 때문에 끝없이 회의하고 열심히 따져보며 살아야 우리는 비로소 독단과 편견에서 벗어날 수 있다.

소영웅주의자들이 흔히 범하는 오류는 법의 준수에 대한 것이다. 소영웅주의자들은 자신들은 근본적으로 정의로우므로 자신들이 설사 실정법을 어긴다고 해도 그것은 정의 구현의 한 방법이어서 용인될 수 있다고 생각한다. 그러나 아리스토텔레스(Aristoteles BC384~ BC 322)는 〈니코마코스윤리학〉에서 '정의란 법을 지키며 이득과 손실에 있어서 마땅한 것 이상이나 이하를 가지지 않으려는 탁월한 품성 상태'를 말하는 것이라고 하였다. 아리스토텔레스는 또 '올바름은 법을 지키는 것이고 공정한 것이며, 올바르지 않음은 법을 지키지 않는 것이고 공정하지 않은 것'이라고도 하였다. 진정 바르다는 것은, 진정 정의롭다는 것은, 이득과 손실을 따지지 않고 법을 지키는 일임을 아리스토텔레스는 누차 강조하고 있다.

소영웅주의자들이 놓치는 핵심은 인간의 삶은 대개 옳고 그름의 문제가 아니라 '어울림'의 문제라는 것이다. 한 줌의 흙과 흙이 모여 태산을 이루고 한 방울의 물과 물이 모여 바다를 이루듯 한 사람 한 사람이 모여 다수를 이룰 때 비로소 인간은 '동물'이 아닌 '인간'이 된다. '인간'이 모여 '사회'를 이룬다고 하는 것은 아리스토텔레스 정치학의 요체다. 아리스토텔레스의 '인간은 사회적 동물이다'라는 말은 인간은 본성적으로 무리를 지어 살 때 비로소 인간답게 살 수 있다는 의미다. 무리를 짓지 않는 인간은 그저 '동물'이거나 '신'일 뿐 '인간'일 수 없다. 아리스토텔레스는 인간은 '최선의 국가' 안에서만 행복할 수 있는데, 여기서 최선의 국가가 무엇인가라는 정치적 질문은 인간은 행복을 추구하는 존재이며 공동체를 통하지 않고는 행복해질 수 없다는 생각과 만나게 된다. 인간은 공동체 안에서 벌어지는 정치 행위를 통해서만 행복을 추구하는 '정치적 동물'일 수밖에 없다는 결론이 아리스토텔레스 〈정치학〉의 요체다.

정치는 결국 무리 지어 사는 인간이 어울림의 공동체를 이루고 행복하게 살 수 있게 만드는 일이다. 따라서 홀로 자신만의 정의에 빠져 법을 어기고 다른 사람을 공격하며 혹세무민하는 소영웅주의자들은 그들의 행동이 인간과 사회를 위험에 빠뜨리는 일임을 알아야 한다. 개인의 정의가 한계를 갖는 것은 마치 우리가 효도한다고 하나 증삼(춘추시대 말기 노나라 출생, 공자의 제자 BC 505~BC 435)을 넘기 어렵고 우리가 겸손하다고 하나 허유(중국 고대의 현인 BC 2323추정~BC 2244)를 넘기 어려운 것과 같은 이치다. 소영웅주의는 사회를 해치는 거악이 되기 쉽다. 모름지기 경계할 일이다.

2017.11.17.

28

노인과 사회

우리는 노인 문제가 비단 지금 노인들만의 문제가 아니라는 것을 알아야 한다. 나이 드는 일은 절대적으로 평등한 것이다. 몸이 약해지고 병에 걸리고 죽음을 피부로 느끼며 마침내 사랑하는 이들을 떠나는 일은 모두 인간에게 지극히 실존적이고 지극히 공동체적인 일들이다. 우리 누구도 그 숙명의 궤도에서 벗어날 수 없다.

어부 산티아고는 멕시코 만류에서 홀로 조각배를 띄우고 고기잡이를 하며 살고 있다. 그는 매일 바다에 나가지만 벌써 84일째 고기 한 마리 낚지 못하고 있다. 하지만 다음날도 여전히 그는 조각배를 타고 바다로 나간다. 그는 먼 바다로 나가 악전고투 끝에 꿈에 그리던 대어를 낚는다. 그러나 기쁨도 잠시 작살에 찔린 고기의 피 냄새를 맡고 달려든 상어 떼가 배에 매달린 청새치를 공격한다. 그렇게 몇 번에 걸친 상어의 공격을 받은 후 대어는 앙상한 뼈만 남는다. 그렇게 노인은 항구로 돌아와 깊은 잠에 빠져 '아프리카 사자'의 꿈을 꾼다.

『노인과 바다』는 우리 삶의 압축적 형상이다. 헤밍웨이는 노인 산티아고와 소년 마놀린의 대화를 통해 인간의 꿈과 좌절을 노래하고 있다. 노인은 젊은 날 먼 바다에 나가 큰 고기를 잡은 일이 있으며 87일간 고기 한 마리 잡지 못한 적도 있었다. 그렇게 바다에 나가 고기를 잡으며 일생을 사는 동안 소년처럼 눈부시게 젊었던 산티아고는 어느덧 노인이 되었다. 그러나 그는 아직도 원대한 꿈을 간직하고 있다. "인간은 패배하도록 마련되어 있지 않아…, 목숨을 빼앗길 순 있지만 패배하는 일은 없는 거야"라는 노인의 말은 늙는다는 것이 결코 인간을 굴복시킬 수 없음을, 죽는다는 것조차 자연에 순응하는 것일 뿐 패배하는 것이 아님을 드러내 보여준다.

헤밍웨이가 『노인과 바다』에서 보여준 노인의 삶은 어디까지나 능동적이고 의지적이다. 그러나 2017년 대한민국으로 눈을 돌리면 노인의 삶은 영 그렇지 못하다. 많은 노인이 구석으로 내몰린 채 노인 3고(三苦)라고 하는 빈곤·질병·고독으로 고통 받고 있다. 2014년 기준 대한민국의 노인빈곤율은 49.6%로 OECD 평균(12.6%)의 4배에 달하고, 노인자살률은 인구 10만 명당 55.5명으로 OECD 평균(18.8명)의 3배에 이른다. 노인빈곤율과 노인자살률이 OECD 국가 중 단연 1위다.

어쩌다 동방예의지국(東方禮儀之國) 노인의 삶이 이 지경이 되었을까? 무엇보다 부모 봉양에 자식 부양하느라 정작 자신의 노후설계를 하지 못한 채 그야말로 '어쩌다 노인'이 되고 말았기 때문일 것이다. 고령화가 급속하게 진행되면서 노인인구가 너무 빨리 증가한 데 비해 공적 연금이나 각종 사회보장제도가 턱없이 부족하기 때문이기도 하다. 그러나 이유를 따져본들 그것이 노인의 비극을 멈추게 하지는 못할 것이고 중요한 것은 대책을 세우는 것이다.

먼저 국가적인 차원에서 노인 요구에 기초한 복지정책을 서둘러 수립해야 한다. 우선 극빈층 노인들에게 생계원조를 해야 하고 노인의 소득 보장을 위한 연금제도도 마련해야 한다. 복지사회의 기본이념이라

할 수 있는 최저생활과 기회균등은 노인에게 일차적으로 구현되어야 한다. 다음으로는 노인을 우대하고 그들의 노고에 경의를 표하며 그들의 경험을 함께 나누는 공동체 문화를 발전·정착시켜야 한다. 노인을 이해하고 노인의 지혜·경험을 전수하는 세대 공동체 교육을 해야 함은 물론이다. 『노인과 바다』에서의 노인은 소년 마놀린의 미래다. 마놀린은 84일째 고기 한 마리도 잡지 못하는 노인을 위해 커피를 타 주는 등 그를 변함없이 위로하고 응원한다. 우리 삶에서의 노인과 소년도 이와 같아야 한다. 어쩌면 노인이 필사적으로 큰 고기를 잡으려 했던 것도 소년 마놀린에 꿈과 용기를 주기 위함이었을 것이다. 노인의 용기는 소년에게 이어지고 또 소년은 노인이 된다. 인간의 삶은 그렇게 반복되고 또 이어진다.

우리는 노인 문제가 비단 지금 노인들만의 문제가 아니라는 것을 알아야 한다. 나이 드는 일은 절대적으로 평등한 것이다. 몸이 약해지고 병에 걸리고 죽음을 피부로 느끼며 마침내 사랑하는 이들을 떠나는 일은 모두 인간에게 지극히 실존적이고 지극히 공동체적인 일들이다. 우리 누구도 그 숙명의 궤도에서 벗어날 수 없다. 따라서 늙었다는 이유로 우리보다 먼저 산 이들을 폄훼하고 경멸하는 것보다 어리석은 일은 없다. 『노인과 바다』의 노인 산티아고와 소년 마놀린은 서로에 대한 존경과 사랑, 세대를 뛰어넘는 우정을 주고받는다. 그 때문에 그들은 진정 행복하다. 우리 대한민국의 노인들도 이처럼 행복할 수 있지 않을까? 아니 그래야 마땅하지 않을까?

2017.12.01

29

과거평가와 미래설계

1636년 12월 청나라가 조선에 대한 2차 침입을 감행했다. 청군이 강화도로 가는 길을 차단했기 때문에 인조는 서둘러 남한산성으로 피신했다. 그리고 전쟁이 끝난 이듬해 1월까지 남한산성엔 삶과 죽음이 공존했다. "살아서 치욕을 당할 것인가?", "죽어서 명예에 살 것인가?"

1636년(인조 14) 12월 청나라가 조선에 대한 2차 침입을 감행했다. 청군이 강화도로 가는 길을 차단했기 때문에 인조는 서둘러 남한산성으로 피신했다. 그리고 전쟁이 끝난 이듬해 1월까지 남한산성엔 삶과 죽음이 공존했다. "살아서 치욕을 당할 것인가?", "죽어서 명예에 살 것인가?" 선택은 어렵다. 두 길 중 한 길을 선택하면 바로 그것 때문에 모든 것이 바뀔 수도 있을 것이다.

김상헌(金尙憲,1570~1652), 그의 선택은 싸우는 것이었다. 그는 왜란과 호란을 모두 겪은 사람으로서 명분상 왜란 때 조선을 도운 은혜의 나라 명나라를 배반할 수 없었다. 그는 실리적으로도 진정한 의미의 강화는 먼저 싸운 뒤에야 가능하다고 보았다. 최명길(崔鳴吉, 1586~1647), 그의 선택은 화친을 맺는 것이었다. 그에게 청나라에 맞서 싸우는 것은 백성의 고통을 가중할 뿐이고 이미 종이호랑이에 불과한 명나라를 섬기는 것은 어리석은 것일 뿐이었다.

우리 역사에 김상헌과 최명길처럼 대비되어 회자(膾炙)하는 인물도 없을 것이다. 아마도 그 이유는 그때 과연 어떤 선택이 옳았는가에 대해, 후세의 많은 사람이 일부는 김상헌에, 일부는 최명길에게 동조하고, 또 그렇게 자신이 취한 입장에 따라 상대방의 견해를 비판하는 것이 얼마든지 가능하기 때문일 것이다. 또한 우리 자신이 선택의 갈림길에 설 때 우리가 과연 어떤 선택을 해야 할지 우리 스스로 이미 많이 고민하고 있기 때문이기도 할 것이다. 사실 어느 시대에 어떤 이의 판단과 처신이 옳았는가는 표면적으로 나타난 것으로 판단하기가 어려운 점이 있다. 어쩌면 가장 다른 것처럼 보이는 주장들이 사실은 가장 닮은 것일 수도 있고, 서로 대척점에 있는 것처럼 보이는 주장이 사실은 같은 목표를 추구하는 것일 수도 있다.

대한민국이 다시 기로(岐路)에 서 있다. 북한의 핵과 미사일 개발과 미국의 강경 대응, 중국의 자국 이기주의와 일본의 군비증강 등 한반도가 다시 격랑의 소용돌이 속으로 휘말리고 있다. 이때 우리 운명을 맡아 쥐고 있는 정치지도자가 어떤 선택을 하느냐에 따라 나라와 국민의 운명이 바뀔 수 있다. 이 때문에 정치지도자의 선택은 지극히 공적이어야 한다. "내가 옳다고 믿는 것이 과연 정말 옳은 것인가? 내가 하는 선택이 정말 나라와 국민을 위한 최선인가? 나는 정말 사익이 아닌 오로지 공익을 위해 이런 선택을 하는 것인가?" 끊임없이 고민하고 성찰해야 한다. 정치지도자가 국민의 존경을 받겠다거나 역사에 위대한 인물로 남겠다고 생각하는 순간 그가 이끄는 나라는 이미 위험하다. 다른 한편으로 정치지도자의 선택은 지극히 현실적이어야 한다. 많은 경우 역사의 순간에 그 시간, 그 자리에 있었던 사람들의 생각과 고민에 대한 오늘의 평가는 이미 현실에 책임 없는 이론적 선택에 지나지 않는다. 그러나 정치지도자가 내리는 오늘의 선택은 이론이 아닌 현실이다. 정치지도자는 두 갈래 길 중 한 길을 선택하기에 앞서 고민하고 또 고민해야 한다.

과거에서 배워 더 나은 미래를 만들 책임은 오늘을 사는 우리에게 있다. 그러나 엄밀히 말해 과거 평가가 미래 설계에 반드시 도움이 되는 것은 아니다. 그 이유는 대개 과거는 현재와 연계되어 있을 뿐 미래와 직접 연결되지 않기 때문이다. 어쩌면 과거 평가를 기반으로 미래를 계획한다는 명제는 성립하지 않는다. 사실 미래는 오늘의 관점에서 어떻게 계획하고 설계하느냐에 따라 달라진다. 오늘 이 순간 대한민국의 정치지도자들은 어떤 미래를 설계하고 있는가? 과연 지구상 유일한 분단국가인 대한민국의 통일 비전은 어떤 것이고, 북한의 핵과 미사일 개발에 대한 궁극적 대처방안은 무엇인가? 밀려드는 외교 풍랑 속에서 미국, 중국 그리고 일본 간의 관계는 어떻게 설정하고 어떻게 대응해 갈 것인가? 정치지도자들은 위 질문에 대한 현명한 답을 찾기 위해 끊임없이 고민하고 성찰해야 한다. 보수네 진보니 하는 말들은 어쩌면 모두 하나의 방법론에 지나지 않는다. 중요한 것은 오직 우리 공동체의 유지·발전과 그 구성원들의 최대 행복을 어떻게 구현하느냐의 문제다.

2017.12.15.

30

위험인물론(危險人物論)

중요한 것은 우리 모두 스스로 위험인물이 되지 않도록 경계하고 노력해야 한다는 것이다. 스스로 나 잘났다고 강변해서도 안 되고 할 필요도 없다. 지금 나를 불러주지 않는다고 해서, 나를 알아주지 않는다고 해서 실망하거나 원망할 필요도 없다. 조용히 때를 기다리면 된다.

사람을 씀에 있어서는 모름지기 위험인물을 피해야 한다. 훌륭한 인물을 골라 쓰는 것 못지않게 중요한 것이 위험인물을 미리 알아보고 사용을 피하는 것이다. 역사적으로도 한 사람이 나라를 흥하게 한 일은 흔치 않으나 나라를 망하게 한 예는 적지 않게 찾아볼 수 있다. 이와 관련하여 『중용』에서는 공자의 말을 빌려 세 종류의 위험인물을 논하고 있다.

첫째는 어리석으면서도 잘난 체하기를 좋아하는 사람(愚而好自用 우이호자용)이다. 사람은 누구나 자기 잘난 멋에 산다. 어느 정도 잘난 체하는 것이야 문제 될 것이 없다. 헤겔 (Hegel, Georg Wilhelm Friedrich, 1770년~1831년)이 인류 역사를 가리켜 '자존심을 위한 투쟁(The struggle for Pride)'이라고 한 데서 보듯 '잘난 체'는 인간에게 고유한 속성이고 긍정적인 의미의 자부심은 본인과 사회에 유익한 것이다. 그러나 격에 맞지 않고 능력에 맞지 않는, 어리석음에 연유한 근거 없는 자기 과신은 본인뿐만 아니라 타인과 공동체를 파괴하기 쉽다. 이런 사람이 최악인 이유는 이들은 대개 자기 잘난 맛에 빠져 타인과 상황을 제대로 평가하지 못하고 일을 그르친다는 데에 있다.

둘째는 비천하면서도 스스로 중요하다고 착각하는 사람(賤而好自專 천이호자전)이다. 실제 우리 주위에는 큰일을 맡기에는 그릇이 한참 못 미치는 데도 중요한 일을 맡겠다고 나서는 사람이 많다. 인품이나 능력 면에서 전혀 큰일을 할 만하지 않음에도 자신에게 능력이 있다고 우기며 자기를 대단하다고 생각하는 것만큼 위험한 것도 없다. 능력도 안 되면서 중요한 역할을 맡으면 자칫 자신의 영역뿐 아니라 다른 사람 자리도 엉망진창으로 만들 위험이 있다.

셋째는 현재에 태어났으면서도 옛길로만 돌아가려는 사람(生乎今之世, 反古之道 생호금지세 반고지도)이다. 현재에 살면서 과거에 얽매인 사람은 위험한 인물이다. 현재에 살면서도 현재를 부정하고 오지 않은 미래에 천착하는 사람 역시 위험한 인물이다. 역사는 진실과 신화가 적당히 버무려진 가공품이고 미래는 아직 환상일 뿐이다. 중요한 것은 현재다. 지금 우리가 살아 있다는 것, 그것이 바로 완전한 진실이다. 또한 각각의 시대에는 그 시대에 맞는 가치가 있다. 과거의 기준으로 현재를 재단하거나 지나간 것을 다시 오늘에 되돌리려는 시도는 때로 무용하고 때로 매우 불순한 것이다. 과거에 정신이 팔려 현실을 직시하지 못하거나 과거를 위해 오늘을 희생시키는 것이야말로 가장 어리석은 것이다. 이 때문에 공자는 『중용』에서 무모하게 옛길로 돌아가지 말 것을 권고하고 있다.

인재를 씀에 있어 위험인물을 피해야 한다는 것은 너무도 당연한 이치다. 그러나 그 못지않게 중요한 것은 우리 모두 스스로 위험인물이 되지 않도록 경계하고 노력할 필요가 있다는 것이다. 특히 겉으로 번지르르한 자만심을 떨쳐내고 태산 같은 자부심을 품는 것이 중요하다. 스스로 나 잘났다고 강변해서도 안 되고 할 필요도 없다. 또 스스로 중요하다고 여기기보다는 스스로 중요한 사람이 되기 위해서 실력을 갈고닦아야 한다. 지금 나를 불러주지 않는다고 해서, 나를 알아주지 않는다고 해서 실망하거나 원망할 필요도 없다. 조용히 때를 기다리면 된다. 현실의 상황을 받아들이는 자세 또한 필요하다. 우리는 때로 현재가 고단하다는 생각에 과거를 회상하고 미래를 희망한다. 그러나 중요한 것은 내가 두 발을 디디고 있는 지금 이 자리다. 독일의 철학자 쇼펜하우어(Schopenhauer, Arthur, 1788년~1860년)는 '바닥에 짐이 없는 배는 자꾸 흔들려서 앞으로 나아갈 수 없듯 고난과 고통의 짐은 인생이란 배가 앞으로 나가는 데 있어 꼭 필요한 것이다'라고 말한 바 있다. 현실이 고단해도 그 무게를 이겨내며 성실하게 사는 것이야말로 인생을 가장 잘 사는 방법이라는 얘기다. 공자가 말하는 위험인물은 결국 인간의 삶과 처세에 관한 얘기다. 한 해를 보내며 다시 한 번 옷깃을 여미고 각자 자기 삶의 자세를 가다듬는 것이 좋겠다.

2017.12.22.

31

설마와 차마

건물에 비상구를 만드는 이유는 말할 것도 없이 평상시에 드나드는 문을 통해서 밖으로 나올 수가 없는 어떤 비상사태를 대비한 것이다. 그런데도 비상구 앞에 물건을 쌓아 창고로 둔갑시키고 비상등도 켜놓지 않는 그 만용은 도대체 어디서 오는 것인가?

인간의 이성이란 도대체 '설마'라는 편의적 가설 앞에서 얼마나 보잘것없어지는 것인가? 제천의 한 스포츠센터 주차장에서 시작된 작은 화재가 인간의 비상식적 태만과 욕망을 타고 대참사가 되고 말았다. '설마 불이 나겠어, 비상구는 폐쇄하고 그 부분을 편리하게 쓰자!' '설마 불이 나겠어, 혹 천장에서 물이라도 쏟아지면 귀찮으니까 스프링클러는 그냥 잠가두자!' 화재에 대비해 마련한 시스템과 매뉴얼만 지켰더라면 충분히 막을 수 있었던 화재가 인간의 비이성적 '설마' 때문에 '차마' 눈 뜨고 볼 수 없는 국가적 재난이 되고 말았다.

화재는 일어날 수 있다. 사람의 실수로, 방화로, 누전으로 그 밖에 여러 가지 이유로 불은 우리 주위에서 언제든 발생할 수 있다. 우리의 경험과 이성은 이미 그것을 알고 있고, 이 때문에 불로부터 우리의 생명과 재산을 지키기 위해 소방도로를 만들고 건물에 스프링클러도 설치하고 비상구도 만들었다. 그러나 그렇게 마련한 모든 것이 '설마'라고 하는 근거 없는 추정에 굴복하는 순간 모두 무용지물이 되어 버렸다.

소방관과 소방차량은 불이 난 경우 긴급출동을 위해 존재한다. 그런데 주위에 주차된 차량 때문에 소방차가 불이 난 건물에 빠르게 접근할 수 없다면 이 얼마나 코미디 같은 일인가? 도대체 도심에서 불이 나면 주차 차량 때문에 어차피 긴급출동은 애초부터 불가능한 것인가? 이쯤 되면 문제를 근본적으로 해결할 방안을 찾아야 한다. 사람의 생명이 위험하면 차량의 유리창을 깨고 차량을 부숴서라도 길을 열어야 하고 그 책임은 차량의 소유주나 정부가 지도록 해야 한다.

스프링클러는 '화재는 일어난다'라는 명제에 근거한 것이다. 그렇지 않다면 그렇게 많은 돈과 노력을 들여 스프링클러를 설치할 이유가 무엇이겠는가? 건물에 비상구를 만드는 이유는 말할 것도 없이 평상시에 드나드는 문을 통해서 밖으로 나올 수가 없는 어떤 비상사태를 대비한 것이다. 그런데도 비상구 앞에 물건을 쌓아 창고로 둔갑시키고 비상등도 켜놓지 않는 그 만용은 도대체 어디서 나오는 것인가?

제천 스포츠센터 참사는 드라이비트라는 자재로 외장단열공사를 하는 드라이비트 공법이 화재를 키웠기 때문이라고 한다. 스티로폼에 시멘트를 바른 드라이비트라는 자재를 건물 벽 외장재로 썼는데, 이 소재는 가연성이 매우 강하기 때문에 일단 불이 붙으면 건축 외벽을 타고 불길이 빠르게 확산한다는 것이다. 우리는 우리가 보는 건물 외벽이 시멘트라고만 생각을 했지, 그것이 스티로폼에 시멘트를 입힌 가짜 시멘트벽일 거라고는 꿈에도 생각하지 못했다. 그야말로 우리를 완전히 속인 것이다.

인간은 늘 어리석게도 눈앞의 이익과 편리를 좇아 원칙을 무시하다 큰코다친다. 한쪽에선 '불은 언제든 일어날 수 있다'라고 보고 많은 돈과 노력을 들여 여러 가지 소방시설을 하면서도 다른 한쪽에선 '불은 절대 일어나지 않는다'라고 확신하고 불이 붙기만 하면 바로 타버리는 건축 재료를 외장재로 사용하는 일을 아무렇지 않게 한다. '불은 일어난다'라는 합리적 이성으로 비상구와 스프링클러를 설치하고도 곧바로 '불은 일어나지 않는다'는 비이성적 확신으로 비상구를 폐쇄하고 스프링클러를 잠근다. 이것은 인간의 정신적 능력이 불완전하기 때문이고 이성 외의 어떤 다른 원인이 개입하기 때문이기도 하다. 사실 눈앞의 이익이라는 욕망에 눈이 멀어 합리적 이성이 '설마'라고 하는 회의적 확신에 자리를 내주고 그것이 계속해서 '차마'라고 하는 결과를 낳는 것이다. 인간이 도구적 이성을 총출동시켜 만들어낸 법규와 제도들이 설마라고 하는 인간의 타성적 비이성에 바로 굴복해 버리는 비극을 우리는 이번 제천 화재 참사에서 또다시 봤다. 그렇다면 우리는 언제까지 '설마'로 '차마'를 만들어내는 일을 계속할 것인가?

이제는 바뀔 때다. 우리가 여전히 근거 없는 확신에 젖어, 눈앞에 보이는 작은 이익의 유혹을 이기지 못하고 시스템과 매뉴얼, 그리고 법과 원칙을 무시한다면 참사는 되풀이될 수밖에 없다. 물적 시설도 인적 시설도 중요하지만, 그보다 더 중요한 것은 원칙과 기본을 지키는 일임을 우리 모두 명심해야 한다.

2017.12.29.

32

선택과 결단

선택은 쉽지 않다. 무엇을 할 것인지, 한다면 누구와 언제, 어떻게 할 것인지를 결정하는 것은 때로 어렵고 고통스러운 일이다. 한 순간의 선택으로 모든 것이 달라질 수도 있다. 그러나 선택이 산 자의 숙명이라면 망설이고 주저할 필요가 없다.

산다는 건 어디론가 발걸음을 내딛는다는 것이다. 아침에 일어나서 밤에 잠자리에 들 때까지 무언가를 한다는 것이다. 삶이란 결국 수많은 가능한 행위 속에서 자신이 해야 할 행위를 정하는 선택의 과정이다. 선택은 대개 쉽지 않다. 무엇을 할 것인지, 한다면 누구와 언제, 어떻게 할 것인지를 결정하는 것은 때로 어렵고 고통스러운 일이다. 한순간의 선택으로 모든 것이 달라질 수도 있기 때문이다. 그러나 선택이 산 자의 숙명이라면 망설이고 주저할 필요는 없다. 아니 오히려 과감하게 결단해야 한다. 주저하고 망설이는 것과 신중한 것은 다르다. 신중하다는 것은 오히려 짧은 시간 깊게 생각하고 과감하게 결단을 내리는 것을 말한다.

북송 철종 황제 때의 명재상이자 제왕학에 관한 명저 〈자치통감(資治通鑑)〉의 저자인 사마광(司馬光, 1019~1086)은 어렸을 때 물이 가득 찬 항아리 위에서 놀던 아이가 항아리 속에 빠져 살려 달라고 소리치며 허우적거리는 것을 보았다. 어른들은 항아리가 깨질 것을 걱정해 어찌할 바를 모르고 허둥대기만 했다. 그때 사마광은 주저 없이 돌을 던져 항아리를 깨 버렸다. 물이 쏟아지고 아이는 무사할 수 있었다.

기원전 49년, 로마제국의 야전 사령관 카이사르(Gaius Julius Caesar, B.C. 100.~ B.C. 44)는 갈리아 전쟁에서 승리한 뒤 귀환하는 길에 루비콘강 앞에 다다랐다. 그때 카이사르에게 군대를 해산한 후 로마로 돌아오라는 로마 원로원의 명령이 도달했다. 그가 로마를 비우고 전쟁에 나간 사이 그가 중심이 되어 구성한 삼두 정치의 단결이 깨져, 삼두 정치의 한 사람인 크라수스는 메소포타미아에서 숨지고, 다른 한 사람인 폼페이우스는 카이사르의 적으로 돌아서 로마 원로원의 지지를 받고 있었다. 카이사르는 두 갈래 길 앞에, 선택의 갈림길에 섰다. 군대를 이끌고 루비콘강을 건너면 원로원 결의를 따르지 않는 것이니 조국 로마제국과의 전쟁은 피할 수 없고, 항복하면 역적은 면하겠지만 폼페이우스가 주축이 된 원로원의 결정에 따라 처형될 것이 분명했다. 그때 카이사르는 "주사위는 던져졌다!"라고 말하고 루비콘강을 건넌다. 로마제국의 새 주인은 이렇게 탄생했다.

결과가 불확실한 상황에서 결단을 내리는 것은 아주 두렵고 고통스러운 것이다. 그러나 성공은 대개 두려움과 고통을 이기고 신속하게 결단을 내리는 사람들의 몫이다. 우유부단은 성공을 가로막는 최대의 적이다. 두 갈래 길 중 하나를 택한다는 것은 다른 하나를 포기한다는 것이다. 포기를 위해선 미련과 욕심을 과감히 버려야 한다.

미국인들이 사랑하는 시인 로버트 프로스트(Robert Frost, 1874~ 1963)는 시 〈가지 않은 길〉에서 선택하지 않은 삶에 대한 미련보다는 선택한 삶에 대한 긍정을 노래하고 있다. 누구도 두 개의 길을 한꺼번에 갈 수는 없다. 부득이 한 길을 선택해야 한다. 그때마다 우리는 오랫동안 서서 한 길이 굽어 꺾여 내려간 데까지 바라다볼 수 있는 데까지 멀리 바라다보다 결국 똑같이 아름다운 다른 길을 택하게 된다. 물론 그것 때문에 모든 것이 달라지겠지만, 그리고 그 길을 택한 것을 후회할 수도 있겠지만 그래도 우리는 한 길을 선택하고 앞으로 나갈 수밖에 없다.

인간은 선택에 앞서 늘 불안을 겪는다. 이런 불안은 선택을 주저하게 하고 오랫동안 망설이게 한다. 그러나 우리가 미래를 걱정하며 오늘을 불안하게 사는 것은 최악이다. 톨스토이는 "우리가 과거를 기억하거나 미래를 상상하는 능력을 부여받은 것은 과거 또는 미래에 대한 고찰에 따라 현재의 행위를 더욱 올바르게 결정하기 위함이지 과거를 슬퍼하거나 미래를 준비하기 위함은 결코 아니다"라고 하였다.

선택할 수 있다는 건, 지금 살아 있다는 의미고, 내가 자유인이라는 의미고, 내가 주체적으로 삶을 영위한다는 의미다. 2018년 무술년(戊戌年)이 시작됐다. 두 갈래 길 앞에 섰을 때, 그래서 한 길을 선택해야 할 때, 그때는 먼저 오랫동안 서서 한 길이 굽어 꺾여 내려간 데까지, 바라다볼 수 있는 데까지 멀리 바라다보자! 그다음엔 뒤도 돌아보지 말고 내가 택한 길을 씩씩하게 걸어가자!

2018.01.05.

33

다시, 관용

오늘날 우리의 화두는 '관용'일 수밖에 없다. 그렇다면 어떻게 실천할 수 있을까. 먼저 서로 마음을 아프게 하고 상처를 주는 일부터 멈춰야 한다. 내가 조금 더 편하기 위해 다른 사람을 고통스럽게 하는 것을 그만두어야 한다. 내가 조금 더 벌기 위해 다른 사람에게 손해를 끼쳐서도 안 된다.

이기주의 전성시대다. 우리 사회에 관용의 정신은 점점 사라지고 이익 쟁탈을 위한 만인 대 만인의 전쟁이 한창이다. 내 이익 앞에서 다른 사람의 손해는 안중에도 없는 듯하다. 심지어 나의 작은 쾌락이 다른 이의 생명보다 중요하고 나의 경제적 이익이 공동체의 번영과 존속보다 중요하다고 생각하는 것 같다.

오늘날 우리 사회는 다른 사람에겐 냉정할 정도로 비판적이고, 자기에 관한 한 더없이 관대한 사람들로 넘쳐난다. 그들은 너와 나를 같은 잣대로 평가하지 않고, 내가 지지하는 사람의 능력과 도덕성은 높이 평가하고 내가 지지 않는 사람의 능력과 도덕성은 폄훼한다. 자기편의 약점은 깊이 감추고 상대편의 약점은 굳이 들추어낸다. 개인의 이기주의를 적당히 공익으로 포장하여 집단 이기주의를 부추긴다. 필요하다면 언제든 주관과 객관을 분리하지 않고 이성과 감정을 뒤섞어 자기들에게 유리한 이데올로기를 만든다.

그러나 역설적으로 그러므로 오늘날 우리의 화두는 '관용'일 수밖에 없다. 그렇다면 어떻게 실천할 수 있을까? 먼저 서로 마음을 아프게 하고 상처를 주는 일부터 멈춰야 한다. 내가 조금 더 편하기 위해 다른 사람을 고통스럽게 하는 것을 그만두어야 한다. 내가 조금 더 벌기 위해 다른 사람에게 손해를 끼쳐서도 안 된다. 내가 조금 편해지고 버는 돈이 조금 더 많아진다고 해서 행복 지수가 올라가는 것은 아니다. 행복은 다른 사람들로부터 존중받는다는 생각, 다른 사람과 더불어 사는 가운데 삶이 평화롭고 안전하다는 느낌에서 온다.

우리 모두 내 이익에 지나치게 집착하는 태도를 버려야 한다. 자신의 분노를 다른 사람에게 전가하려는 태도를 버려야 한다. 자신이 처한 상황을 담담하게 받아들이고 상황을 억지로 자기에게 유리하게 만들려 하지 말아야 한다. 인생을 살면서 때로 불리한 처지에 놓이게 되고 억울한 일도 당하고 오해를 받을 수 있다. 그러나 이런 때 다른 사람을 탓하거나 운명을 비관해선 안 된다. 고귀한 인물은 가볍게 자기의 비운을 탓하지 않는 법이다.

우리 모두 공명정대하게 말하고 행동해야 한다. 말이 가진 힘을 의식하고 잘 다스려야 한다. 말은 모든 것을 파괴할 수 있는 무기이다. 사정을 확실하게 알지 못할 때는 다른 사람이나 다른 사람의 일을 지레짐작해서 함부로 추측하지 말아야 한다. 인간은 자칫 자신이 두려워하는 것, 이성이 아닌 감정이 지어낸 것을 확신하는 수가 많다. 그러나 확신만큼 위험한 것도 없다. 자기 자신을 거스르는 말도 하지 말아야 한다. 다른 사람들이 당신에 관해서 말하고 당신을 반대하여 행동하는 것은 대개 그들 자신의 현실, 즉 그들의 두려움, 분노, 또는 환상의 투영일 뿐이다. 당신을 모욕하는 사람이 있다면 문제는 그 사람이지 당신이 아니다. 스스로 상처받지 말아야 한다.

우리 모두 최선을 다하고 또 그것에 만족할 줄 알아야 한다. 성공은 의무가 아니다. 의무가 있다면 최선을 다해야 할 의무가 있을 뿐이다. 만약 실패하더라도 자신을 심판하거나 자책하지 말아야 한다. 내가 한 일의 결과를 미리 걱정할 필요는 없다. 각자 개인의 능력을 최상의 방식으로 사용하도록 노력하면 된다. 최선을 다하되 결과에 대해선 자신에게 너그러워야 한다. 자신이 완벽하지 않다는 것과 실패할 수도 있다는 사실을 받아들여야 한다. 파스칼(Pascal, 1623년~1662년)은 "불행의 원인은 늘 나 자신이다. 몸이 굽으면 그림자도 굽으니 어찌 그림자 굽은 것만 한탄할 것인가! 나 외에는 아무도 나의 불행을 치료해줄 사람이 없다"라고 말한 바 있다.

인간이 갈수록 이기적으로 되고 관용의 정신이 사라져가지만 그런데도 역사는 분명 발전해 간다. 야만인의 관용보다는 문명인의 이기주의가 더욱 선하기 때문이다. 이기주의가 인간의 본성에 가깝지만 그래도 우리가 조금만 더 선한 의지를 발휘할 수만 있다면 우리의 내일은 오늘보다 훨씬 밝고 맑아질 것이다. 내가 조금 양보하면 다른 이가 저녁을 굶지 않고, 내가 조금 양보하면 다른 이가 추운 겨울 처마 밑에서 떨지 않을 수 있다. '다시, 관용!'이다.

2018.01.12.

34

연기된 비극

국민을 편 가르기 하면서 내 편만의 지지를 동력으로 국정을 운영하는 것은 손쉬운 방법이긴 하지만 너무나 위험한 방법이다. 어떤 이유로든 내 편이 돌아서 버리면 정권은 그때부터 고립무원의 처지가 된다. 따라서 지도자의 자질 중 가장 중요한 것은 누가 뭐래도 국민을 통합하는 능력이다.

기본적으로 선거는 국민이 헌법과 법에 따른 권력을 행사할 권한을 누구에게 맡길지를 정하는 일이고, 여기서 권한을 위임받은 자들은 국민이 낸 세금으로 국민에게 일시 고용된 머슴이다. 선거에서 이겼다고 해서 왕이 된 것이 아니라 국민의 뜻에 따라 성실하게 일해야 할 의무를 진 공복이 된 것이다. 그런데도 선거에서 승리한 자들은 자신이 국민으로부터 일정 기간 권력을 위임받았다는 사실을 까맣게 망각하고 마치 전쟁에서 승리한 정복자라도 된 양 착각을 한다.

더욱더 가관인 것은 선거에서 이긴 자들이 그나마 국민 편 가르기를 시도하며 자기편만 챙긴다는 사실이다. 그들은 자기를 지지한 사람들을 확실한 우군으로 만들기 위해 오프라인이나 온라인을 통해 지속해서 '우리는 한편'이라는 메시지를 주며 관리를 한다. 물론 자신을 지지하지 않았거나 반대하는 세력은 철저히 무시한다. 자기편에 우호적인 언론에는 특종 거리를 던져주며 특별 관리를 하는 방법으로 언론과 결탁하여 국민의 눈을 가리고 귀를 막는 것도 잊지 않는다. 이 같은 방법은 물론 효과가 있다. 특히 정권 초기에는 으레 있는 새 정부에 대한 국민의 기대감과 어울려 상당한 정도의 지지율 상승효과를 가져온다.

그러나 그렇게 얻은 지지와 환호는 마약과 같아서 오래가지 못한다. 약효가 다하는 순간 극심한 고통이 찾아온다. 국민을 편 가르기 하면서 내 편만의 지지를 동력으로 국정을 운영하는 것은 손쉬운 국정운영 방법이긴 하지만 너무나 위험한 방법이다. 어떤 이유로든 내 편이 돌아서 버리면 정권은 그때부터 고립무원의 처지가 된다. 따라서 지도자의 자질 중 가장 중요한 것은 누가 뭐래도 국민을 통합하는 능력이다.

통합과 화합의 리더십에 대해선 링컨(Abraham Lincoln 1809~1865, 미국의 16대 대통령)에게 배울 점이 많다. 링컨은 사실 하찮은 사건만 맡으며 수입도 변변치 않은, 속칭 별 볼 일 없는 시골뜨기 변호사였다. 가령 링컨은 1855년 6월 특허권 분쟁에 대한 중요한 소송의 변호인단으로 참여하였는데, 그때 변호인단 중 한 사람인 조지 하딩은 링컨을 "허름한 행색에 발목까지 내려오지도 않는 바지를 입고, 손잡이 끝에 동그란 공이 달린 파란색 목면 우산을 든 볼품없고 깡마른 꺽다리 촌놈"이라며 비하했다. 변호인단의 또 다른 일원인 에드윈 M. 스탠턴도 "왜 저 긴팔 원숭이를 끌어들였느냐"라며 링컨을 공공연히 무시했다. 그러나 링컨은 1861년 대통령 당선 후 변호사 시절부터 자신을 무시해온 정적 스탠턴을 공화당 인사들의 반대를 무릅쓰고 전시 국방장관으로 임명했다. 링컨은 스탠턴이 정직하고 엄격하며 원칙을 밀고 나가는 사람이라는 것을 알고 있었다. 스탠턴은 링컨의 기대를 저버리지 않고 남북전쟁을 승리로 이끄는 데 큰 역할을 했다.

불행히도 대한민국의 대통령 선거와 권력 운용의 방식은 승자 독식의 게임이다. 이 때문에 대통령은 당선되는 순간 모든 권력을 움켜쥐고 현대판 아부꾼들을 먼저 내각과 청와대에 기용하게 된다. 소신 있고 강직한 지사형 인사들은 철저히 배제된다. 대통령에게 먼저 발탁되는 인사들은 대개 권력 냄새를 잘 맡고 적당한 처신으로 대통령 후보의 눈에 들었던 사람들이다. 그러나 비극은 바로 여기서 시작된다. 자신을 지지하는 사람들, 자기에게 바른 소리, 쓴 소리 한 번 하지 않는 참모에 둘러싸인 대통령만큼 위험한 것은 없다. 내부 견제가 없다는 것, 대통령이 하는 일에 태클을 걸 사람이 없다는 것은 그만큼 '연기된 비극'을 잉태할 수밖에 없기 때문이다.

현대적 의미에서의 국민 불평등감정과 국론분열은 사실 선거에서 시작된다. 따라서 선거 후에 대통령은 통합과 화합의 리더십을 과감하게 발휘해야 한다. 요즘 대한민국의 국론분열이 심각하다. 정부 정책을 두고 이런저런 비판이 거세게 일고 있다. 대통령은 더 늦기 전에 자신에게 과감히 쓴소리 바른 소리 할 사람을 기용해야 한다. 가능하다면 자신의 정적을 기용하는 것이 좋을 것이다. 늦으면 늦을수록 비극이 그만큼 더 잉태된다는 것은 이미 우리 현대사가 충분히 잘 보여주고 있다.

2018.02.02.

35

금주법과 '법의 실패'

입법자는 입법을 추진함에 있어 법의 실패를 심각하게 고려해야 한다. 법의 취지가 좋다고 해서 시행 결과까지 좋은 것은 아니다. 미국 대부분 주에서 '금주법'이 발효되고 미국인들은 경건한 삶을 강요당했지만, 그 결과는 엄청난 범죄 발생과 공무원의 부패였다.

목표와 현실의 괴리가 크면 클수록 입법 목적은 그만큼 달성하기 어렵다. 특히 법이 정당성이 없어 불법행위가 잘못으로 인식되지 않는 곳에서는 법을 어기는 것이 대수롭지 않게 여겨진다. 이 경우 법을 만들 때는 예상하지 못한 나쁜 결과가 초래되는데, 이를 가리켜 '법의 실패'라고 부를 수 있다.

역사상 가장 두드러진 법의 실패는 미국의 '금주법'이다. 1920년부터 시행된 금주법은 엄청난 부정적 효과를 가져왔다. 금주법은 1933년 완전히 폐지되었지만, 부정적 효과는 법이 폐지된 이후에도 상당 기간 지속되었다. 금주법 실험은 사실 매우 고상한 실험이었지만 현실을 간과한 때문에 미국 사회에 엄청난 생채기만 남기고 완전한 실패로 끝났다. 입법자들은 금주법을 통해 술에 의한 타락을 막고 사회를 더 경건하게 하길 바랐지만, 이 법은 오히려 미국 사회를 갖가지 부패와 범죄로 얼룩지게 했다.

금주법은 초기에는 제1차 세계대전 중 부족한 곡물의 전용을 막기 위한 목적에서 추진되었다. 그러나 일단 금주운동이 시작되자 점차 사회·문화적 움직임에 편승해 운동의 목적이 방향을 다른 곳으로 틀었다. 술에 근본적 거부감을 느끼는 기독교 근본주의자들과 급격한 도시화에 거부감을 가지고 있던 농민들이 금주법을 지지하고 나섰고, 나중에는 반이민주의자, 인종차별주의자들까지 가세했다. 결국에는 경건한 삶과 사회정화가 금주법의 입법 목적이 된 가운데 1919년 10월 28일 볼스테드 법으로 알려진 전국금주법(National Prohibition Act)이 제정되고 이듬해 발효되면서 미국 전역에서 음주는 불법이 되었다.

금주법이 시행되는 동안 미국에선 폭력과 범죄가 대폭 늘어났다. 살인은 78%까지 늘어났고 음주운전으로 인한 구속도 81%까지 증가했다. 음주 자체를 전면 금지한 까닭에 주류의 생산, 유통 및 관리에 관한 법이 없었고, 이 틈을 타 불법 주류 제조업자들이 독성이 강한 불순물을 첨가하면서 술은 전보다 50%나 독해졌다. 알코올 중독 비율이 4배 증가했고 알코올 중독으로 사망하는 개인의 평균나이도 6개월이나 빨라졌다. 사람들이 마약을 알코올 대체재로 사용하면서 대마초, 아편, 코카인 등의 사용량도 늘어났다. 술의 가격이 급등했고 저질 술이나 가짜 술을 만들어 파는 일이 횡행하면서 서민들이 술을 마시다가 건강을 잃고 심지어 목숨을 잃는 일까지 속출했다. 술을 불법으로 제조하고 유통하는 것이 큰 돈벌이가 되자 범죄조직들은 주류를 불법으로 유통하면서 많은 돈을 벌어들였다. 알 카포네(1899~1947)라는 전설적인 이름의 갱단이 이 무렵 두각을 나타낼 수 있었던 것도 금주법 때문이었다.

범죄조직들이 주류의 불법 제조와 유통을 통해 규모와 영향력을 키우면서 스무 살에 불과한 알 카포네가 시카고 갱단의 중심 세력으로 자리를 잡았다. 그는 매춘과 밀주, 도박장 등 사업 다각화를 통해 1927년경 무려 1억 달러에 이르는 재산을 축적할 수 있었다.

금주법은 법의 실패를 바로 보여주는 예다. 또 금주법은 법의 실패가 사회에 얼마나 오랫동안 나쁜 영향을 끼칠 수 있는지를 극명하게 보여주는 예이기도 하다. 입법자는 입법을 추진하는 데 법의 실패를 심각하게 고려해야 한다. 법의 취지가 좋다고 해서 그 법의 시행 결과까지 좋은 것은 아니다. 미국 대부분 주에서 금주법이 발효되고 미국인들은 경건한 삶을 강요당했지만, 그 결과는 엄청난 범죄 발생과 공무원 등의 부패였다. 세상일이 법으로 다 해결될 수만 있다면 도대체 사회 문제가 왜 일어나겠는가? 대중의 일시적 인기에 영합하는 포퓰리즘 입법은 위험하기 이를 데 없다. 도덕에 맡겨야 할 것을 법으로 통제하려 할 때 그 부작용은 매우 심각할 수 있다. 특히 정부가 법을 통해 민간 부문에 적극적으로 개입하고 이를 통해 문화·복지사회를 이루려 할 때 생각지 못한 내외부의 장애요인을 만나 애초 기대했던 목표도 달성하지 못하면서 오히려 상황만 나쁘게 만들 수 있다. '법은 도덕의 최소한'이라는 말은 그래서 명언이다.

2018.02.09.

36

관계변증법

대면 인간관계가 점점 사회적 스펙과 정중한 예의를 요구하면서 사람들은 점점 더 커튼 뒤로 숨고 있다. 상처받지 않기 위해 오프라인 인간관계나 매스컴 인간관계에 경도되는 모습도 보인다. 그러나 SNS나 매스컴은 인간 대 인간이 소통하고 교류하는 보조수단일 뿐 인간의 대면 관계를 대체하는 수단이 될 수 없다.

오늘날 사람 대 사람의 관계는 너무도 찰나적이고 일회적인 것이 되어 버렸다. 현대인들은 넘쳐나는 관계 속에서 오히려 철저히 외톨이가 되어 가고 있다. SNS를 통한 관계는 화려해 보이지만 속 빈 강정처럼 알맹이가 없다. 온라인 인간관계는 사람들에게 마치 자신들이 많은 사람과 관계를 맺고 있고 그들의 지지와 응원을 받고 있다고 느끼게 한다. 그러나 대개 그것은 착각이다. 화려한 온라인 인맥을 자랑하는 사람들도 막상 대면 인간관계가 필요할 때 전화 한번 편하게 걸 수 있는 상대가 없는 경우가 대부분이다.

그런데도 사람들이 점점 온라인 관계 속으로 걸어 들어가는 이유는 오프라인에서의 인간관계가 힘들고 어렵기 때문이다. 간단치 않은 현실 세계에서 이런저런 사람들과 이런저런 종류의 관계를 맺고 유지하는 것은 품이 많이 들고 때로는 매우 피곤한 일이다. 특히 공적으로 맺는 대면 인간관계는 늘 고도의 긴장을 요구한다. 이런 형태의 만남은 얼굴빛까지 적나라하게 드러나는 것이어서 언제든 관계가 나빠질 수 있다. 실패할 위험이 곳곳에 도사리고 있고 깊은 내상을 각오해야 하는 경우도 많다. 인간관계가 서툰 현대인들이 오프라인 인간관계를 꺼리는 이유도 바로 이 때문이다.

본래 사람 대 사람 관계는 세상 만물의 토대이고 역사상 모든 문화와 문명은 사람 간의 관계를 통해 만들어졌다. 이런 환경에서 사람과의 만남은 기쁨이었다. 공자는 멀리서 친구가 찾아오는 것은 인생 삼락중의 하나라고까지 했다. 친구와의 만남이 무언가 생산적이고 즐거움을 주는 일이었다. 그러나 지금은 더는 인간관계가 생산의 토대가 되고 기쁨이 되는 시대가 아니다. 기술문명이 급격히 발전하고 급기야 인공지능 시대가 가속화되면서 많은 일에서 협업이나 공동 작업은 필요하지 않다. 다른 사람을 만나지 않고도 인생사 거의 모든 문제를 해결할 수 있는 세상이 되었고, 이런 상황에서 인간관계는 생산의 토대가 아닌 그저 하나의 소비 방식일 뿐이다.

물론 현대인들의 파편화된 삶은 그들이 원해서 아니라 생존을 위해 사회 환경에 적응한 결과이다. 오프라인 인간관계는 진정한 의미에서의 협동적 인간관계가 종말을 고하고 개별주의가 현대 사회에서 살아남는 생존법으로 자리를 굳힌 결과물이다. 혼자 사는 것은 물론 혼자 밥 먹고 혼자 술 먹고 혼자 여행하는 삶 속에서 오히려 위로와 평안을 얻는 개별주의자들이 오프라인이 아닌 온라인 인간관계를 맺는 것은 어쩌면 당연하다.

그러나 한편, 사람은 사회적 동물로서의 본능을 갖고 있으므로 계속해서 관계가 단절된 삶을 살기가 어렵다. 그래서 현대인들은 일정한 정도의 관계를 맺되 서로 간섭이 없는 인간관계를 원한다. 고립과 단절을 해소할 수 있지만 상호 채권 채무가 없는 관계를 찾는다. 그들은 관계를 통해 많은 것을 얻을 생각도 갖지 않는다. 그저 내가 누군가와 관계를 맺고 있다는, 그래서 나는 혼자가 아니라는 정도의 가벼운 위안을 얻는 것으로 만족한다. 현대인들이 매스컴을 통한 간접 체험에 열광하는 것도 그런 이유다. 직접 체험의 대상이던 등산이나 낚시와 같은 스포츠나 레저 활동조차도 오늘날은 매스컴을 통한 간접 체험이 대세다. 심지어 맛있는 음식을 만들어 지인들과 나눠 먹는 것조차 직접 체험이 아닌 간접 체험의 대상이 되었다. 매스컴 인간관계가 새로운 추세로 자리 잡은 것이다.

바야흐로 인간관계가 어려운 시대가 되었다. 혼자 밥 먹기, 혼자 영화 보기 등 소위 혼족이 늘어나는 것도 시대상의 반영이다. 대면 인간관계가 점점 사회적 스펙과 정중한 예의를 요구하면서 사람들은 점점 더 방안의 커튼 뒤로 숨고 있다. 상처받지 않기 위해 오프라인 인간관계나 매스컴 인간관계에 경도되는 모습도 보인다. 그러나 SNS나 매스컴은 인간 대 인간이 소통하고 교류하는 보조 수단일 뿐 인간의 대면관계를 대체하는 수단이 될 수 없다. 진정한 소통을 위해서는 좀 번잡스럽고 힘들어도 면 대 면으로 만나야 한다. 다만 이때 명심할 것은 세상 모든 이치가 다 그렇듯 인간관계의 승패 역시 문제는 밖에 있는 것이 아니라 안에 있다는 사실이다.

2018.03.02.

37

원칙과 예외

법은 보편타당성을 지향하되 구체적 타당성을 도외시해서는 안 된다. 법은 원칙을 규정하지만 특별한 사정이 있는 경우까지 그 원칙을 고집할 수는 없다. 원칙을 부르짖으며 마땅히 살펴야 할 특별한 상황을 살피지 않는다면 형식적 정의는 달성할 수 있을지 몰라도 실질적 정의를 구현하기는 어렵다.

퇴계 이황의 부인은 지적 장애가 있었다. 한 번은 퇴계의 집에서 일가친척과 문중 사람들이 모여 제사를 지내는 데 부인이 제사상 앞을 왔다 갔다 하며 이것저것 음식을 집어 먹었다. 그러자 문중 어른들은 부인에게 직접 뭐라 하지는 못하고 퇴계에게 좀 나무랄 것을 청했다. 이때 퇴계는 "그냥 놔두는 것이 좋겠습니다. 오늘은 어머니 제사를 모시는 날인데 어머니께서 살아생전에 저 며느리를 무척이나 아끼셨는데, 그 며느리가 혼이 나면 어머니께서 마음이 불편하지 않으시겠습니까?"라고 하였다. 이 말을 들은 일가친척이나 문중 사람들은 더는 아무 말도 하지 못했다.

제사를 지내기도 전에 제사 음식에 손을 대는 것은 엄격한 유교 사회에서 큰 무례가 아닐 수 없을 터, 어쩌면 짐짓 부인을 꾸짖어야 마땅한 일이었다. 그러나 퇴계는 달랐다. 격식에 얽매이지 않고 제사의 진정한 의미를 생각했다. 돌아가신 어머니 제사상을 차려 놓고 어머니가 아끼던 며느리를 혼내는 것은 어머니를 참되게 기리는 방법이 아니었다.

사실 따지고 보면 예의범절이란 것은 인간 사회의 화평과 안녕을 위한 것이다. 그 때문에 어느 한 면만 생각하고 다른 측면을 생각하지 않는 행동은 한편으론 도덕적이지만 다른 한편으론 비도덕적인 것이 될 수 있다. 가령 퇴계가 제사 예절을 이유로 부인을 여러 사람 앞에서 공개적으로 혼낸다면, 그것은 부부유별(夫婦有別)이라 하여 남편과 부인 간에도 짐짓 예를 다하던 유교 사회에서 큰 무례일 수 있다. 예절을 지킨다는 것이 오히려 인화(人和)를 해친다면 그것을 일러 도덕적 행동이라 할 수는 없을 것이다.

법도 마찬가지다. 법을 준수한다는 것이 오히려 정의에 부합하지 못한 일이 된다면 그것을 일러 합법적 행동이라 할 수는 없다. 법은 보편타당성을 지향하되 구체적 타당성을 도외시해서는 안 된다. '예외 없는 법은 없다'라는 말은 그래서 생겨났다. 법은 원칙을 규정하지만 특별한 사정이 있는 경우까지 그 원칙을 고집할 수는 없다. 원칙을 부르짖으며 마땅히 살펴야 할 특별한 상황을 살피지 않는다면 형식적 정의는 달성할 수 있을지 몰라도 실질적 정의를 구현하기는 어렵다.

지금 우리는 과거 잘못을 드러내 응징하는 일을 목하(目下) 목도하는 중이다. 우리 사회에선 오늘도 권력을 남용해서 이런저런 갑질을 하고 불법을 저지른 자들에 대해 법적 책임을 묻는 일이 대대적으로 벌어지고 있다. 불법을 저지른 자들을 법의 이름으로 심판하는 것은 당연한 일이다. 다만 숨 가쁘게 진행되는 수사와 재판 과정에서 법의 원칙과 예외라는 기본을 소홀히 하고 있지는 않은지 자세히 살필 필요가 있다. 가사 누구의 어떤 행동이 구성요건에 해당한다고 하더라도, 거기에 위법성조각사유는 없는지, 책임조각사유는 없는지, 양형 요소는 또 무엇이 있는지를 꼼꼼히 챙기고 점검해서 구체적 타당성을 놓치지 않도록 유의해야 한다.

도덕이든 법이든 그것이 규율하려는 인간의 행동과 그 행동이 일어난 상황은 천태만상(千態萬象)이다. 이 때문에 자구에만 얽매여 현실과 동떨어진 해석을 한다면 이는 도덕과 법의 취지를 제대로 살리지 못한 것이 될 것이다. 물론 법은 원칙에 충실해야 한다. 똑같은 일을 두고 누구는 기소되고 누구는 불기소되고, 똑같은 사안을 두고 누구는 무거운 형을 선고받고 누구는 그렇지 않다면 법의 원칙이 무너진 것이다. 그러나 다른 것은 또 다르게 평가받아야 한다. 분명히 불법을 한 정도와 그 경위와 과정이 다른 데도 구폐 청산이라는 시대적 분위기에 휩쓸려 각기 다른 사정이 제대로 고려되지 않는다면 그 역시 법의 원칙이 무너진 것이다.

우리가 오늘 퇴계의 일화에서 배워야 하는 것은 원칙과 예외의 의미를 깊이 통찰하고 이를 실행하는 자세다. 밖으로 드러난 형식에만 경도되어 그 형식이 갖는 진정한 의미와 실질을 놓쳐서는 안 된다. 법을 다루는 사람들은 '법의 정신'이 무엇인지 다시 한 번 진지하게 되새겨 볼 필요가 있다. 특히 형식적 정의만을 강조한 나머지 구체적 타당성을 소홀히 하고 결국 법의 궁극적 목적인 실질적 정의를 도외시하는 일이 없도록 특히 주의해야 할 것이다.

2018.03.09.

38

지구의 미래, 인간의 시간

지구가 인간의 땅이 된 것은 불과 몇 백만 년에 불과하다. 지구는 인간이 사는 동안, 아니 그 이후에도 여전히 존재해야 한다. 인간이 이 아름다운 지구를 파괴할 권한이 없다는 것은 자명하다. 문제는 핵무기와 기후변화다.

얼마 전 타계한 스티븐 호킹(Stephen Hawking)은 생전 인류에게 닥칠 위험을 경계했다. 그는 인류의 멸망 가능성을 언급하면서 인공지능(AI), 기후변화, 외계인의 침공 등을 원인으로 들었다. 그는 2008년에는 "우주의 광활함을 고려했을 때 우주 어딘가에 외계인이 존재할 가능성이 있다"고 말했고, 2015년에는 "인간보다 똑똑한 인공지능의 개발은 인류의 멸망을 초래할 수도 있다"고 경고했다. 2017년엔 노르웨이에서 열린 한 천체우주과학축제에서 "지구가 기후변화 등으로 사람이 살기 어려울 정도로 파괴되는 건 시간문제다. 200년 안에 지구를 떠나야 한다"고 말하기도 했다.

호킹이 말한 인류 종말의 원인 중에서도 특히 기후변화는 우리 코앞에 닥친 문제다. 호킹은 지구 온난화의 위험을 되돌릴 수 없게 되는

'티핑포인트(tipping point)'에 대해 언급하며 인류가 지구 온난화를 되돌릴 수 없는 시점에 가까이 와 있고 "때가 되면 지구는 섭씨 460도의 고온 속에 황산 비가 내리는 금성처럼 변할 수 있다"고 우려를 했다. 지구 온난화로 인해 홍수와 가뭄이 심해지는 등 이상기후로 인한 지구의 폐해가 일상화된 지 이미 오래지만, 호킹은 그 위험을 구체적으로 경고한 것이다.

사실 세계 각국은 미래의 지구를 지키기 위해 2015년 12월 12일 파리에 모여 기후협정을 맺었다. 195개국이 모여 맺은 이 파리기후협정(Paris Climate Change Accord)은 산업화 이전 수준 대비 지구 평균온도가 2℃ 이상 상승하지 않도록 온실가스 배출량을 단계적으로 감축하는 내용을 담고 있다. 그러나 유감스럽게도 호킹의 경고를 아는지 모르는지 트럼프 대통령은 버락 오바마 대통령이 주도해서 만든 파리기후협정에서 2017년 8월 4일 탈퇴했다. 미국은 지난 2001년 3월 자국의 산업 보호를 이유로 선진국의 온실가스 감축 목표치를 규정하는 교토의정서에서 탈퇴한 적이 있었는데 다시 세계사의 흐름에 역행하는 행보를 한 것이다. 미국의 탈퇴로 협정에 소극적이던 나라들이 줄줄이 빠져나가는 도미노 현상이 우려되고 있고, 온실가스 배출량을 줄이기 위해 선진국이 개발도상국에 지원하는 자금을 마련하기도 어려움을 겪을 가능성이 커졌다. 미국은 개발도상국을 지원하는 녹색 기후 펀드에 30억 달러(3조3660억 원)를 출연하겠다고 약속해 놓고 있다.

호킹이 언급한 인류 멸망 가능성 중에서도 현실화할 개연성이 높은 또 하나는 핵전쟁이다. 인류가 직면한 핵전쟁의 위험도를 상징적으로 보여주는 '지구 종말의 날 시계'는 처음 게재된 1947년엔 자정 7분 전이었는데, 1998년 이후 현재까지 자정 9분 전을 가리키다가 2002년 2월 자정 7분 전으로 다시 조정됐다. 여기서 자정이란 인류의 파멸을 가져올 전면적인 핵전쟁 발발 시점을 의미한다. 물론 핵전쟁 위험이야 비단 어제오늘의 일은 아니지만, 최근에 다시 그 위험이 크게 고조되었다. 무엇보다 핵무기를 보유하려는 나라들이 부쩍 늘었다. 북한의 핵무기 개발 시도는 물론이고 최근엔 사우디아라비아마저 무함마드 왕세자가 나서 "사우디는 핵폭탄 보유를 원치 않지만, 이란이 핵폭탄을 개발한다면 최대한 신속히 우리도 같은 패를 낼 것"이라며 이란의 결정에 따라서 중동에서 핵 개발 경쟁이 일어날 수 있다고 경고하고 나섰다. 최근엔 특히 미국과 러시아 등 기존 핵보유국들이 핵무기 보유를 늘리려는 핵 확장 시도를 노골화하고 있다. 바야흐로 지구가 다시 핵 화약고가 되는 것이다.

46억 년 전에 만들어지고 36억 년 전에 생명체인 세균이 처음 나타난 이래 지구는 5억 4000만 년 전에서 4억 9000만 년 전에 이르는 캄브리아기에는 바다생물인 삼엽충의 땅이었으며 2억2천8백만 년 전부터 6천5백만 년 전에는 공룡의 땅이었다. 지구가 인간의 땅이 된 것은 불과 몇 백만 년에 불과하다. 지구는 인간이 사는 동안, 아니 어쩌면 이후에도 여전히 존재해야 한다. 인간이 이 아름다운 지구를 파괴할 권한이 없다는 것은 자명하다. 문제는 핵무기와 기후변화다.

2018.03.23.

39

신언문판(身言文判)

무엇보다도 말의 신중함이 발현되어야 하는 경우는 다른 사람을 평가하고 비난할 때다. 부득이 남을 비난해야 할 때는 특히 신중하게 한 번 더 생각하고 한 번 더 침묵하고 행동으로 옮겨야 한다. 과격한 단어, 화려한 미사여구(美辭麗句)를 동원한다고 해서 말을 잘하는 것이 아니다.

당나라는 관리를 등용하는 시험에서 몸·말씨·글씨·판단의 네 가지를 인물 평가의 기준으로 삼았다. 소위 신언서판(身言書判)이라는 것이다. 아무리 신분이 높고 재주가 뛰어난 사람이라도 첫눈에 보아 풍채와 용모가 부족할 경우 정당한 평가를 받기 어려웠다. 아무리 뜻이 깊고 아는 것이 많은 사람이라도 말이 분명하지 못하고 조리가 없으면 낮은 평가를 받았다. 글씨는 사람의 됨됨이를 말해 주는 것으로 생각했기 때문에 글씨에 능하지 못한 사람은 높은 평가를 받기 어려웠다. 또 아무리 풍채와 용모가 뛰어나고 말을 잘하고 글씨에 능해도 사물의 이치를 깨달아 아는 능력, 즉 판단력이 부족하면 출중한 인물로 여겨지지 않았다.

비록 오래전 당나라에서 시행된 관리 등용 기준이라고는 하나 신언서판(身言書判)은 우리 일상에서 널리 통용될 정도로 예로부터 관리를 채용하고 등용하는 데 빼놓을 수 없는 기준이 되어 왔고, 지금도 여전히 인재 채용의 중요한 기준이 되고 있다. 다만 현대는 붓글씨를 쓰는 시대가 아니어서 글씨 자체의 우미(優美)보다는 글을 쓰는 능력을 중요하게 여기니 서(書) 대신 문장력을 뜻하는 문(文)을 넣어 신언문판(身言文判)이라고 하는 것이 좀 더 정확할 것이다. 사실 따지고 보면 오늘날 면접이란 것은 신(身)과 언(言)을 판단하기 위한 것이고 필기시험은 문(文)과 판(判)을 시험하는 것일 뿐이다.

신언문판(身言文判)은 오늘날 비단 채용뿐 아니라 승진이나 선거에서의 당선 등 모든 분야에서 인물 평가의 기준이 되고 있다. 사업에서 성공하는 것도 신언문판(身言文判)에서 좋은 평가를 받을 때만 가능하다. 그렇다면 어떻게 해야 신언문판(身言文判)에서 좋은 평가를 받을 수 있을까?

다른 무엇보다도 신중함을 유지하는 것이다. 신중한 몸짓, 신중한 말, 신중한 글, 신중한 판단이 먼저 요구된다. 신중함은 인간이 가져야 할 무기 가운데 가장 필수적이다. 인간이 성공하기 위해 꼭 필요한 한 가지가 있다면 그것은 신중함이다. 모든 행동의 성공은 신중함에 달려 있다. 신중하게 판단하고 행동으로 나아간 인간은 대가를 치르지 않는다. 이성의 최고는 신중함이고 분별력의 발판 역시 신중함이다. 신중함은 말의 전제이고 판단의 근원이며 행동의 기초다. 신중함은 처세의 근본이며 몸과 얼굴의 터전이다. 따라서 신언문판(身言文判)의 평가는 신중함에서 갈린다고 해도 과언이 아니다.

다른 경우도 마찬가지지만 특히 신중함이 발현되어야 하는 경우는 말을 할 때이다. 일단 말은 한 번 입에서 뱉어내면 회수할 수 없다. 신중함이 없는 말은 자신을 베는 칼날이 되어 돌아온다. 물론 말을 많이 하는 것이 언변이 좋은 것은 아니다. 오히려 말을 잘한다는 것은 침묵할 때와 말할 때를 아는 것이다. 대개 말을 잘한다는 평가는, 많은 사람이 말하려 할 때는 말하지 않고, 아무도 말하지 않으려 할 때 말할 때 받게 된다. 말을 가장 못 하는 것은 아무나 말할 때, 굳이 말하지 않아도 될 때 대중에 파묻혀가며 말하는 것이다. 최악의 경우는 말로 다른 사람들을 지루하게 하는 것이다. 말은 가능한 짧은 것이 좋다. 핵심만 찌르는 말이 세부 사항을 잡다하게 늘어놓는 것보다 훨씬 효과적이다. 지혜로운 사람은 말로 상대를 짜증나게 하지 않는다.

무엇보다도 말의 신중함이 발현되어야 하는 경우는 다른 사람을 평가하고 비난할 때이다. 부득이 남을 비난을 해야 할 때는 특히 신중하게 한 번 더 생각하고 한 번 더 침묵하고 행동으로 옮겨야 한다. 과격한 단어, 화려한 미사여구(美辭麗句)를 동원한다고 해서 말을 잘하는 것이 아니다. 자신의 잘못을 덮기 위해 피해자를 가해자로 둔갑시키려 술수를 써서 말하는 것은 최악이다.

정치계에서 말을 잘하는 것은 아주 중요하다. 그런데 안타깝게도 우리 정치계는 아직도 막말이나 아무 말 수준에서 크게 벗어나지 못하고 있다. 우리 정치인들에게 이번에 게리 올드만(Gary Oldman)이 남우주연상을 받은 다키스트 아워(Darkest Hour)의 일람을 권한다. 윈스턴 처칠(Winston Churchill)의 어록이나 연설문까지 찾아서 읽어 본다면 물론 더 좋을 것이다.

2018.03.30.

40

꿀벌 민주주의

대의제가 위기에 처하고 직접민주주의 욕구가 강하게 분출되는 요즘 꿀벌의 민주적 의사결정과 행동양식은 우리에게 많은 것을 시사한다. 오늘 우리 사회가 요구하는 민주주의는 바로 지도자의 영향력을 최소화하고 집단 구성원들의 의사가 십분 반영되는 민주주의다.

오랫동안 인간 사회의 권력투쟁은 살인, 처형, 폭동, 진압 등 유혈의 역사였다. 그러나 폭력에 의한 권력투쟁은 폭력이 폭력을 낳는 악순환을 반복할 수밖에 없었고, 급기야 인간은 폭력이 아닌 방법을 강구하게 되었다. 그리고 그렇게 찾아낸 방법 중에서도 선거는 가장 중요한 권력투쟁의 방법이 되었다. 오늘날 현대 민주국가는 선거를 통해 얻은 표의 수에 따라 정권교체가 가능하므로 권력투쟁이 체제 내에서의 공개적인 의사 교환과 집단선택이라는 평화적 방법에 따라 이루어진다.

선거는 사실 인간이 오랜 역사를 거치며 만인의 만인에 대한 투쟁을 끝내고 집단의 영속을 위해 만들어 낸 집단지성의 발현물이다. 오늘날 지구상 거의 모든 민주국가가 행하는 대의제는 사실 폭력의 폐해로부터 집단을 구해내기 위해 인간이 발명한 정치도구다. 그러나 효과적인 집단선택이 거저 주어지는 것은 아니다. 이를 위해서는 의사의 자유로운 교환은 물론이고 그런 과정을 거쳐 만들어진 의사를 집약해서 국정에 반영하는 조직과 시스템이 제대로 구축되고 구동되어야 한다. 대의제가 성공하기 위해서는 집단 구성원의 의사가 국정에 온전히 반영될 수 있어야 한다는 말이다. 오늘날 선거의 한계는 바로 이 지점에 자리한다.

권력의 본질에 대해 성찰적 논고를 내놓은 사람 중 단연 빛나는 마키아벨리(1469~1527)는 권력이 가진 역설(Paradox)에 주목하고 통치자와 민중 간의 공존이 가능한 권력관계를 논했다. 그는 군주론 20장에서 왜 군주가 정치적 기반을 민중에 두어야 하는가를 논하면서 군주에게 있어 "최선의 요새는 민중으로부터 미움을 사지 않는 것"이고, "민중이 당신을 미워한다면 어떠한 요새도 당신을 지켜주지 못할 것"이라고 말한다. 여기서 마키아벨리는 군주라 해도 귀족이나 군인 계급을 통해 민중을 억압하는 방법으로 권력을 유지할 수는 없다는 것, 즉 권력의 행사가 민중의 의사를 거스르는 방식으로 행해져서는 안 된다는 것을 분명하게 경고한다. 특히 마키아벨리는 민중들의 대립하고 교차하는 수많은 의견이 정치에 반영될 때야 비로소 군주의 통치가 정당성을 얻을 수 있다는 점을 강조한다.

그런데 매우 아이러니한 것은 과거 군주정 체제에서보다도 공화정 체제인 현대 민주국가에서 오히려 민중의 의사에서 벗어난 정치가 횡행한다는 사실이다. 오늘날 정치 세력들은 권력의 획득을 민중의 의사에 기댈 뿐 이보다 더 중요한 권력의 행사는 많은 경우 민중의 뜻에 따르지 않는다. 그리고 이보다 더 아이러니한 것은 선거가 국민의 의사를 왜곡하였기 때문에 국민의 뜻에 따르지 않는 정치세력이 계속해서 권력을 유지한다는 것이다. 이것이 바로 흔히 말하는 대의제의 위기다.

요즘 국민의 직접민주주의 욕구가 들불처럼 일어나는 것은 대의민주주의가 더는 제 기능을 다 하지 못하기 때문이다. 대의제의 기초가 되는 선거가 자본과 언론이라는 암초를 만나 국민의 의사를 제대로 반영하지 못하면서 국민이 대표를 통해 의사를 정치에 반영한다는 오래된 명제가 위기에 봉착한 것이다. 정당민주주의가 국민의 의사 왜곡으로 더는 만병통치약이 될 수 없는 상황에서 시민단체의 정치참여가 활발하게 나타나고 있지만, 이는 국민에 의해 선출되지 않은 권력이라는 점에서 민주적 정당성을 얻기 어렵다.

토머스 실리는『꿀벌의 민주주의』에서 꿀벌이 지구상에서 오래 생존할 수 있었던 비결로 민주주의와 최적화된 집단선택을 지적했다. 꿀벌들은 집터를 고를 때 평등한 관계를 바탕으로 수많은 의견교환을 통해 최적의 장소를 찾아낸다고 한다. 실리는 꿀벌의 예를 통해 현명한 의사결정을 내리는 조직을 구축하고 공동이익과 상호존중에 기초한 개개인들로 결정 집단을 구성하며 집단적 사고로 지도자의 영향을 최소화하는 것이 인간 공동체의 존속과 발전을 가져올 수 있는 정치체제임을 역설한다.

대의제가 위기에 처하고 직접민주주의 욕구가 강하게 분출되는 요즘 꿀벌의 민주적 의사결정과 행동양식은 우리에게 많은 것을 시사한다. 오늘 우리 사회가 요구하는 민주주의는 바로 지도자의 영향력을 최소화하고 집단 구성원들의 의사가 십분 반영되는 민주주의다. 현행 대의제의 개선과 보충이 시급한 이유다.

2018.04.06.

41

퇴장미학(退場美學)

나아감에 때가 있다면 물러남에도 때가 있다. 사람은 대개 나아가긴 좋아하지만 물러나는 것은 좋아하지 않는다. 그러나 때론 자존심과 위엄을 잃지 않고 점잖게 물러나는 법을 배워야 한다. 물러나야 할 때는 집착하지 말고 스스로 포기할 줄 알아야 한다.

나아감에 때가 있다면 물러남에도 때가 있다. 사람은 대개 나아가긴 좋아하지만 물러나는 것은 좋아하지 않는다. 그러나 때론 자존심과 위엄을 잃지 않고 점잖게 물러나는 법을 배워야 한다. 물러나야 할 때는 집착하지 말고 스스로 포기할 줄 알아야 한다. 때론 안타깝고 가슴 아프더라도 헛되이 애쓰지 말고 깨끗하게 단념해야 한다. 스스로 때를 선택하는 건 현명한 것이고 남이 등 떠밀지 않더라도 결단을 내리는 것은 분별 있는 것이다.

홀가분하게 마음을 접고 냉정하게 떠나는 것은 때론 치욕이 될 수 있는 극한상황을 이기는 것이다. 물러나는 것은 최악의 사태를 예방한다는 의미이고 때를 기다려 기회를 얻는다는 의미다. 우린 이순신 장군에게서 그런 예를 본다. 이순신은 온갖 수모를 겪으며 인내하고 또 인내하며 때를 기다려 자신과 나라를 구했다. 1597년(선조 30년) 1월 이순신은 일본군을 공격하라는 국왕의 명령을 따르지 않았다는 죄목으로 파직되어 서울로 압송되었고 죽음 직전에 이르는 혹독한 신문을 받은 끝에 4월 1일 백의종군 명령을 받았다. 그러나 그는 가벼이 행동하지 않고 온갖 수모와 불명예 속에 죽음보다 더한 고통의 길을 묵묵히 걸어 끝내 승리하고 영웅적으로 퇴장했다.

미국의 초대 대통령 조지 워싱턴(1732~1799)은 정치인이 무대에서 어떻게 퇴장해야 하는지를 잘 보여준다. 그는 다시 대통령에 출마해 달라는 주위 사람들의 말을 물리치고 임기가 6개월 남은 1796년 9월 17일 더는 대통령에 출마하지 않겠다고 발표했다. 그는 재선은 수락했으나 3선은 파멸의 지름길이 될 수 있다고 생각했다. 전쟁에서 승리한 후에 왕이 되어달라는 국민의 성원이 있었을 때도 그는 과감하게 욕심을 접었었다. 1797년 3월 4일 워싱턴은 제2대 대통령 존 애덤스에게 자리를 물려주고 대통령 직에서 내려왔다. 초대 대통령의 자발적인 선택에 따른 평화로운 정권교체였다. 그리고 이것은 오늘날 미국이 민주주의를 꽃피우며 세계 최고의 선진국으로 발돋움하는 원동력이 되었다. 만약 초대 대통령 워싱턴이 욕심을 부리다 대통령제가 실패했더라면 미국은 아마도 여러 나라로 분열되었거나 군주가 다스리는 왕정국가가 되어 있을 것이다.

불행히도 우리는 조지 워싱턴과 같은 지도자 대신 물러나지 않으려고 영구 집권을 획책하다 국민에 의해 쫓겨난 초대 대통령을 갖고 있다. 미국에서 공부한 우리 초대 대통령 이승만이 조지 워싱턴의 위대한 전례를 따르지 않은 것은 못내 아쉽다. 첫 단추를 잘못 끼워서인지 우리 정치엔 스스로 정점에서 퇴장하는 관행이 생겨나지 못했는데 이 점 역시 몹시 아쉬운 부분이다. 정치는 도박보다도 중독성이 강하다고 하니 정치를 떠나기가 쉽지 않을지 모르겠으나 적어도 한 번 정치인 노릇을 했다고 해서 계속해서 정치인으로 살라는 법은 없다. 세상엔 정치보다 더 귀하고 소중한 일도 많다.

최근 미국의 차세대 지도자로 꼽혀온 마흔여덟 살 폴 라이언 하원의장이 이번 임기를 끝으로 정계를 은퇴하겠다고 선언했다. 청소년기에 있는 세 아이와 더욱 많은 시간을 보내겠다는 것이 퇴장의 이유다. "제가 연임한다면 세 아이는 나를 '주말 아빠'로만 기억할 겁니다. 삶의 우선순위를 다시 세우겠습니다." 그는 3년 전 하원의장 제의를 받았을 때도 "가족과의 시간만은 포기하지 않겠다"라며 사양했었다. 그는 의장이 된 뒤에도 주말이면 비행기로 3시간도 더 걸리는 위스콘신 집으로 돌아가 가족과 시간을 보냈다고 한다.

우리 역사에서는 퇴계 이황이 물러남의 철학을 잘 보여주었다. 그는 조정에서 79번을 불렀으나 겨우 11번 응했다. 선조 때 예조판서를 제수 받았을 때도 '재주가 미치지 못하고 몸이 불편하다'라는 이유로 끝내 고향으로 돌아갔다. 학문을 좋아하는 기질 때문이었다고는 하나 어쩌면 고향에서 가족들과 자연을 벗하며 사는 삶이 더 가치 있다고 여긴 때문이었을 것이다.

우리도 이제 가족들과 더 많은 시간을 보내겠다며, 고향에서 자연과 더불어 살겠다며 정계를 떠나는 정치인들을 볼 수 있었으면 한다. 이런 저런 온갖 이유를 갖다 붙이며 자기가 아니면 안 된다고 떠들어대는 정치인들은 제발이지 그만 보고 싶다.

2018.04.20.

42

드루킹, 그리고 디지털민주주의

드루킹 사태는 디지털민주주의의 취약점을 고스란히 보여주었다. 또한 정치적 목적을 위해 여론을 조작하려는 세력이 곳곳에 도사리고 있다는 점도 알려 주었다. 두말할 것도 없이 여론조작은 민주 헌정을 파괴하는 범죄다. 댓글 여론조작을 효과적으로 막지 못한다면 디지털민주주의로 대변되는 현대 민주주의는 큰 위기에 빠질 수밖에 없다.

인터넷 아이디 드루킹이란 명칭을 쓰는 김 모씨가 대한민국 정치를 뒤흔들고 있다. 언론은 이 사람을 편의상 드루킹으로 부르고 있는데, 그는 평소 어떻게든 유명해지기를 원했다고 하니 결국은 소원을 이룬 셈이 되었다. 어쨌거나 그는 한국 정치사의 한 페이지를 크게 장식하고 있다.

보도에 따르면 드루킹은 정치·경제와 관련된 글을 자신의 블로그인 '드루킹의 자료창고'에 올렸고 이 글들이 인기를 얻으면서 누적 방문객 980만 명의 파워블로거가 되었다. 그는 이런 영향력을 바탕으로 '경공모(경제적 공진화 모임)'등 카페를 만들어 4,500여 명에 이르는 회원들을 모으고, 이 회원들을 기반으로 '경인선(경제도 사람이 먼저다)'이라는 오프라인 모임까지 만들었다. 그는 자신이 만든 이런 온·오프라인 조직을 밑천 삼아 본격적으로 현실정치에 영향력을 행사했다.

지금까지 드러난 정황을 보면 그는 인터넷 언론의 허와 실을 정확히 알고 이를 이용했다. 그는 언론사 뉴스가 인링크(In-Rink) 방식으로 독자에게 소비되는 포털에서 인터넷 댓글이 가지는 위력을 일찌감치 간파했다. 그는 또한 뉴스 기사에 댓글을 달거나 공감 또는 비공감을 표시하는 방법으로 자신이 원하는 방향으로 여론을 유도할 수 있다는 것도 알았다. 결국 그는 인터넷 댓글을 이용하여 자신의 정치적 세를 과시하고 유력 현역 정치인도 무시할 수 없는 힘을 얻는 데 성공했다. 이에 고무되었는지 그는 사람들의 앞날이나 미래를 보는 예언자인 양 행세하며 추종자들을 포섭하여 소위 '두루미타운'이라는 이상적 공동체 건설을 꿈꿨다고 한다. 이 대목에 이르면 그의 실체가 매우 궁금해진다.

그의 본색이 무엇이든 그가 현실정치에 미친 파장은 간단치 않다. 그가 벌인 인터넷 댓글 조작은 소수의 의견을 시민 대중의 여론으로 둔갑시켜 건전한 여론형성을 방해했다. 특정인이 시민 대중의 눈을 댓글로 가리고 매크로 공감 수 조작으로 자신들에게 유리한 여론을 만들어내는 인터넷 여론조작에 일반대중들은 속수무책으로 당할 수밖에 없었다. 일반대중은 보통 판단기준을 내면화하고 있지 않기 때문에 주어진 정보나 상황에 영향을 받기 쉽다, 정치적 선전·선동이 힘을 발휘하는 이유다. 인터넷 여론조작은 과거 독재 시대에 정치 깡패가 대중연설을 방해하고 독재 권력에 목줄을 잡힌 대중 매체가 독재자의 나팔수가 되던 것의 현대판 변형체라고 해도 과언이 아니다.

드루킹의 댓글 작업이 가능했던 데는 네이버의 책임도 빼놓을 수 없다. 그동안 네이버는 각 언론사가 보내온 기사를 인링크 방식으로 게재하면서도 댓글 조작을 막는 방법을 마련하지 않았다. 더 정확히 말하면 그냥 방치했다. 사실 그동안 미디어 소비시장의 중심축이 포털로 옮겨가면서 신문사나 방송사의 영향력은 현저히 줄어든 반면에 포털은 빠르고 다양한 뉴스로 독자들의 집중적인 선택을 받아 왔다. 하지만 포털은 언론사보다 인터넷 윤리 규제 등에서 상대적으로 매우 느슨했고 댓글 여론조작의 가능성과 그 폐해에 주의를 기울이지 않았다. 드루킹은 바로 이 허점을 파고들었다. 그는 인터넷 댓글로 포털에서의 기사 노출 순위를 바꿔 디지털 독자들에게 자기들이 원하는 기사를 읽도록 사실상 강요했다. 특히 기사에 달린 댓글과 공감이나 비공감의 수는 독자들에게 여론이 이미 한쪽으로 기울었다는 밴드왜건 효과(Bandwagon Effect)를 일으키기에 충분했다.

드루킹 사태는 디지털민주주의의 취약점을 고스란히 보여주었다. 이번 사태는 또한 정치적 목적을 위해 여론을 조작하려는 세력이 곳곳에 도사리고 있다는 경각심을 우리에게 일깨워 주었다. 두말할 것도 없이 여론조작은 민주 헌정을 파괴하는 범죄다. 댓글 여론조작을 효과적으로 막지 못한다면 디지털민주주의로 대변되는 현대 민주주의는 큰 위기에 빠질 수밖에 없다. 이번 기회에 정부와 정치권은 물론 포털이나 언론사 등 관계자들은 모두 머리를 맞대고 지혜를 모아 더는 일부 불순 세력이 인터넷에서 여론을 조작하지 못하도록 그 방법을 강구하고 관련법을 제·개정해야 한다. 미룰 일이 아니다. 서둘러야 한다.

2018.04.26.

43

양승태 대법원과 다모클레스의 검

사법부는 그동안 사법권의 독립이라는 명분으로 그 누구로부터도 견제 받지 않는 권력을 누려왔다. 사법부가 국민의 기본권 보장을 위해 최선을 다할 것이라는 전제하에 정치권력은 물론 비판을 사명으로 하는 언론까지도 사법부 비판을 가능한 자제해 왔다. 그 사이 사법부는 아주 비대하고 오만한 괴물이 되고 말았다.

권력의 정점에 있는 자들은 권력의 칼끝이 자신을 향할 수도 있다는 사실을 깨닫지 못한다. 그들은 권력이라는 이름의 칼을 신나게 휘두르다가 자기 머리 바로 위 천장에 한 올의 머리카락으로 아슬아슬하게 매달려 있던 다모클레스의 검에 베이고 만다.

사법부는 그동안 사법권의 독립이라는 명분으로 그 누구로부터도 견제 받지 않는 권력을 누려왔다. 사법부가 국민의 기본권 보장을 위해 최선을 다할 것이라는 전제하에 정치권력은 물론 비판을 사명으로 하는 언론까지도 사법부 비판은 가능한 자제해 왔다. 그러나 그사이 그들은 국민이 아닌 자기들의 권리만 잘 챙긴 나머지 아주 비대하고 오만한 괴물이 되고 말았다. 그들은 아마도 이렇게 생각한다. "재판권을 우리가 갖고 있는데 감히 누가 우리를 심판하랴, 우리가 어떻게 판결하든 너희가 감히 우릴 어쩔 것이냐?"

사법권 남용이 문제가 된 것은 이미 오래전이다. 그러나 여러 차례 시도된 사법개혁은 구호만 거창했을 뿐 제대로 된 성과를 내지 못했다. 그러는 중 2015년 들어선 대한변협 하창우 집행부는 대법원 구성의 다양화, 퇴임 대법관의 개업 금지, 대법관 증원을 포함한 사법개혁을 강력하게 추진했다. 동시에 양승태 대법원장의 숙원사업이던 상고법원에 대해서는 적극적으로 반대했다. 상고법원을 도입하려는 이유가 법원과 판사들의 이익을 위한 것이지 국민의 이익을 위한 것이 아니라고 보았기 때문이다. 국민은 최종심에서 대법관의 판결을 받겠다는 것이지 고등법원급 판사에게 다시 재판받겠다는 것이 아니다. 상고가 많아 사건 처리에 적체가 일어난다면 대법관 수를 늘리면 된다. 그런데도 그걸 끝내 반대하고 상고법원을 만들겠다는 것은 국민의 재판받을 권리보다는 자신들의 위상과 이익을 먼저 챙기는 행태다.

양승태 대법원장은 상고법원 도입을 집요하게 추진했다. 상고법원 도입에 걸림돌인 대한변협은 철저히 무시하고 청와대에는 머리를 조아리며 그 비위를 맞추려 했다. 그 와중에 나온 것이 형사사건 성공보수 무효판결이다. 양승태 대법원은 변호사 성공보수 약정이 민법 제 103조 '반사회질서의 법률행위'에 해당하기 때문에 무효라고 했다. 성공보수 약정이 축첩 계약이나 노예 계약에 준한다는 말이다. 양승태 대법원은 또 형사 성공보수가 무효가 되는 이유로 형사판결의 결과는 변호사의 노력으로 그 결과가 달라지는 것이 아니라는 논리를 내세웠다. 변호사는 형사재판에서 사실상 하는 일도 없이 판사의 판결이라는 우연한 사정으로 불로소득을 올리는 자들이라는 얘기다. 아무리 생각해도 이해하기 어려운 판결이다. 특히 이해되지 않았던 것은 무려 70년이 넘게 합법이던 형사사건 성공보수약정을 불법으로 바꾸는 판결이 단 하나의 소수의견도 없는 13:0 만장일치였다는 사실이다.

그런데 그 의문이 이제야 풀렸다. 양승태 대법원이 상고법원 도입을 위해 청와대와 재판거래를 한 사법농단의 실태가 드러난 것이다. 양승태 대법원은 법과 양심에 따라서 재판하지 않았다. 그들 사법 귀족들은 마음만 먹으면 법 논리고 뭐고 살필 것도 없이 멋대로 판결했던 것이다. 성공보수를 무효로 하는 판결은 어쨌든 국민의 환영을 받을 것 같고 특히 청와대의 비위를 맞추는 데 안성맞춤이었다. 그들은 어차피 얄미운 대한변협 때문에 퇴임 후 개업하기도 어려워지자 성공보수는커녕 착수금조차 제대로 받지 못하면서도 묵묵히 일해 온 대다수 선량한 변호사들을 잠재적 사기꾼으로 내모는 일쯤 아무렇지도 않게 저지를 수 있었다.

대법관을 증원하여 국민의 재판받을 권리를 실질적으로 보장하고, 대법관 퇴임 후 변호사 개업을 금지하여 고질적 병폐인 전관예우 문제를 해결하고, 대법원 구성을 다양화하여 우리 사회의 의견을 다양하게 반영해달라는 대한변협의 요구는 자신들의 기득권 유지에 방해가 되는 개 짖는 소리쯤으로 여긴 양승태 대법원, 그러면서 다른 한편에선 오로지 청와대의 주구 노릇을 마다하지 않은 양승태 대법원, 그들의 몰락이 초읽기에 들어갔다. 그들은 자신들 머리 위에 다모클레스의 검이 매달려 있단 사실을 까맣게 잊고 있었다. 대법원에 서 있는 디케 여신의 저울도 애써 외면했다. 이제 그 대가를 치러야 할 시간이다.

2018.06.01.

44

두 개의 고르디우스의 매듭과 두 개의 결단

리더는 결단을 내릴 수 있어야 한다. 지금 해야 할 결단을 나중으로 미루고, 내가 해야 할 결단을 다른 사람에게 미루는 것은 리더의 몫이 아니다. 물론 결단은 생각처럼 쉽지 않다. 때로 개인과 국가의 운명을 걸어야 하는 문제다. 때문에 결단을 내리기 전에 꼭 필요한 것은 사물과 사태를 직시하는 자세다. 리더는 고독 속에서 숙고해야 한다.

아무도 해결하지 못한 일을 처음 해내는 것은 대개 지혜보다는 결단의 문제다. 고대 프리기아 왕국의 수도 고르디움에는 고르디우스라 불리는 전차가 있었다. 그 전차에는 매우 복잡하게 얽힌 고무 매듭이 묶여 있었는데, 이 매듭을 푸는 자가 아시아를 정복할 것이라는 전설이 전해졌다. 지혜 있다는 사람들, 힘깨나 쓴다는 사람들이 수도 없이 몰려들었다. 그러나 모두 매듭을 푸는 데 실패했다. 그때 14살 소년이 나섰다. 어른들도 못 한 것을 어린 소년이 한다는 데 모두 코웃음을 쳤다. 그러나 소년은 등에서 칼을 뽑더니 단칼에 매듭을 잘라버렸다. 그 소년이 훗날 세계를 정복한 알렉산더 대왕(Alexandros the Great B.C.356~B.C.323)이다.

소년 알렉산더가 고르디우스의 매듭을 칼로 끊어버린 것은 용기의 산물이다. 다른 사람들도 칼을 쓸지 몰랐던 것은 아니다. 그러나 그들은 매듭을 지혜나 힘으로 풀어야 한다는 가공의 규칙에 지배당했다. 알렉산더가 범인(凡人)과 다른 것은 바로 이 지점이다. 전설에 매듭을 칼로 끊어서는 안 된다는 규칙까지 정해져 있었던 것은 아니다.

언제나 그렇듯 세상을 바꾸는 데는 용기가 필요하다. 다른 세계로 들어가기 위해서는 지금의 세계에서 나가야 한다. 주저주저 머뭇거리는 사람에게, 변화를 두려워하는 사람에게 새로운 세계는 있을 수 없다. 용기로 뒷받침된 '사고 틀의 전환(Paradime Shift)'만이 세상을 바꾼다. 요즘 우리는 현실변혁에 필요한 두 개의 결단을 주목하고 있다. 하나는 대한민국의 항구적 평화와 관련된 '트럼프 & 김정은의 결단'이고, 다른 하나는 공정하고 신속한 판결로 신뢰받는 사법을 위한 '김명수의 결단'이다.

한국전쟁 종전과 한반도 평화 정착이라는 문제는 당사국인 남북한 및 관련국인 미국과 중국 등이 70년간이나 풀지 못한 고르디우스의 매듭이다. 이 매듭을 푸는 것은 결코 간단한 문제가 아니다. 2018년 6월 12일 북미정상회담에서 트럼프와 김정은이 어떤 합의를 내놓을지 세계가 주목하는 것도 그 때문이다. 두 사람이 이리저리 상대방을 떠보며 변죽만 울리다 매듭엔 손도 대지 못한 채 한바탕 매듭풀이 쇼에 그칠지 아니면 고르디우스 매듭을 단칼에 잘라버린 소년 알렉산더처럼 문제를 일거에 해결할 수 있을지 세계가 지켜볼 것이다. 우리는 트럼프와 김정은이 세계평화와 인류번영이라고 하는 큰 목표를 위해 작은 이익을 버리는 대승적 결단을 내려주길 바란다.

김명수 대법원장은 '양승태 대법원 사법농단'이라는 매듭을 풀어야 한다. 김명수 대법원장이 검찰에 수사를 의뢰할지 등 해결 방법을 놓고 우물쭈물하는 사이에 법원은 철저한 수사를 통해 진상을 규명하고 책임자를 처벌해야 한다는 소장파와 법원의 독립을 위해 검찰에 수사를 의뢰해선 안 된다는 중견 법관들 사이에 갈등의 골이 깊어지고 있다. 김명수 대법원장은 혼란과 갈등이 더 커지기 전에 결단해야 한다. 지금은 사법 구폐의 틀 깨고 사법개혁을 이룰 호기다. 법원행정처가 안락한 의자에 깊숙이 앉아 일선에서 재판하는 판사들 위에 군림하는 시스템을 바꿔야 할 때다. 법원행정은 판결을 뒷받침하기 위한 것이지 그 자체로 목적이 될 수 없다. 사법부가 사법의 독립이라는 명분으로 특권과 혜택을 누리는 집단으로 더는 국민 위에 군림해서는 안 된다. 김명수 대법관이 결단에 앞서 명심할 것은 법원은 법원 구성원이 아닌 국민을 위해 존재한다는 엄연한 사실이다.

리더는 결단을 내릴 수 있어야 한다. 지금 해야 할 결단을 나중으로 미루고, 내가 해야 할 결단을 다른 사람에게 미루는 것은 리더의 몫이 아니다. 물론 결단은 생각처럼 쉽지 않다. 때로 개인과 국가의 운명을 걸어야 하는 문제다. 이 때문에 결단을 내리기 전에 꼭 필요한 것은 사물과 사태를 직시하는 자세다. 리더는 고독 속에서 숙고해야 한다. 그리고 과감하게 결단해야 한다.

다음 한 주는 한반도의 운명 그리고 사법 신뢰의 운명이 결정되는 한 주가 될 것이다. 국민의 눈과 귀가 싱가포르의 트럼프와 김정은, 대법원의 김명수에게로 집중될 것이다. 부디 용기 있는 결단을 내려주길 바란다. 지금은 고르디우스의 매듭을 풀어야 할 시간이다.

2018.06.07.

45

한국소혁명(韓國小革命)

우리는 이제 한국사회의 질서를 재편해야 한다. 더는 남성이 여성을, 부자가 빈자를, 사법 권력이 국민을 차별하고 억압하는 것을 방치해선 안 된다. 산업혁명이나 프랑스대혁명 같은 거대한 혁명만이 인간 삶의 개선을 가져오는 것은 아니다. 지금은 오히려 은밀한 차별과 억압, 그리고 은밀한 불의와 부조리를 타파하는 한국소혁명이 절실한 때다.

태어난 지 얼마 안 된 어린 양이 시냇가에서 물을 마시고 있었다. 그때 늑대 한 마리가 나타나 호통을 쳤다. "새파랗게 어린놈이 어른 잡숫는 물을 왜 흐리고 있느냐?" 그러자 어린 양은 눈을 껌뻑이며 대답했다. "제가 어르신보다 냇가 아래쪽에 있는데 어떻게 어르신이 마실 물을 흐린단 말씀입니까?" 할 말이 없어진 늑대는 잠시 생각하더니 다시 호통을 쳤다. "인제 보니 작년에 날 욕하고 도망간 녀석이 바로 너였구나!" 그러자 어린 양은 다시 눈을 껌뻑이며 말했다. "저는 작년에 태어나지도 않았는데요?" 할 말이 없어진 늑대는 막무가내로 엄포를 놓았다. "그렇다면 날 욕한 놈은 네 형이겠구나. 네놈의 형이 날 욕한 대가로 널 잡아먹을 테니 날 원망하지 마라!" 결국, 늑대는 어린양을 숲으로 끌고가 잡아먹고 말았다. 라퐁텐 우화 '늑대와 어린양'에 나오는 이야기다.

돈, 명예, 권력을 등에 업고 얼토당토않은 이유를 들어 약자를 짓밟는 강자들이 있다. 세상엔 포식자들에게 억울하게 잡아먹히는 어린 양들이 지천이다. 아이러니한 건 그동안 수많은 종교, 도덕, 법이 세상을 구제하려 했음에도 강자가 약자를 괴롭히는 건 예나 지금이나 달라진 것이 없다는 것이다. 그동안 인류사의 새로운 도약을 알린 산업혁명, 자유와 평등의 깃발을 높이 들어 올린 프랑스대혁명 등을 겪으며 인간의 삶은 비약적으로 풍요해지고 폭정과 압제로부터 해방되는 등 자유와 평등이 확대되었음에도 강자의 약자에 대한 은밀한 억압과 차별은 여전히 계속되고 있다. 오늘도 여전히 약자의 삶은 눈에 보이지 않는, 그러나 엄연히 존재하는 미시적 억압과 차별로 피폐해지고 있다. 물론 이런 유형의 억압과 차별은 산업혁명 같은 경제혁명으로도 프랑스대혁명 같은 정치혁명으로도 타파할 수 없는 것들이다. 때문에 오늘날 정말 필요한 것은 미시적 억압과 차별을 타파하는 한국소혁명이다.

먼저 필요한 소혁명은 남성의 여성에 대한 억압철폐 운동이다. 두말할 것도 없이 여성들은 가정에서 직장에서 그리고 사회에서 말로 다 할 수 없는 무시와 멸시를 받아왔다. 밖으로 드러난 건 빙산의 일각이다. 심지어 사랑이란 이름으로 행해지는 데이트폭력이나 부부간 폭력의 실태는 끔찍하다. 따지고 보면 미투운동(Me Too Movement)은 남성의 여성에 대한 뿌리 깊은 억압과 차별에 대한 저항운동이다. 미투운동은 형식적으로는 성폭력이나 성추행 등에 대한 저항운동이지만 그 본질은 남성중심사회에서 여성들이 받아온 갖가지 차별과 무시에 대한 저항운동이라고 봐야 한다.

두 번째 필요한 소혁명은 재벌 등 경제적 강자들의 경제적 약자에 대한 억압철폐 운동이다. 작금 대한항공 직원연대가 한진그룹 총수 일가의 퇴진을 촉구하며 벌이는 집단시위는 사실 새로운 형태의 노동운동이다. 이는 경제적 약자들을 노예처럼 다루며 아주 사소한 잘못이나 실수도 용납하지 않았던 경제적 강자들에 대한 비폭력 저항운동이며, 이는 또한 생계를 위해 어려운 환경에서도 묵묵히 일하는 사람들을 함부로 대하는 경제적 강자들을 더는 그냥 두고 보지만은 않겠다는 선언이다. 이것은 경제적 약자라는 이유로 더는 무시당하지 않겠다는 자존감 회복 운동이다.

우리 사회에 요구되는 또 하나의 소혁명은 사법적폐척결 운동이다. 국민은 사법부가 정치권력이나 경제권력으로부터 국민을 지켜줄 최후의 보루라고 믿고 의지해왔다. 그러나 사법부는 이런 국민의 믿음을 철저히 배신했다. 양승태 사법부는 정치권력과의 거래조차 서슴지 않고 자신들의 기득권을 공고히 하는 데만 혈안이 되어 있었다. 이제 국민은 조직이기주의에 빠져 국민 보호를 소홀히 한 사법부를 믿지 않는다. 사법 적폐의 척결은 우리 국민의 지상명령이다.

우리는 이제 한국사회의 질서를 재편해야 한다. 더는 남성이 여성을, 부자가 빈자를, 사법 권력이 국민을 차별하고 억압하는 것을 방치해선 안 된다. 산업혁명이나 프랑스대혁명 같은 거대한 혁명만이 인간 삶의 개선을 가져오는 것은 아니다. 지금은 오히려 은밀한 차별과 억압, 그리고 은밀한 불의와 부조리를 타파하는 한국소혁명이 절실히 필요한 때다.

2018.06.15.

46

정치인교체필수론

때로는 다른 사람들이 내 능력을, 내 충정을 몰라주는 것이 야속하고, 이대로 그냥 물러나면 정말 바보가 되는 것 같아 억울할 수도 있을 것이다. 그러나 당신만 그런 것은 아니다. 다른 사람들이 당신만 못해서 정치인이나 국회의원이 못된 것은 아니다. 당신이 정말 큰 뜻을 갖고 정치를 했는데도 세상이 알아주지 않았다면, 당신의 모든 것을 역사의 평가에 맡겨라.

대한민국 정치에 대거 물갈이가 필요하다. 그동안 한국 정치를 쥐락펴락하며 한세월 권력 놀음 잘해 먹은 정치인들은 이제 염치를 알고 물러나야 한다. 자고로 지혜로운 사람들은 버림을 받기 전에 자진해서 떠난다. 태양은 가장 찬란히 빛나는 순간조차도 자주 구름 뒤 몸을 숨겨 자신이 지고 있다는 것을 모르게 한다. 하물며 이제 퇴물이 된 정치인들이 꺼져가는 생명을 연장하겠다고 끝까지 꼴사나운 모습을 보인다면 그보다 추한 것이 또 있겠는가. 무릇 노병은 죽는 길이 아니라 사라지는 길을 택해야 하는 법이다.

정치인이 국민에 봉사하는 마지막 방법은 때를 알고 물러나는 것이다. 정치적 사망선고를 받을 때까지 물러나길 거부하다 퇴출당하는 것은 최악이다. 퇴장해야 할 자가 머뭇거리면 망신을 면할 수 없다. 스스로 물러나는 것은 패배하는 것이 아니다. 내가 아니면 안 된다는 생각, 다른 사람들이 미덥지 못해 국사를 맡기지 못하겠다는 생각은 당최 금물이다. 장강의 뒷물이 앞 물을 밀어내듯 역사는 그렇게 도도히 전진하는 것이다.

때로는 다른 사람들이 내 능력을, 내 충정을 몰라주는 것이 야속하고, 이대로 그냥 물러나면 정말 바보가 되는 것 같아 억울할 수도 있을 것이다. 그러나 당신만 그런 것은 아니다. 다른 사람들이 당신만 못해서 정치인이나 국회의원이 못된 것은 아니다. 당신이 정말 큰 뜻을 갖고 정치를 했는데도 세상이 알아주지 않았다면, 당신의 모든 것을 역사의 평가에 맡겨라. 당신이 진정 자신을 위해서가 아닌, 충성을 다한 그 어떤 사람을 위해서가 아닌, 오로지 국민을 위한 정치를 했다면 역사는 훗날 분명히 그에 걸맞은 평가를 할 것이다.

정치인의 성공조건은 처음부터 끝까지 애민정신(愛民精神)이다. 세종대왕이 훈민정음을 창제할 수 있었던 것은 그의 투철한 애민정신 때문이다. 당시 대부분의 조선 백성들은 글자를 몰라 눈뜬장님에 불과했고, 이런저런 피해를 보고도 제대로 변소를 못 해 억울한 일을 당하기 일쑤였다. 세종대왕은 이를 안타깝게 여겨 많은 반대를 무릅쓰고 촌음을 아껴 연구에 몰두한 끝에 1443년(세종 25년) 훈민정음 28자를 연구·창제해서 3년 동안 다듬어 써본 후, 1446년에 이를 반포했다. 세종대왕의 노력은 헛되지 않아 백성들은 글자를 읽을 수 있게 되었고, 세상에 눈을 뜨게 되었다. 이렇게 창제된 한글을 통해 세상 물정과 사물의 이치를 깨닫게 된 백성들은 현대 민주사회의 시민이 되었다.

세종은 한국 역사상 그 누구보다도 백성을 사랑한 지도자다. 그는 백성들을 위하는 것이 무엇인지를 고민했다. 그는 문맹으로 살기의 어려움이 무엇인지 알았고, 어떻게 하면 그들을 도울 수 있는지를 생각했다. 세종 이전 왕과 지배 세력이 백성의 문맹은 어리석음 탓으로 돌리고 그 어리석음을 이용하여 그들을 핍박하고 착취한 데 비해 세종대왕은 그들의 삶을 진정으로 가슴 아파하고 고통을 공감했다. 그는 정치지도자의 삶이 어떠해야 하는지를 보여주는 우리 역사의 최고 본보기다.

누구든 정치지도자의 길을 가려는 사람은 먼저 세종대왕의 민본주의(民本主義)와 애민정신을 배워야 한다. 내가 시장이 되고 내가 국회의원이 되려는 이유는 오직 시민과 국민을 위한 것이어야 한다. 특히 정당의 지도자가 되겠다는 사람들은 내가 당 대표가 돼서 당권을 장악하고 내 사람들을 공천하겠다는 생각부터 버려야 한다. 정치를 하는 이유, 국회의원이 되어야 하는 이유, 당 대표가 되어야 하는 이유는 모두 국리민복을 위한 것이어야 한다. 정계에 남아 있으려는 이유가 그저 기껏 내 정치생명을 연장하고 어떻게든 권력을 잡아 볼까 하는 생각이라면 빨리 물러나는 것이 좋다.

이제 대한민국 정치판엔 젊고 신선한 신진세력이 필요하다. 이를 위해 여당이든 야당이든 오랫동안 정치판에 몸 담갔던 사람들은 이제 제발 좀 물러나라. 그동안 국민을 위한 정치에 미흡했다면 국민께 솔직히 고백하고 사과한 후 차기 총선 불출마를 선언하는 것이 마땅하다. 그나마 그것이 국민을 위한 마지막 봉사가 될 테니 말이다.

2018.06.29.

47

청년 니힐리즘

청년은 주체적으로 삶을 영위하며 도전하는 데서 삶의 동력을 얻는 존재다. 비축해 놓은 통장 잔액이 없다고 해서 허무에 빠지는 존재가 아니다. 니체가 말하듯 사회적 빈곤 상태는 그것이 정신적이든 신체적이든 그 자체만으로는 결코 니힐리즘을 낳을 수 없다.

대한민국이 세계 최고의 저출산국 대열에 들어섰다. 정부는 부랴부랴 젊은이들이 집이 없어 아기를 낳지 않는다며 신혼 희망주택을 늘리겠다고 발표했다. 배우자의 출산 휴가를 늘리고 아동수당도 늘려 젊은 부부의 육아 부담을 덜어주겠다고 한다. 그러나 단언하건대 미봉책이다.

안타깝게도 오늘날 대한민국의 젊은이들은 니힐리즘에 빠졌다. 그들은 결혼하겠다는 생각도, 아기를 낳아 기르겠다는 의지도 없다. 어쩌면 동물적 본능조차 거세당한 채 그저 주어진 현세를 살 뿐이다. 대한민국의 젊은이들이 이토록 극심한 니힐리즘에 빠진 이유는 무엇인가. 집이 없어서, 직장이 없어서, 돈이 없어서인가? 그들이 삶의 목적과 방향성을 상실한 것이 이유다, 그들은 세계 전체가 아무 의미도 없고 아무 가치도 없다는 정신적 병질에 빠져버렸다. 오늘의 사태는 '아프니까

청춘이다'라는 다소 이상한 제목의 책이 베스트셀러가 될 때부터 충분히 예견되었다. 청년들은 어떤 경우에도 위로와 힐링의 대상이 아니다. 그들은 꿈과 희망의 표상이다. 그런데 청년들의 몫까지 차지해 버린 기성세대가 그들을 무기력한 존재로 낙인찍었다. 기성세대는 청년 니힐리즘의 책임에서 벗어날 수 없다.

젊은이들이 진정 원하는 것은 정신적 위로를 받는 것도, 경제적 지원 등의 시혜적 혜택을 받는 것도 아니다. 청년은 남이 파 준 동굴에서 남이 던져주는 고깃덩어리나 먹고 사는 걸 원치 않는다. 청년은 주체적으로 삶을 영위하며 도전하는 데서 삶의 동력을 얻는 존재다. 비축해 놓은 통장 잔액이 없다고 해서 허무에 빠지는 존재가 아니다. 니체가 말하듯 사회적 빈곤 상태는 그것이 정신적이든 신체적이든 그 자체만으로는 결코 니힐리즘을 낳을 수 없다. 청년은 오히려 빈곤에 처할 때 삶의 의지, 생의 의지를 작동시켜 거기서 삶의 추동력을 얻는 존재다.

오늘날 청년 니힐리즘의 원인은 기성세대가 그들에게 삶의 전형을 제시하지 못했기 때문이다. 통일이니 민족이니 하는 거대 담론이 더는 위력을 발휘하지 못하는 상황에서 인간의 행복이라는 명제조차 삶의 목표가 될 수 없다는 인식이 그들을 지배한 때문이다. 사실 이 시대 젊은이들은 콘크리트 아파트와 오락실에 갇혀 흙 한 번 만져보지 못한 채 날지 못하는 새가 되었다. 그들은 온라인 속에 박제된 까닭에 오프라인의 세계로 나오지 못한다. 그들은 온라인 속에서 이렇게 저렇게 전파되는 동영상에 마음을 뺏기고 유언비어에 가까운 사회 담론을 소비하는 가운데 건강한 삶을 저당 잡혔다. 그들은 출구조차 막혀버린 온라인 세상에서 하늘 한 번 올려다보지 못하고 사는 삶에 스스로 지쳐버렸다.

해결책은 무엇인가. 대한민국의 젊은이들이 이제 자기 삶을 이끌어갈 수 있는 자기만의 관점, 자기 고유의 가치를 스스로 창조하는 것이다. 다시 '삶에의 의지'로 무장하는 것이다. 그리고 삶의 현장에 뛰어들어 구슬땀을 흘리는 것이다. 삶은 단순한 관념의 문제가 아니라 굳건한 실천의 문제다. 의지와 목표로 충만한 자만이 건강한 삶을 살 수 있다. 청년들은 더는 위로니, 힐링이니 하는 나약한 말에 현혹되지 말아야 한다. 오직 날 것 그대로의 삶을 추구하고, 자신의 삶에 순수한 자연적 생명력을 스스로 불어넣어야 한다. 누군가 세상을 탓하고 있는 순간에도 지구는 돈다. 니체가 말하듯 "독수리는 결코 무리 지어 날지 않는다. 그런 건 참새나 찌르레기한테 맡기는 게 좋다." 젊은이들은 각자가 무소의 뿔처럼 나 혼자 길을 가야 한다.

인간은 행복해지기 위해 사는 것이 아니라, 사는 가운데 행복해지는 것이다. 행복은 삶의 목적도 아니며 추구하는 바가 될 수도 없다. 행복은 삶의 과정에서 문득문득 자연스럽게 찾아오는 작은 감정이다. 이제 우리는 대한민국 사회가 결혼조차 포기하게 한다는 결정론적 사고를 딛고, 인간은 결혼하고 자식을 키우는 가운데 행복해지는 것이라는 자연법적 사실을 받아들여야 한다. 청년들이 니힐리즘을 극복하는 가장 좋은 방법은 아무렇지도 않게 자리를 툭툭 털고 일어나 힘껏 앞으로 달려 나가는 것이다. 늘 그렇듯 평범한 것이 가장 위대한 것이다.

2018.07.13.

48

인터넷 공간에서의 자유와 절제

인간이 선천적 욕망을 제어할 수 있는 것은 개인의 의지에 의해서가 아니라 공동체의 시선에 의해서이다. 개인의 절제는 무엇보다 사회화를 통해 이루어진다. 인간이 공동체에서 타자와의 교류를 통해 사회가 요구하는 행위의 준칙을 익히기 때문이다. 인간은 사회라는 공동체 속에서 허용의 한계를 인식하고 그 안에서 행동하는 법을 알게 된다.

인터넷이 가져온 큰 변화 중 하나는 비대면 대화의 무한 확장이다. 대화(對話)는 말 자체가 의미하듯 상대방과 나누는 말이다. 하지만 인터넷 공간에서는 대화와 독백의 경계가 무너진다. 푸념하듯 혼잣소리로 지껄인 한마디 말조차 실시간으로 익명의 타자에게 무작위로 전달된다. 인터넷에서는 방백도 허용되지 않는다.

비대면 대화라는 인터넷의 이런 특성에 무한한 확장성과 빠른 전파성이 더해지면서 인터넷 공간에서는 심지어 치기 어린 말이나 유치한 행동조차 화제가 되고, 이것은 다시 인터넷 언론에 의해 즉각적으로 기사화되어 공적인 영향력을 획득한다. 나비효과가 적나라하게 나타나는 곳이 바로 인터넷 공간이다.

오늘날 인터넷에서 개인은 거의 제어되지 않는 자유를 누린다. 이곳에서는 유명하지 않아도, 크게 똑똑하지 않아도, 목소리가 크지 않아도 얼마든지 하고 싶은 말을 할 수 있다. 심지어 익명의 그늘에 숨어 자신을 포장하거나 위장한 채 대중들의 교주인 양 처세하는 것까지 가능하다. 인터넷에서는 소위 지렛대 효과가 나타난다. 정치 사회적 이슈를 적당히 미끼로 던져 놓으면 덥석덥석 물고 들어오는 네티즌들은 항상 넘쳐나고, 이들을 적당히 조직화하면 인터넷 공간을 넘어 현실 세계에서도 정치적 영향력을 행사할 수 있다. 가령 몇 사람이 모여 인터넷 커뮤니티를 만들고 일정한 목표와 방향성을 공유하면 수많은 네티즌이 모여들어 회원이 되고, 그 회원들이 다시 다른 회원들을 불러 모은다. 그 때문에 이곳에서는 작은 성냥개비 몇 개만으로도 큰불을 지피는 것이 가능하다. 장작을 던져 넣고 기름을 끼얹어 줄 사람은 얼마든지 있기 때문이다.

문제는 인터넷의 이런 특징을 간파한 정치꾼이 인터넷 커뮤니티를 여론조작과 선전·선동의 도구로 사용한다는 점이다. 이들 정치꾼은 인터넷 커뮤니티에 적당히 의제를 던지고, 혐오와 증오의 씨를 뿌려 여론을 환기한 다음, 이를 확대 재생산하면서 온라인에서의 정치적 영향력을 키운다. 그 후 이를 오프라인으로 세력화하여 현실정치에 개입하고, 심지어 소위 흥선 대원군식 수렴청정을 획책한다. 드루킹 일당이 그들 중 하나다.

특검 수사가 본격화되면서 댓글 조작에 관여한 것으로 확인된 경공모 회원이 대폭 늘고 있다. 이들 중 상당수는 드루킹 일당이 던진 경제적 공진화(共進化, coevolution)라는 미끼를 덥석 물었다가 신세를 망치게 된 사람들이다. 사실 어쩌면 그들 중 상당수는 인터넷 바다에 드리워진 낚싯바늘에 걸려든 죄밖에 없을지 모른다.

우리는 항상 자유는 흔히 방종을 동반할 수 있으므로 자유가 분비하는 방종을 억제하기 위해서는 특별한 절제가 필요하다는 것을 명심해야 한다. 인간이 선천적 욕망을 제어할 수 있는 것은 개인의 의지에 의해서가 아니라 공동체의 시선에 의해서이다. 개인의 절제는 무엇보다 사회화를 통해 이루어진다. 인간이 공동체에서 타자와의 교류를 통해 사회가 요구하는 행위의 준칙을 익히기 때문이다. 인간은 사회라는 공동체 속에서 허용의 한계를 인식하고 그 안에서 행동하는 법을 알게 되는 것이다.

그런데 인터넷 공간에서는 이 사회화가 제대로 이루어지지 않는다. 이것은 역설적으로 인터넷을 통한 정치적 자유의 확대를 위해서는 오프라인에서의 사회화가 우선되어야 한다는 것을 말해준다. 그리고 이것은 결국 자기 수양을 통한 절제력 획득의 문제와 연결된다. 자기 수양은 사회화의 전제조건으로 독서와 예술적 경험을 통해 이루어진다. 책과 예술은 인간이 오랫동안 축적한 삶의 지혜와 심미적 경험을 얻는 방법인 동시에 자기 절제를 위한 수양의 방법이다.

오늘날 진보니, 보수니, 남성우월주의니, 페미니즘이니 하며 특정 이념을 표방하는 인터넷 사이트들이 우후죽순 생겨나고 갖가지 기행으로 사회적 논란을 낳고 있다. 그런 몇몇 커뮤니티의 이면에는 정치적 자유와 표현의 자유라는 핑계로 정치세력화를 꿈꾸는 자들의 그림자가 어른거린다. 이들이 던진 미끼를 덥석 물었다가 수치와 모욕을 당하지 않으려면 인터넷 공간에 한 줄의 글을 쓰기에 앞서 한 권의 독서를 하고 몇 곡의 음악을 듣는 것이 좋을 것이다.

2018.07.20.

49

셀프고용과 셀프착취

생계형 자영업자들은 '자본가'가 아니라 '노동자'다. 자영업자 중 치킨집, 편의점 등 프랜차이즈 가맹점들은 형식상 자영업의 모습을 띠고는 있지만 실제로는 본점에 노동력을 제공하고 임금을 받는 기형적 형태의 임금노동자일 뿐이다.

자본가들이 노동자들을 착취하여 잉여이익을 얻는다는 자본 대 노동의 마르크스 논의구조는 오늘날 얼마나 유효한가? 적어도 자본이 잉여이익을 만들어낸다는 오래된 명제는 투기자본에 관한 한 여전히 유효하다. 오늘날도 부동산에 투자하거나 금융투자를 한 경우 자본을 통해 많은 잉여이익을 낼 수 있다. 가령 서울 목 좋은 곳을 찾아 아파트에 투자해서 수억 원의 투자이익을 낼 수도 있고, 여윳돈을 주식에 투자해서 짧은 시간에 많은 이익을 거둘 수도 있다.

그러나 전통적 의미에서의 자본가 대 노동자라는 분류, 가령 생산수단을 보유한 자와 그렇지 못한 자라는 등식은 오늘날 더는 성립하기 어렵다. 사실 생계형 자영업자들은 자본가가 아니라 노동자다. 자영업자 중 치킨집, 편의점 등 프랜차이즈 가맹점들은 형식상 자영업의 모습을 띠고는 있지만 실제로는 본점에 노동력을 제공하고 임금을 받는 기형적 형태의 임금노동자일 뿐이다. 즉 얼마간의 자금을 자기 고용을 위한 비용으로 지급하고 자신의 일자리를 만들어 셀프고용을 한 것이다. 가사 이들이 타인을 고용했다 하더라도 그것은 투자 대비 잉여이익의 창출을 위한 것이 아니라 자신의 계속적 고용을 위한 불가피한 선택일 뿐이다.

문제는 셀프고용자들은 자기 착취가 심하다는 것이다. 통계청이 2017년 12월 발표한 '자영업 현황분석' 보고서를 보면 전국 480만 명에 달하는 자영업자 가운데 51%는 한 달 매출이 383만 원 이하로 조사됐다. 월 매출이 100만 원 이하라고 답한 자영업자도 21%나 됐다. 신고 매출과 실제 매출과의 차이를 고려한다고 하더라도 국내 자영업자의 평균 순이익률은 20% 수준에 그친다. 결국 자영업자의 절반은 온종일 일해도 한 달에 70만~80만 원 정도밖에 남기지 못하는 셈이다. 특히 최근 들어 부동산 임대료 등 고정비가 증가하고, 프랜차이즈 서비스업종의 경우 원료비와 가맹비 등 본사에 지급해야 하는 비율이 높아지면서 자영업자들은 더더욱 한계상황으로 내몰리고 있다.

셀프고용의 경우 사실상 자본 투자가 없거나 매우 적기 때문에 생산성이 낮을 수밖에 없다. 수익을 늘리기 위해선 고정비를 줄일 수밖에 없지만, 고정비용 중 줄일 수 있는 부분은 인건비가 거의 유일하므로 혼자 일하거나 가족의 도움을 받는 경우가 많다. 2017년 12월 발표한 통계청 조사에 따르면 직원을 한 명도 고용하지 않는 고용주 단독사업자는 392만 명으로 전체의 82.0%에 달한다. 월급을 받지 않는 무급 가족 종사자의 수는 115만 명 수준이다. 자영업자들의 총고용 규모는 335만 명으로 1년 전보다 오히려 0.5%가 감소했다.

후기 산업사회의 특징은 산업이 고도화되면서 자영업자가 사라지고 대부분이 임금노동자가 된다는 것인데, 한국에선 아직도 자영업자 비율이 선진국의 두 배에 달하고 있다. 이렇게 우리나라가 선진국보다 자영업자 비율이 높은 이유는 평생 고용이라는 개념이 자리 잡지 못한 데다 사회복지가 미흡한 까닭에 생계형 자영업자가 많기 때문이다. 생계유지를 위해 마지못해 창업하고 온 가족이 거기에 매달리는 것이다. 그런데 이런 상황은 오히려 자영업자들의 무한경쟁을 촉발하여 그들을 한계상황으로 내몬다.

영세자영업자들의 아우성이 점점 심해지고 있다. 그들의 아우성이 결코 엄살이 아니라는 것은 시민불복종 운동은 물론 저항권까지 운운하는 데서 충분히 감지된다. 노동자들의 최저임금을 올리는 것은 기본적으로 옳다. 그것은 다름 아닌 인간답게 살 권리의 문제이기 때문이다. 그러나 인간답게 살 권리는 자영업자들에게도 마찬가지로 구현되어야 한다. 영세자영업자들은 형식상으로는 고용주, 거창하게는 자본가라는 타이틀을 갖고 있지만 실제로는 대다수가 셀프고용을 통해 자기 노동력을 착취하고 있다. 정부 차원의 지원 대책이 시급한 이유다. 이들에게 실질 소득을 보장해 주기 위해서는 무엇보다 상가임대료, 카드 수수료, 은행 대출금 이자 등에 대한 인하가 꼭 필요하다. 최저임금에 못 미치는 소득을 올리는 영세자영업자들에 대한 정부 차원의 대책이 시급히 마련돼야 한다.

2018.07.26.

50

역사와 정치

기본적으로 정치는 인간 사회를 더 자유롭고 평등하며 정의로운 세상으로 만들고자 하는 인간의 기획이자 시도다. 인간은 사회를 떠나서는 인간답게 살 수 없는 까닭에, 아니 생존 자체가 불가능한 까닭에 운명적으로 사회를 이룰 수밖에 없는데, 바로 그 사회를 유지 존속 발전시키기 위한 수단이 정치다.

역사는 정치의 방향 가늠자다. 정치는 민중의 욕구와 분출하는 사회적 갈등을 조정하는 일이기 때문에 늘 역사에서 배우고 역사를 그 본보기로 삼아야 한다. 정치가의 스승은 다름 아닌 역사적 인물이다. 특히 인간 삶의 근본은 과거나 현재가 크게 다를 것이 없고, 사회 갈등의 원인과 양태 또한 과거나 현재가 크게 다를 것이 없다는 점을 생각하면, 정치가 역사에서 교훈을 얻고 그것을 현실에 반영한다는 것은 너무나 당연한 명제다.

기본적으로 정치는 인간 사회를 더 자유롭고 평등하며 정의로운 세상으로 만들고자 하는 인간의 기획이자 시도다. 인간은 사회를 떠나서는 인간답게 살 수 없는 까닭에, 아니 생존 자체가 불가능한 까닭에, 인간은 운명적으로 사회를 이룰 수밖에 없는데, 바로 그 사회를 유지

존속 발전시키기 위한 수단이 정치다. 그런 의미에서 정치는 인간의 존재 조건이다.

정치인이 역사를 말할 때는 보통 자신에게 유리한 어떤 부분을 취사 선택하거나 강조하는 수가 많다. 그가 관심을 두는 것은 어차피 통사나 보편사가 아니라 자신의 정치적 선택과 행보에 부합하고 또 이를 뒷받침해줄 수 있는 역사적 사실이기 때문이다. 그러나 보다 높은 차원의 정치가는 역사적 교훈을 내재적으로 신념화하여 현실정치에 접목함으로써 인간과 사회가 나아갈 방향을 제시한다. 독일의 역사가 랑케(Leopold von Ran′ke, 1795~1886)는 있는 그대로의 역사를 강조했지만, 그것은 역사가가 가공되지 않은 진실을 추구해야 한다는 것이지 있는 사실을 그대로 늘어놓아야 한다는 것은 아니다. 당연한 말이지만 인간 삶에서 역사가 의미가 있는 것은 그것이 오늘의 삶을 형성하는 하나의 동인으로 작용할 때다. 그런 의미에서 영국의 역사학자 에드워드 카(Edward Hallett Carr, 1892~1982)가 그의 저서 「역사란 무엇인가」에서 역사는 '과거와 현재의 끊임없는 대화'라고 한 것은 역사가의 임무가 과거와 현실을 의미 있게 이어주는 것이라는 점을 강조한 것이라 할 수 있다. 과거가 오늘과 유리되어 박제된 채 박물관에서 나오지 못한다면, 과거와 현재가 다른 곳에 있는 채 서로를 바라보는 것에 그친다면, 그것은 역사가가 자신의 역할을 제대로 수행하지 못했기 때문이다. 영국의 역사학자 토인비(Arnold Joseph Toynbee, 1889~1975)가 세계 문명을 21개로 묶어 세계 문명사를 정리하면서 문명과 문명의 충돌, 기존 문명의 소멸과 새로운 문명의 탄생을 도전과 응전의 관점에서 정리한 것은 역사가가 우리에게 줄 수 있는 최대의 선물을 안긴 것이다.

정치는 기본적으로 인간의 더 나은 삶을 위한 수단이다. 인간의 사회생활은 그 자체로 정치적이기 때문에 생활 정치라는 측면에서는 누구나 정치인이다, 그러나 직업으로서의 정치는 나만의 삶이 아닌 내가 속한 사회와 구성원들의 삶을 책임지는 것이므로 막중한 책임이 따르는 것이다. 그런 까닭에 직업으로서의 정치는 하룻밤 풋 생각으로 시작할 수 있는 것이 아니다.

어쩌면 한국 정치가 아직도 후진성을 벗어나지 못하는 이유는 위대한 역사서와 역사가가 부재한 것과 연관이 있다. 인류 최초의 동서양 대결이라 불리는 40여 년간의 페르시아 전쟁을 다룬 책이자 인류 역사상 최초의 체계적 역사서인 헤로도토스의 「역사」나 상고시대부터 한나라 무제(BC 104~101년)까지의 중국과 그 주변 나라의 역사를 기록한 사마천의 「사기」와 같은 역사서는 단순히 한 시대의 기록이 아니라 인간과 사회가 나아가야 할 방향을 제시하였다는 점에서 위대한 정치 교과서다.

우리 사회엔 요즘 이런저런 역사 강의가 넘치고 역사물도 넘친다. 그러나 아쉽게도 우리 눈을 번쩍 뜨이게 할 만한 정통 역사서가 나오지 않는다. 어쩌면 소명의식을 가진 정치가의 출현은 소명의식을 가진 역사가의 출현과 상호 깊은 연관이 있을 것이다. 과거를 정리하고 미래의 나아갈 길을 제시하는 역사서, 과거를 통해 미래 정치의 사명과 역할을 제시하는 역사서, 대대로 정치가의 좌표가 될 정통 역사서의 출현을 기대한다.

2018.08.03.

51

정치의 근본과 이상

정치가 실패하는 가장 큰 이유는 대개 사심을 가진 무리에 둘러싸여 상황을 잘못 파악하는 데 있다. 또 선악(善惡)을 구별하고 시비(是非)를 일삼는 것 역시 정치가 실패하는 이유다. 정치는 더 나은 방법을 찾아 우열(優劣)을 가리는 것일지언정 선악을 나누어 편을 가르고 상대를 배척하는 것이 아니다.

1515년 중종 10년 알성시의 책문(策問)은 〈그대가 공자라면 어떻게 정치를 하겠는가〉였고, 질문의 요지는 '공자는 "만일 누군가가 나에게 나라를 맡아 다스리게 한다면, 1년이면 그런대로 성적을 낼 것이고, 3년이면 정치적 이상을 성취할 것이다"라고 하였는데, 오늘과 같은 시대에 옛날의 이상적인 정치를 이루고자 한다면 먼저 무엇에 힘써야 하겠는가'하는 것이었다.

조광조는 대책(對策)에서 먼저 정치는 '하늘을 닮아, 도리에 따라야 하는 것'이라고 전제한 다음, 옳은 것을 옳다 하고 그른 것을 그르다고 하며, 좋은 것을 좋아하고 나쁜 것을 싫어하는 것과 같은 가치판단이 마음에 들어차 있으면 모든 일이 사리에 맞게 이루어지고 세상 모든 만물이 제대로 자라나는 것이며, 정치란 온 세상에 보편적인 도로서 천만 사람을 이끌고 온 세상에 공통된 마음을 갖고 천만 사람을 감화시키는 것인 까닭에, 공자는 본래 가지고 있는 마음으로 사람을 이끌고 본래 가지고 있는 마음으로 감화시켰으니, "1년이면 그런대로 실적을 내고, 3년이면 정치적 이상을 성취할 수 있다"라는 말이 헛된 말일 수 없다고 답했다.

조광조는 나라의 법도와 기강을 세우는 원리는 근본과 말단을 구별하여 근본을 세우는 일이 중요하다면서 근본을 바로잡는 일이 우회인 것 같지만 사실은 쉽게 효과를 낼 수 있는 길이라고 하였다. 그래서 정치원리를 잘 아는 사람은 반드시 근본에 속하는 일과 말단에 속하는 일을 구별해서 먼저 근본을 바로 세워야 하는 것인데, 이는 근본이 바르면 말단을 다스리는 데는 별 어려움이 없기 때문이라고 하였다. 조광조는 나아가 "성실이 이루어지지 않으면 사물이 이루어지지 않는다"는 공자의 제자 자사(子思)의 말을 빌려, 정치에서 성실은 기강을 세우는 근본이고 실효를 거두는 바탕이라고 하였다.

조광조의 대책에서 특히 눈에 띄는 것은 임금은 도와 성실로써 법도와 기강의 큰 줄기를 세우되, 대신을 믿고 정권을 맡겨야 한다는 부분이다. 그는 "정치는 군주 홀로 할 수 없으니 반드시 대신에게 맡겨야 정치의 법도가 확립되는 것"이라고 역설한다. 전제군주라 하여 모든 것에 사사건건 개입하려 할 때 정치의 법도가 흐려질 수 있으니 이를 마땅히 경계해야 한다는 것이다. 이 말이 옳은 이유는 왕이 만기친람하려 하면 대신들은 왕만 쳐다보게 되고, 왕의 지시나 명령이 없으면 땅에 엎드려 움직이려 하지 않기 때문이다. 예나 지금이나 가장 나쁜 행정은 복지부동이라는 점을 생각할 때 조광조의 이런 지적은 매우 타당한 것으로 대통령이나 자치단체장들이 새겨들어야 할 부분이다.

조광조는 나라를 다스리는 사람의 자세로 신독(愼獨)을 강조한다. 신독이란 '홀로 있을 때 조심하는 것'을 이르는 말로, 조광조가 이를 강조한 이유는 원칙과 대의명분을 따르는 정치는 올바른 마음가짐에서 나오고 올바른 마음가짐은 스스로 엄격히 절제하는 데서 나오는 것이기 때문이다.

정치의 요체는 중심을 잡는 것이다. 나라의 법도와 기강을 세우고 원칙과 대의명분을 따라 가용한 인적·물적 자원을 동원하여 다수의 국민이 원하고 바라는 것을 행하여 이루는 것이다. 따라서 올바른 정치를 위해서는 먼저 있는 그대로의 현실을 가감 없이 통찰하고 국민이 원하는 것을 정확하게 파악할 수 있는 혜안이 필요하다. 정치가 실패하는 가장 큰 이유는 대개 사심을 가진 무리에 둘러싸여 상황을 잘못 파악하는 데 있다. 또 선악(善惡)을 구별하고 시비(是非)를 일삼는 것 역시 정치가 실패하는 이유다. 정치는 더 나은 방법을 찾아 우열(優劣)을 가리는 것일지언정 선악을 나누어 편을 가르고 상대를 배척하는 것이 아니다.

정치인은 정책을 개발하고 이를 국정에 반영하기 위한 치열한 고민을 멈추지 말아야 한다. 이를 위해 정치인은 혼자 있을 때도 대중 속에 있는 듯 몸가짐을 바르게 해야 하고, 대중 속에 있을 때도 혼자 있는 듯 인기에 연연하지 말아야 한다. 요즘 우리 국민의 삶이 어지간히 신산하다. 500년 전 청년 조광조의 대책이 묵직하게 다가오는 것은 아마도 그 때문일 것이다.

2018.08.10.

52

말, 거짓말, 여론조작

얻는 이익이 크면 클수록 거짓은 더 기승을 부리고 여론을 조작하고 혹세무민하는 자들이 나타나 세상을 어지럽힌다. 이에 제대로 대처하지 못하면 세상은 거짓을 퍼뜨려 이득을 취하고, 또 거짓말로 교묘히 법망을 빠져나가는 자들의 천지가 될 것이다. 거짓을 물리치는 방법은 무엇보다 거짓에 속지 않는 것이다.

지금까지 언어학자들이 인류의 여러 말을 연구한 결과 인류는 인종이나 민족과 상관없이 모두 말을 할 줄 안다는 것이 드러났다. 그에 반해 아무리 발달한 동물도 말을 배우지는 못했다. 침팬지를 어렸을 때부터 인간과 같은 환경에서 길러 보았으나 말을 익히지 못했다. 말은 인간을 인간답게 해주는 인간만의 도구이다.

그런데 이렇게 신비로운 말은 아이러니하게도 인간이 인간을 속이는 손쉬운 도구가 되기도 한다. 인간의 거짓말은 그 동기가 복잡하지만 대개 남의 이목을 끌어 자기의 존재를 돋보이게 하거나, 벌을 받는 것이 두려워 자기를 방어하기 위한 것이거나, 또는 보복을 위한 것인 경우가 많다. 문제는 거짓말이 갈수록 교묘해지고 집단화된다는 것이다.

거짓말의 역사는 인류의 역사만큼 오랜 것이지만 세상이 복잡해질

수록 거짓말도 늘어 오늘날의 재판은 누가 거짓말을 하는 것인지를 밝혀내는 것이 가장 중요한 숙제가 되어 버렸다. 거짓말탐지기를 도입하기도 하고 대질신문을 하기도 하지만 그것이 항상 유효한 것은 아니다. 결국 진실 공방이 벌어질 때 진실이 무엇인지를 알기 위해서는 솔로몬의 지혜를 발휘하는 수밖에 없다.

어느 날 두 여인이 솔로몬을 찾아왔다. 둘은 어떤 남자 집에서 살고 있었고 얼마 전에 둘 다 딸을 낳았다. 그중 한 아이가 죽고 말았는데 아이가 죽은 엄마가 살아있는 아이와 바꿔치기했다는 것이 한 여인의 주장이었고, 다른 여인은 그것은 터무니없는 누명이라는 것이었다. 이야기를 들은 솔로몬은 두 여인에게 칼을 한 자루씩 주며 '살아 있는 이 아이를 둘로 잘라 반반씩 나눠 가지도록 하라'라고 명했다. 그러자 한 여인은 통곡하며 '얘는 저 여자의 아이입니다'라고 말했고, 다른 여인은 '아이를 반으로 나눠 주십시오'라고 당차게 나왔다. 솔로몬은 아이를 포기하겠다고 말한 여인이 진짜 엄마라고 판결했다.

요즘 우리 주위엔 이런저런 진실 공방이 한참이다. 이재명과 김부선, 이재명은 김부선과 사귄 적이 없다고 하고, 김부선은 이재명과 교제한 것이 분명하다고 한다. 누군가는 거짓을 말하고 있다. 안희정과 김지은, 두 사람이 합의로 성관계를 가진 것인지 아닌지를 두고 말이 다르다. 누군가는 사실과 다르게 말하고 있다. 일단 1심 법원은 김지은의 말을 믿어주지 않았다. 드루킹과 김경수, 김경수가 파주에 있는 느릅나무 출판사에 가서 킹크랩 시연회를 보고 댓글 공작을 승인했는지를 두고 말이 다르다. 경제적 공진화 모임을 이끌면서 댓글 작업을 진두지휘한 드루킹과 그 일당들은 김경수가 시연회에 참석해서 킹크랩 구동을 직접 봤다고 진술한다. 김경수는 느릅나무 출판사에 간 것은 맞지만 시연회를 본 적이 없다고 한다. 누군가는 거짓을 말하고 있다.

거짓말은 인간의 생존본능에서 비롯된다. 그 때문에 이를 원천적으로 차단하기란 불가능하다. 그러나 인간에겐 양심이 있으므로 대개 거짓말은 표식을 남긴다. 가령 위기의 순간에 억지로 그럴듯하게 말을 만들어내려면 머릿속이 복잡해지고, 이때 특이한 신체적 반응과 언어적 특징이 나타난다. 말을 더듬거리거나 발음이 꼬이기도 한다. 주역에는 "말이 자연스럽지 못하고 부끄러워하는 기색을 나타내면 그 자의 마음에는 미안한 마음이 있는 것이다. 위선적인 사람은 그 말이 이리저리 일정치 않고 진실하지 못하다"라고 적고 있다. 맹자는 "억지소리를 늘어놓거나 말을 이리저리 꾸미는 사람은 진리를 돌아보지 않는 자다. 말이 왔다 갔다 일정치 않으면 이미 대응이 궁색해졌다는 것이다"라고 말한다.

얻는 이익이 크면 클수록 거짓은 더 기승을 부리고 여론을 조작하고 혹세무민하는 자들이 나타나 세상을 어지럽힌다. 이에 제대로 대처하지 못하면 세상은 거짓을 퍼뜨려 이득을 취하고, 또 거짓말로 교묘히 법망을 빠져나가는 자들의 천지가 될 것이다. 거짓을 물리치는 방법은 무엇보다 거짓에 속지 않는 것이다. 어쩌면 거짓에 속는 사람은 거짓을 말하는 사람만큼이나 사회에 해롭다. 속는 사람이 많을수록 여론 왜곡이 쉽기 때문이다. 우리는 누가 거짓을 말하는지, 누가 거짓으로 이득을 보려 하는지 유심히 살펴야 한다. 그리고 절대 속지 말아야 한다. 그래야만 거짓말로 여론을 조작해서 혹세무민하려는 자들을 세상에서 몰아낼 수 있을 것이기 때문이다.

2018.08.17.

53

사법적폐와 사법부활

법관은 단순한 직업인이기에 앞서 법을 수호하고 정의를 실현해야 할 특별한 사명을 띤다. 법관을 명예롭게 하는 것은 다름 아닌 이 특별한 사명이다. 사법이 부활하는 길은, 법관이 다시 명예롭게 되는 길은 오로지 제게 주어진 사명을 묵묵히 완수하는 것이다.

갈수록 태산이다. 양승태 법원행정처가 마치 기업이 허위장부나 분식회계 등을 통해 비자금을 조성하듯 비자금을 조성해 예산을 불법으로 전용한 사실이 드러났다. 대법원에서 선임·수석재판연구관으로 근무한 유모는 박근혜 전 대통령의 비선 의료진 재판보고서를 유출하고 2014년 2월부터 2017년 1월까지 약 3년간 재판 관련 문건 등 다량의 대법원 기밀 문건을 빼돌린 사실도 드러났다. 그뿐 아니다. 법원행정처 출신 일선 법원의 법관들이 검찰의 법조 비리 수사 핵심 기록을 영장전담 판사로부터 사본으로 받아 법원행정처에 보고한 정황까지 드러났다. 검찰은 기록을 복사해준 영장전담 판사들을 공범으로 보고 피의자 신분으로 전환해 수사하고 있다.

이쯤 되면 양승태 법원행정처는 그야말로 비리 백화점이다. 법원의 행정을 맡아 보는 기관인지 이익을 위해 불법도 마다하지 않은 범죄 집단인지 도통 헤아리기 어렵다. 목적을 위해서라면 수단을 가리지 않는 태도는 범죄영화에서 흔히 본 장면과 하등 다를 게 없다. 겉으로는 법과 정의를 외치면서 아무렇지도 않게 큰 불법을 자행한 양승태 사법부! 그들은 그들만의 리그를 만들고 배타와 독단이라는 견고한 성을 쌓았다. 권력이 주는 안락함에 취해 구성원 그 누구도 문제를 제기하지 않았다. 아니 오히려 이런저런 모양으로 불법에 가담했다. 그들은 선출되지 않은 권력인 탓에 누구의 눈치도 볼 수 없었고, 견제 받지 않는 권력인 탓에 스스로 조심할 필요도 없었다. 그사이 그들은 법원이라는 따뜻한 은신처에 기거하며 몸집 큰 괴물이 되고 말았다.

도대체 대한민국 사법부가 이렇게까지 망가진 이유는 무엇인가. 사법부는 오랫동안 견제 받지 않는 권력으로 군림했다. 대법원장은 인사권을 갖고 법관들을 일렬로 줄 세우며 권력 놀음을 즐겼다. 사법부에 대한 정당한 비판에 대해서도 귀를 닫아버렸다. 가령 대한변협 등 재야법조계에서는 전관예우 근절 등 사법개혁의 필요성을 누차 강조했지만, 대법원은 전관예우 자체를 인정하지 않는 등 요지부동이었다. 그들은 겉으로는 법의 수호자이자 정의의 파수꾼인 양 행동했지만 사실 속으로는 선민의식을 갖고 국민 위에 군림하려 했다.

사법부가 망가진 또 하나의 이유는 고위 법관들이 수신하지 않았기 때문이다. 아니 더 정확히 말하면 수신하지 않고도 고위 법관이 될 수 있었기 때문이다. 정상적인 조직이라면 목적을 위해 법과 절차를 아무렇지 않게 무시할 수 있는 사람은 조직의 지도자가 될 수 없다. 그러나 작금 대한민국의 사법부는 먼저 자신을 수양한 후 남을 다스린다는 수기치인(修己治人)의 관료 철학이 사라진 지 오래다. 그들은 기껏해야 법 지식만 측정하는 선발시험을 통과한 후 법관이 지녀야 할 참다운 자세를 익힐 기회를 얻지 못했다. 더구나 그들은 이기주의로, 헛된 자만심으로 가득한 조직에서 거짓과 위선에 너무 쉽게 물들어 버렸다. 그 때문에 오늘날 대한민국 법원에는 먼저 배운 사람이 나중에 배우는 사람을 깨우치고 이끌어야 한다는 조직적 의무감과 책임감이 없다. 그러다 보니 법관 중에서도 똑똑한 사람들이 모였다는 법원행정처 법관들은 상호 경쟁하며 각개약진을 하는 가운데 법관이 지녀야 할 태산 같은 자부심을 내팽개치고 스스로 상관의 잘 드는 칼이 되고 말았다.

설마 하면서도 그래도 사법부를 믿었던, 아니 믿고 싶었던 국민은 양승태 사법부에 제대로 뒤통수를 얻어맞았다. 정치권력은 물론 기타 권력으로부터도 사법권을 독립시켜 궁극적으로 국민의 기본권을 오롯이 지켜내겠다는 국민의 염원은 스스로 정권의 시녀가 되는 길을 택한 양승태 사법부에서 완전히 물거품이 되고 말았다. 이제 양승태와 그 부역자들은 국민을 배신한 책임을 져야 할 것이다.

법관은 단순한 직업인이기에 앞서 법을 수호하고 정의를 실현해야 할 특별한 사명을 띤다. 법관을 명예롭게 하는 것은 다름 아닌 이 특별한 사명이다. 사법이 부활하는 길은, 법관이 다시 명예롭게 되는 길은 오로지 제게 주어진 사명을 묵묵히 완수하는 것 외에 다른 길이 없다. 이제 다시 시작할 때다.

2018.09.07.

54

천리(天理)와 인욕(人慾)

법과 제도의 폐단은 운용하는 자들의 욕심에서 생긴다. 그래서 사람이 중요하다. 소위 깜이 되는 사람을 자리에 앉혀야 한다. 가깝다고 해서 말을 잘 듣는다고 해서 끼리끼리 파당을 짓고 직을 나누는 것은 금물이다. 조직의 성공은 언제나 인재를 적재적소에 쓸 수 있느냐에 달려 있다.

법이 생기면 폐단도 함께 생긴다. 법과 제도가 올바르게 정비되어 있어도 이를 적용하고 운용하는 자가 올바른 마음을 갖고 있지 않으면 폐단을 구제할 수 없다. 허점을 파고들어 악용하는 자들은 늘 있기 마련이다. 법을 악용하는 폐단은 생각보다 크고 나쁘다. 특히 대상에 따라 법을 다르게 적용하면 최악이다.

무릇 나랏일을 하는 자들은 성리학을 집대성했던 주희가 말한 천리를 보존하고 인욕을 버리라는 '존천리거인욕(存天理去人欲)'의 말을 마음에 새겨야 한다. 천리는 사람이라면 누구나 지켜야 할 공동의 규율이고, 인욕은 개인의 이익을 위해 공동의 이익을 무시하는 욕망을 말한다. 조선시대 선비들이 천리와 인욕 사이의 갈등을 늘 의식하면서 천리를 보존하고 인욕을 멸하려 했던 것은, 바로 나랏일을 하는 사람의 기본자세를 연마하기 위한 것이었다. 그런데 양승태 사법부의 일부 판사들은 조직이기주의를 위해 인욕을 보존하고 천리를 버렸다. 이제 그들은 한둘씩 그 청구서를 받아들고 있다.

2018. 9. 19. 신광렬 고등법원 부장판사가 검찰에 소환되었다. 서울중앙지방법원에서 형사수석부장판사를 지낸 인물이다. 형사수석부장판사는 법원장을 도와 형사사건과 관련된 행정업무를 보는 자리다. 그런데 신 부장판사는 지난 2016년 서울중앙지법 형사수석부장판사로 재직하면서 최유정 변호사의 전관 로비 수사가 법관 비리 수사로 확대되는 것을 막기 위해 영장 심사에 영향력을 행사했다는 의혹을 받는다. 대법원 선임 재판연구관과 수석재판연구관을 지낸 유해용도 소환조사를 받았다. 공무상비밀누설, 직권남용, 절도 등 여러 혐의로 구속영장도 청구되었다. 유 전 연구관은 올 초 퇴직 전 보고서와 판결문 초고 등 재판과 관련된 수만 건의 자료를 가지고 나온 혐의 외에도 여러 건의 청와대와 양승태 사법부의 부적절한 재판거래에 개입한 혐의를 받는다.

모든 법과 제도의 기저 이념은 더욱 나은 인간 삶의 구현이다. 그것이 무엇이든 법과 제도를 운용한다는 것은 다양한 이해관계와 요구를 수렴하여, 객관적이고 보편적인 이익을 창출하는 행위이다. 그러므로 나라의 일을 맡아 보는 사람들은 모름지기 개인의 이익이 아니라 전체의 이익을 추구해야 한다. 법원이라고 해서 다를 것이 없다. 삼권 분립과 사법권의 독립이라는 제도 역시 궁극적으로 국민의 이익을 위한 것이다. 그런데 사법의 독립이 법원과 법관의 이익을 위해 악용된다면, 법과 제도에서 생긴 최대의 폐단이다. 국민 전체의 이익을 위해 마련해 놓은 사법권의 독립이라는 제도를 양승태 사법부가 교묘히 이용해 법원 조직의 이익을 도모한 것은 용서받기 어렵다.

권력을 가진 자는 그 권력을 바르게 사용해야 한다. 법과 제도의 폐단은 운용하는 자들의 욕심에서 생긴다. 그래서 사람이 중요하다. 소위 깜이 되는 사람을 자리에 앉혀야 한다. 가깝다고 해서 말을 잘 듣는다고 해서 끼리끼리 파당을 짓고 직을 나누는 것은 금물이다. 조직의 성공은 언제나 인재를 적재적소에 쓸 수 있느냐에 달려 있다. 인재 채용의 신이라 불리는 세종은 신분과 관계없이 능력에 따라 벼슬을 내려주고, 적절한 인재를 다양한 곳에 활용했다. 열린 인사야말로 세종의 성공 비결이다. 반면 양승태 사법부가 실패한 가장 큰 이유는 양승태가 자기 말에 순종하는 자들만을 요직에 기용해 사실상 법원 조직을 사유화했기 때문이다. 고인 물이 썩듯이 고인 조직은 반드시 부패한다. 강물이 썩지 않는 이유는 흐르기 때문이고 바다가 썩지 않는 이유는 해류와 소금 때문이다. 조직이 건강성을 유지하기 위해서는 반드시 인사가 개방적이어야 하고 비판과 견제 기능이 유효하게 작동되어야 한다.

세상에 우연은 없다. 세상만사를 지배하는 대원칙은 인과율(因果律)이다. 결과가 있으면 그 원인이 있고, 원인이 있으면 그 결과가 있다. 현직 판사와 전직 판사들이 줄줄이 피의자로 검찰에 불려 들어가는 것은 어느 날 갑자기 생긴 우연이 아니다. 그들은 끼리끼리 직을 나누어 갖고 불법의 씨를 뿌렸다. 그들은 저어함이 없었다. 천리를 버리고 인욕을 택한 죄, 인과율의 법칙도 비켜 갈 수 있으리라 오만했던 죄, 이제 그 대가를 치르게 되었다. 후회할 것이다. 그러나 늦었다.

2018.09.21.

— 55

풍등과 풍전등화

법의 정신은 불가능한 것을 요구할 수 없다. 정상적인 주의의무를 다한 때는 처벌할 수 없다. 행위자가 주의를 다 했더라면 결과 발생을 예견할 수 있었고, 그 예견된 결과 발생을 회피할 수 있었는데도 주의를 다하지 않아 회피 수단을 쓰지 않은 경우가 처벌의 대상이 된다.

무오류가 신의 속성이라면 오류는 인간의 속성이다. 무과실이 신의 속성이라면 과실은 인간의 속성이다. 인간의 실수는 인간 내재적이다. 그 때문에 현실에서 실수가 가져온 결과를 도덕적으로 문제 삼는 경우는 드물다. 아버지를 죽이고 어머니와 결혼한 실수가 오이디푸스의 운명을 좌우하는 것은 셰익스피어의 소설 속에서 가능하다.

법의 영역에서 실수는 도덕에서와는 사뭇 다른 대접을 받는다. 법은 기본적으로 질서 유지와 형평성을 목적으로 하는 까닭에 사회질서를 해치고 누군가에게 손해를 끼치는 행동은 비록 과실에 의한 것이라 하더라도 법정 제재의 대상이 된다. 특히 피해 복구의 추구를 본질로 하는 민사법에서는 고의와 과실은 크게 구별되지 않는다. 민사법의 관심은 행위보다는 결과에 있다.

반면 형법이 문제 삼는 것은 주로 인간의 고의적 행동이다. 우리 형법은 과실범은 법률에 특별한 규정이 있는 때에만 예외적으로만 처벌한다. 주의가 요구되는 몇 가지 경우, 가령 실화, 교통 과실, 과실치사상 등 사회 생활상 주의가 꼭 필요한 경우에 주의의무를 부과하고 게을리한 책임을 묻는 것이다.

법의 정신은 불가능한 것을 요구할 수 없다. 정상적인 주의의무를 다한 때 처벌할 수 없다. 행위자가 주의를 다 했더라면 결과 발생을 예견할 수 있었고, 그 예견된 결과 발생을 회피할 수 있었는데도 주의를 다하지 않아 회피 수단을 쓰지 않은 경우가 처벌의 대상이 된다. 중과실은 결과가 중하기 때문이 아니라 주의의무를 현저히 결하였기 때문에 중하게 처벌하는 것이다.

2018. 10. 7. 일요일 오전 10. 30경, 고양시 덕양구 저유소 주변 고속도로 공사 현장에서 27살의 스리랑카 청년이 풍등을 하늘로 날렸다. 돌을 치우는 일을 하다가 인근 초등학교에서 날아온 풍등 하나를 주웠던 터였다. 그로부터 약 6시간 후 그는 경찰에 전격 체포됐다. 그가 날린 풍등이 300m 떨어진 휘발유 저장소가 폭발하는 큰 화재로 이어졌다는 이유다.

경찰이 수사 결과를 발표하면서 공개한 CCTV엔 피의자로 입건된 스리랑카 청년이 풍등을 날리고, 그 풍등이 저유소 쪽으로 날아가 저유소 주변 잔디밭에 떨어지고, 풍등이 떨어진 잔디밭에서 연기가 피어오르고, 날아가던 풍등을 급히 따라가던 스리랑카 근로자가 풍등 쫓기는 그만두고 돌아서는 장면이 보인다.

그렇다면 과연 스리랑카 청년은 죄를 지은 것인가. 형법적으로 문제가 되는 것은 실화다. 그의 실수로 잔디밭에 불이 붙어 저유소가 폭발했다는 것이다. 경찰은 일단 그를 중실화죄로 입건했다. 그가 풍등을 날릴 때 주위에 저유소가 있다는 것을 알았고, 풍등을 날리면 저유소에 불이 날 수 있다는 것은 조금만 주의를 기울이면 알 수 있었는데도 최소한의 주의조차 기울이지 않았다는 것이다.

하지만 경찰 발표 후 많은 국민은 과연 저유소 화재의 책임을 '스리랑카 청년에게 묻는 것이 타당한가'라는 근본적 의문을 던지고 있다. 오히려 기본적인 관리조차 하지 않은 대한송유관공사와 정부가 책임을 엉뚱한 사람에게 떠넘긴다는 비판이 거세다. 문제는 풍등(風燈)이 아니라 풍전등화(風前燈火)의 지경에 이른 정부의 안전관리시스템이라는 말도 나온다. 오죽하면 전쟁이 나면 포격도 필요 없고 풍등 수십 개만 날려도 서울이 불바다가 될 것이란 비아냥까지 나오겠는가.

이 사건은 관계기관과 정부 당국이 위험물 관리에 대한 기본적인 주의의무조차 기울이지 않고 있음을 보여준 상징적 사건이다. 지탄받아야할 대상은 먼 이국땅 공사장에서 무거운 돌을 나르다 우연히 주운 풍등을 하늘로 날려본 스리랑카 청년이 아니라 불성실하고 무능한 관계기관과 관리자들이다.

법은 불가능한 것을 강요할 수 없다. 외국에서 온 청년이 과연 저유소 300m 지점에서 풍등을 날리면 저유소에 불이 난다는 것을 예견하지 못하고 풍등을 날린 것이 더 문제인가? 아니면 송유전문가가 저유소 주변을 콘크리트 포장이 아닌 잔디밭으로 조성하고, 그 잔디와 저유소 사이에 경계석을 세우지 않고, 유증기회수장치도 달지 않은 것이 더 문제인가?

2018.10.11.

56

페르소나와 국제정치

국제정치, 즉 외교의 무대에선 민얼굴은 통하지 않는다. 적어도 한 나라를 대표해 국제정치의 무대에 선 것이라면 상대방이 어떤 가면을 쓰고 있고, 그 안에 감추어진 민얼굴은 어떤 것인지 파악할 줄 알아야 한다. 외교의 성패는 얼마나 내 얼굴을 가면으로 가리고 가면에 가린 상대의 얼굴을 간파할 수 있는가에 달려 있다.

인간이 공동체 문제를 해결한다는 것은 곧 인간이 삶을 유지하기 위해 조직을 구성하고 운영한다는 것인데, 그 핵심 요소는 커뮤니케이션이다. 그리고 이때 꼭 필요한 것이 '페르소나'다.

페르소나(persona)는 '가면'이라는 어원을 가진 말로 '외적 인격'을 뜻한다. 스위스의 정신분석학자 카를 구스타프 융(Carl Gustav Jung)은 사회에서 요구하는 덕목이나 의무 등에 따라 자신의 본성 위에 덧씌우는 사회적 인격을 페르소나라고 명명했다. 융에 따르면 페르소나가 있어서 개인은 사회생활에서 자신의 임무를 수행하고 자기 주변세계와 상호관계를 맺을 수 있다. 커뮤니케이션이란 결국 상황에 맞는 외적 인격을 갖고 상대방을 대하는 문제이기 때문이다.

그런데 이렇게 공동체 내에서의 커뮤니케이션을 위한 도구인 페르소나는 정치와 외교의 무대에서는 필수품이 된다. 정치외교의 현장에서 자신의 민얼굴을 드러내는 인사가 있다면 그는 얼치기이거나 미숙한 자다. 정치와 외교의 성공은 상황에 따라 얼마나 적당히 가면을 바꿔 쓰느냐에 달려 있다고 해도 과언이 아니기 때문이다.

역사적으로는 처칠이 페르소나를 잘 이용해 성공한 정치인이다. 그는 오만과 불손, 유머와 위트, 용기와 헌신 등의 여러 가지 가면을 바꿔 써가며 무너져가는 대영제국의 마지막 자존심을 지켰다. 영국이 미국과 함께 제2차 세계대전을 승리로 이끌 수 있었던 것은 사실 영국인들이 가장 존경한다는 인물 처칠의 페르소나 덕택이다. 그는 사실 사람과 사귀는 것을 별로 좋아하지 않는 고독하고 괴팍한 캐릭터를 지녔으나 역사상 가장 불의한 세력인 히틀러 일당을 무찌르기 위해 가장 외교적인 수사와 행동을 보여주었다. 그는 쉴 새 없이 시거를 피워대고 위스키를 들이마시며 내적 고독과 싸웠고 어떻게 하면 히틀러를 물리칠 수 있을까를 궁리했다. 그리고 그는 그렇게 얻은 승리의 신념을 실천하기 위해 특별한 가면을 쓰고 런던과 세계를 누볐다.

현존하는 현역 정치인 중 가장 특별한 페르소나를 가진 인물은 트럼프다. 그는 상황에 따라 수시로 가면을 바꾼다. 도대체 어떤 게 진심인지 알 수가 없다. 때로는 넉살이 좋은 친구의 모습이다가 어느새 냉혹한 장사꾼이 된다. 그에게서 시작과 끝, 원인과 결과는 전도되기 일쑤다. 워싱턴 정가의 아웃사이더에 불과한 것 같던 그는 어느새 세계 정치무대를 뒤흔들어 원하는 것을 모두 얻고 있다. 그는 미국의 리더십과 국내 정책의 방향을 바꾸고 대외전략에서도 새로운 세계질서를 만들어가고 있다.

트럼프가 자신의 목표를 관철하기 위해 사용하는 가면은 스트롱맨이다. 그는 적어도 미국을 위해 배트맨이나 아이언맨 같은 영웅이 되길 결심한 것으로 보인다. 그는 자기 외적 인격을 통해 상황을 미국에, 그리고 자신에게 유리한 방향으로 이끌어가는 데 성공하고 있다. 트럼프는 위선과 위악, 거짓과 진실, 관용과 보복의 가면을 수시로 바꿔 쓰며 자신과 미국의 이익을 극대화한다. 그가 우방국과 적대국의 경계를 무너뜨리면서 판을 크게 흔드는 것은 매우 의도적이다. 트럼프는 상대가 원하는 것에는 별 관심이 없다. 우리는 트럼프가 필요에 따라 그에 맞는 외적 인격을 드러내고 이를 통해 자기가 원하는 것을 얻는다는 점을 알아야 한다. 어쩌면 그는 북한 핵문제와 관련해선 그의 지지의 기반인 미국 우선주의 입장에서 현실적으로 어려운 핵 완전 제거보다는 장거리 미사일만을 확실히 폐기하는 거래를 하려 들 수도 있다. 그러나 매우 아이러니한 것은 트럼프의 이런 전략을 트럼프 못지않은 특별한 페르소나를 가진 김정은이 역이용하고 있다는 것이다. 냉혹한 독재자의 가면뿐 아니라 친절하고 예의 바른 젊은 지도자의 가면도 가진 김정은은 필요에 따라 얼마든지 가면을 바꿔 쓸 수 있는 인물이다.

국제정치, 즉 외교의 무대에선 민얼굴은 통하지 않는다. 적어도 한 나라를 대표해 국제정치의 무대에 서는 것이라면 상대방이 어떤 가면을 쓰고 있고, 그 안에 감추어진 민얼굴은 어떤 것인지 파악할 줄 알아야 한다. 외교의 성패는 얼마나 내 얼굴을 가면으로 가리고 가면에 가린 상대의 얼굴을 간파할 수 있는가에 달려 있다.

2018. 10. 18.

57

대통령과 참모

대통령제 하에서 대통령 측근들이 호가호위하며 권력을 남용할 때 사실상 이를 제어할 다른 마땅한 수단은 없다. 오로지 대통령만이 측근들의 호가호위를 막을 수 있는데, 문제는 대통령은 오히려 이들을 통해 자신의 권력을 쉽게 유지하고 다른 권력자의 부상을 견제할 수 있으므로 이들의 권력 행사를 상당 부분 용인한다는 것이다.

현대 대통령제 민주주의 국가에서 나라의 발전과 국민의 행복 증진은 대통령의 정치적 성공과 밀접한 관련이 있다. 그 때문에 대통령의 실패는 나라의 실패, 국민의 실패로 귀결되는 경우가 많다. 이는 내정과 외교가 모두 대통령에 좌우되고 권력이 지나치게 대통령에게 집중된 탓이다. 소위 제왕적 대통령제의 폐해다.

사실 지구상에 대통령제가 성공한 나라는 미국 등 몇몇 나라에 그치고, 대통령제를 탄생시킨 미국마저 오늘날 대통령 권력의 비대화가 문제 될 만큼 대통령제는 자칫 권력의 집중과 방종을 가져올 수 있는 위험한 제도다. 영국이나 독일 등 서구 선진국들이 정치체제로 의원내각제를 택하고 의회민주주의를 발전시킨 이유도 과거 왕정이나 독재 권력의 폐해를 몸소 경험했기 때문이다.

대통령제의 가장 큰 폐해는 측근들의 권력남용이다. 대통령은 막강하고 큰 권력을 혼자서 행사할 수 없는 까닭에 참모들과 측근들의 도움을 받아야 하는데, 바로 여기서 폐단이 생긴다. 대통령제하에서 대통령 측근들이 호가호위하며 권력을 남용할 때 사실상 이를 제어할 다른 마땅한 수단은 없다. 오로지 대통령만이 측근들의 호가호위를 막을 수 있는데, 대통령은 오히려 이들을 통해 자신의 권력을 쉽게 유지하며 다른 권력자의 부상을 견제할 수 있으므로 이들의 권력 행사를 상당 부분 용인한다.

대통령의 실패는 대개 비선 실세를 통제하지 못한 때문이다. 비선 실세는 그가 무슨 일을 했느냐에 관계없이 그 존재 자체로 민주주의를 해치기 때문에 국민은 이에 대해 극도의 반감을 갖는다. 대통령은 국민의 선택으로 나라의 운영을 잠시 책임진 공복에 불과한 것인데, 그가 마치 제왕처럼 굴 때 국민은 이를 용납하지 않는다. 국민은 대통령에게 법과 제도에 따른 권력 행사를 위임했을 뿐 그가 비민주적, 비법치적 방법으로 권력을 나누거나 다른 사람에게 위임하는 것을 허용하지 않았다. 박근혜 대통령이 민심을 잃고 결국 탄핵까지 된 것도 결국은 비선 실세가 권력을 남용한 것에 국민이 등을 돌렸기 때문이다. 국민은 무심한듯하지만, 정권의 일거수일투족을 기억해뒀다가 때가 되면 반드시 이를 심판한다.

2017년 촛불의 의미는 단지 정권을 바꾸었다는 데 그치지 않는다. 그것은 제왕적 대통령제를 종식하고 시민민주주의를 완성하라는 주권자의 정언명령이다. 국정에서 비밀주의를 타파하고 몇몇 측근에 의해 정책이 결정되고 집행되는 소위 측근 정치를 끝장내라는 의미다. 이를 위해서는 국정의 중심이 청와대가 아닌 내각이 되어야 하고 국회가 대통령의 중요한 정치 파트너가 되어야 한다. 대통령은 수시로 의회 지도자들과 만나 국정 현안을 논의하고 국회의 협조를 바탕으로 국정을 수행해야 한다.

문재인 대통령이 유럽순방 중인 2018. 10. 17. 대통령의 비서실장인 임종석이 선글라스를 쓴 채 국방부 장·차관, 국정원장과 안보실장, 많은 군사 지휘관을 이끌고 강원도 철원 비무장지대(DMZ)를 방문했다. 그리고 비무장지대를 시찰한 일에 대해 청와대 홈페이지 첫 장에 임 실장의 화살고지 방문 영상을 임 실장의 내레이션과 함께 올려 유튜브에 방영되도록 했다. 바른미래당 손학규 대표는 이런 임 실장을 향해 "비서실장 자리에서 내려오라"라고 쓴소리한 데 이어 "국민은 또 다른 차지철, 또 다른 최순실을 보고 싶어 하지 않는다"라고 일갈했다. 임 실장의 행보에 극도의 반감을 표시한 것이다. 김성태 자유한국당 원내대표도 "왕실장 정치"라고 비판하고 나섰다.

임종석 실장이 어떤 생각으로 대통령 부재중에 선글라스를 끼고 전방부대를 시찰했는지 그 속마음까지 알 수는 없으나 대통령이 없는 틈을 타 비서실장이 군대 시찰을 한 것은 극히 이례적이다. 이례적인 일은 한 번으로 끝나야 한다. 이례적인 일이 자꾸 생기면 이미 이례적인 일이 아니다. 문재인 정부는 촛불혁명을 교훈 삼아 청와대 참모들이 비선 실세로 나서는 것을 특히 경계해야 한다. 나만은, 우리만은 예외라는 오만은 자칫 화를 부를 수 있다. 역사를 보아도 권력자의 실패는 늘 측근의 전횡과 부패에서 시작되었다. 문재인 정부도 이 점을 명심하지 않으면 안 된다.

2018.11.02.

58

정치와 소통

정치가 새롭기 위해서는 소통이 활발해야 한다. 그리고 그 소통은 당 지도부나 권력자와의 소통이 아닌 국민과의 소통이어야 한다. 이제 각 당은 세상과 소통하는 능력을 갖춘 신진인사를 대거 등용해야 한다. 국회의원은 부리는 자리가 아니라 섬기는 자리다. 국회의원은 관리직이 아니라 생산직이다.

요즘 소위 우파정치인들의 유튜브 활동이 활발하다. 과거 좌파 정치인들이 트위터나 팟캐스트를 통해 정권을 비판하던 것을 반면교사로 삼은 탓인지 유튜브를 통한 우파정치인들의 정권 비판은 사뭇 거칠다. 여기에 위기감을 느낀 문재인 정권이 가짜뉴스 대책을 세우겠다고 나섰지만 표현의 자유를 침해한다는 비판에 막혔다. 아마도 이를 우회하기 위한 목적인지 더불어민주당 지도부는 얼마 전 소속 의원들에게 SNS 활동을 활발히 할 것을 요구하고 나섰다. 심지어 1인당 1편씩 의무적으로 SNS 홍보물을 만들어 제출하라고까지 했다.

한편 자유한국당은 앞으로 당협위원장을 임명하거나 국회의원 후보 공천을 할 때 지역에서 상주하다시피 하며 지역구 관리에만 몰두하는 소위 지역통 보다는 중앙에서 대언론 활동을 열심히 하는 전국통을 우대하겠다는 방안을 내놓았다. 지역에서 표밭만 열심히 가는 사람이 계속해서 공천 받아 당선되다 보니 전국적인 인물이 부족하게 됐다는 반성에서다.

그러고 보면 우파는 좌파보다 소위 점잔을 빼다가 큰코다쳤다. 고위 공직을 지낸 소위 전관들만 우대하다가 행동력과 투쟁력을 갖춘 신진 인사를 수혈하는 데 실패한 것이다. 가령 법조인들을 영입할 때도 말 잘하고 투쟁력 있는 순수 변호사 출신보다는 법원장 지내고 검사장 지낸 인사들을 우대했다. 그러나 이런 식의 인재 영입은 당의 활력과 생산력을 크게 떨어뜨렸다. 당을 소위 머리만 크고 손발은 없는 기형아로 만들어 버린 것이다. 자유한국당의 전국통 우대 방안은 적어도 이런 폐단을 고쳐보겠다는 의지로 읽힌다. 물론 말은 그렇게 하고 있지만, 체질화된 자유한국당의 인재영입 방식이 과연 바뀔지는 앞으로 두고 봐야 할 것이다. 하지만 어쨌거나 이번에 보수 우파가 새로운 온라인 플랫폼인 유튜브를 먼저 선점한 것은 정치지형이 바뀌면서 야권 지지층의 새로운 소통창구가 필요했기 때문이라는 점에서 보면 앞으로는 밀실에서 권력자에게 줄 서는 사람보다는 국민과 활발히 소통하는 정치인이 우대받을 가능성은 충분하다.

정치가 결국 국민과의 소통이라는 점에서 보면 팟캐스트도 좋고 유튜브도 좋고 정치인들이 국민과의 소통을 늘리는 것은 하등 나쁜 것이 없다. 정치의 근본은 기본적으로 국민의 마음을 읽는 데서 출발하는 것이고, 국민이 원하는 것이 무엇인지를 알아야 이를 국정에 반영할 수 있는 것이다. 물론 당은 당의 이념과 정책을 국민에게 충분히 알려야 국민의 지지를 받을 수 있다. 그런 점에서 글이나 방송을 통해 자신을 알리고 당을 홍보할 수 있는 인물이야말로 현대 정치가 꼭 필요로

하는 정치인이다. 따라서 보수든 진보든 앞으로는 활발한 소통 능력을 갖춘 전국적인 인물, 참신한 인물들이 대거 공천을 받아 정계에 진출한다면 우리 정치가 국민의 알 권리를 실현하고 국민의 의사를 잘 반영하는 민주적이고 정의로운 단계로 한 발짝 나갈 수 있을 것이다. 과거 밀실정치, 보스정치가 가능했던 것은 정치인들이 소위 당의 권력을 쥔 사람의 눈치만 살피면 공천 받아 국회의원이 될 수 있었기 때문이다. 이제 이런 폐단은 근절되어야 한다.

정치가 새롭기 위해서는 소통이 활발해야 한다. 그리고 그 소통은 당 지도부나 권력자와의 소통이 아닌 국민과의 소통이어야 한다. 이제 각 당은 세상과 소통하는 능력을 갖춘 신진인사를 대거 등용해야 한다. 국회의원은 부리는 자리가 아니라 섬기는 자리다. 국회의원은 관리직이 아니라 생산직이다. 지금 이 시대는 국민과 활발히 소통하며 국민의 바람을 국정에 반영할 참된 일꾼을 필요로 한다. 국회의원이라는 직에만 만족하면서 당의 거수기 노릇이나 하고 지역구에 눌러앉아 다음 총선을 위한 표밭갈이에만 열중하는 의원은 더는 우리 정치에 필요 없다.

이탈리아의 철학자이자 소설가인 움베르토 에코(Umberto Eco, 1932~2016)가 말한 것처럼, 진정한 앎이란 알아야 하는 것과 알 수 있는 것만 알면 되는 것이 아니라 알 수 있었던 것과 알아서는 안 되는 것까지 알아야 한다. 그래서 현대 정치에서 꼭 필요한 정치인은 무엇보다도 국민과 소통하며 국민의 알 권리를 실질적으로 실현하는 정치인이다.

2018.11.08.

59

노이즈 정치마케팅

정치인의 생명과 가치가 비록 연예인의 그것처럼 인기에 좌우되는 면이 강하고, 정치인이 인기를 잃는다는 것은 곧 그의 정치생명의 종말을 뜻하는 것일 수 있지만, 정치인에게 인기 못지않게 중요한 것은 대중의 지속적인 신뢰다.

요즘 정치인들의 노이즈 마케팅이 한창이다. 정치인 팬덤 현상이 생기고 열성 지지층들의 입김이 커지면서 정치인이 연예인화 되는 경향이 굳어진 것이야 어제오늘의 일은 아니지만, 요즘 들어서는 연예인 뉴스보다도 정치인 뉴스가 압도적으로 많은 지경이다.

사실 과거엔 연예인 누가 무엇을 했고, 누구와 어떤 관계이고 등등 연예인들에 관한 가십 기사가 많았던 데 비해, 요즘 인터넷에 뜨는 기사는 오히려 연예인 가십 기사보다 정치인들의 말이나 행동에 대한 것이 훨씬 많다. 특히 정치인이 수사나 재판의 대상이 되면 연일 그에 대한 보도가 쏟아지고 그 과정에서 그 정치인의 과거 행적이나 가족관계 등 가십성 기사가 추가로 보태진다. 또 수사나 재판의 대상이 되지 않은 정치인 중에서도 실시간 검색어 상위권을 장식하는 경우가 많은데,

대개 센 발언으로 대통령이나 유력 정치인을 저격한 경우다. 정치인이 반대쪽 진영 누군가를 저격하는 발언을 하면 이를 두고 다른 저격이 이어져 나오고 그와 관련한 이런저런 상황이 연출되면서 수많은 파생 기사가 쏟아지는 식이다.

원래 노이즈 마케팅은 연예인들이 언론에 노출되기 위해 사용하던 방법인데, 특히 새로 시작하는 TV 프로그램이나 개봉 영화를 홍보할 때 출연 배우가 자신의 사생활 등을 의도적으로 노출함으로써 관심을 끌거나, 프로그램의 질과는 상관없이 논쟁이나 시비 등 사회적 이슈가 될 만한 내용을 의도적으로 방영함으로써 시청자나 관객들의 관심도를 높이는 식이었다. 그런데 최근 이런 노이즈 마케팅 기법을 정치인들이 전격 차용하여 대대적으로 사용하기 시작한 이면에는 인터넷 언론이 폭주하고, 신문이나 방송할 것 없이 24시간 보도 체제가 되면서 기사가 부족하게 되자, 언론들이 연예인뿐 아니라 정치인이나 사회 저명 인사를 기사의 표적으로 삼았다는 사정이 한몫하고 있다. 사실 이것은 독자들에게 팔리는 기사를 내보내야 한다는 강박 관념을 가진 황색 저널리즘이 정치인들의 노이즈 마케팅과 전략적 제휴를 맺었다는 말이기도 하다.

사정이야 어쨌든 작금의 정치환경과 언론환경에서 뉴스거리를 찾아 연신 보도하기에 바쁜 언론들은 정치인에 대한 뉴스거리가 나올 때 이를 즉각 기사화하기에 바쁘고, 역으로 정치인들은 소위 언론에서 관심을 가질만한 기삿거리를 만들기에 바쁘다. 특히 초고속 인터넷 시대를 맞아 굳이 기자회견을 열지 않더라도 트위터나 페이스북에 몇 글자 올려놓기만 하면 친절한 언론들이 알아서 즉각 실시간으로 기사를 내주기 때문에 정치인들로선 굳이 형식을 갖추어 보도 자료를 낼 필요도 없다. 이런 상황에서 정치인들이 노이즈 마케팅에 골몰하는 것은 어쩌면 당연하다.

사실 노이즈 마케팅은 짧은 시간에 인지도를 올릴 수 있는 효과적인 방법이고, 그 때문에 일부러 유권자들의 호기심을 부추겨 지지표로 연결하는 선거 기법을 원천적으로 막을 방법은 없다. 온라인 시대가 되면서 정치인들이 SNS를 통해 자신을 대표할 수 있는 특정한 이미지를 만들고 유권자와 실시간으로 소통하며 유권자의 눈과 귀를 잡아두는 노이즈 마케팅 선거기법이 대세로 자리 잡은 것도 사실이다.

그러나 노이즈 정치 마케팅은 비록 얼마간은 유권자들의 호기심을 자극할 수 있을지 몰라도 지속해서 반복하면 자칫 최소한의 신뢰마저 잃게 할 위험성이 있다. 정치인의 생명과 가치가 비록 연예인의 그것처럼 인기에 좌우되는 면이 강하고, 정치인이 인기를 잃는다는 것은 곧 그의 정치생명의 종말을 뜻하는 것일 수 있지만, 정치인에게 인기 못지않게 중요한 것은 대중의 지속적인 신뢰다. 이런 점에서 정치인이 인기만 얻고 신뢰를 잃는 노이즈 마케팅을 계속하는 것은 매우 위험한 것이다. 무엇보다 정치인들의 노이즈 마케팅은 정치적으로 무지한 대중들에게 시류에 따라 소위 묻지 마 투표를 불러올 우려가 있다. 또 정치인의 노이즈 마케팅 행보가 자칫 대중인기영합주의로 굳어져 사회 공익을 해치고 급기야 국익까지 해칠 수도 있다

그러나 이 시점에서 이를 막을 뾰족한 방법은 사실상 없어 보인다. 있다면 노이즈 정치마케팅과 황색 저널리즘에 흔들리지 않는 성숙한 민주시민의 깨어있는 의식뿐일 것이다. 이래저래 민주시민 해 먹기 참 피곤하다.

2018.11.22.

60

주체와 초인

오늘날 특히 집단광기가 문제 되는 곳은 인간이 창조한 세계, 인터넷이다. 여기서는 군중심리에 기한 집단가학성이 여과 없이 표출되면서, 가짜뉴스가 판을 치고, 누군가가 돈을 벌기 위해 퍼뜨린 소문이 어느 순간 진실로 둔갑하고, 인간의 무의식 저편에 자리하던 관음 욕구가 대놓고 그 실체를 드러낸다.

니체가 신은 죽었다고 했을 때, 그는 과거의 낡은 가치체계, 무엇보다 서양사에서 기독교가 독점해온 절대적이고 독단적인 가치체계를 극복하고 정당한 회의와 비판이 수용되는 새로운 시대정신을 구축해야 함을 역설했다.

니체보다 200년 앞서 나타난 프랑스의 철학자 데카르트는 '나는 생각한다, 고로 나는 존재한다'라는 명제를 통해, 인간 존재의 기반이 사유, 즉 회의에 있음을 선언했다. 그는 자신의 사유를 통해 확신이 들기 전에는 세계 전반을 기전제로 받아들여서는 안 된다고 말한다. 즉 인간이 사물과 객체를 비판 없이 받아들일 때 그는 존재하는 것이 아니라 다만 존재되는 것에 불과하다고 보고, 인간이 주체가 되어 사물을 비판적으로 수용할 것을 요구했다.

여기서 니체나 데카르트가 문제 삼는 것은 세상을 비판 없이 받아들이는 인간의 맹목적 자세다. 과거로부터 내려오는 관습, 관행, 믿음 체계 또는 다른 그 어떤 것이든 인간을 옭아매고 있는 모든 기성 틀에서 벗어나 각자가 세상을 자신의 눈으로 보고 자신의 귀로 듣고 자신의 뇌로 판단하는 삶의 자세를 요구한 것이다.

선각자의 외침에도 불구하고 오늘날은 가히 맹목(盲目)의 시대다. 누가 그렇다고 하면 확인도 해보지 않고 우르르 몰려간다. 그렇게 몰려가서는 앞 사람이 돌을 던지면 자기도 돌을 던지고, 누가 어디에 돈을 투자한다고 하면 나도 일단 걸고 본다. 자기가 왜 그리로 갔는지 자기가 돈을 거는지 알지 못한다.

예수님은 이미 인간이 가진 맹목적성과 집단 무지, 그리고 집단광기를 간파하고 이를 극복하는 방법으로 "네 이웃을 사랑하라"라는 명제를 꺼내셨다. 아주 평범한 것처럼 보이는 이 말, 너무나 당연하고 누구나 행하고 있는 것처럼 보여서 굳이 얘기하지 않아도 될 것 같은 이 말은 사실 인간의 인간에 대한 증오와 집단가학성을 극복하기 위해 예수가 내놓은 절대 명제다. 인간의 인간에 대한 적개심과 공격을 누그러뜨리기 위해서는 그 반대 테제를 인간의 의식 속에 주입해야 하는데, 그렇게 해서 나온 목표 명제가 '사랑'과 '용서'인 것이다.

오늘날 특히 집단광기가 문제 되는 곳은 인간이 창조한 세계, 인터넷이다. 여기서는 군중심리에 기한 집단가학성이 여과 없이 표출되면서, 가짜뉴스가 판을 치고, 누군가가 돈을 벌기 위해 퍼뜨린 소문이 어느 순간 진실로 둔갑하고, 인간의 무의식 저편에 자리하던 관음 욕구가 대놓고 그 실체를 드러낸다. 어떤 자들은 음란물을 인터넷에 올려 금전적 욕구를 채우고 또 어떤 자들은 키득거리며 그런 음란물을 소비하며 성적 욕구를 채운다. 인터넷 피동체가 되어 버린 현대인들 앞에 니체가 돌아온다면 아마 그는 이렇게 말할 것이다. “내가 살았을 땐 인간이 신을 만들고 거기에 매여 살더니, 이젠 인터넷을 만들고 거기에 매여 사는구나! 아, 한심한 인간들!”

사실 우리는 의심하지 않을 수 없다. 인간은 왜 그토록 주체와 자율을 강조하면서도 또 왜 그토록 객체적이고 타율적인가. 인간은 혼자 있을 땐 이성적이고 선량하다가도 또 왜 집단이 되면 감성적이고 악한 행동을 서슴지 않는가. 이는 인간이 가진 근본적인 한계, 즉 나약함 때문이다. 주체적으로 생각하고 주체적으로 행동한다는 것은 많은 에너지를 요구하는, 소위 피곤한 일이다. 그 때문에 인간은 스스로 결정하기보다는 다른 사람이 선택한 것을 따라가려 한다. 스스로 길을 내는 것이 힘들어서 다른 사람이 내놓은 길을 따라 걷는다는 얘기다. 니체는 바로 여기서 인간들에게 ‘초인’이 될 것을 요구한다. 초인이 되라는 말은 주체적으로 살라는 것이다. 나약한 패배자의 삶이 아닌 강인한 건설자의 삶을 살라는 말이다.

오늘 니체의 말이 가슴 깊이 와 닿는 것은 인터넷 시민의 집단편향과 집단 가학이 참을 수 없을 만큼 심각하기 때문이다. 극복하는 방법은 무엇보다 각자가 삶의 주체로 회귀하는 것이다. 다시 말해 ‘초인’이 되는 것이다. 현대인들이여 초인이 돼라! 그것이 어렵다면 적어도 객체와 대상을 회의하며 살라! 그것도 어렵다면 적어도 무조건 네 이웃을 사랑하며 살아라!

2018.11.30.

61

재판소비자운동

재판다운 재판은 곧 '국민의, 국민에 의한, 국민을 위한 재판'이다. 재판다운 재판은 또한 증거에 의해 신속하고 공정하게 하는 재판이다. 물론 이는 우리 사법이 이미 상정하고 있는 재판의 이념이자 목표다. 그러나 아직도 책 속에 머물러 있는 목표다. 재판소비자운동은 바로 이렇게 책 속에 머물러 있는 재판의 이념을 현실에 구현해 내기 위해 이 시대가 요구하는 것이다.

오늘날 우리 생활은 좋든 싫든, 원하든 그렇지 않든 재판과 직간접적 관계를 맺고 있다. 따라서 우리는 재판을 단순히 내 일이 아닌 것으로 치부하거나 수동적 관점에서 바라보기만 할 것이 아니라 이를 능동적 관점에서 고찰하고 그 문제점을 살펴볼 필요가 있다. 우리가 이미 알고 있는 것처럼 모든 국민은 헌법과 법률에 정한 법관에 의해 법률에 따라 재판을 받을 권리가 있다. 소위 재판권이라고 하는 청구권적 기본권이다. 그러나 안타깝게도 우리나라에서 재판은 여전히 많은 경우 국민의 권리가 아닌 국민의 의무인 것처럼 여겨진다. 국민이 재판을 능동적으로 개선하고 향상하는 일에 적극적으로 나서야 할 필요성이 바로 여기에 있다. 국민이 소위 '재판소비자운동'을 시작해야 할 필요성

역시 이 지점에 자리한다.

재판소비자운동이 마땅히 구현해야 할 목표를 '재판다운 재판'이라 명명할 때, 이때 완성도 높은 재판을 위해 꼭 필요한 것이 '공정한 재판'이라는 이념이다. 이때 공정한 재판이 함의하는 바는 매우 넓고 이에 도달하는 방법도 여럿이지만, 무엇보다 가장 중요한 것은 방법적 형질로서의 '증거재판주의'다. 이는 형식적으로는 법원이 사실을 확정하는 데 있어 증거에 의해야 한다는 원칙에 그치지만 실질적 의미에서는 사실인정에 있어 법원의 전단(專斷)을 막아 재판의 공정성을 확보한다는 의미가 있다. 오늘날 이 원칙이 특히 강조되는 이유는 재판부의 나태와 부패, 그리고 이념적 편향성 때문이다.

현대 법치주의의 태동 이전에도 공정한 재판은 재판의 화두였다. 가령 성경은 모든 재판이 하나님에게 속했음을 말하면서 공의로운 재판을 강조한다. 따라서 뇌물로 판결을 왜곡하는 행위, 외적 조건으로 판단하는 행위, 다수를 따라 부정을 저지르는 행위 등 불의한 재판을 엄중히 경고한다. 재판을 담당한 자는 재판을 진행에 있어서 고소장을 접수하고 재판정을 설치한 후 공개재판을 원칙으로 고소자의 발언과 증인의 증언을 꼼꼼하게 듣고 사실을 판단해야 한다. 재판 과정에서는 두세 사람의 증인을 두어야 한다. 이 원칙은 오늘날의 민주주의 재판정에서도 물론 당연히 적용된다. 판사들은 증인의 증언 등 제시된 증거를 자세히 판단해 법과 양심에 따라 공정한 재판을 해야 한다.

공정한 재판을 위해서는 공개재판이 필요하다. 이는 너무 중요한 원칙이어서 특별히 강조하지 않더라도 당연한 것으로 여겨지는 원칙이다. 과거에도 재판은 주로 사람들의 출입이 잦은 성문에서 이뤄졌고, 출애굽 당시에는 회막문 앞에서, 왕정 시대에는 궁궐에서, 로마 지배 하에서는 총독의 관저 마당에서 진행되었다. 그런데 최근 일부 재판, 특히 성범죄 등 재판에서 피해자의 개인 보호를 이유로 비공개재판이 자주 행해진다. 그러나 개인의 사생활이나 2차 피해 방지가 아무리 중요하다 해도 재판 공개의 원칙이 후퇴하는 것은 매우 우려스럽다. 공개재판은 공정한 재판의 전제이기 때문이다.

공정한 재판을 위해 꼭 필요한 것이 신속한 재판이다. 신속한 재판이 중요한 이유는 '지체된 정의'는 이미 '완성된 정의'로부터 멀기 때문이다. 영국의 철학자 프랜시스 베이컨은 "사법은 신선할수록 향기가 높다"라는 말로 신속한 재판의 중요성을 강조했다. 우리 헌법 제27조 3항 역시 이를 명시적으로 보장하고 있는데, 그럼에도 우리 현실에서 이 원칙은 너무도 소홀하게 다루어지고 있다. 심지어 법원이 신속한 재판의 중요성을 제대로 인식하고 있는지조차 의심스럽다. 그러나 신속한 재판 없는 공정한 재판은 공염불에 불과하다는 점에서 재판 지연은 아주 심각한 문제다. 재판제도 개선이나 대법관 증원 등 재판의 신속성을 확보할 방법을 빨리 찾지 않으면 안 되는 이유가 여기에 있다.

재판다운 재판은 곧 '국민의, 국민에 의한, 국민을 위한 재판'이다. 재판다운 재판은 또한 증거에 의해 신속하고 공정하게 하는 재판이다. 물론 이는 우리 사법이 이미 상정하고 있는 재판의 이념이자 목표다. 그러나 아직도 책 속에 머물러 있는 목표다. 재판소비자운동은 바로 이렇게 책 속에 머물러 있는 재판의 이념을 현실에 구현해 내기 위해 이 시대가 요구하는 것이다. 재판소비자운동의 활발한 전개를 기대한다.

2018.12.14.

62

노동의 종말과 인권의 진보

노동의 종말이 인간에게 유토피아를 가져올 지는 확신할 수 없지만 적어도 극한노동, 위험한 노동의 종말이 인간의 생명과 안전을 지켜줄 것이라는 점은 확언할 수 있다. 위험이 따르는 극한노동을 기계화, 자동화하는 것은 아무리 서둘러도 오히려 늦은 것이다.

태안화력발전소 비정규직 노동자 김용균 씨의 죽음은 우리 산업현장이 얼마나 후진적인지를 날 것 그대로 보여준다. 그것은 비단 위험한 일을 원청업체가 외주 하청업체에 맡겼다고 해서가 아니고, 2인 1조로 수행해야 할 업무를 1인에게 맡겼다고 해서만도 아니다.

문제는 대한민국의 전력생산 공기업이 자칫 생명을 앗아갈 수도 있을 만큼 위험한 일을 왜 그렇게 원시적인 상태로 방치했느냐 하는 것이다. 더 정확히 말하면 국가기간산업이라고 하는 발전소의 기계화, 자동화 실태가 고작 그것밖에 안 되느냐 하는 것이다. 흔히들 '위험의 외주화'라는 말을 하는데 정작 문제는 '위험의 상시화'다. 위험을 원천적으로 제거하는 조처를 하지 않은 것이 진짜 문제다.

제러미 리프킨은 그가 쓴 〈노동의 종말〉에서 플러그가 끼워진 종족,

피곤도 모르고 임금도 필요 없는 기계들이 인간의 노동을 빼앗고 있다며 노동의 종말이 과연 인간을 천국의 유토피아로 안내할지 의문이라고 적었다. 여기서 제러미 리프킨이 진단하고 있는 것은 인간이 기계에 일자리를 빼앗긴 데서 비롯되는 인간의 암울한 미래다.

그러나 제러미 리프킨 식의 진단이 옳지 않다는 것은 이미 증명된 지 오래다. 가령 자동차의 발명은 그것을 생산하는 일자리를 만들어냈을 뿐 아니라 도로 건설, 유통, 관광 등 과거에 없던 새로운 일자리를 만들어냈다. 다이너마이트의 발명은 건설이나 토목 등의 일자리를 없앤 것이 아니라 오히려 수많은 도로와 터널 등을 건설할 수 있게 하여 관련 일자리를 만들어내고, 나아가 교통의 발달을 통한 물류 이동 등 새로운 일자리를 만들어냈다. 사실 기술 진보는 생산방법을 바꾸고 대량생산과 대량고용을 늘렸다. 19세기와 20세기 중반까지 새로운 생산방법이 도입되고 대량생산 체제가 일반화되면서 대규모 제조업 중심의 고용관계가 형성되었다. 노동자들은 드디어 일정한 곳에서 정년을 보장받고 상대적으로 높은 임금을 받으며 일할 수 있게 되었다. 안정적이고 높은 소득을 얻는 노동자 계층이 증가하면서 상품에 대한 수요가 증가하고 이것은 다시 생산과 고용증가로 이어졌다.

물론 아직도 기술의 발달에 비관적인 사람들은 로봇이나 AI가 부의 불평등을 심화시키고 심지어 인류의 멸망까지 초래할 수 있다고 경고한다. 인간은 불완전하므로 결국 AI 기술을 악용할 것이라는 점도 그들이 내세우는 걱정거리다. 그러나 기술의 발달로 인해 로봇이 인간을 위협할 것이라는 생각은 그야말로 상상에 불과하다. 그것은 사실 기술의 개발과 관련된 문제가 아니라 올바른 제도의 정립과 관련된 문제다.

오히려 오늘 김용균 씨 사망사태에서 우리가 제기해야 하는 문제는 기계가 인간의 일을 대체하지 않아서 생기는 문제다. 태안화력발전소에서는 김용균 씨 이전에도 수년 동안 많은 사람이 작업 중 죽거나 다쳤다. 이미 위험이 상시화 되어 있었다. 그런데도 무슨 배짱인지 태안화력발전소는 생명과 신체를 담보로 해야 하는 작업을 미숙련 노동자에게 맡겨 그를 사지로 몰아넣었다. 이것은 인권유린이다. 꼭 고문을 가하고 가혹행위를 하는 것만이 인권유린이 아니다. 노동자들의 생명과 안전을 지켜주지 않는다면 그거야말로 최악의 인권유린이다. 적어도 이 시점 대한민국에서 노동의 종말이 빠르면 빠를수록 좋다는 것은 분명하다. 특히 인간이 감당하기엔 너무도 고되고 위험한 극한 작업은 가능한 빨리 기계에, 로봇에게, AI에 맡겨야 한다.

노동의 종말이 인간에게 유토피아를 가져올지는 확신할 수 없지만 적어도 극한노동, 위험한 노동의 종말이 인간의 생명과 안전을 지켜줄 것이라는 점은 확언할 수 있다. 위험이 따르는 극한노동을 기계화, 자동화하는 것은 아무리 서둘러도 오히려 늦은 것이다. 다시는 대한민국에서 '인간을 위한 노동'이 '노동을 위한 인간'으로 주객이 전도되는 일이 없기를 바란다.

2018.12.21.

63

권력의 시효와 운명

명심할 것은 그 어떤 권력도 영원할 수 없다는 것이다. 더욱이 대통령의 권력은 이미 유한하다. 임기 말로 가면 갈수록 권력의 장악력은 떨어진다. 여기저기서 권력누수 현상이 생긴다. 그것을 인위적으로 막겠다고 이리저리 뛰는 것은 아무 소용없다. 권력 누수를 최대한 방지하고 권력의 시효를 연장하는 방법은 정권이 도덕적 정당성을 끝까지 견지하는 것이다.

문재인 정부는 2018. 12. 현재 약 3년 5개월의 임기를 남겨 두고 있다. 그러나 때에 따라서는 문재인 정부의 조기 레임덕을 가져올 몇 가지 문제가 청와대 가까이에 있다. 그 하나는 김경수 지사 건이고 다른 하나는 김태우 수사관(전 청와대 특별감찰반원) 건이다. 전자는 권력 취득의 정당성에 관한 것이고 후자는 권력 행사의 정당성에 관한 것이다.

먼저 김경수 지사 건은 현재 수사가 이루어져 재판이 진행되고 있다. 그런데 최근 드루킹은 별도로 진행된 1심 재판 최후변론에서 "내가 겪은 문 대통령과 김 도지사는 참으로 신의 없는 사람이다. 노무현 전 대통령 친구이자 마지막 비서관이라고 해서 신의가 있다고 믿었지만 우릴 배신했다"라고 원망하며 "안희정 전 충남도지사로 바로잡으려 했지만, 저렇게 돼버렸다"라고 토로했다. 그는 또한 "우린 문 대통령을 만들고 김 도지사를 이인자로 만들었지만, 어떤 금전적 혜택도 본 적 없다"면서 "인제 와서 모든 책임을 떠넘기고 앞장서서 우릴 비난하는 김 도지사를 보니 내가 사람을 잘못 봐도 정말 잘못 봤다"라고 원색적 비난을 쏟아냈다. 김경수 지사는 물론 문재인 대통령이 들었다면 몹시 거슬리는 얘기일 것이다. 김경수 지사의 재판 결과가 어떻든 드루킹은 계속해서 문 대통령과 김경수 지사를 공격할 것이다. 특검은 드루킹의 댓글 조작이 민주주의를 훼손한 범죄라고 질타했는데, 만에 하나라도 김경수 지사가 드루킹 댓글 조작에 연루된 것이 드러난다면 문재인 정부의 도덕성은 회복 불가능한 타격을 입을 것이다.

김태우 수사관의 민간인 사찰 폭로 건은 향후 문재인 정부의 운명을 좌우할 것이다. 김태우 수사관의 폭로는 과거 박관천 청와대 행정관 때의 '십상시 문건' 파동과 닮았다. 박관천 행정관의 십상시 문건은 최순실의 남편 정윤회 씨와 '문고리 3인방'으로 불린 정호성·안봉근·이재만 비서관이 사실상 박근혜 정권의 실세로 권력을 장악하고 있다는 첩보였다. 김 수사관의 폭로는 청와대 특별감찰반이 정권 실세들에 대한 정보를 묵살하고 민간인 사찰까지 지시했다는 것이다. 김 수사관은 우윤근 주러시아 대사에 대한 비위 행위를 상부에 보고한 게 화근이 돼 자신이 청와대에서 쫓겨났다고 주장한다.

김 수사관의 폭로에 대해 청와대는 격앙된 반응을 보인다. 윤영찬 청와대 국민소통수석은 김 수사관을 '미꾸라지'라고 표현하며 폭로 내용에 대해서는 '불순물'로 규정했다. 임종석 청와대 비서실장은 김태우 수사관을 공무상비밀누설죄로 고발했다. 십상시 문건 파동 당시 박근혜 대통령은 자신이 직접 나서 "지라시 얘기에 나라가 흔들린다"고 표현

했다. 박근혜 청와대는 당시 박 행정관을 공무상 비밀누설과 대통령기록물 관리법 위반, 공용서류 은닉 등의 혐의로 검찰에 고발했다. 그러나 결국 최순실 국정농단 사태가 터지며 청와대가 감추기에 급급해 일을 바로잡을 기회를 놓친 사실이 백일하에 드러났다. 박관천 행정관의 십상시 문건은 권력이 시퍼렇게 살아 있을 때는 권력에 묻혔다. 그러나 권력이 그 시효를 다하자 실체가 드러났다. 김경수 지사 사건과 김태우 수사관 폭로 사건이 어떻게 흘러갈지는 현재로서는 예단하기 어렵다. 그러나 두 사건이 어떻게 처리되는 가는 문재인 정권의 운명은 물론 퇴임 후의 운명까지 좌우하게 될 것이다.

어쨌든 여기서 명심할 것은 그 어떤 권력도 영원할 수 없다는 사실이다. 더욱이 대통령의 권력은 이미 유한하다. 임기 말로 가면 갈수록 권력의 장악력은 떨어진다. 여기저기서 권력누수현상이 생긴다. 그것을 인위적으로 막겠다고 이리저리 뛰는 것은 아무 소용없다. 권력 누수를 최대한 방지하고 권력의 시효를 연장하는 방법은 정권이 끝까지 도덕적 정당성을 견지하는 것이다. 또 혹여 과거 문제가 있었다면 있는 그대로 드러나게 둬야 한다. 덮으려 들면 종기를 키워 암을 만들뿐이다. 검찰 역시 마찬가지다. 오로지 법과 원칙에 따른 수사가 있을 뿐이다. 권력을 위임받아 행하는 자들은 그자가 누구든 주권자인 국민과 역사를 두려워해야 한다. 권력이 시효를 다했을 때 권력자의 운명은 그때 다시 결정된다는 사실을 권력을 행사하는 자들은 항상 명심 또 명심해야 한다.

2018.12.28.

64

정치인과 침팬지, 그리고 DNA 1%

최고의 선은 물과 같은 것이니 최고의 정치 역시 물과 같은 것이어야 한다. 물은 자신을 낮추어 높은 곳에서 낮은 곳으로 흐르며 둑이 앞을 막으면 그 자리에 멈추고 큰 바위가 앞을 막으면 돌아 흐른다. 정치는 무엇보다 이와 같은 부쟁(不爭)의 덕목을 지녀야 한다.

우리의 시간과 공간은 어디서 어떻게 시작되었는가. 인간은 어떻게 이 지구상에 나타났는가. 비글호를 타고 남반구를 여행하면서 얻은 자료와 경험을 바탕으로 인간이 하등동물에서 진화했다고 주장한 다윈의 견해는 오늘도 여전히 유효한가. 과연 인간이 특별한 운명을 타고난 선택된 존재가 아니라 여러 동물 중 하나로 우연히 일어난 진화의 산물이라는 말은 타당한 것인가. 침팬지와 인간은 유전자의 99% 이상을 공유한다는데 어느 날 침팬지가 1%만 달라지면 인간이 되는 것인가.

시간과 공간 그리고 인간의 본질이 무엇이든, 시간과 공간 그리고 인간 사이의 심원한 관계가 무엇이든 일단 여기서 그 논의를 하려는 건 아니다. 그런데도 시간과 공간 그리고 인간이란 거대 담론을 먼저 시작한 것은 오늘날 인간의 군거 현상과 인간 원형의 삶의 모습을 대비시켜 부각하기 위함이다. 다시 말해 오늘날 인간이 무한히 비밀스러운 시간과 공간을 살면서도 더 차원 높은 삶을 살지 못하고 피상적이고 잡다한 문제에 골몰하는 이유를 들여다보기 위함이다. 범위를 보다 좁혀 말한다면 비이성적이며 비합리적인 삶을 살면서도 마치 가장 합리적인 것처럼 가장하고, 가장 위선적인 삶을 살면서도 선의로 포장하고, 이기적인 삶을 이타적인 것으로 포장하며 사는 어떤 인간 군상들의 한심한 삶을 드러내 비판하기 위함이다.

지금 2019년 이라는 시간, 여기 대한민국이라는 공간에서의 인간 삶은 한마디로 피폐(疲弊)다. 밖으로는 고층 빌딩과 즐비한 아파트, 그 속을 가로지르는 수많은 자동차, 백화점에 넘쳐나는 상품들, 거리를 거니는 많은 사람, 입만 열만 국민을 위하겠다는 정치인들, 아무 문제가 없어 보인다. 그러나 조금만 속을 들여다보면 국민의 삶은 지칠대로 지치고 헤질대로 헤져버렸다. 곪아 터지기 일보 직전이다. 관용 대신 아집과 편견, 정의 대신 부정과 불의가 판치고 공동의 이익 대신 개인의 이익을 위한 몸짓이 넘쳐난다. 젊은이가 노인을 업신여기고, 남자와 여자가 편을 갈라 서로를 비난하고, 더 가진 자와 덜 가진 자가 죽일 듯이 싸운다. 미풍양속(美風良俗), 상부상조(相扶相助), 덕업상권(德業相勸)의 정신은 온데간데없다. 오늘날 대한민국은 소위 아수라장이다. 도대체 왜 이렇게 되었는가.

잘못된 정치와 염치없는 정치인들 때문이다. 정치인이라고 하는 자들은 서로 자신들이 국민을 더 위한다면서 사실상 자기 잘 되는 것에만 골몰한다. 그들이 편을 갈라 싸우는 것은 오로지 자기들이 정권을 잡아 고관대작의 지위를 누리며 국민의 세금을 맘대로 써보겠다는 일념에서다. 오늘날 대한민국 정치는 국민을 팔아 지위를 얻고 명예를 얻고 돈을 얻었거나 얻으려 하는 자들로 넘쳐난다. 오늘 대한민국의 정치는 이미 악화가 양화를 구축한 까닭에 정치권에서 쓸 만한 사람을 찾기란 건초더미에서 바늘 찾기만큼이나 어렵다. 대한민국의 정치인들의 악행은 셀 수 없이 많지만 가장 나쁜 것은 정권을 차지하기 위해 국민을 이간질하고 네 편 내 편으로 갈라져 싸우게 한다는 사실이다.

그렇다면 앞으로 대한민국의 정치는 희망이 없는가. 대답 대신 다만 여기서 노자가 도덕경에서 말한 상선약수(上善若水)의 이치를 들어 이상적인 정치란 무엇인가를 말해보기로 하자. 최고의 선은 물과 같은 것이니 최고의 정치 역시 물과 같은 것이어야 한다. 물은 자신을 낮추어 높은 곳에서 낮은 곳으로 흐르며 둑이 앞을 막으면 그 자리에 멈추고 큰 바위가 앞을 막으면 돌아 흐른다. 정치는 무엇보다 이와 같은 부쟁(不爭)의 덕목을 지녀야 한다. 물은 원통에 들어가면 원이 되고 네모진 통 속에서는 네모가 된다. 물은 깨끗한 곳과 더러운 곳을 가려 흐르지 않으며 물은 서로 앞서 나가고자 다투지 않는다. 정치는 이처럼 겸양(謙讓)의 미덕을 갖추어야 한다. 적어도 진정한 의미의 민주정치라면 정치는 물과 같은 미덕을 갖춘 자들의 몫이 되어야 한다. 가능할까? 침팬지와 인간의 유전자는 단 1%만 다르다. 우리가 바라는 이상적 정치인과 오늘 대한민국의 정치인도 아마 1%쯤 DNA가 다를 것이다.

2019.01.04.

65

청와대와 풍수, 대통령과 소통

정치는 소통의 미학이다. 그리고 소통은 비움의 미학이다. 정치에선 소통이 가장 중요하고 또 소통을 위해 정말 중요한 것은 마음을 비우는 것이다. 대통령이 가져야 할 자세는 끊임없이 반문하고 회의하는 것이다. 과연 나의 행동은 정의의 관점에서 옳은가. 과연 나의 행동은 역사의 관점에서 옳은가. 과연 나의 행동은 국민 다수에게 이익이 되는가.

청와대를 옮겨야 한다고 말하는 사람들이 있다. 그들 중 일부는 풍수에서 이유를 찾는다. 청와대 터는 기본적으로 흉지인데, 주산인 북악산의 기세가 너무 강해 거주하는 사람을 위압하고, 역사적으로는 원래 경복궁의 후원 자리로 후궁과 무수리들의 땅이어서 독한 한이 서려 있다고도 한다.

한편 풍수지리학자 최창조 전 서울대 교수는 저서 〈새로운 풍수이론〉에서 청와대 터는 "서울의 주산인 북악의 좌우로 낙산과 인왕산이 용과 호랑이가 되어 도성 안을 감싸고, 그 앞에 남산이라는 책상을 사이에 두고 손님 산인 관악과 대좌를 하며, 북악 앞으로 품을 열어 사람을 맞을 준비를 마쳤으니 서울의 명당이다"라고 하면서도 "풍수에서 명당 주산은 결코 사람이 건드려서는 안 되는데 이런저런 이유로 심하게 건드려 놓아서 문제"라는 말을 했다.

풍수는 기본적으로 땅에도 생명이 있다고 믿는 이론이다. 땅에 생명이 있으므로 사람의 몸에 피가 흐르듯 땅에도 기가 흐른다고 본다. 근거가 있는 것인지에 대해서는 이견이 분분하지만, 다만 분명한 것은 그 어떤 생명도 땅에서 비롯되지 않는 것이 없으니 근본적으로 생명은 땅의 산물이고, 그러므로 사람은 그 모태인 땅과 잘 조화될 때 활력이 넘치게 되고, 도모하는 크고 작은 일에서 성공할 수 있다는 말은 이치에 어긋남이 없다. 따라서 땅과 사람의 관계를 살피는 풍수는 매우 흥미 있는 철학이다.

어쨌거나 사람도 대자연의 일부인 이상 그 자연과 소통하고, 대자연 일부를 이루는 소자연인 다른 사람들과 소통할 때 원만한 삶을 살며 하는 일에서도 성공할 수 있다. 사람이 소통 없이 한 곳에만 머물면 폐쇄적으로 되고 여기서 독선과 아집이 생긴다. 그런데 국민과의 소통을 그토록 주창하던 사람도 청와대만 들어가면 불통의 늪에서 빠져나오지 못하니 어쩌면 그것이 청와대의 터나 위치와 관련이 있을 수도 있다는 생각은 불합리하지 않다.

하여튼 우리나라 대통령의 퇴임 후가 대체로 좋지 못한 것이 청와대 터의 문제이든, 권력의 속성이든 대한민국의 대통령들의 대부분이 국민과 소통하는 데 실패한 것은 사실이다. 그리고 가장 큰 이유는 재직하는 동안 국민과 소통하지 못했기 때문이다. 국민의 마음을 하나로 모으지 못했을 뿐 아니라 무엇보다도 자신의 모든 것을 비우고 그 속을 국민의 마음으로 채우는 데 실패했다.

순자 말하길 "마음에 분노가 있으면 바로잡을 수 없고, 공포가 있어도 바로잡을 수 없으며, 편애가 있어도 바로잡을 수 없고, 우려가 있어도 바로잡을 수 없다. 먼저 마음을 바로잡지 못하면 마음이 몸에 있는 것 같지 않으므로 눈을 뜨고도 보지 못하고, 귀를 열고도 듣지 못한다. 사람이 수양을 쌓으려면 우선 마음부터 바로잡아야 한다"라고 했다.

정치는 소통의 미학이다. 그리고 소통은 비움의 미학이다. 정치에선 소통이 가장 중요하고 또 소통을 위해 정말 중요한 것은 먼저 내 마음을 비우는 것이다. 내 마음이 분노로 가득 차 있는데 어떻게 국민의 마음을 받아들일 수 있는가. 내 마음이 이미 어떤 이념으로 돌덩이처럼 굳어 있는데 어떻게 다른 사람의 이론과 생각을 받아들일 수 있는가. 대통령이 가져야 할 자세는 끊임없이 반문하고 회의하는 것이다. 과연 나의 행동은 정의의 관점에서 옳은가. 과연 나의 행동은 역사의 관점에서 옳은가. 과연 나의 행동은 국민 다수에게 이익이 되는가.

문재인 대통령이 광화문 집무실 이전 공약을 공식적으로 포기했다. 공약 포기에 대한 비판도 거세다. 그러나 사실 따지고 보면 집무실을 광화문으로 이전하고 안하고는 처음부터 그렇게 중요한 문제가 아니었다. 마음을 닫으면 광화문으로 집무실을 옮겨도 소통은 어차피 안 되는 것이고 마음을 열면 굳이 광화문으로 나오지 않아도 소통에 하등 문제가 될 것이 없다. 정작 문제는 국민과의 지리적 거리가 아니라 마음의 거리다. 진정 소통을 원한다면 국민에게 가까이 다가가 그들의 얘기를 들으면 된다. 물론 귀를 열고 마음의 문을 열고 귀담아들어야 한다. 이때 물론 중요한 것은 대통령에 아부하고 아첨하는 청와대 참모들이나 여당의 얘기에 현혹되어 국민의 진짜 얘기를 놓쳐서는 안 된다는 것이다.

2019.01.11.

66

권력과 선의

권력 행사의 정당성 문제는 권력자의 선의와 아무런 관계가 없다. 때문에 정치인은 그 어떤 경우에도 선의를 내세워 행동을 합리화할 수 없다. 권력자가 도덕적 판단의 영역에 속하는 선의를 내세워 권력 행사의 정당성 시비를 피해가려 할 때 권력의 감시와 견제는 사실상 어려워진다. 삼권분립이나 권력 견제는 바로 권력자의 선의를 믿을 수 없어서 생긴 제도다.

무서운 이들은 '확신하는 자들'이다. 니체는 정의를 "확신의 반대자"라 칭했다. 확신만큼 정의로부터 먼 것도 없다는 뜻이다. 확신은 대개 신중과 거리가 멀고 사려와도 관계가 멀다. 따라서 진정 정의로운 사람은 자기 확신을 경계한다. 확신에 거리를 두는 것은 자기 자신에게 거리를 둔다는 뜻이고 객관적인 입장을 견지한다는 뜻이다. 말과 행동을 경계함은 곧 지나친 자기 확신을 경계하기 위한 것이다.

더 무서운 이들은 '자신의 선의를 확신하는 이들'이다. 선의에 대한 확신은 대개 주관적이고 일방적이다. 객관과는 거리가 멀고 위험과는 관계가 가깝다. 자신은 올바른 사람이고, 자신은 도덕적이며, 자신은 정의롭다고 주장하는 자들, 그래서 자기의 행동은 하등 문제가 될 것이 없다고 항변하는 자들은 사회에 큰 폐해를 끼칠 수 있다. 이 자들이 특히 위험한 것은 반성 없는 질주 본능을 갖고 있기 때문이다.

가장 무서운 이들은 '자신의 선의를 확신하는 정치인들'이다. 권력을 가진 자가, 자신의 권력 행사를 선의로 포장하는 것은 위험하다. 정치인들이 선의를 내세우며 자기 행동을 합리화하려 들면 호랑이보다 무섭다. 권력 행사의 정당성 문제는 권력자의 선의와 아무런 관계가 없다. 그 때문에 정치인은 그 어떤 경우에도 선의를 내세워 행동을 합리화할 수 없다. 권력자가 도덕적 판단의 영역에 속하는 선의를 내세워 권력 행사의 정당성 시비를 피해 가려 할 때 권력의 감시와 견제는 사실상 어려워진다. 삼권분립이나 권력 견제는 바로 권력자의 선의를 믿을 수 없어서 생긴 제도다.

더불어민주당 손혜원 의원은 자신이 부동산을 산 것은 목포 구도심을 살리기 위한 것이고, 조카들 명의로 산 것은 어렵게 사는 조카들을 도와주기 위한 것일 뿐 부동산 투기를 해서 돈을 벌 생각이 없었기 때문에 자신의 행동은 선의에서 비롯된 것이며, 그래서 목포 문화재 거리에 부동산을 여러 채 구매한 것이 하등 문제가 될 것이 없다고 강변한다. 그러나 그건 본질을 벗어난 해명이다. 손 의원 의혹의 핵심은 국회 문화체육관광위원회 여당 간사 신분으로 '미공개' 정보를 이용해서 목포 근대역사문화 지역 부동산을 사들였는가 하는 것이다. 즉 문제는 투기 여부가 아니라 공직자의 이해충돌행위 여부다.

권력은 자신이 할 수 있는 일과 할 수 없는 일, 해도 되는 일과 하지 말아야 하는 일을 구별해야 한다. 나는 선의에서 부동산을 산 것인데 그게 왜 문제가 되느냐는 식의 생각은 그야말로 자의적이다. 국회 문체위 소속 상임위원이 국가 예산이 수백억 또는 수천억 투입되는 문화재 사업 예정지에 미리 대거 부동산을 구매한 것이 문제가 아니라면 도대체 무엇이 문제인가. 손혜원 의원이 목포 구도심을 살리고 싶었다면 직접 부동산을 사들이는 방법이 아니라 공청회 개최나 입법안 제출 등 투명한 절차와 방법을 썼어야 한다. 문제는 바로 여기에 있다. 손혜원 의원은 자신이 단순한 사인이 아닌 공인이라는 사실을 망각했다. 더구나 손혜원 의원은 국립중앙박물관까지 찾아가 자신이 아는 지인을 채용하라고 종용까지 했다는 것인데, 이것 또한 공과 사를 구별하지 못한 행동이다.

손 의원은 자신이 정치인이라는 사실, 집권 여당의 문체위 간사라는 사실을 망각했다. 아니 오히려 그런 지위를 십분 이용했는지도 모른다. 과연 손 의원에게 범법행위가 있었는지는 앞으로 검찰을 통해 밝힐 부분이지만 손 의원의 인정 여부와 관계없이 손 의원이 권력 놀음을 했다는 사실은 분명하다. 권력은 인간을 타락시키는 악마적 속성이 자리잡고 있어서 절제하고 경계하지 않으면 그것을 쥔 사람을 나락으로 떨어뜨린다. 마키아벨리는 누구든 권력의 맛을 보면 그에 취해 결국 타락하여 국가를 망친다고 하였다. 권력을 잡고 시간이 조금만 흘러도 왕은 폭군으로, 귀족은 배타적 특권집단으로, 평민은 제멋대로의 군중으로 변하게 된다는 것이다.

대한민국의 정치인들은, 아니 권력의 맛을 보고 있는 모든 자는 이번 손혜원 의원 사태를 계기로 자기 확신에 취해 자신의 모든 행동을 선의로 포장하며 권력을 휘두르지 않도록 조심해야 할 것이다.

2019.01.25.

67

한국정치 오적(五賊)

한국 정치가 발전하기 위해서는 무식하게 저격하거나, 꼬리를 살랑이며 아부하거나 제 이익에 눈이 멀어 공익쯤은 아무렇지도 않게 내팽개치는 정치인부터 솎아내야 한다. 우리 정치가 발전하지 못하는 가장 큰 이유는 자질이 되지 않는, 정치적 소양이 없는 사람들이 정치판에 우글거리기 때문이다.

한국 정치는 과거나 지금이나 사생결단식이다. 한국의 정치인들은 늘 경직되어 있고 항상 진지하다. 한국 정치판에서 유머와 위트를 가진 정치인은 좀처럼 찾기 어렵다. 한국의 정치인들은 다들 거대 담론을 좋아한 나머지 걸핏하면 국가와 민족을 내세운다. 의미를 아는지 모르는지 민주니, 법치니 떠드는 데도 능하다. 하지만 한국의 정치인 중 많은 수는 정치가 무엇인지 모르는 것 같다. 그도 그럴 것이 그들 중 많은 수가 정치에 대해 깊이 생각해 본 적이 없다. 더 나쁜 것은 그저 잘난 척하기 좋아서 아무 생각 없이 정치를 한다는 것이다.

무식하면 용감하다고 했던가. 한국 정치인 중 많은 수는 비판과 비난조차 구별하지 못한다. 그들은 걸핏하면 핏대를 올리며 상대를 무시하고 조롱한다. 그들의 장기이자 주특기는 무조건 내지르고 보는 것이다. 당 고위층에 아부할 수 있는 일이라면, 지지층에 눈도장을 찍을 수 있는 일이라면 얼굴 화끈거리는 것쯤은 아무것도 아니다. 돌격대가 되거나 저격수가 되는 것은 오히려 영광스러운 일이다. 공천 받고 당선될 수만 있다면 욕먹는 것쯤 아무것도 아니다.

한국 정치가 발전하기 위해서는 무식하게 저격하거나, 꼬리를 살랑이며 아부하거나, 제 이익에 눈이 멀어 공익쯤은 아무렇지도 않게 내팽개치는 정치인부터 정치판에서 솎아내야 한다. 우리 정치가 발전하지 못하는 가장 큰 이유는 자질이 되지 않는, 정치적 소양이 없는 사람들이 정치판에 우글거리기 때문이다. 따라서 한국 정치가 발전하기 위해서는 정치 오적(五賊)이라 부를만한 자들이 한국 정치판에 아예 발을 붙이지 못하도록 해야 한다.

첫째 적은 '자선타악(自善他惡)을 부르짖는' 정치인이다. 이들 정치인은 자기가 하면 선이고 옳은 것이며, 남이 하면 악이고 옳지 않은 것이다. 이 때문에 이들 정치인은 정치의 본질이 무엇인지, 공직자나 국회의원의 본분과 역할이 무엇인지에 대한 기본 마인드가 없다. 그야말로 공익과 사익이 무엇인지, 공익과 사익이 어떻게 충돌되는지, 이해충돌을 막기 위해서 어떻게 해야 하는지에 대한 인식이 부족하다.

둘째 적은 '메시지가 아닌 메신저를 공격하는' 정치인이다. 이들 정치인은 메시지를 비판할 수 있는 능력이 안 되기 때문에 무조건 메신저를 흠잡는다. 이들은 다른 사람의 말을 편집하거나 왜곡해서 전혀 다른 의미를 만들고 그에 대해 자의적 비판을 가한다. 어떤 자들은 심지어 판결을 비판할 때도 그 내용을 비판하는 것이 아니라 판결과 상관없는 판사 자체를 비난한다. 이들 꼴불견은 같은 사람이 한 판결을 두고도 자기편에 유리하면 법과 양심에 따라 판결을 한 훌륭한 판사라고 치켜세우고 자기편에 불리하면 적폐 판사라고 몰아붙인다.

셋째 적은 '이미지 정치에 몰두하는' 정치인이다. 이들 정치인은 오로지 자기가 국민에게 어떻게 비칠지 하는 것만 관심이 있다. 뒤에서 묵묵히 일하는 것에는 전혀 관심이 없고 오로지 그럴듯한 이미지를 만들어 인기를 끄는 데만 관심이 있다. 이들은 선거는 '만들어진 이미지'에 의해 승패가 좌우된다는 사실을 알기 때문에 이미지 연출에만 몰두한다. 국회에서 일할 생각은 안 하고 TV나 라디오에 나가 자기주가 올릴 생각만 한다. 정치인인지 연예인인지 도통 구분이 안 될 정도다.

넷째 적은 '저격수나 돌격대를 자처하는' 정치인이다. 이들은 걸핏하면 다른 당을 공격하고 다른 당의 누군가를 공격한다. 그뿐 아니다. 이들은 자기편에 대한 공격을 참지 못하고 누군가가 조금이라도 자기 당을 공격하면 생난리를 피운다. 가령 이들은 자당의 대표나 자당 소속의 대통령을 공격하면 그 상대방을 죽일 듯이 달려든다.

다섯째 적은 '열심히 일하지 않고 무위도식하는' 정치인이다. 모름지기 국민의 선택을 받은 정치인은 국민을 위해 열과 성을 바쳐 일해야 한다. 정치인은 국민에 의해 선택된 국민의 머슴이다. 따라서 일 안 하고 살살 눈치만 보며 국민의 세금만 축내는 정치인은 한국 정치의 큰 적이다.

한국 정치의 진정한 발전은 오적의 축출과 함께 시작될 것이다. 내년에 총선이 있다. 국민의 올바른 선택을 기대한다.

2019.02.15.

68

언론 독재와 한국 민주주의의 위기

오늘날 여당이 정권의 비판자이자 감시자 역할을 하지 못하고 있다는 점을 생각하면 의회의 대정부 견제 기능은 매우 제한적이고, 야당만으로 대통령 권력을 제어하는 것은 어렵다. 한국 언론은 이 시점에서 현대 민주주의는 보루는 사실상 언론이라는 점을 명심하고 맡겨진 사명을 다해야 한다.

오늘날 한국 민주주의가 위기라고 말한다면, 그 이유 중 하나는 누가 뭐래도 인터넷을 통한 여론의 왜곡과 조작을 할 수 있고 또 그런 일이 실제로 빈번하게 발생한다는 사실에 있다. 특히 누군가에 의해, 불순한 정치 집단에 의해 의도적으로 왜곡된 여론이 '사실과 진실의 포장'을 두르고 국민의 눈과 귀를 가리는 일이 가능해졌고 또 버젓이 행해진다는 점에서 한국 민주주의가 전례 없는 위기를 맞고 있음은 분명하다.

그러나 한국 민주주의가 위기에 봉착한 진짜 이유는 기성 언론의 능력의 한계와 도덕적 타락이다. 언론이 이러저런 이유로 정권의 나팔수로 전락할 때 정권은 '언론 독재'라고 하는 새로운 유형의 독재 정치를 할 수 있게 된다. 특히나 한국 언론이 처한 취약성, 가령 방송의 재인가 제도, 그리고 일부 언론에 대한 정부의 지원금 등은 한국 언론을 친정부 매체로 만들기에 족하다. 게다가 한층 악화하여 가는 언론의 취재 경쟁은 언론사가 현실의 '과정'이 아닌 외부적으로 드러난 '결과'에만 집중하여 뉴스를 선별하게 하고 있다. 많은 한국 언론은 이미 극단적인 황색 저널리즘에 노출된 나머지 독자의 시선을 끌기 위해서라면 범죄, 희한한 사건, 성적 추문 등에만 집중하여 보도하는 것을 멈추지 않는다. 이런 언론에 '언론의 권력에 대한 감시와 견제'라는 명제는 이미 빛바랜 사전에나 나오는 얘기가 되어 버렸다.

이틈을 타고 문재인 정권은 일명 '국민공론화'라고 하는 근거 없는 방법과 기구를 통해 사실상 '국회 패싱'을 획책하며 우리 헌법이 상정한 대의민주제를 무력화시키고 있다. 정부는 심지어 가짜뉴스를 통제한다는 구실로, 음란물인 야동을 통제한다는 구실로 사실상의 인터넷 검열을 획책하고 있고, 여성가족부는 방송에 나오는 아이돌의 외모와 복장에 대한 통제 발언까지 내놓았다. 이것이 위험한 것은 지구 역사상 독재정권은 모두 국민의 이름을 빌려, 직접 민주주의 형식을 취해 독재를 획책하고 정당화했다는 사실 때문이다.

언론의 사명과 역할은 일차적으로는 국민의 눈과 귀가 미처 미치지 못하는 곳에 카메라의 눈을 들이대 '있는 그대로의 사실과 현장'을 국민에게 보여주고 들려준다는 데에 있고, 이차적으로는 그 '사실과 현장의 의미'를 국민에게 알려줌으로써 국민 사이에서 자연적이고 자율적인 여론형성이 가능하게 한다는 데 있다. 특히 언론은 대중의 눈 너머에 있는 외적 환경과 대중 간 상호 접촉을 실현하게 하는 핵심 수단이자 제도라는 점에서 오늘날 여론형성은 언론에 의하지 않고는 사실상 불가능하다. 인터넷상의 소문이나 가짜뉴스조차 궁극적으로는 언론의 공론화라고 하는 과정을 거칠 때만 비로소 여론이 될 수 있다는 사실을 주목해 보면 오늘날 대중의 여론형성에 있어 언론이 차지하는 비중이 어느 정도인지는 가히 짐작할 수 있다.

다시 한 번 강조하지만, 오늘날처럼 눈에 보이지 않는 외부 세계가 복잡다단하고 이에 대한 정보가 드물고 파편적인 상황에서는 올바른 여론을 형성하고 이를 국정에 반영시킬 수 있는 수단은 사실상 언론이 유일하다. 이를 위해 언론은 리프만(Walter Lippman 1889~1974, 미국의 저널리스트·작가)이 말한 것처럼 뉴스(news)와 진실(truth)은 서로 다른 것으로 엄격히 구분해야 한다. 뉴스의 역할이 단지 어떤 사건을 지목하여 알려주는 것에 불과한 것이라면, 진실의 기능은 숨겨진 이면의 사실에 불빛을 비춤으로써 이들 사이의 관계를 설정해 주는 것이다. 이런 점에서 한국의 언론이 때로는 의도적으로 때로는 능력상의 한계 때문에 '뉴스'와 '진실'을 구별하지 않거나 구별하지 못한다는 것은 대단히 유감스러운 일이다.

오늘날 여당이 정권의 비판자이자 감시자 역할을 하지 못하고 있다는 점을 생각하면 의회의 대정부 견제 기능은 매우 제한적이고, 야당만으로 대통령 권력을 제어하는 것은 어렵다. 한국 언론은 이 시점에서 현대 민주주의의 보루는 사실상 언론이라는 점을 명심하고 맡겨진 사명을 다해야 한다. 여러 가지 이유로 극심한 편향성을 보이는 한국 언론이 여전히 대중의 여론을 창조하는 강력한 힘을 발휘하고 있다는 자체가 오늘날 한국 민주주의 위기의 본질이기 때문이다.

2019.02.22.

69

기레기와 정레기

기자는 어떠한 외압에도 굴하지 않아야 하고 공정하고 신속한 정론 보도를 사명으로 해야 한다. 개인적인 감정이입 없이 객관적이고 진실한 사실만을 보도하는 것이 철칙이다. 정치인은 간신 소리 듣지 말고 충신 소리를 들어야 한다. 물론 '정권의 충신'이 아닌 '국민의 충신'이 되어야 한다.

대한민국에서는 기자답지 못한 기자, 또 언론사답지 못한 언론사를 속칭 '기레기'라고 부른다. '기자'와 '쓰레기'의 합성어다. 대한민국에서는 또 정치인답지 못한 정치인이나 그런 자들의 집단을 '정레기'라고 칭한다. '정치인'과 '쓰레기'의 합성어다. 언론의 특권을 이용해 악의적 기사로 진실을 왜곡하면 기레기고, 정치인의 지위를 이용해 사익을 추구하고 국정과 민생을 어지럽히면 정레기다.

기자가 기레기로 추락하기는 아주 쉽다. 청와대나 정당에 출입하며 대통령이나 당 대표에 잘 보여 공천을 받으려 들면 바로 기레기가 된다. 말로는 공정한 보도를 운운하며 의도적으로 사실 보도를 외면하거나 교묘하게 편파보도를 하면 기레기가 된다. 팩트 체크를 하지 않거나 과장되고 왜곡된 기사로 저널리즘의 수준을 떨어뜨리면 기레기가 된다. 미디어를 비평한다는 구실로 다른 미디어의 보도와 논평을 왜곡하여 비난하면 기레기가 된다. 편향된 사고와 인식을 하는 자를 앵커로 쓰거나 사회자로 쓰면 기레기가 된다. 한쪽 편만 드는 자를 패널로 쓰고 합리적이고 객관적인 사람의 출연을 막으면 바로 기레기가 된다.

정치인이 정레기로 추락하기 역시 매우 쉽다. 국민을 무시하고 오만하게 굴면 정레기가 된다. 나를 지지하거나 우리 편을 지지하는 국민은 '깬 시민'이고 지지하지 않는 국민은 '우매한 대중'이라고 폄훼하면 바로 정레기가 된다. 공천을 받기 위해, 당선되기 위해 당의 권력자나 극성 당원의 눈치를 보면 정레기가 된다. 대통령을 위해 날이면 날마다 용비어천가를 부르는 자는 정레기다. 능력도 없으면서, 뚜렷한 목표 의식이나 소명 의식도 없으면서 누리고 군림하는 것이 좋아서 정치를 하는 자는 정레기다. 국민을 속이고, 여론을 조작하는 정치인은 최악의 정레기다.

언론은 사실에 입각한 보도를 해야 하고 정직성을 목숨처럼 귀하게 여겨야 한다. 국민을 대신해 당당히 권력에 질문하고 비판하는 것이 기자고 언론이다. 대통령에게 용비어천가 불러주는 게 언론이 아니다. 언론은 국민의 알 권리를 충족시키고 국가적·사회적으로 쟁점이 되는 사안들을 국리민복의 차원에서 국민에게 알려 여론의 방향을 건전하게 이끌어가는 데 존재 의의가 있다. 언론의 정론직필이란 사명은 시대의 권력과 숙명적으로 부딪칠 수밖에 없는데, 이때 과감히 권력을 비판하고 징치하는 것이 언론이다. 언론이 정권의 입맛에 맞춰 의도적으로 정권의 홍보대사를 자처함으로써 생명을 연장하고 그 대가로 권력을 나누려 할 때 이미 언론이 아니라 쓰레기고 쓰레기 창고다.

정치인은 어떤 상황에서도 국민을 존중하고 국민의 뜻에 따르는 정치를 해야 한다. 정치인은 오로지 국민을 위해 무엇을 할까를 고민하고 또 고민해야 한다. 세종대왕이 위대한 이유는 그가 백성들을 긍휼히 여겼기 때문이다. 그가 밤을 낮 삼아 불철주야 한글을 만든 것도 오로지 글을 몰라 고통을 겪는 백성을 위한 것이었다. 정치인은 어떤 경우에도 국민의 이익을 위해 일해야 한다. 그 어떤 이념도, 그 어떤 정파도 국민의 이익 위에 자리할 수 없다. 정치인은 국민이 불편해하는 것이 무엇인지, 국민이 무엇을 원하고 바라는지 살피고 또 살펴 국민의 가려운 곳을 긁어주어야 한다. 정치인의 눈은 24시간 국민을 향해 있어야 한다.

정치인이든 기자든 정레기, 기레기 소리를 듣지 않으려면 소명 의식이 있어야 한다. 기자는 어떠한 외압에도 굴하지 않아야 하고 공정하고 신속한 정론 보도를 사명으로 해야 한다. 개인적인 감정이입 없이 객관적이고 진실한 사실만을 보도하는 것이 철칙이다. 정치인은 간신 소리 듣지 말고 충신 소리를 들어야 한다. 물론 '정권의 충신'이 아닌 '국민의 충신'이 되어야 한다. 정치인은 그야말로 민복(民僕)이 되어야 한다.

대한민국에는 오늘도 일부 기레기와 정레기들이 판을 치지만 메뚜기도 한철이라고 이들 정레기와 기레기들은 결국 이리저리 이용만 당하다가 국민의 준엄한 심판을 받아 내쳐지는 신세가 되고 말 것이다. 그때 그들에게 남는 것은 치욕뿐이다. 기자와 정치인은 늦기 전에 빨리 깨달아야 한다. 그들이 서야 할 줄은 오로지 국민의 줄이라는 것을.

2019.03.01.

70

금용비어천가(禁龍飛御天歌)

대한민국 정치의 병폐는 누가 뭐래도 제왕적 대통령제에 그 원인이 있다. 대한민국에서 정책의 오류나 잘못은 대개 대통령과 그를 둘러싼 일파에서 비롯된다. 대통령은 자칫 국민의 선택을 받았다는 오만에 빠진 나머지 자신이 추진하는 정책이 무조건 '국민을 위한 것'이라고, '국민이 원하는 것'이라고 믿는다.

대체 문재인 정권에는 지사(志士)가 없는가. 정말 청와대나 정부 여당에는 대통령이 추진하는 잘못된 정책의 문제점을 직(職)을 걸고 말할 자가 없는가. 자영업자들이 폐업의 위기로 내몰리며 고통 받고 있다고, 청년들이 일자리를 구하지 못해 좌절하고 있다고, 더 늦기 전에 탈원전 정책을 재고해야 한다고, 대일외교 등 작금의 대한민국 외교정책이 우리를 고립무원의 지경에 빠뜨릴 수 있다고 고할 자가 없는가.

나경원 자유한국당 원내대표가 지난 13일 국회에서 한 이런저런 비판에 귀를 기울여야 한다고, 문재인 정부의 국정운영 상 문제점은 무엇이고, 그래서 정책 방향을 수정하고 문제를 해결해야 한다고 말할 용기를 가진 자가 없는가. 정녕 문재인 정권의 사람들은 청와대 비서 한자리 차지하기 위해, 내각에 들어가 장관 노릇 한 번 하기 위해, 차기 총선에서 여당 공천을 받기 위해 입 꾹 다물고 농인(聾人) 노릇을 계속할 것인가.

다산 정약용은 목민심서 봉공육조(奉公六條) 편에서 "중앙관서의 명령이라도 민심이 이를 받아들이지 않기 때문에 실행할 수 없거든 병을 핑계하고 벼슬을 그만두는 것이 좋다"라고 말했다. 다산이 살던 시대가 엄격한 관료사회라는 점을 고려하고 조선시대 벼슬이 갖는 의미를 생각할 때 중앙관서의 명령이 민심과 이반되는 잘못이 있으면 실행을 고집하지 말고 칭병하여 벼슬을 그만두라는 다산의 말은 공직자에게 내리는 추상같은 정언명령이다. 그의 말속에는 관직은 임금을 위한 것이 아니라, 자기 자신을 위한 것이 아니라, 오로지 백성을 위한 것이라는 사상이 깔려 있다.

대한민국 정치의 병폐는 누가 뭐래도 제왕적 대통령제에 그 원인이 있다. 대한민국에서 정책의 오류나 잘못은 대개 대통령과 그를 둘러싼 일파에서 비롯된다. 대통령은 자칫 국민의 선택을 받았다는 오만에 빠진 나머지 자신이 추진하는 정책이 무조건 '국민을 위한 것'이라고, '국민이 원하는 것'이라고 믿는다. 대통령 참모들이나 주변 인사들은 그런 대통령에 감히 진언이나 고언을 하지 못하고 대통령이 듣고 싶어 하는 것만을 들려주고 대통령이 보고 싶어 하는 것만을 보여준다. 그러는 사이 대통령은 정책의 방향과 문제점에 대한 반성적 성찰 대신 편향적 자기 확신에 빠져 헤어나지 못하게 된다.

문제는 국민도 대통령을 제왕으로 만드는 데 한몫을 한다는 사실이다. 아직도 왕조시대의 의식에서 완전히 벗어나지 못한 우리 국민은 처음에는 마치 대통령이 왕이나 되는 것처럼 떠받들며 그 오만과 독선을 부채질한다. 그러는 사이 대통령은 시시비비를 가려 정책을 수립하고 수정할 기회를 잃는다. 결국 이렇게 대한민국의 대통령은 실패의 길을 간다. 그런데 대통령이 펴는 정책이 성과를 내지 못할 때, 더는 그에게 기대할 것이 없을 때 국민은 냉정하게 돌아선다. 성난 국민은 성난 파도보다 무섭다. 국민을 실망하게 하는 순간 대통령은 그 누구보다 먼저 국민의 공적이 된다.

지금 대한민국 국민이 서서히 분노 게이지를 높이고 있다. 그들은 묻고 있다. 서민을 위한 정부라면서 서민 소득이 급감하고 있는 오늘의 현상을 어떻게 설명할 것인가. 국민의 인권을 확대하는 정부라면서 인터넷을 검열하고 아이돌의 복장과 외모까지 통제하려는 빅 브러더식 발상을 어떻게 설명할 것인가. 도대체 인사는 왜 그렇게 돌려막기식 회전문에 매달리는가. 도대체 왜 세금 올릴 생각만 하는가. 국민이 아우성치는 미세먼지 대책은 무엇인가.

이제라도 청와대 비서, 정부의 각료, 그리고 여당 국회의원들을 비롯한 문재인 정권 사람들은 그 직을 걸고 대통령에게 듣기 싫은 말을 해야 한다. 그리고 진정으로 대통령을 위하는 길은 국가원수 모독죄 운운하며 용비어천가를 부르는 것이 아니라 대통령에게 고언을 하는 것임을 깨달아야 한다.

이제 대통령은 국민의 물음에 답해야 한다. 국민이 물으면 대통령은 답해야 한다. 물론 그 전에 대통령은 용비어천가를 부르는 측근들의 말이 아닌 지사(志士)들의 말을 경청해야 한다. 대통령은 자신에게 끊임없이 묻고 답하기를 계속해야 한다. 무엇보다 대통령은 자기의 직책이, 자신이 펼치는 국정이 바로 국민을 행복하게 하느냐 불행하게 하느냐를 결정하는 갈림길이 된다는 사실을 명심해야 한다.

2019.03.15.

71

모기와 작대기

지도자의 능력 중 최고가 실천적 리더십이라고 할 때 대통령은 스스로 문제 해결에 필요한 독서와 토론을 통해 문제의 본질과 그것을 해결할 방법을 알아야 한다. 스스로 귀감이 되어 카리스마를 구축해 각료나 비서가 따르도록 해야 하고, 일을 맡길 때는 담당자가 해결해야 할 임무를 확실히 전달해서 그가 일에 집중할 수 있도록 해야 한다.

대한민국호가 표류하고 있다. 총체적 난맥상을 보인다. 외교는 여기저기서 동네북처럼 얻어맞고 있고, 경제는 죽을 쑤고 있고, 정치는 허구한 날 싸움질이다. 정말 여간한 인내심 아니고는 대한민국에서 국민 노릇 해 먹기가 아주 난감하다. 국민이 주야로 나라 걱정을 해야 하니 국민의 피로가 극에 달한다.

이 나라 대한민국은 도대체 무엇이 문제일까. 개인이나 국가나 일이 풀리지 않는 것은 대개 문제의 본질과 그 해결 방법을 정확히 찾지 못하기 때문이다. 본류에 집중하지 않고 주변과 지류에 눈을 빼앗기게 되면 깊은 산 속에 숨겨진 강의 원천을 찾아낼 수 없다. 본질을 찾아 근원적 해결을 시도하지 않고 땜질식 대증요법에 매달려서는 문제를 해결할 수 없다. 물론 최악은 본질을 알지 못하면서, 해결 방법을 알지 못하면서 안다고 착각하는 것이다. 언제나 그렇듯 돌팔이가 사람 잡는 법이다.

그렇다면 본질을 찾아 문제를 해결할 방법은 없는가. 결국은 사람이 문제다. 모든 일에는 그 일을 감당할 수 있는 그릇이 따로 있다. 지식과 지혜의 그릇이 걸맞아야 하고, 인격과 인품의 그릇이 또한 걸맞아야 한다. 퇴계는 "모기는 산을 짊어질 수 없고 작대기는 큰 집을 버틸 수 없다"라고 했다. 대개 실제로 문제를 해결하기 위해선 말 잘 듣는 사람이 아닌, 능력 있는 사람이 필요하다. 이 때문에 어떤 조직이나 할 것 없이 능력 없는 사람이 일을 맡아선 발전의 희망이 없다.

단언컨대 문재인 정부는 인사에 실패하고 있다. 가장 큰 원인은 우선 인재풀이 좁기 때문이다. 문재인 정권은 임기 초부터 '캠코더'라고 하여 선거 캠프, 코드, 더불어민주당이란 틀에 갇혀 버렸다. 따라서 널리 인재를 구하지 못하게 되었고 능력 있는 천하의 숨은 인재들을 찾아 쓸 수 없게 되었다. 무엇보다 도통 헷갈리는 것은 과연 문재인 정부가 일에 적합한 인재를 쓰느냐, 즉 인재를 적재적소에 쓰느냐는 것이다. 정부 각료를 임명할 때도 그 분야에 전문성 있는 인재를 기용해서 관련 지식은 물론 창의력을 발휘해서 산적한 문제를 해결함은 물론 새로운 비전을 제시할 수 있도록 해야 한다. 그런데 문재인 정부는 대개 더불어민주당 인사 중 정권 창출에 특별한 공을 세운 사람들을 일정 기간 각료로 쓰다가 총선을 위해 당으로 돌려보내거나 참여연대, 민변, 경실련 등 이 정부와 소위 코드가 맞는 사람을 기용하거나 선거 캠프 인사들을 요직에 앉히는 식의 인사를 하고 있다. 최악은 이미 어떤 자리에 썼다가 실패하고 물러난 사람을 다시 다른 자리로 돌려서 계속 기용하는 회전문 인사다.

어쨌거나 인사 실패의 최종 책임은 대통령에게 있다. 지도자의 능력

중 최고가 실천적 리더십이라고 할 때 대통령은 스스로 문제 해결에 필요한 독서와 토론을 통해 문제의 본질과 그것을 해결할 방법을 알아야 한다. 스스로 귀감이 되어 카리스마를 구축해 각료나 비서가 따르도록 해야 하고, 일을 맡길 때는 담당자가 해결해야 할 임무를 확실히 전달해서 그가 그 일에 집중할 수 있도록 해야 한다. 일을 맡기고 나서는 담당자가 역량을 발휘할 수 있도록 격려하고 외부의 공격에서 보호해주어야 한다. 장관이나 비서는 적당한 사람이 앉았다가 국회의원 선거를 위해 떠나는 그런 자리가 아니다. 실질적으로 나라 살림을 하는 곳은 각 부처다. 소신과 능력을 갖춘 인사들에게 나라 살림을 맡겨야 한다. 국회의원 하나 더 늘리는 것보다 중요한 것이 나라 살림이다.

문재인 정부가 실패한다면 그 이유는 인사 실패 때문일 것이다. 정책 실패라는 것도 알고 보면 인사 실패에서 비롯되는 것이다. 그런데 지금 이대로라면 문재인 정부는 분명 실패한다. 그리고 그 책임은 최종 책임자인 대통령의 몫으로 남는다. 각료나 비서는 시간이 지나면 모두 잊힌다. 역사에서 치욕을 당하는 것은 오롯이 대통령 본인이다. 지금이라도 대통령이 길을 찾길 바란다. 문제의 본질과 해법을 찾길 바란다. 진정 국민은 대통령이 실패하는 것을 원치 않는다. 대통령의 실패는 그만큼 그 시대를 사는 국민의 불행이기 때문이다.

2019.03.22.

72

베네수엘라, 대한민국

대한민국이 병들어 가는 신호는 곳곳에서 발견된다. 무엇보다도 심각한 것은 정의와 공정의 개념이 왜곡되고 있다는 것이다. 법을 지키지 않으면서도, 불공정을 행하면서도 자신들은 올바르다고, 정의롭다고 말하는 것이 예사가 되어 버렸다. 이런 자들은 교묘하게 가치의 전도를 획책하고 그것에 편승하여 최소 수혜자에게 돌아가야 할 몫을 주머니에 챙겨 넣는다.

베네수엘라가 무너지고 있다. 정전이 일상이 되고 국민이 식수를 구하기 위해 수백 미터 줄을 서는 것도 예사다. 국가 기능이 마비되고 국가 전체가 총체적 난국에 빠졌다. 수많은 사람이 빵을 찾아 국경을 넘고 있고 일부 여성들은 심지어 국경을 넘는 매춘대열에 합류하고 있다.

왜 그렇게 되었는가. 간단하다. 위정자들이 법을 지키지 않았기 때문이다. 원칙을 지키지 않았기 때문이다. 국가는 법치주의가 제대로 구현될 때 유지되고 발전한다. 그런데 베네수엘라는 법이 지배하는 사회가 아닌 사람이 지배하는 사회가 됐다. 베네수엘라 집권 세력은 원유를 팔아서 얻은 돈을 표와 맞바꾸며 법 위에 군림하며 흥청망청했다. 인기를 얻기 위해, 표를 얻기 위해 편의적 인치 행정을 편 것이다. 국민도 우선 먹는 곶감이 달다고 그런 정부를 선택했다.

대한민국도 법치주의 정신이 쇠퇴하고 있다. 법을 대놓고 어기는 자들이 판을 치고 있다. 어떤 자들은 심지어 법을 어기는 것이 정의로운 것처럼 행동한다. 집권 세력은 손바닥 뒤집듯 원칙을 뒤엎고 있다. 그들에게 적어도 계승이라는 말은 사전에 없다. 일부 노조 세력은 법을 무시하는 것은 물론 대놓고 법을 조롱하는 행태를 벌인다. 그러나 그 누구든 사회를 붕괴시킬 목적이 아니라면, 사회를 만인 대 만인의 투쟁의 장으로 만들 작정이 아니라면 법이 정의가 아니라고 말해서는 안 된다. 국민이 법에 복종하는 이유는 법이 정의라고 믿기 때문이다. 법이 정의가 아니라고 말하는 자들이 많아지면, 법을 어기는 자들이 많아지면 법치가 무너지고 정의가 무너진다.

그런데 도통 헷갈리는 것은 법과 원칙을 밥 먹듯 어기는 자들이 정의를 입에 담고 산다는 것이다. 그들이 도대체 정의의 개념을 알고 정의를 운운하는지 이해하기 어렵다. 아리스토텔레스가 그의 저서 '니코마코스 윤리학'에서 설파한 정의란 '법을 지키며 이득과 손실에 있어서 마땅한 것 이상이나 이하를 가지지 않으려는 탁월한 품성 상태'를 말한다. 올바름은 법을 지키는 것이고 또 공정한 것이며, 올바르지 않음은 법을 지키지 않는 것이고 또 공정하지 않은 것이다. 롤스가 말하는 정의 역시 사회의 모든 가치, 즉 자유와 기회, 소득과 부, 인간적 존엄성 등이 기본적으로 평등하게 배분되는 것을 말한다. 롤스는 가치의 불평등한 배분은 그것이 사회의 최소 수혜자에게 유리한 경우에만 정의롭다고 말한다.

대한민국이 병들어 가는 신호는 곳곳에서 발견된다. 무엇보다도 심각한 것은 정의와 공정의 개념이 왜곡되고 있다는 것이다. 법을 지키지 않으면서도, 불공정을 하면서도 자신들은 올바르다고, 정의롭다고 말하는 것이 예사가 되어 버렸다. 이런 자들은 가치의 전도를 교묘하게 획책하고 그것에 편승하여 최소 수혜자에게 돌아가야 할 몫을 주머니에 챙겨 넣는다. 소득과 부의 평등한 배분이 공염불에 그치는 사이 일부 부유층 특권계급이 생겨나고 이 특권계급이 법망을 교묘히 빠져나가는 일도 비일비재하다. 버닝썬 사태는 특권계급으로 부상한 일부 연예권력이 공권력과 결탁하여 법을 짓밟은 경우다. '경찰총장'으로 상징되는 경찰 권력이 버닝썬의 뒷배를 봐준 사실은 이미 드러났다. 남양유업 외손녀 황하나가 법망을 빠져나간 것도 마찬가지다. 황하나는 공공연히 외삼촌과 아빠가 경찰청장과 '베프(절친)'라고 말하고 다녔다. 아마도 그런 까닭에 공범이 재판받아 중형을 받는데도 황하나는 기소조차 되지 않았다. 경찰과 검찰 등 두둔 세력의 준동이 없었다면 결코 일어날 수 없는 일이다.

만인이 법 앞에 평등하다는 명제는 대한민국에서 이미 먼 나라 얘기다. 법에 따라 처벌받는 것은 힘없는 시민들뿐이다. 이런저런 힘을 가진 자들은 온갖 방법을 동원해 부정과 부패를 일삼으며 자기 배를 불린다. 더 가관인 것은 법을 집행해야 할 중차대한 임무를 국민으로부터 부여받은 공권력이 이들과 결탁하여 법을 헌신짝 취급한다는 것이다. 이것은 분명 파국의 전주곡이다. 베네수엘라 사태는 강 건너 남의 일이 아니다. 베네수엘라는 법을 지키지 않는, 원칙을 지키지 않는 나라의 미래다. 마땅히 타산지석으로 삼아야 한다.

2019.04.12.

73

당쟁과 파쟁, 그 불길한 그림자

나라야 어떻게 되든 말든, 국민이야 죽든 말든, 우리가 권력을 잡아야 하고, 내가 권력을 잡아야 한다는 생각이 당쟁이나 파쟁의 연료가 되어 싸움질이 계속되는 한 국민의 고통만 늘어날 뿐이다. 당쟁이 국민의 이익과는 아무런 관계가 없다는 것은 역사적으로도 증명된다.

한국 정치에 다시 당쟁과 파쟁의 불길한 그림자가 어른거린다. 극한 대립과 적개심이 난무하는 가운데 정부·여당 대 야당의 대결은 물론 야당 대 야당 대립, 나아가 당내 파벌 간 대립이 극에 달하고 있다. 이제부터 총선까지 한국 정치는 시계 제로다. 한 치 앞을 내다볼 수 없다. 국회는 멈춰서고 아무것도 되는 것이 없을 것이다.

정부·여당과 자유한국당의 대립은 비등점을 향해 치닫는다. 자유한국당은 문재인 정부를 '좌파독재 정부'로 규정했다. 더불어민주당이 추진하고 있는 연동형 비례대표제를 좌파정당 간 연합을 통한 '좌파독재 장기집권' 시나리오로 보고 결사 저지에 나선다는 방침이다. 이미 국회에서 철야농성을 시작했고 주말 광화문 규탄대회를 여는 등 장외투쟁을 시작하겠다고 공언했다. 특히 황교안 대표가 페이스북에 "이제는 투쟁밖에 없다. 싸워 이길 때까지 목숨을 걸고 투쟁해야 한다"고 밝힌 것을 보면 내년 총선까지 여야 간 대화와 타협은 없다고 봐도 된다. 정부·여당에 대한 국민 지지율이 떨어지고 자유한국당에 대한 지지율이 치고 올라가고 있는 상황에서 청와대나 여당이 일방적 독주를 계속할 때 정쟁은 더욱더 격화될 것이다.

당내 갈등도 언제든 촉발될 수 있다. 집권 여당인 더불어민주당은 아직은 단결된 모습을 보여주고 있다. 그러나 이는 겉으로 나타나는 모습에 불과하다. 친문과 비문의 갈등은 언제든 터질 수 있는 시한폭탄이다. 역사적으로도 권력이 집중된 여당은 늘 분화를 경험했다. 가깝게는 이명박 정부의 친이와 친박이나 박근혜 정부의 친박과 비박 등이 대표적인 예다. 더불어민주당에도 친문과 비문이 있다. 대통령 지지율이 떨어질수록, 더불어민주당에 대한 지지율이 하락할수록 친문과 비문의 갈등은 노골화될 것이다. 특히 공천을 통해 친문이 비문을 축출하려 든다면 갈등이 걷잡을 수 없을 것이다. 바른미래당의 분당은 벌써 오래전에 시작되었다. 한 지붕 두 가족의 불안한 동거가 막을 내렸다고 봐도 된다. 연동형 비례대표제 등에 대한 패스트트랙 추인을 두고 벌어지는 국민의당계와 바른정당계 간 대립은 분당의 시기를 다소 앞당겼을 뿐이다.

문제는 이런 당쟁이나 파벌 싸움이 국민에게는 아무런 도움이 되지 않는다는 사실이다. 나라야 어떻게 되든 말든, 국민이야 죽든 말든, 우리가 권력을 잡아야 하고, 내가 권력을 잡아야 한다는 생각이 당쟁이나 파쟁의 연료가 되어 싸움질이 계속되는 한 국민의 고통만 늘어날 뿐이다. 당쟁이 국민의 이익과는 아무런 관계가 없다는 것은 역사적으로도 증명된다. 조선 중후기는 정치적 견해를 달리하는 붕당 간 대립이 극심했다. 심지어 당쟁은 조선인의 혈액 속에 들어 있는 특이한 검붉은 요소라는 주장까지 제기됐었다. 물론 이를 두고 조선과 조선인을 깎아내리기 위해 일제가 의도적으로 조선의 정치를 폄하한 것이라며 조선시대의 정치를 새롭게 조명해야 한다는 반론도 있다. 그러나 어쨌든 동인과 서인, 북인과 남인, 노론과 소론 등 수많은 분파를 만들어가며 조선 후기 내내 벌어졌던 당파싸움이 조선을 병들게 하고 조선의 개화와 발전을 가로막았다는 것은 엄연한 역사적 사실이다.

현재의 대한민국도 조선의 그때나 다를 것이 별로 없다. 과연 날이면 날마다 벌어지는 정파 싸움이 부국강병의 방책을 두고 싸우는 것인가. 어떻게 하면 국민의 삶을 더욱 풍요롭게 하고, 어떻게 하면 대한민국을 세계 속에 강대국으로 우뚝 서게 할 것인가를 두고 싸우는 것인가. 물론 아니다. 신선놀음에 도낏자루 썩는 줄 모른다고 권력 놀음에 빠져 국민이 도탄에 빠지는 줄 모르는 것이다. 세계 각국은 자국의 이익을 위해 분주히 움직이고 있고 심지어 불량국가 북한의 김정은마저 자국의 이익을 위해 중국으로, 하노이로, 러시아로 천 리 길도 마다하지 않고 동분서주하고 있다. 그런데 우리 정부와 여당은 도대체 무엇을 하고 있는가. 또 우리 정치인은 무엇을 하고 있는가. 아마도 대한민국에서 분명한 한 가지 사실은, 대한민국은 정치인이 국민을 걱정하는 나라가 아니라 국민이 정치인을 걱정하는 나라이고, 정치인이 나라를 생각하는 마음보다는 국민이 나라를 생각하는 마음이 훨씬 더 큰 나라라는 것이다.

2019.04.26.

74

권력가도

세상에 인재를 구하기는 어렵고 그 인재를 시기하는 아첨꾼은 많아서 가능한 인재를 많이 직접 만나 봐야 한다. 아무리 덕을 갖춘 사람이 있어도 주위에서 그를 시기해서 등용을 막는 일은 예나 지금이나 비일비재하니 인재를 씀에 있어서는 주위 사람의 말에 지나치게 의존해서는 안 된다.

권력은 어떻게 쟁취되는가. 무릇 사람의 일은 뜻에서 시작되니 권력은 큰 뜻을 가진 자가 쟁취한다. 웅대한 포부는 큰일을 도모하는 원동력이다. 적어도 정치권력을 꿈꾸는 자는 국민을 더 잘 살게 하겠다는, 대한민국을 세계 최고의 국가로 만들겠다는 확고한 비전과 신념을 가져야 한다.

작은 일에 얽매이지 말아야 한다. 때로는 혹독한 결단이 필요하다. 결단의 순간 우유부단함을 경계해야 한다. 일을 망치는 것은 항상 우유부단함이다. 무언가를 얻는 데 있어서 망설임보다 더 큰 적은 없다. 그러나 과감함만으로 일이 성사되는 것은 아니니 그 못지않게 신중함을 견지해야 한다. 과감함이 시작의 미덕이라면 신중함은 끝맺음의 미덕이다. 신중함은 때로는 세심함이고 때로는 치밀함이다. 일의 성패는 아주 작은 것에서 갈리니 덤불 속에서 바늘을 찾을 줄도 알아야 한다.

큰 뜻은 혼자 도모할 수 없다. 혼자 할 수 있는 것은 이미 큰일이 아니다. 권력을 위해선 널리 사람을 모아야 한다. 천하에 인재를 구하되, 인재를 구하기 위해서라면 천 리 길도 마다하지 말아야 한다. 세상에 인재를 구하기는 어렵고 그 인재를 시기하는 아첨꾼은 많아서 가능한 인재를 많이 직접 만나 봐야 한다. 아무리 덕을 갖춘 사람이 있어도 주위에서 그를 시기해서 등용을 막는 일은 예나 지금이나 비일비재하니 인재를 씀에 있어서는 주위 사람의 말에 지나치게 의존해서는 안 된다. 물론 스스로 사람을 보는 능력을 갖추어야 한다. 사람은 보이는 게 전부가 아니다. 겉으로 드러나는 태도로 사람을 평가해서는 안 된다. 편견이 올바른 판단을 그르치게 할 수 있으니 가능한 객관적으로 사람을 판단해야 한다.

분열을 경계해야 한다. 사람이 하는 일의 대부분은 분열 때문에 실패한다. 무리를 흩어지지 않게 관리하는 것은 무리를 모으는 것 못지않게 중요하다. 조직을 진흙 덩어리처럼 단단하게 묶기 위해선 무리 속에서 자신에게 엄하고 다른 이에게 관대해야 한다. 자신의 힘을 과신해선 안 된다. 언제나 자신을 가장 경계해야 한다. 자신의 잘못을 바로잡는 것을 주저해서는 안 된다. 자신의 신념과 의지는 끝까지 관철하되 다른 사람들의 지혜를 믿어야 한다. 공은 아래로 돌려야 한다. 아랫사람의 고통을 덜어주기 위해 노력해야 한다.

때를 알아야 한다. 무릇 일의 성패는 때가 정한다. 가을이 오기도 전에 벼를 수확하려 해서는 안 된다. 결실을 보기 위해선 기다려야 한다. 때로는 많은 인내가 필요하다. 목적 달성을 위해선 당장 굴욕을 참아야 한다. 짐짓 물러나 때를 기다릴 줄도 알아야 한다. 그러나 시기를 포착하면 신속하게 행동해야 한다. 때가 왔는데도 주춤거린다면 이미 실기한 것이다. 상황에 맞게 말과 행동을 정해야 한다. 행동은 빠르고 말은 엄중해야 한다. 일사불란하게 대오를 정비하고 조직을 일치단결시켜야 한다.

이미지를 만들고 프레임을 짜야 한다. 선거의 승패는 상당한 부분 이미지에서 결정 난다. 정치인이 구축해야 할 이미지는 유능과 신뢰다. 무능하다는 이미지나 믿을 수 없다는 이미지를 갖고는 권력 가도에서 승리할 수 없다. 시대가 원하는 이슈를 선점하고 아주 쉽고 압축적인 언어로 나타내야 한다. 아무리 훌륭한 연설도 지루하면 소용없다. 가장 간단하고 알기 쉬운 말로 나를 드러내고 대중을 이끌어야 한다. 자신의 학식이나 능력을 나타내기 위해 미사여구를 늘어놓는 것은 반드시 금해야 한다. 프레임은 클린턴의 '바보야, 문제는 경제야'처럼 짧고 강렬한 언어로 족하다.

실력을 길러야 한다. 정치적 역량은 물론 실물 경제 등에 대한 폭넓은 지식을 갖추어야 한다. 적어도 기본적인 법적 지식을 갖추어야 하고 외교, 국방, 노동, 복지, 환경 등에 관한 공부가 있어야 한다. 선거는 총성 없는 전쟁이다. 승리의 방법은 전쟁의 그것과 다르지 않다. 나를 알고 적을 알고, 때를 얻어 나아가면 승리한다. 나를 알지 못하고 적을 알지 못하고 때를 얻지 못했는데 나아가면 반드시 패한다.

2019.05.09.

75

정치양화(政治良貨)

한국 정치의 비극은 경제개념인 '악화(惡貨)가 양화(良貨)를 구축'하는 현상이 가속화되고 있다는 것이다. 민주주의가 개념화된 이후 많은 정치학자는 정치권력 획득을 목표로 하는 정당의 과두화(寡頭化)를 경고했다.

한국 정치의 비극은 경제개념인 '악화(惡貨)가 양화(良貨)를 구축'하는 현상이 정치계에서 가속화되고 있다는 것이다. 민주주의가 개념화된 이후 많은 정치학자는 정치권력 획득을 목표로 하는 정당의 과두화(寡頭化)를 경고했다. 당 간부나 지도층의 의사에 의해 하향식으로 지배되는 정당 조직의 형태와 정당 문화를 고치지 않고는 한국 민주주의가 발전할 수 없다는 우려도 제기됐다. 그러나 이런 경고에도 불구하고 한국 정치의 과두화 문제는 좀처럼 해소되지 않고 있다.

정당의 과두화가 가속화되는 것은 한국 정치가 승자독식 구조라는 데도 원인이 있다. 이런 정치체제에서는 흔히 사생결단식 정쟁이 벌어지기 마련인데, 한국 정치는 특히 패(牌) 논리가 강해서, 승리하는 패는 모든 것을 갖지만 실패하는 패는 아무것도 갖지 못한다. 결국 정치인의 정치적 운명은 개인의 정치적 역량이 아니라 어느 패에 속하느냐, 누구를 따르느냐에 따라 갈린다. 자기가 속한 패나 자기가 따르던 패장(牌將)이 승리하면 어중이떠중이까지 너끈히 한 자리를 차지하게 되지만 패배하면 제갈공명급 인사라도 별도리가 없다. 이런 상황에서 각 패는 승자가 되기 위해 소위 '다 걸기'를 한다. 한 표라도 더 얻으면 모든 것을 다 갖게 되고, 한 표라도 적으면 아무것도 갖지 못하기 때문에 남의 표라도 빼앗으려 든다. 또 패 내에서의 충성도가 정치적 진로를 좌우하기 때문에 패인(牌人)들은 패장(牌將)에게 충성심을 보여주려 안달이 난다. 결국 패와 패 사이에, 패인과 패인 사이에 승자가 되기 위한 살벌한 투쟁이 벌어진다.

패정치(牌政治)의 폐해야 일일이 거론하기조차 어렵지만, 그중에서도 큰 문제는 정치가 천박해진다는 것이다. 천박(淺薄)이란 보통 학문이나 생각 따위가 얕거나 말이나 행동 따위가 상스러운 것을 이르는데, 패정치로 인해 한국 정치는 천박한 지경에서 벗어나지 못하고 있다. 정치권의 막말 경쟁은 정치 천박을 가시적으로 드러내 주는 현상이다. 말을 참지 못하고 가볍게 내뱉는 것이야말로 천박의 소산이기 때문이다. 근거 없는 독단에 근거한 이념이 마치 정의이고 진리인양하며 그 바탕 위에서 상대를 적으로 규정하는 것도 천박의 결과물이다. 천박의 극치는 소위 자기와 자기편은 선이고 상대와 상대편은 악이라는 프레임을 씌우는 것이다. 정치인들이 상대방 말을 새겨듣지 않고 그 말을 왜곡하고 침소봉대하는 것 역시 천박함 때문이다. 천박한 정치인들의 욕심은 오로지 정권을 잡아 한자리하거나 선출직에 당선되어 호의호식하는 것이다. 그런데도 이 자들이 무슨 대단한 애국자라도 되는 양 걸핏하면 국가와 국민을 파는 것 역시 천박하기 때문이다.

한국 정치의 아이러니는 이런 천박이 정치인으로 성공하는데 장애는커녕 오히려 촉매제가 된다는 사실이다. 극단적인 정쟁이 난무하다 보니 앞뒤 안 가리고 막말을 서슴지 않는 자들이 당에 충성심을 가진 존재로 취급되고, 그렇게 이 자들은 먼저 당직에 임명되거나 공천을 받는다. 극단적인 패정치에서 당헌 당규는 당의 실력자에 의해 무시된다. 자기와 자기 편을 먼저 챙겨야 하기 때문이다. 그리고 이런 사정은 패인들이 막말을 거침없이 쏟아내게 만든다. 권력자의 눈에 띌 수 있는 것이라면, 권력자에게 잘 보일 수만 있다면 상대편을 막말로 까뭉개는 것쯤 아무것도 아니다.

그러나 정당은 어떤 경우에도 개인이나 패거리의 사익추구 수단이 될 수 없다. 당이 국민의 세금과 당원들의 당비를 통해 운영되는 이상 내외의 목소리에 귀를 기울이는 것은 당연하다. 당원들의 권리는 말할 것도 없고 당 바깥의 유권자들 또한 각 정당에 목소리를 낼 권리가 보장되어야 한다. 당의 공천은 공개적으로 정당하게 이루어져야 한다. 한국의 정당들이 당내민주주의를 이루지 못하는 한 정계에 정치 양화가 많이 유입되기는 어려울 것이다. 결국 한국 민주주의의 완성도 불가능할 것이다. 한국 정당들이 하루속히 천박한 패정치에서 벗어나길 바란다.

2019.05.24.

76

무위정치(無爲政治)

천하를 다스림에 있어 최고의 경지는 요란하지 않은 것이다. 군사의 움직임이 많아지고 법과 규제가 많아지고 금지와 명령이 많아질수록 백성들의 고통은 가중되고 백성들은 혼란에 빠진다. 그래서 노자가 강조하는 것은 인위나 유위를 벗어난 무위의 정치다. 강압과 선동에 의한 통치를 배격하고 백성을 자연의 이법에 따라 무위로 이끌어야 한다는 것이다.

노자는 "정당한 이치로 나라를 다스리고 특수한 방법으로 군사를 활용하며 조용하고 말없이 천하를 다스려야 한다. 세상에 금지와 명령이 많을수록 백성들은 더욱더 빈곤에 빠지고 백성들에게 예리한 무기가 많을수록 나라는 더욱더 혼란에 빠지며, 사람들의 간계가 많으면 많을수록 기괴한 일이 끊임없이 나타나고 법령과 규장 제도가 강할수록 도리어 도둑은 쉼 없이 증가한다"라고 했다.

과도한 유위정치(有僞政治)의 한계를 지적한 것이다. 천하를 다스림에 있어 최고의 경지는 요란하지 않은 것이다. 군사의 움직임이 많아지고 법과 규제가 많아지고 금지와 명령이 많아질수록 백성들의 고통은 가중되고 백성들은 혼란에 빠진다. 그래서 노자가 강조하는 것은 인위나 유위를 벗어난 무위의 정치다. 강압과 선동에 의한 통치를 배격하고 백성을 자연의 이법에 따라 무위로 이끌어야 한다는 것이다. 노자는 유위가 일부러 궁리하고 계산한 것이어서 백성을 고통스럽게 하지만, 무위의 통치는 공연히 간섭하지 않고 자연을 따르게 하는 것이어서 백성을 허식의 굴레에서 해방하고 인간 본연의 모습으로 돌아가게 한다고 본다.

그런데 안타깝게도 작금의 한국 정치는 유위 과잉이다. 뭘 그리 없애고 뭘 그리 만들겠다는 것인지 시끄럽고 혼란스럽다. 위정자들은 뭔 말이 그리도 많은 지 말 못 해서 죽은 귀신이라도 들린 것인지, 그저 이 말 저 말 아무렇게나 뱉어내고, 다시 말이 말을 부르며 독한 말들을 주고받는다. 그들은 온통 편을 갈라 서로 물어뜯는 데만 열중한다. 명분은 모두 국민을 위한다는 것이다.

하지만 아이러니하게도 국민은 살기가 더 어려워진다. 정부는 서민을 위한다는 데 오히려 양극화는 더 심해진다. 청와대는 일자리 정부를 자처하고 일자리 상황판까지 갖다 놓았는데 일자리는 자꾸 없어진다. 공정한 사회를 공약했는데 입시비리, 취업비리, 수사비리 등 불공정이 판을 친다. 걸핏하면 사람 사는 세상 운운하는데 정규직 귀족 노조원들은 내 몫 더 챙기겠다고 난동을 부려도 무사하고 하청노동자, 비정규직 노동자는 외주 받은 위험한 일 하다가 쓸쓸히 죽어 나간다.

위정자들은 거창한 말과 큰 행동이 국민을 편안케 하는 것이 아님을 알아야 한다. 예나 지금이나 태평성대는 인위로 무엇을 하려 해서 만들어지는 것이 아니다. 백성을 진정으로 사랑하는 정치는 백성에게 정치를 잊게 하는 것이고 백성에게 간섭하거나 지도하려 들지 않는 것이다. 과다한 세금 징수와 낭비를 멀리하는 것이고 눈에 보이지 않는 작은 일들을 조용히 처리하는 것이다.

노자는 "귀중한 것은 비천한 것을 근본으로 하고 높은 것은 낮은 것을 근본으로 한다"라고 했다. 바다는 산속에 작은 샘을 근본으로 하고 나라는 백성 한 명을 근본으로 한다. 작은 샘들이 모여 개울이 되고 강이 되고 바다가 되듯이 백성 한 명 한 명이 모여 마을이 되고 읍이 되고 성이 되고 나라가 된다. 따라서 무릇 나라의 근본은 이름 없는 촌부 한 명 한 명이고, 무릇 좋은 정치는 거대 담론에 매몰되지 않고 소리 없이 백성을 챙기는 것이다. 다스리되 군림하지 않고, 한 편을 위한다며 다른 편을 적으로 돌리지도 않는 것이다. 그러므로 진정한 위민정치는 무위의 정치다. 위정자들이 진정 국민을 위한다면 무위정치를 제대로 구현해야 한다. 여기서 야경국가의 이념과 상통하는 무위정치가 국가의 적극적 개입을 요구하는 현대복지국가에서 가능하냐는 반론이 제기될 수 있다. 그러나 복지국가가 지향하는 것이 결국 나라의 안녕과 백성의 평안이라면 무위정치와 하등 다를 것이 없다.

노자는 "정치가 안정되면 백성이 순박하고 정치가 혼란하면 백성이 교활해진다"고 했다. 백성의 순박과 교활이 결국 모두 정치에 달렸다는 말이다. 정치가 그만큼 중요하다는 말이다. 그런데도 대한민국은 아직도 정치 후진국을 면하지 못하고 있다. 정치가 모든 것을 망친다는 말까지 듣고 있다. 대단히 유감스러운 일이다. 대한민국의 위정자들은 제발 뭐 대단한 것 하지 않아도 좋으니 제발 망치지 말길 바란다. 그리고 진정 국민을 위한 정치는 무위정치임을 깨닫기를 바란다.

2019.05.31.

77

나침반과 시계

한 나라의 국정운영은 속도가 아니라 방향이다. 방향만 올바로 잡으면 속도에 연연할 필요가 없다. 누구 말대로 나침반을 보기 전에 시계를 보는 것은 침몰하는 배에서 의자를 고치는 것만큼이나 어리석은 일이다. 국정운영은 단거리가 아니라 마라톤이다. 어느 한순간 빨리 달린다고 승리할 수 있는 것이 아니다. 로마는 하루아침에 만들어지지 않았다.

한 나라의 국정운영은 속도가 아니라 방향이다. 방향만 올바로 잡으면 속도에 연연할 필요가 없다. 누구 말대로 나침반을 보기 전에 시계를 보는 것은 침몰하는 배에서 의자를 고치는 것만큼이나 어리석은 일이다. 국정운영은 단거리가 아니라 마라톤이다. 어느 한순간 빨리 달린다고 승리할 수 있는 것이 아니다. 로마는 하루아침에 만들어지지 않았다. 여러 세대에 걸쳐 많은 사람이 시간과 공을 들이고 다듬은 결과물이다. 마찬가지로 우리 대한민국의 오늘도 어느 한순간 도깨비방망이를 휘둘러 뚝딱하고 만들어진 것이 아니다.

문제는 작금 대한민국호의 방향이다. 제대로 된 방향으로 가고 있느냐의 문제다. 올바른 방향은 당연히 국민의 자유를 보다 증진하는 쪽이어야 한다. 그 어떤 것도 국민의 자유 위에 설 수 있는 가치는 없다. 따라서 자유를 축소하는 정치행태는 그 어떤 이름으로도, 민주의 이름으로도, 정의의 이름으로도 용인될 수 없다. 헤겔(Hegel, Georg Wilhelm Friedrich, 1770-1831)은 역사에서의 자유의 발전, 예를 들어 현존하는 국가가 자유의 현실태(現實態)로서 다소 불완전했다고 하더라도 역사의 추세는 정치적인 자유를 확대하는 방향에 있다고 말한다. 헤겔에 따르면 역사의 이성은 다양한 국민을 시대마다 역사의 주역으로 정하고 그 주역들의 교대를 통해 자유 이념의 완성을 실현한다는 것이다.

그런데 헤겔의 말이 무색하게도 작금 대한민국에서는 정치가 자유에 중대한 위협이 되고 있다. 자유 축소의 위험은 인류 역사 그 누구도 완전히 해결하지 못한 부의 불평등 문제를 하루아침에 해결이라도 하겠다는 듯 밀어붙이는 문재인 정부의 경제정책에서 비롯된다. 그동안 있지 않았던 돈이 갑자기 어디서 생긴 듯 여기저기 돈을 퍼주는 경제 대중영합주의는 급기야 시장경제는 물론 국민의 경제적 독립을 억압하기에 이르렀다.

밥을 얻어먹는 자에게는 독립이 있을 수 없고 자유가 있을 수 없다. 이 때문에 진정한 자유는 내 밥을 남에게 의존하지 않는 경제적 독립에서 비롯된다. 내 밥그릇을 국가에 맡긴 국민은 결국은 가난해지며, 가난한 국민은 다시 자유를 상실한다. 따라서 국민의 자유 총합은 국가의 경제력에 비례한다. 그런 연유로 경제를 망치는 정부는 그 어떤 이유로도 용서받을 수 없다. 경제가 망가지면 국민이 자유를 잃는다. 특히 정치와 달리 경제는 한 번 망가지면 되살리기 어렵다. 그래서 정권의 담당자들은 국가 경제가 궤도에서 이탈하지 않도록 특히 주의해야 한다. 궤도를 이탈한 경제를 다시 정상궤도로 되돌리는 것은 보통 어려운 일이 아니다. 따라서 국가를 운영하는 자들은 경제의 방향에 대해 늘 숙고하고, 방향을 바꿀 때 그 타당성을 매우 신중하게 숙고해야 한다. 또 속도에 의해 국가라는 배가 좌초되지 않도록 각별히 주의해야 한다.

그런데 매우 불행하게도 대한민국호의 좌초 징후가 곳곳에서 탐지되고 있다. 작금의 대한민국 집권 세력은 모든 국민이 행복한 지상낙원이라도 만들 것처럼 떠들어댔지만 그들의 생각과 달리 국민의 아우성만 높아지고 있다. 그런 가운데 집권 세력들은 선거 패배에 대한 두려움을 갖기 시작했다. 이것이 비극의 단초가 될 수 있다. 집권 세력들이 돈으로 표를 사는 포퓰리즘 정책에 더 큰 유혹을 느낄 것이고, 그렇게 되면 지금도 포퓰리즘 정책이 여기저기 난무하는 마당에 선거용 포퓰리즘 정책까지 더해지면 대한민국호가 가라앉을지도 모르기 때문이다. 그 경우 고통은 현재의 대한민국 국민과 미래의 대한민국 국민이 고스란히 짊어질 수밖에 없을 것이기 때문이다.

이 시점에서 문재인 정권은 대한민국호의 방향과 속도를 진지하게 고민해야 한다. 방향에 문제가 있다면 지금이라도 선수를 돌려야 한다. 비록 방향이 맞다 하더라도 과속을 하다가는 대한민국호가 전복될 수도 있으니 속도가 적정한지 진지하게 고민해야 한다. 특히 잘못된 방향으로 과속하고 있는 것인지 꼭 점검해야 한다. 방향만 잘 잡는다면 조금 늦게 간다고 하더라도, 조금 돌아간다고 하더라도 결국은 목적지에 도달할 수 있다. 지금은 정권이 나침반과 시계를 옆에 두고 깊은 고민을 해야 할 때다.

2019.06.06.

78

노동소외, 노동소멸

노동소외 현상이 가속화되는 21세기 현대사회에서 노동문제는 더는 자본 대 노동의 대립이나 노동착취의 문제가 아니라 취업 대 실업의 문제다. 인공지능 시대가 급속히 현실화함에 따라 노동은 더는 모든 인간에게 당연히 주어지는 권리가 아니다. 이제 노동문제의 중심은 인간이 인간답기 위해 일할 권리를 어떻게 확보하고 또 어떻게 유지할 것인지로 이동되었다.

본질적으로 노동은 동물과 인간을 구별 짓는 요소다. 동물과 인간의 여러 차이 가운데서도 더욱더 근본적인 것은, 동물은 주어진 자연을 있는 그대로 이용하지만, 인간은 노동을 통해 자연을 자신의 목적과 필요에 적응시킨다는 사실이다. 그런 이유로 인간의 노동은 생존에 필요한 질료를 인간에게 제공한다는 의미를 넘어 인간에 내재한 능력을 고양하고 인간 자신을 변화시키는 기능을 수행한다. 특히 인간은 창조적 노동을 통해 자신의 삶을 대상화하고, 또 이렇게 대상화된 세계에서 자기를 직관하고 자신의 모습을 인식하게 되는데, 인간은 이렇게 자기를 대상화하여 인식할 수 있는 의식적인 존재인 까닭에 노동을 통해서 삶의 목적을 실현할 수 있게 된다. 따라서 인간에게 노동은 인간의 유희적 본질을 구현하고 그것을 확인하는 삶의 장이자 터전이다.

두말할 것도 없이 인간의 노동은 인간 존립의 기초다. 노동은 공동체 구성원들에게 각자의 역할을 통해 공동체를 유지할 수 있게 한다. 노동은 단순한 생계 수단의 문제가 아니라 인간 삶의 지팡이요, 공동체의 건강한 존립의 주춧돌이다. 노동에 관해 항상 중요하게 대두될 수밖에 없는 문제는 '일할 권리'를 확보하는 문제다. 노동은 그 자체로 인간 삶과 존재의 근본이기 때문에 인간이 노동으로부터 소외당한다는 것은 자아실현과 공동체 발전의 기회를 박탈당한다는 것이고 삶의 기초를 상실한다는 문제가 된다. 노동소외 현상이 가속화되는 21세기 현대사회에서 노동문제는 더는 자본 대 노동의 대립이나 노동착취의 문제가 아니라 취업 대 실업의 문제다. 더욱이 인공지능 시대가 급속히 현실화함에 따라 노동은 더는 모든 인간에게 당연히 주어지는 권리가 아니다. 이제 노동문제의 중심은 인간이 인간답기 위해 일할 권리를 어떻게 확보하고 또 어떻게 유지할 것인지로 이동되었다. 노동소외가 노동문제의 중심이 되었다는 말이다.

노동소외는 원래 생산수단의 소유와 노동의 분리가 이루어져 있는 자본제 경영체제 하에서 기계에 의한 생산이 점차 늘어나고, 다시 경영조직의 대규모화가 진행됨에 따라 노동자가 인간적 가치를 상실하게 되어 무력감이나 좌절감을 느끼게 되는 현상을 지칭하는 말로 쓰여 왔다. 카를 마르크스(Karl Heinrich Marx,v 1818~1883)는 이를 매뉴팩처와 노동소외라는 관점에서 고찰하고 노동소외를 자본주의 사회의 병적 현상으로 파악한 바 있다. 그러나 여기서 우리가 논하는 노동소외는 그런 차원의 문제가 아니다. 인간이 인공지능에 일을 뺏겨 노동으로부터 강제 분리되는 노동 박탈의 문제다. 한 마디로 단순히 노동자의 인간적 가치 저하 현상을 일컫는 것이 아니라 인간을 동물과 구별 짓는 노동 자체를 잃고 자칫 동물과 같은 수준으로 전락하느냐에 관한 것이다.

한편 제러미 리프킨(Jeremi Rifkin 1945 ~)은 노동소외 문제를 해결하는 방법으로 일자리 나누기, 사회적 경제(social economy), 또는 기본소득(basic income)의 지급 등을 대안으로 들고 있는데, 이중 기본소득은 최근 일부 선진국에서 시도되는 것으로 국민 모두에게 소득과 관계없이 "묻지도 따지지도 않고" 일정 금액을 나눠주는 것이다. 기본소득의 지급은 노동소외로 인해 발생하는 생계 문제를 해결하는 동시에 유적 존재인 인간에게 새로운 유희의 장을 여는 기회를 줄 수도 있을 것이다. 그러나 과연 제러미 리프킨 식의 해결 방법이 노동소외를 궁극적으로 해결할 수 있는 길이 될지는 매우 불확실하다.

아무튼 인간이 기계에 일자리를 빼앗기는 현상은 가속화될 것이다. 그리고 이 문제를 해결하지 못하면 얼마 지나지 않아 급기야 노동소외가 아닌 노동소멸의 시대를 맞게 될 것이다. 이것은 인류가 한 번도 겪지 못했던 미지의 장으로 던져진다는 것을 의미한다. 자칫 인간 퇴화와 인간 사회의 붕괴를 가져올 수도 있다. 그렇다면 여기서 분명한 것은 더 늦기 전에 길을 찾아야 한다는 것이다. 노동소외와 노동소멸의 시대, 인간은 어떤 해법을 내놓을 수 있을까?

2019.06.28.

79

자살공화국 - 존재와 목적

인간이 자유를 잃는 것은 대개 본능에 얽매이거나 환경에 얽매이는 경우다. 인간은 자연계에서 본능을 극복할 수 있는 유일한 동물임에도 많은 경우 본능에 굴복하고 만다. 인간은 또한 주어진 환경을 바꿀 수 있는 유일한 동물임에도 실제로는 많은 경우 환경에 종속된다. 인간은 이렇게 본능과 환경에 종속될 수밖에 없는 까닭에 언제든 자유를 잃을 위험에 처하게 된다.

인간은 누구나 자유를 꿈꾼다. 인간은 항상 자유를 꿈꾼다. 인간은 어디서든 자유를 꿈꾼다. 그러나 막상 자유가 주어지면 그 자유를 마음껏 누리지 못하고 그 자유의 소중함도 알지 못하다가 자유를 빼앗기고 나서야 다시 자유를 갈망한다. 그것은 마치 인간이 목이 말라봐야 물의 소중함을 알고 배를 굶주려봐야 음식의 소중함을 아는 것과 같은 이치다. 그런데 인간이 이렇게 항상 자유를 갈구하면서도 주어진 자유를 만끽하지 못하는 이유는 자유가 주는 불안 때문이다. 자유가 언제, 어느 때 사라질지 모른다는 인식은 인간을 불안하게 하고 그 불안은 다시 인간의 삶을 좀 먹는다. 자유롭다는 것이 오히려 역설적으로 자유를 잃을지도 모른다는 불안으로 이어지는 것이다.

인간이 자유를 잃는 것은 대개 본능에 얽매이거나 환경에 얽매이는 경우다. 인간은 사실 자연계에서 본능을 극복할 수 있는 유일한 동물임에도 많은 경우 본능에 굴복하고 만다. 인간은 또한 주어진 환경을 바꿀 수 있는 유일한 동물임에도 실제로는 많은 경우 환경에 종속된다. 그리고 인간은 이렇게 본능과 환경에 종속될 수밖에 없는 까닭에 언제든 자유를 잃을 위험에 처하게 된다. 이것은 다시 나의 본능과 나의 환경이 언젠가 불시에 나를 구속하고 파괴할지도 모른다는 불안으로 이어진다.

그러나 다른 무엇보다도 인간을 불안하게 하는 것은 존재의 유한성이다. 인간은 기껏해야 죽음의 집행을 유예 받은 자에 불과하다는 인식은 절대적 무한자인 자연과 신 앞에 인간을 한없이 초라하게 만들고, 이러한 유한성에 대한 인식은 인간의 자유는 물론 인간 존재 자체까지 하잘것없는 것으로 여기게 만든다. 그리고 이렇게 형성된 허무주의는 다시 불안으로 이어진다.

그러나 인간이 유한하다는 것은 오히려 인간을 아름답게 하는 것이다. 꽃이 아름답게 피지만 시드는 것과 같이 인간 또한 났다가 사라질 수밖에 없다. 꽃이 스스로 시드는 것을 슬퍼하지 않듯 인간 역시 죽는다는 사실을 슬퍼할 필요가 없다. 꽃은 열흘 후에 질 것을 두려워하며 주저주저 피지 않는다. 나비는 몇 달을 못가 죽는다 하여 주저주저 날지 않는다. 인간이 백 년도 못가 죽는다고 하여 오늘의 삶을 주저주저하며 죽음에 얽매여 살 까닭은 없는 것이다. 존재가 진정한 자유를 얻는 방법은 죽음의 불안에 떠는 것이 아니라, 죽음을 앞서 각오함으로써 죽음으로부터 자유를 얻는 것이다. 죽음이라는 문제에서 벗어날 때 인간은 비로소 삶에서 온전히 자유로울 수 있다. 그리고 그렇게 온전히 자유로울 때 인간은 행복해질 수 있다. 인간이 진정 자유롭기 위해 꼭 필요한 것은 삶은 목적이 아니라 과정이라는 것을 인식하는 것이다. 아이들이 자라는 것은 어른이 되기 위한 것이 아니다. 사람들이 사는 것은 목표를 이루거나 성공하기 위한 것이 아니다. 그런데도 사람들은 많은 경우 결과에 집착하고 목표에 집착한다. 많은 사람은, 특정한 인간이 되고, 특정한 직업을 가져야 한다고 생각하도록 양육되고, 가족이나 사회는 또 확실히 그렇게 되도록 주의 깊게 감시한다.

그리고 이런 분위기는 급기야 대한민국에 자살공화국이라는 매우 불명예스러운 타이틀을 부여했다. 대한민국에서는 지난 10년간 141,233명이 자살하고, 최근 5년 동안만 하더라도 67,331명이 스스로 생을 마감했다. 2017년 말 기준 우리나라의 자살자 수는 12,463명이고 전체 사망자의 4.6%가 자살사망자다. 1일 평균 자살자 수가 34.1명이니 1시간에 1.4명이 자살하는 꼴이다. 대한민국에 유독 자살이 많은 이유야 여러 가지가 있겠지만 무엇보다도 지나치게 결과 지향적이고 목표 지향적인 한국인의 삶의 태도와 사회적 분위기가 인간의 삶을 축소하고 급기야 무의미한 것으로 만들어 버렸기 때문은 아닌지 뒤돌아볼 필요가 있다. 아마도 우리 사회가 좀 더 유연해지고 좀 더 자유로워진다면 자살률도 줄게 될 것이다. 존재에는 목적이 없고 이유가 없다. 존재하는 것, 그 자체가 목적이고 이유다. 이제 우리 사회도 인간 존재와 자유 그리고 목적에 대한 새로운 가치관을 정립할 필요가 있다. 우리는 살아야 한다. 그것이 태어난 이유이자 삶의 유일한 목적이므로.

2019.07.05.

80

한국독립의 길

우리는 독립을 논하기 전에 우리가 일본의 속국이 된 이유를 먼저 논해야 한다. 그것이 다시 속국이 되지 않는 길이다. 요즘 일본과의 갈등이 최고조에 달하고 있다. 위정자들이 시시때때로 한일 갈등을 일으키는 이유도 생각해 봐야 한다. 위정자들의 논리가 국민의 논리일 수는 없다.

우리는 구한말 일본에 나라를 잃었다. 그리고 오랜 식민 통치를 받은 후에야 나라를 되찾았다. 나라를 잃었던 것이 원인이 되어 나라가 두 동강이 나기도 했다. 그런데도 우리는 3.1 운동이나 광복절 등 일제에 항거하거나 일제로부터 나라를 되찾은 날은 국경일로 기념하고 이리저리 입에 올리면서도 정작 우리가 나라를 잃었던 이유가 무엇인지에 대해서는 좀처럼 말하지 않는다. 다만 일본을 탓할 뿐이다.

그러나 부끄러운 일이다. 솔직하지 않은 일이다. 우리가 나라를 잃은 것은 위정자들이 급변하는 세계정세에 눈감고 귀 막고 안에서 싸움질이나 하다가 내정 문제를 해결하기 위해 외국 군대를 불러들였기 때문이고, 좀 더 거슬러 올라가면 조선의 왕을 비롯한 위정자들이 권력과 권세를 잃을까 하여 파쟁을 일삼다가 국력을 쇠잔시키고 급기야 군대조차 없는 국가를 만들었기 때문이다.조선 멸망에 대해 양계초(梁啓超 1873~1929 청말민초의 사상가, 교육가, 정치가)는 "조선 멸망의 원인은 궁중과 공무원인 양반이다. 일본당과 중국당으로 나뉘어 외국 군대를 불러들여 서로 죽이고 싸웠으며, 저 양반이라는 자들은 공무원 하는 것을 유일한 직업으로 삼았다. 다른 나라에서 공무원을 두는 것은 국사를 다스리기 위함인데, 조선에서 공무원을 두는 것은 오직 양반을 봉양하기 위함이었다. 조선 사회에서는 음험하고 부끄러움이 없는 자가 번성하고, 정결하고 자애하는 자는 쇠멸한다. 중·러·일이 조선을 망하게 한 것이 아니다. 조선이 스스로 망한 것이다"라고 일갈했다.

헤세 바르텍(Ernst Von Hesse Wartegg 1851~1918, 독일 출신의 여행가, 작가)은 〈조선, 1894년의 여름〉이라는 여행기에서 조선에 대해 "백성들은 비참함과 가난 속에 허덕이는데, 공무원들은 백성들로부터 착취한 부를 탕진하고 있다. 조선의 백성들은 가난하고 무지하며 게으르고 미신을 신봉하지만, 이러한 속성들은 지조 없고 탐욕스러운 정부 탓에 생긴 불행한 결과이다. 조선의 정부는 수백 년 동안 백성들에게 더 나은 것에 대한 충동이 일어나는 것을 조장하기는커녕 방해해왔다. 왜냐하면 조선의 양반지배층이 봉건적인 질서로 자신들이 물려받은 노비들을 거느리고 마음대로 부리고 파는 노예와 몸종제도를 유지하려 했기 때문이었다. 일본에는 있고 조선에 없는 것은 충성심과 애국심과 자기희생의 높은 이상을 가진 학자와 문화적 집단이다"라고 기술했다.

후쿠자와 유키치(福澤諭吉 1835~1901, 에도·메이지 시대의 계몽 사상가)는 "조선의 민중이 크게 행복해질 방법은 오히려 조선의 멸망이다. 조선은 사지가 마비되어 스스로 움직일 수 없는 병자와 같다. 진보의 길을 모르고 도덕이 땅에 떨어진데다가 잔혹함과 몰염치는 극에 달하고 오만방자하다. 조선 민중을 위하여 조선 왕국의 멸망을 기원한다. 인민의 생명도, 재산도, 자존심도 지켜주지 않는 그런 나라는 오히려 망해 버리는 것이 민중을 구제하는 길이다. 조선 정부는 자국민을 보호하지 못하며, 지배층은 국민의 권익 보호에 관심이 없고 일반 백성들조차도 부패와 탐욕, 위법 행위를 자행하는 등 도덕적으로 타락했다. 부패하고 무능한 지배층의 세습과 부정부패 판인 조선의 멸망은 당연하므로 머지않아 조선이 멸망할 것임을 예견하며 조선 민중을 위해서 그 나라의 멸망을 축하한다. 인간 사바세계(裟婆世界)의 지옥이 조선의 한양에 출현했다"라고 했다.

우리는 독립을 논하기 전에 우리가 일본의 속국이 된 이유를 먼저 논해야 한다. 그것이 다시 속국이 되지 않는 길이다. 요즘 일본과의 갈등이 최고조에 달하고 있다. 위정자들이 시시때때로 한일 갈등을 일으키는 이유도 생각해 봐야 한다. 위정자들의 논리가 국민의 논리일 수는 없다. 톨스토이(Lev Nikolayevich Tolstoy, 1828~ 1910)는 "도대체 왜 그 사람은 종교적, 정치적, 학문적으로 그토록 괴상하고 불합리한 입장을 옹호하는 것일까 하고 참으로 이상하게 여겨질 때가 종종 있지만, 잘 살펴보면 그저 자신의 견해를 옹호하는 호신술에 지나지 않는다는 걸 알 수 있다"라고 말한 바 있다. 위정자들의 논리에 편승해서는 안 된다. 국민이 냉정해질 때다. 그것이 진정한 한국독립의 길이다.

2019.07.12.

81

판사와 사명

사명감이 없는 판결은 이미 죽은 판결이다. 그런 판결로 오판을 한다면 이미 그건 법을 빙자해 불법행위를 자행하는 꼴이고, 우연히 결론에서 옳다 하더라도 그런 판결은 이미 당사자와 소송관계인을 설득할 수 없다. 판사의 사명감은 아무리 강조해도 지나치지 않다.

과연 판사의 판결은 정확한가. 진실과 정의의 관점에서 오류가 없는가. 수사기관이 예단과 편견으로 수사를 하고 기소를 하더라도 법원에서 이를 바로 잡아 줄 것인가. 민사재판의 당사자가 거짓 주장을 하고 증거를 조작하더라도 법원에서는 매의 눈으로 사실관계를 파악하고 솔로몬의 지혜로 법리를 파악하여 공정하고 정의로운 판결을 해줄 것인가. 어쩌다 재판 한 번 받는 사람이나 소송 대리를 직업으로 하는 변호사나 소송에 임하는 사람이 늘 갖는 의문이다. 아니 어쩌면 기소를 하는 검사나 재판을 담당하는 판사조차 벗어나지 못하는 의문일 것이다.

우리는 물론 우리의 판사들이 한 손엔 저울을 한 손엔 칼을 들고 눈가리개를 한 정의의 여신처럼 어떤 편견도 갖지 않고 저울처럼 공정하게, 칼처럼 엄정하게 사실을 판단하고 법리를 적용해 올바른 판단을 해주기를 바란다. 그러나 판사가 오판하는 사례는 너무도 많다. 미국의 경우 형사재판에서 유죄 판결을 받았으나 DNA 분석을 통해 오판이 확인된 사례들은 1989년부터 2011년까지 약 20년간 268건이나 되는 것으로 조사됐다. 확인된 오판 사례들의 원인은 목격자의 범인 오인 지목, 허위 자백, 법과학 증거 분석의 문제 및 부적절한 법정 증언, 경찰과 검찰의 직권 남용, 부적절한 변호인에 의한 것이었다. 민사재판에서는 아마도 오판 사례가 훨씬 더 많을 것이다. 다만 그것을 입증책임이니 하는 것으로 무마하고 판결의 결론을 정당화하고 있을 뿐이다.

그런데 최근 우리 대법원에서 판결에 근본적 불신을 갖게 하는 황당한 판결문이 나왔다. 2019. 5. 3. 선고된 한진중공업 통상임금 소송 상고심 판결문은 이것이 과연 우리나라 최고법원의 판결문인지를 의심하게 했다. 대법원 판결문이라고는 도저히 믿을 수 없을 만큼 오타로 가득했고 기본적인 사실관계조차 맞지 않았다. 최근 10년 내 4조 원의 매출도 거둔 적이 없는 한진중공업의 매출액을 '5조 원 내지 6조 원 상당'으로 표기했는가 하면 또 5억 원 상당의 추가수당 비중을 매출 5조 원의 0.1%라며 잘못 계산한 채 판결했다. 해당 사건은 실적이 공개된 상장 대기업 판결인데다 언론의 관심이 쏠린 탓에 뒤에 판결문 경정을 통해 사실관계가 바로잡히긴 했지만 위 판결문은 과연 대법원판결이 대법관들의 엄격한 심리를 거쳐 공정하게 이루어지는지를 의심하게 했다. 판결문조차 오타가 수두룩하고, 기본적인 사실관계나 계산조차 틀렸다면 과연 법관들이 수천 페이지 많게는 수만 페이지 이르는 사건기록을 꼼꼼하게 넘겨보고 판결을 하는지 의심하지 않을 수 없다. 특히나 대법원의 최종 판단은 일종의 불가침 영역, 즉 '성역'이다. 항소·상고로 다툴 수 있는 1, 2심과 달리 사실상 다툴 방법도 없어 그야말로 지면 끝이다. 그런데 만약 이런 판단에서 판사가 무성의하게 심리해 잘못된 결론을 내더라도 이를 바로잡을 방법이 없다면 그 피해는 무고한 국민에게 돌아간다.

판결문 열람은 제한돼 있고 대법원판결은 심리도 비공개로 이루어지는 까닭에 재판당사자들은 일생일대의 중요한 사건이 어떤 절차를 거쳐 어떻게 결정이 되는지도 알지 못한다. 때로는 수천억의 돈에서 때로는 사람의 생명에 대한 박탈까지 그야말로 생사여탈의 문제를 그저 대법관의 권위에 기대 그 판단을 믿을 수밖에 없는 것이다.

판사는 '목숨 걸고 재판해야 한다'는 말이 있다. 우리가 법정에서 판사가 입장하면 일어나 존중과 경의를 표하는 이유도 그들이 짊어진 짐이 그만큼 무겁고 고되기 때문이다. 판사가 월급날이나 기다리며 설렁설렁 재판하면 누군가 억울하게 집을 잃고 땅을 잃고 자유와 생명을 잃는다. 따라서 능력도 안 되는데, 아니 그보다도 사실은 일하기 싫은데 월급을 받기 위해서, 사회적으로 어디 나가 행세하기 좋아서 내키지 않는 판사 일을 계속하는 것이라면 지금 당장 그만두어야 한다. 사명감이 없는 판결은 이미 죽은 판결이다. 그런 판결로 오판을 한다면 이미 그건 법을 빙자해 불법행위를 자행하는 꼴이고, 우연히 결론에서 옳다 하더라도 그런 판결은 이미 당사자와 소송관계인을 설득할 수 없을 것이다. 판사의 사명감은 아무리 강조해도 지나치지 않다.

2019.07.19.

82

친일본부재증명(親日本不在證明)

공산주의자 사냥인 매카시즘이 전후 미국을 공포로 몰아넣었듯이 이른바 '친일분자사냥'인 '조국시즘'이 대한민국을 광기의 도가니로 몰아넣을 수도 있다. 그러나 단호히 말하건대 그런 일이 벌어져선 안 된다. 정치권도, 국민도 여기서 멈추어야 한다. 그렇지 않으면 그 피해는 무고한 대한민국 국민이 고스란히 떠안게 될 것이다.

1950년 2월 미국 공화당 상원의원 매카시(J. R. McCarthy)는 국무성 안에 205명의 공산주의자가 있다는 폭탄 발언을 했다. 미국은 이후 수년 동안 이 논란으로 들끓었다. 심지어 루스벨트 대통령의 뉴딜과 트루먼 대통령의 페어딜 등 복지국가를 지향하는 진보주의 정책까지 공산주의와 연계됐다는 의혹을 받았다. 지배층인 보수 강경파가 전시 총동원체제로부터 전후 체제로 순조롭게 체제를 재편성하고 주도권을 잡고자 의도적으로 일으켰던 공산주의자 사냥, 이를 일컬어 매카시즘(McCarthyism)이라 부른다.

매카시즘은 제2차 세계대전 후 냉전이 격화되던 상황에서 전통적인 미국 자본의 시장이던 중국의 공산화와 한국의 6·25전쟁 등 공산세력의 급격한 팽창에 위협을 느낀 미국 국민으로부터 광범한 지지를 받았다. 매카시즘이 포퓰리즘을 등에 업고 기승을 부리자 유력한 정치가나 지식인조차 공산주의자로 몰릴 것에 두려움을 느끼고 반론을 제기하지 못했다. 심지어 대통령 H.S.트루먼도 공산주의자에게 약하다는 비난을 받았고, 이 때문에 미국의 외교정책은 필요 이상으로 경색된 반공노선을 걸었다. 매카시즘은 예술계와 언론계에까지 영향을 미치면서 심각한 인권침해 문제를 낳았고, 할리우드 영화계와 방송계의 작가·감독·연예인 가운데 수십 명이 공산주의자라는 멍에를 쓰고 블랙리스트에 올라 일자리를 잃기도 했다.

그런데 70년 전 기승을 부리던 매카시즘이 태평양을 건너 2019년 대한민국 한복판에 다시 나타났다. 문재인 정부의 조국 민정수석은 지난 7월 13일 민중봉기를 부추기는 노래 "죽창가'를 잊고 있었다"며 친일 논란에 불을 붙였다. 18일엔 "'좌냐 우냐'가 아닌 '애국이냐 이적이냐'"라고 하더니 20일엔 "일제 징용 대법원판결을 부정하면 친일파"라고까지 했다. 조국의 발언이 나오자 친일이냐? 반일이냐는 논란이 불붙었다. 한쪽에서는 감정적 반일을 선동하고 정부 비판 세력을 친일로 낙인찍으며 국민을 편 가르는 내용이라고 조국을 비판하고 다른 한쪽에서는 조국의 발언을 지지하며 조국을 비판하거나 문재인 정부를 비판하는 사람들은 친일파라는 날 선 비난을 가하기 시작했다. 정치권은 이런 편 가르기를 더욱 부추겼다. 더불어민주당 이인영 원내대표는 21일 "경제 한·일전에서 우리 선수를 비난하고 심지어 일본 선수를 찬양하면 그것이야말로 신친일"이라고 주장했다. 자유한국당이 일본 수출규제에 대응하기 위한 추경안 증액을 막는 것을 '신친일'로 규정한 것이다. 이에 대해 자유한국당 민경욱은 대변인은 24일 "러시아 군용기가 독도 근처 영공을 침범했는데 일본 놈들이 자기네 땅에 들어왔다고 발광하는 걸 보고도 아무 말도 못 한 문재인 대통령! 그대야말로 친일파 아닌가"라고 대통령을 정면으로 겨냥했다. 그뿐 아니라 "선대인께서 친일파였다고 하던데 무려 한 나라의 대통령이나 되는 분께서 그래서야 하겠는가"라고 적어 문재인 대통령은 물론 그 가문까지 친일 프레임으로 가두겠다는 의사를 노골화했다.

대한민국과 일본은 늘 협력과 갈등의 관계에 있었다. 때로는 협력관계보다 갈등 관계가 더 부각되기는 했지만 양국은 상호 이웃 국가이자 중요한 경제협력 파트너로서의 선을 넘지 않았다. 그런데 일본 아베 정권의 우경화 노선과 문재인 정부의 친북 민족주의 노선이 맞부딪히더니 드디어 난데없는 친일 논란이 21세기 대한민국 한복판에서 불거진 것이다. 친일 논란의 시발점이 어디에 있든 간에 최근의 친일 논란은 오랫동안 계속된 좌우의 주도권 싸움을 '친일 이적'과 '반일 애국'으로 바꿔 놓을 가능성이 있다. 상황이 지속되면 조만간 정계는 물론 경제계나 문화예술계를 비롯한 사회 각계각층까지 '친일본부재증명'을 요구하며 자신의 경쟁 상대를 친일로 묶기 위한 시도가 나타날 것이다. 그 가운데 많은 사람이 친일파라는 오명을 쓰고 정통성과 인권을 무시당하는 사태가 벌어질 것이다. 공산주의자 사냥인 매카시즘이 전후 미국을 공포로 몰아넣었듯이 이른바 '친일분자사냥'인 '조국시즘'이 대한민국을 광기의 도가니로 몰아넣을 수도 있다. 그러나 단호히 말하건대 그런 일이 벌어져선 안 된다. 정치권도, 국민도 여기서 멈추어야 한다. 그렇지 않으면 그 피해는 무고한 대한민국 국민이 고스란히 떠안게 될 것이다.

2019.07.26.

83

권력과 때의 함수

권력을 향하는 자, 권력을 가진 자는 자칫 그 권력 때문에 죽는다. 화를 피하려면 나아갈 때와 물러설 때를 구별하고 놓아야 할 때와 잡아야 할 때를 알아야 한다. 권력으로부터 자신을 보호하려면 때론 불보다 강하게, 때론 물보다 부드럽게 상황에 대처해야 한다. 권력 게임에서 상대를 이기기 위해선 때에 따라 나를 달리하고, 때에 따라 상대를 달리 대할 줄 알아야 한다.

유방이 세운 한나라 역사에서 가장 눈에 띄는 인물은 장량도, 소하도, 한신도 아닌 진평(陳平)이다. 유방의 책사 장량은 한나라가 개국한 지 얼마 되지 않아 은퇴를 선언하고 초야에 숨어 화를 피하였고, 소하는 1등 공신으로 책봉되고 식읍 7000호를 받는 등 유방의 총애를 받았으나 만년에는 유방의 의심을 받아 불우한 생활을 보내다가 병사하였고, 한신은 끊임없이 유방의 의심을 받다가 토사구팽을 당하였지만, 진평은 놀라운 처세술로 권력 게임에서 끝까지 살아남았다.

진평은 유방 곁을 지키면서도 장량이 보여준 지지(知止)의 철학을 몸소 실천하여 유방의 의심을 피하고 여후(呂后)가 권력을 휘두른 15년 동안 모욕을 견디고 기다려 여(呂)씨 일족을 일망타진하고 문경지치(文景之

治)라 불리는 한문제(漢文帝)의 태평성대를 열게 한 인물이다. 한나라의 수많은 영웅호걸 중 진평이 눈에 띄는 점은 바로 그가 변절자라는 소리를 들으면서도 때를 기다려 여후의 세력을 일망타진하고 한나라의 기틀을 잡았다는 점이다. 진평이 아니었다면 한나라는 진나라처럼 바로 망했거나 아니면 여씨의 나라가 되었을 것이다. 진평은 권력을 다루는 기술을 알고 그것을 몸소 실천한 보기 드문 예다. 권력을 향하는 자, 권력을 가진 자는 자칫 그 권력 때문에 죽는다. 화를 피하려면 나아갈 때와 물러설 때를 구별하고 놓아야 할 때와 잡아야 할 때를 알아야 한다. 권력으로부터 자신을 보호하려면 때론 불보다 강하게, 때론 물보다 부드럽게 상황에 대처해야 한다. 권력 게임에서 상대를 이기기 위해선 때에 따라 나를 달리하고, 때에 따라 상대를 달리 대할 줄 알아야 한다.

무릇 권력을 지향하는 자는 실력을 갈고닦으며 때를 기다려야 한다. 강태공(姜太公, 주나라 초기의 정치가이자 공신, 은나라 멸망에 공을 세웠으며 제나라 시조가 되었다. 본명 강상(姜尙)이다)이 곧은 낚시를 하며 80년을 기다리다 주문왕(周文王)을 만나 재상에 등용되어 뜻을 펼쳤던 것이나 제갈공명이 한촌에 묻혀 있다가 유비를 도와 천하를 삼분할 수 있었던 것은 모두 철저한 준비가 있었기 때문이다. 때가 왔을 땐 머뭇거려서는 안 된다. 한신에게는 천하를 삼분할 절호의 기회가 있었다. 괴통은 항우와 유방이 팽팽하게 맞서던 때 "하늘이 주는 데도 받지 않으면 도리어 허물을 뒤집어쓰며 때가 왔는데도 과감하게 행동하지 않으면 도리어 재앙을 받는다"며 한신에게 천하삼분지계(天下三分之計)를 건의했다. 그러나 사활을 건 괴통의 건의에도 불구하고 한신은 유방에 대한 의리 운운하며 괴통의 건의를 무시했다. 괴통은 구천에게 목숨을 잃은 월나라 문종(文宗)의 예까지 들어가며 집요하게 설득했지만, 한신은 결국 결단을 내리지 못했다. 항우나 유방에 맞설만한 실력을 갖추고 있었던 한신은 이렇게 일생일대 한 번의 기회를 놓침으로써 다시는 기회를 잡지 못하고 유방에게 죽임을 당하고 3족이 멸하는 화를 입었다.

권력을 잡으려는 자는 준비하되 기회가 오면 독수리처럼 날아올라 권력을 잡아채야 한다. 권력을 간절히 추구하면서도 권력으로 들어가지도 못하고 권력을 떠나지도 못하는 것은 비극을 부를 뿐이다. 권력은 냉혹한 것이다. 그것은 얼음처럼 차서 주위를 꽁꽁 얼려버릴 수 있는 것이다. 권력은 위험한 것이다. 그것은 독가스 같아서 가까이만 가도 사람을 질식시킬 수 있는 것이다. 지금도 여의도에는 불빛을 향해 날아드는 불나방처럼 냉혹한 권력의 언저리를 돌고 있는 사람들로 넘친다. 문제는 그들 중 많은 수가 뚜렷한 주관이나 철학도 갖지 못한 채 혹시나 하며, 또 설마 하며 그냥 여의도를 맴돌고 있다는 것이다. 그러나 사실 어쩌면 그들은 권력욕이라는 올가미에 걸려 가망 없는 버둥거림을 계속하고 있을 뿐이다.

권력과 때는 함수관계에 있다. 때를 맞춘 자는 승리하고 때를 놓친 자는 패배한다. 적을 알고 나를 알면 백 번 싸워도 위태롭지 않은 것처럼, 때에 따라 나아가고 때에 맞춰 물러나면 권력을 얻을 수 있고, 권력을 지킬 수 있고, 권력에서 위태롭지 않을 수 있다. 권력은 타이밍의 기술이다.

2019.08.09.

84

한일 갈등과 파국방지법

감정은 이성보다 사회전염이 빠르다. 이 때문에 감정은 무리 속에서 쉽게 전달되고 이동하며 그 과정에서 에너지를 흡입하여 덩치를 키우는데, 이는 마치 태풍이 작게 시작하지만, 점차 이동하며 세력을 키워 엄청난 비와 바람을 일거에 쏟아내는 것과 같은 이치다.

바야흐로 과잉의 시대다. 감정의 과잉, 대응의 과잉. 과잉은 대개 무리 속에서 일어난다. 떼 지은 메뚜기가 무섭듯이 떼 지은 인간 무리가 에너지를 분출할 때 그 기세는 가히 파괴적이다. 무리 속에서는 감정의 사회전염이 쉽고 소위 군중심리가 형성돼 개인 차원에서는 불가능한 일도 쉽게 자행된다.

한일 갈등이 점차 비등점을 향해 치닫고 있다. 한국과 일본 여기저기서 감정의 과잉현상이 나타나고 있다. 한국인은 한국인대로 일본인은 일본인대로 각기 상대를 헐뜯고 비하하는 일이 벌어진다. 정부 간 갈등이 급기야 국민 대 국민, 나라 대 나라라고 하는 집단 차원의 갈등으로 전화되는 지경에 이르렀다. 문제는 개인의 이성은 늘 집단의 비이성에 굴복하기 때문에 이런 갈등이 자칫 양국 국민 사이에 이유 없는 적대감과 혐오감으로 증폭돼 급기야 상대국 국민에 대한 공격이나 테러로 이어질 수 있다는 점이다. 프리드리히 니체가 "개인에게서 광기를 찾아보기는 힘들다. 그러나 집단, 당파, 민족, 시대 등에는 거의 예외 없이 광기가 존재한다"라고 말한 데서 알 수 있듯 집단은 자칫 비이성적 광기를 만들고 다시 이를 개인에 전파하는 방식으로 파국을 조장한다. 이것이 우리가 집단감정의 과잉, 집단광기를 경계해야 하는 이유다.

라인홀드 니버(1892~1971)는 『도덕적 인간과 비도덕적 사회』에서 "집단은 과연 인간을 구원할 수 있을까, 사회는 궁극적 정의를 성취할 수 있을까"라는 궁극적 문제를 제기하고, 합리성의 진전이나 종교적 선의의 확장으로 개인의 이기심이 점진적으로 제어되고 이 과정에서 사회와 집단이 조화를 이룰 수 있다는 생각은 환상일 뿐이라는 답을 내놓았다. 니버에 따르면 모든 사회 집단, 가령 민족, 인종, 국가, 계급 등은 개인보다 비도덕적인데, 그 이유는 모든 집단은 이성과 자기 극복 능력이 개인보다 훨씬 결여돼 있고, 집단을 구성하는 개인은 개인적 관계에서보다 집단에서는 더 심한 이기적 경향을 보이기 때문이다. 그런 이유로 한 집단에 속한 개인 간 관계를 도덕적이고 합리적으로 조정하는 일은 쉽진 않아도 불가능하지는 않지만, 집단과 집단의 갈등은 도덕적 합리적으로 조정하는 것이 불가능하다. 이것이 민족 간이나 국가 간 갈등이 무력 사용이나 전쟁이라는 파국으로 이어지는 이유다.

감정은 이성보다 사회전염이 빠르다. 이 때문에 감정은 무리 속에서 쉽게 전달되고 이동하며 그 과정에서 에너지를 흡입하여 덩치를 키우는데, 이는 마치 태풍이 작게 시작하지만, 점차 이동하며 세력을 키워 엄청난 비와 바람을 일거에 쏟아내는 것과 같은 이치다. 무리 속에서 형성된 집단감정 속엔 보통 폭력성과 증오가 내재하여 있어 정치인으로

선 집단 감정의 덩치와 파괴력을 키워 쉽게 정적을 제거하고 자신의 목적을 달성할 수 있다. 이런 이유로 불순한 의도를 가진 자들은 SNS나 언론을 통해 혹세무민하는 유언비어를 퍼뜨려 사람들을 자신이 원하는 방향으로 몰아가려고 시도한다. 그들은 선동적인 뉴스는 전염성이 강하고 즉시성과 파괴력을 갖기 때문에 정보가 사실인지 거짓인지에 따른 이성적 대응보다는 그 정보가 추구하는 감정적 대응을 조장하기 쉽다는 점을 알고 있다. 그들은 개인의 이성을 마비시키고 집단광기를 불러낼 만한 이슈를 선점하고 거짓 선전·선동을 아무렇지 않게 자행한다.

특히 권력자들이 권력 유지를 위해 자주 사용하는 선동 방법은 과거를 현재로 불러내는 것이다. 미래는 경험하지 않은 영역이므로 평가의 분열이 있을 수 없지만, 과거는 이미 발생한 역사적 사실이므로 그 평가는 이미 분열과 갈등을 내포한다. 이 때문에 권력자가 과거를 현재로 끌어오는 것은 대개 불길하고 음험하다. 권력자는 늘 자신의 권력 유지에 도움이 되는 역사적 사실을 부각해 아전인수식 평가를 하려 든다. 그리고 이것은 필연적으로 국민 사이에, 나라와 나라 사이에 분열을 초래한다. 그렇다면 한일 갈등의 해법은 어쩌면 생각보다 간단하다. 그것은 양국 국민이 모두 양국 권력자가 불러온 과거에서 눈을 떼고 개인의 이성을 최대한 작동시켜 한일 양국이 가야 할 미래로 눈을 돌리는 것이다.

2019.08.15.

85

자유와 법

유감스럽게도 법에 따라 달성된 정의는 대개 자유를 희생한 대가다. 따라서 우리는 법의 이면에서 벌어지는 자유의 질식을 경계해야 하고, 공공의 질서라는 이름으로, 공익이라는 이름으로 법을 집행할 때는 자유의 희생을 최소화하는 방법도 함께 모색하지 않으면 안 된다.

역사적으로 국가 패망의 숨은 원인은 대개 위정자가 백성의 자유를 지나치게 제한하였기 때문이다. 진나라는 상앙(商鞅)으로 대표되는 변법을 시행하여 강국이 되었지만, 그 과정에서 백성의 자유를 지나치게 탄압한 나머지 진시황이 죽고 나자 억눌렸던 백성들의 분노가 분출되며 분열과 패망의 길을 걸었다.

진나라가 혼란에 빠졌을 때 군웅할거 하던 세력 중 진나라 수도 함양에 가장 먼저 입성한 유방은 이렇게 선포했다. "진나라의 복잡한 법들은 백성들을 폭압에 시달리게 했다. 나는 진나라의 모든 법을 폐지하겠다. 대신 세 가지 법만 시행하겠다. 살인자는 사형에 처하고, 사람을 다치게 한 자와 도둑질한 자는 그에 따른 벌을 내리겠다." 이때 유방이 백성에게 지키도록 한 세 가지 법을 일컬어 법삼장(法三章)이라 한다. 진나라의 가혹한 악법에 얽매여 고통 받던 백성들은 쌍수를 들어 환호했고, 이것은 뒷날 유방이 항우를 최종적으로 물리치고 천하의 패권을 잡는 계기가 되었다.

인간의 본질은 자유다. 인간의 자유는 천부적이므로 그 누구로부터도 침해받을 수 없다. 자유란 구속에서 벗어나 임의로 선택할 수 있음인데, 그것이 가능하기 위해서는 우선 인간이 존재자로 존재해야 한다. 그런데 인간은 자유를 통해 비로소 존재자를 실존의 척도로 획득하게 되고 바로 여기서 인간의 역사가 시작된다. 사실 자유는 단순히 인간의 속성이 아니라 인간을 비로소 인간으로 존립시키는 조건이다. 그런 의미에서 보자면 인간이 자유를 소유하는 것이 아니라 자유가 인간을 소유하는 것이다. 셸링(Schelling, Friedrich Wilhelm Joseph von, 독일의 철학자)의 말대로 인간 자아의 본질은 자유인 까닭에 자아는 자유가 아닌 다른 어떤 것으로도 사유화될 수 없다.

취지가 좋다고 해도 인간의 자유를 제한하는 법은 인간의 본질을 침해하는 것이므로 필요 최소한에 그쳐야 한다. 자유의 제한은 심지어 공동의 이익을 극대화하기 위한 경우에도 그 이유로 허용되어선 안 된다. 정치철학자 존 롤즈(John Rawls, 1921 ~ 2002)는 무엇보다도 자유가 우선한다고 주장한다. 기본적 자유는 제한될 수 있지만, 그것은 자유가 더는 평등하게 보장되지 않는 상황을 방어하기 위한 목적일 때만 허용되는데, 즉 자유의 제한은 모든 사람이 누리는 전체적인 자유 체계를 강화하기 위한 경우로 한정된다. 롤즈에 따르면 자유를 제한함으로써 사회가 전체적으로 더욱 큰 선을 얻을 수 있다 하더라도, 더 큰 선을 위해서 자유를 제한하는 것은 허용될 수 없다.

그런데 유감스럽게도 법에 따라 달성된 정의는 대개 자유를 희생한 대가다. 따라서 우리는 법의 이면에서 벌어지는 자유의 질식을 경계해야 하고, 공공의 질서라는 이름으로, 공익이라는 이름으로 법을 집행할 때는 자유의 희생을 최소화하는 방법도 함께 모색하지 않으면 안 된다. 사실 법의 이름으로 인간의 자유를 제한할 때, 특히 법의 피집행자가 사회적 약자일 때, 피집행자에 대한 존중 없는 차가운 법의 집행은 인간 자아를 말살하는 가혹한 폭력이 될 수 있다.

그런 의미에서 오늘날, 마치 '모든 것에 관한 법을 만들고 모두를 법으로 규율하겠다'라는 식의 법 만능주의 풍조는 인간의 자유를 크게 침해할 우려가 있다. 역사적으로도 자유와 자율 대신 복종과 강제를 강조한 법가사상은 대개 백성을 탄압하는 자유 압살의 도구가 되었다. 진시황이 비록 강력한 법을 통해 단기간에 부국강병을 이루었지만, 자유 압살의 대가는 진나라의 허무한 몰락이었다. 이에 반해 유방은 법률의 완화를 모토로 내걸어 백성의 마음을 얻어 결국 천하를 얻었고 그가 세운 한나라는 기원전 206년부터 220년까지 중국을 지배한 나라가 되었다.

《제인 에어》의 작가 샬럿 브론테 (Charlotte Bronte)의 말은 인간의 조건을 아주 잘 드러내 보여준다. "나는 새가 아니다. 그렇기에 어떤 그물도 나를 묶어둘 수 없다. 나는 독립적인 의지를 가진 자유로운 사람이다." 인간은 자유를 잃으면 더는 인간이 아니다. 법에 따른 인간 자유의 한계는 필요 최소한에 그쳐야 한다.

2019.08.23.

86

참정치와 무실역행

세상의 부패를 척결하는 방법은 부패한 정치를 대상으로 정치를 하는 것이다. 그런데 부패정치 쇄신을 위한 정치 행위는 필연적으로 국가의 실질적 주인인 시민정신의 고양과 정화를 선결적으로 요구하게 된다. 시민 각자가 깨어있지 않고는 부패한 정치의 개혁은커녕 오히려 부패한 정치에 오염될 수 있다.

'그저 살아가는 것'은 인간의 삶이 아니다. 인간의 삶은 '인간답게 사는 것'이고 '선하고 바르게 사는 것'이다. 인간을 인간답게 하는 근본적 특징은 바로 '선(善)과 정(正)'의 윤리성에 있다. 따라서 이 윤리성에 의해 뒷받침되지 않는 삶은 '참삶'이라 부를 수 없다.

참삶은 거짓되고 위선적인 삶의 대척점에 있는 것으로 참세상을 이루는 동력이다. 참세상은 다시 참삶을 낳으므로 참삶과 참세상은 선순환 관계에 있는데, 이런 선순환을 가능하게 하는 동력장치가 다름 아닌 참정치다. 참정치에 의해 인간 사회는 비로소 질서와 안녕을 얻게 되고 인간 각자는 선과 바름이라는 윤리성을 획득하게 된다. 선(善)이나 정(正)이 비록 많은 부분 이미 인간에게 주어져 있다 해도 세상이 타락하고 부패하면 인간 각자는 그 긍정적 형질을 유지하기 어렵다. 사실 인간과 사회는 정치와 불가분적 의존관계를 맺을 수밖에 없는 까닭에 참정치는 참삶과 참세상의 전제조건일 수밖에 없다. 그런 이유로 정치가 부패하면 시민 각자의 참삶과 참세상 구현은 불가능하다.

세상의 부패를 척결하는 방법은 부패한 정치를 대상으로 정치를 하는 것이다. 그런데 부패정치 쇄신을 위한 정치 행위는 필연적으로 국가의 실질적 주인인 시민정신의 고양과 정화를 선결적으로 요구하게 된다. 시민 각자가 깨어있지 않고는 부패한 정치의 개혁은커녕 오히려 부패한 정치에 오염될 수 있다. 부패정치 쇄신을 위해서는 시민 각자가 고양된 시민윤리로 무장하지 않으면 안 되는데 그 윤리로 삼을만한 것이 무실역행 사상이다. '무실(務實)'이란 '실(實)'을 힘쓰자는 뜻이고 '역행(力行)'은 '행(行)'을 힘쓰자는 것이니, 결국 무실역행은 공리(空理)와 공론(空論)을 배척하는 것이고 거짓과 위선에 자리를 내주지 않는 것이다. 행위의 준칙을 상황논리가 아닌 원리와 원칙, 도덕과 양심에 두는 것이다.

무실역행은 사실 막스 베버의 정치사상과도 맞닿아 있다. 독일의 사상가 막스 베버(Max Weber)는 〈직업으로서의 정치〉에서 참 정치가가 갖춰야 할 중요한 자질로 열정, 책임의식, 균형감각을 들었는데, 따지고 보면 무실역행 속에는 위 막스 베버가 말하는 정치인의 자질이 모두 들어 있다. 열정은 대의에 대한 충직한 헌신을 뜻하는데, 권력 추구를 본질로 하는 정치 세계에서 정치가가 대의에 대한 전적인 헌신을 목표로 하지 않을 때 그 폐해는 이루 말할 수 없다. 책임 의식이 필요한 이유는 권력을 추구하는 정치가의 열정이 책임 의식으로 통제되고 조절되지 않으면 지극히 파괴적이거나 위험할 수 있기 때문이다. 균형감각은 책임 의식을 단련하기 위해 꼭 필요한 자질로 정치가가 권력 허영에 빠지는 것을 막아줄 수 있다. 순전히 권력 그 자체를 숭배하는 행위는 정치를 왜곡시키는 행위이기 때문에 균형감각에 의해 통제되지 않으면 안 된다. 결국 베버가 말하는 정치가의 자질은 '비성(非誠)이면 무성(無成)'이라 하여 성(誠)을 마음의 근본 자세로 삼는 무실역행의 윤리를 따를 때 자연스럽게 갖춰진다.

한편 베버는 소명 의식을 가진 직업정치인이 되기 위해선 정치와 윤리 문제를 바르게 이해하는 능력이 필요하다며, 인간윤리의 원칙을 신념윤리와 책임윤리로 나누고, 정치가는 신념윤리에 머물러서는 안 되고 반드시 책임윤리의 자질을 갖춰야 한다고 역설했다. 여기서 베버가 정치인의 자질로 특히 책임윤리를 강조한 것은 신념윤리가 신념의 실현이 가져올 결과를 도외시한 채 신념의 실현 자체에 집착하는 데 반해 책임윤리는 자신의 행동이 초래할 수 있는 결과를 마땅히 책임지겠다는 자세이기 때문이다. 책임윤리에 의해 뒷받침되지 않는 정치는 허영과 위선, 거짓과 기만의 정치가 되기 쉽다. 결국 베버가 말하는 정치인의 윤리는 신념에 따른 결과도출에 대해 책임지라고 요구하기 때문에 매사에, 시작과 끝에 있어 오로지 성(誠)을 추구하는 무실역행 사상과 그 맥을 같이한다.

참삶을 위해, 참세상을 위해 참정치가 필요하다. 참정치는 무실역행의 정치다. 그것이 또한 막스 베버가 말하는 소명의 정치다. 우리 대한민국에 하루빨리 무실역행의 정치, 소명의 정치가 정착되기를 기대한다.

2019.08.30.

87

간신의 나라, 국민의 나라

권력자가 권력을 사유화하여 마치 주머니 속 동전 취급을 할 때 권력자는 타락한다. 권력자가 자기에게만 충성하는 자, 즉 간신을 키우는 필연적 수순이 바로 권력의 사유화다. 따라서 간신을 막는 최고의 방법은 권력의 사유화를 철저히 차단하는 것이다. 이를 위해서는 무엇보다 권력자가 자신의 이해와 판단이 아닌 제도와 시스템에 의해 인사를 등용해야 한다.

역사적으로 간신이 정치를 흐리고 백성의 삶을 도탄에 빠뜨리고 나라를 망국에 이르게 한 예는 수없이 많다. 중국사만 보더라도 권력욕에 사로잡혀 자식마저 삶아 권력자에게 바친 춘추시대 제나라의 역아(易牙), 진시황의 유서를 조작해 권력을 훔친 조고(趙高), 양귀비 치맛자락을 잡고 궁에 들어와 제국을 농단한 양국충(楊國忠) 등 수많은 간신이 국정을 농락했다. 그 결과는 정가의 피바람이었고 나라의 혼란이었고 백성의 피눈물이었다.

그렇다면 간신은 어떤 자들이고 그들은 왜 위험한가. 먼저 공자는 간신의 유형을 다섯 가지로 나누고, 첫째, 마음을 반대로 먹고 있는 음험한 자, 둘째, 말에 사기성이 농후한데 달변인 자, 셋째, 행동이 한쪽으로 치우쳐 있고 고집만 센 자, 넷째, 뜻은 어리석으면서 지식만 많은 자, 다섯째, 비리를 저지르며 혜택만 누리는 자를 간신이라 했다.

권력욕에 사로잡힌 간신에게는 브레이크가 없다. 간신은 그의 최종 목적인 절대 권력을 향해 무조건 질주한다. 방해되는 것은 수단과 방법을 가리지 않고 제거한다. 간신은 무서운 존재일 뿐만 아니라 사악한 존재다. 간신은 또한 대개 비상한 두뇌와 계략의 소유자다. 역사상 수많은 현사와 충신들이 간신에게 허무하게 당한 것은 상당 부분 간신의 계략과 능력을 깔보았기 때문이다. 간신은 한 시도 게을리하지 않고 상대가 방심한 틈을 노리고, 기회를 잡으면 절대 놓치지 않는다. 간신은 또한 상대를 제압하기 위해 덫을 놓고 함정을 판다. 간신은 한순간의 안락과 부귀영화를 갈망하는 인간의 저급한 욕망을 부추기고 마치 솜사탕처럼 달콤하게 속삭여 인간의 마음을 사로잡는다. 간신 주위로 기생충 같은 소인배들이 꼬이는 것도 이 때문이다.

권력자가 권력을 사유화하여 마치 주머니 속 동전 취급을 할 때 권력자는 타락한다. 권력자가 자기에게만 충성하는 자, 즉 간신을 키우는 필연적 수순이 바로 권력의 사유화다. 따라서 간신을 막는 최고의 방법은 권력의 사유화를 철저히 차단하는 것이다. 이를 위해서는 무엇보다 권력자가 자신의 이해와 판단이 아닌 제도와 시스템에 의해 인사를 등용해야 한다. 그리고 권력자는 특히 큰 간신, 즉 권신을 경계해야 한다. 권신은 간신과 비슷하지만 차지한 권력이 권력자를 넘어서는 신하를 뜻한다. 물론 단순히 높은 자리에 있다고 해서 권신은 아니고, 직책보다 비정상적으로 큰 권세를 휘두르는 신하가 권신이다. 보통 정치계의 정간(政奸)인 권신은 그를 지원 두둔하는 자들을 들러리 세워 여론을 호도하고 권력자의 눈과 귀를 가리는데 이런 역할을 하는 자들은 보통 언론계의 언간(言奸), 학계의 학간(學奸), 그리고 연예계의 예간(藝奸) 들이다.

간신은 단순히 역사책에 나오는 먼 옛날 어느 왕국의 얘기가 아니다. 오늘날 민주공화국에서도 간신은 여전히 나타나고 있다. 간신은 권력자의 판단이 흐려졌을 때, 권력자가 오기를 부릴 때 어김없이 나타난다. 간신은 권력자가 가진 인성의 약점을 파고들어 권력자의 절대적인 신임을 등에 업고 국정을 희롱하고 농단한다. 간신이 활개를 칠 수 있는 것은 권력자의 경각심이 부족했기 때문이고 역사의식과 통찰력이 부족했기 때문이다. 간신들은 현란한 세 치 혀로, SNS 손가락질로 정의를 위하는 척, 공정한 척해서 권력자의 마음을 사고, 관직을 얻어 국정을 주무른다. 그러면서도 간신은 보통 위선을 무기로 자신을 선(善)으로 상대를 악(惡)으로 규정하는 방법으로 뭇사람들의 의심을 피한다.

대한민국은 권력자의 나라가 아니다. 또 그들 일파의 나라도 아니다. 권력자와 그 일파는 잠시 주권자인 국민으로부터 권력을 위임받아 이를 대리 행사하고 있을 뿐이다. 따라서 권력자는 간신에게 속아 간신이 국민을 희롱하고 국정을 농단하도록 방치해서는 안 된다. 결국 국민과 역사에 책임지는 것은 간신이 아니라 그 간신을 등용하고 방치한 권력자다. 따라서 권력자는 오기를 부려 자신을 간신과 공동운명체로 묶어서는 안 된다. 권력자가 귀를 기울여야 할 것은 간신이 아닌 국민의 목소리고, 권력자가 의지해야 할 것은 간신이 아니라 국민이다. 이 평범한 진실을 현재 대한민국의 권력자는 과연 모르고 있는 것일까?

2019.09.06.

88

인간의 조건, 자유와 평등

공동체 내에서 개인의 자유를 우선할 것인가, 공동의 선을 우선할 것인가는 자유주의와 공동체주의라는 오래된 논쟁을 낳았다. 사실 자유주의와 공동체주의의 오래된 대립은 자유와 평등이라는 인간의 조건과 깊은 관련이 있다.

인간에게 빵만큼 중요한 것이 있다면 그것은 자유다. 자유는 빵과 더불어 인간의 존재 조건이며 인간을 인간답게 하는 요소다. 비록 인간의 자유가 천부적이고 불가침이라고 강변한다 해도, 그것은 지구상에 인간이 단지 한 명만 있을 때만 성립 가능한 얘기다. 인간은 태어나면서부터 사회적 동물이라는 굴레를 벗을 수 없는 까닭에 인간의 자유는 사실상 사회 의존적이고 상호 제한적이다. 마음껏 소리 지르고 멋대로 대굴대굴 굴러도 보고 이리저리 팔다리를 휘둘러보고도 싶은 인간은 적어도 깊은 산속이나 무인도를 찾지 않으면 안 된다. 이런 점에서 인간은 공동체라는 굴레를 쓰고 공동선이라는 고삐에 매여 한평생을 살 수밖에 없는 처지다. 그래서 요람에서 무덤까지 인간의 최대 목표는 '더 많은 자유'가 된다.

인간이 빵만큼이나 양보할 수 없는 또 하나는 평등이다. 평등은 인간인 이상 그 누구나 차별받지 않고 똑같이 대우받는다는 의미다. 여자와 남자, 젊은이와 노인, 아이와 어른, 장애인과 비장애인, 생김새와 성격, 태어난 장소와 가문이 다르더라도 '인간'인 이상 같은 대우를 받아야 한다는 말이다. 그러나 엄밀히 말해 평등은 선험적으로 주어진 자연적 개념이 아니다. 그것은 그래야 한다는 당위(sollen) 개념일 뿐 존재(sein) 개념이 아니다. 이 때문에 어느 사회의 구성원 간 평등의 구현은 고도로 민주화된 법치 공동체에서나 가능한 일이다. 지구상에 존재하는 공동체는 크든 작든 모두 공동체의 가치를 강조하고 개인의 이익이라는 자유 개념을 공동선이라는 평등개념으로 치환하려고 시도하지만, 그런데도 대개 평등이 이념적 목표에 그치고 실천적 현실로 승화되지 못하는 것도 이 때문이다.

공동체 내에서 개인의 자유를 우선할 것인가, 공동의 선을 우선할 것인가는 자유주의와 공동체주의라는 오래된 논쟁을 낳았다. 사실 자유주의와 공동체주의의 오래된 대립은 자유와 평등이라는 인간의 조건과 깊은 관련이 있다. 자유주의자들이 개인의 자유와 권리를 강조하는 반면에, 공동체주의자들은 개인의 자유에 대한 권리만큼이나 인간은 공동선에 대해 의무를 지고 있다는 점을 강조한다. 그런데 자유주의와 공동체주의의 이런 대립은 때로는 화해 불가능한 것으로 비치기도 하지만 공동선에 대한 강조가 결국은 자유주의를 축소하는 것이 아니라 오히려 그것을 최대한 보장하는 방법이라는, 또 자유가 최대한 보장되지 않는 공동체 내에서는 평등의 실현도 원천적으로 불가능한 것이라는 점에 동의하는 방식으로 적절한 타협점을 찾아왔다.

그런데 매우 불행하게도 오늘날 대한민국에서는 당연히 공존 가능한 자유와 평등의 가치가 보수와 진보라고 하는 이상한 가면을 쓰고 마치 양립 불가능한 대척 개념으로 치환되어 나타나고 있다. 자유주의는 마치 보수주의자들의 전유 이념이고 이를 신봉하거나 추구하는 사람들은 공동선이라는 공동체의 이익을 도외시하는 부정한 사람들로 매도된다. 그러나 자유주의와 공동체주의는 이미 상호 양자를 포괄하는 개념인 까닭에 어느 하나가 다른 하나를 배척하는 개념이 아니다. 자유주의가 공동체주의에 의해 수정되어 수정자본주의가 되고, 다시 공동체주의가 반영된 이론인 수정자본주의에 대한 반동으로 신자유주의가 나타났듯이 개인의 자유권 대 공동체의 공동선이라는 개념은 정반합을 거쳐 변증법적으로 발전되어 왔다. 그런데도 대한민국의 진보주의자들이 '자유민주주의'가 아닌 '민주주의'를 주창하는 식으로 자유 이념을 폄훼하는 것은 매우 불순한 것이다.

어떤 국가든 국가권력을 시장에 개입시켜 인위적 평등을 도모할 때 시장의 자유가 억압되고 그러한 억압은 다시 국가경쟁력의 쇠퇴를 가져온다. 그런데 매우 유감스럽게도 작금 문재인 정권의 경제정책, 즉 국가권력의 과도한 시장개입은 경제의 활력과 효율성을 크게 악화시키고 있다. 소득주도성장 경제정책은 실패했고 일본과의 갈등을 겪으며 자유무역과 국제적 분업이라는 자유주의의 모토 역시 위기에 처했다. 자유가 없는 곳에는 평등도 없다. 자유는 시장을 활성화하고 활성화된 시장은 풍요로운 평등을 보장할 수 있다. 문재인 정부가 빈곤한 평등을 목표로 하는 것이 아니라면 지금이라도 시장과 자유의 가치를 다시금 되새겨야 한다.

2019.09.20.

89

절대통정(絶對統政)의 종말

대통령이 국민을 걱정하는 것이 아니라 국민이 대통령을 걱정해야 하는 대한민국 정치는 분명 후진적이다. 그래서 대한민국 개혁은 다른 어떤 것보다도 제왕적 대통령제를 뜯어고치는 것부터 시작해야 한다. 제왕적 대통령제를 그냥 두고서는 대한민국의 후진성을 극복할 길이 없다. 사법개혁도 검찰개혁도 따지고 보면 제왕적 대통령제 개혁의 종속변수에 지나지 않는다.

모든 권력은 국민으로부터 나온다. 너무도 유명해서 시중 필부 누구나 인용하는 헌법 구절이다. 그러나 단언하건대, 이 말은 공인된 화이트 라이(white lie)다. 사실은 대한민국에서 모든 권력은 '국민'이 아닌 '대통령'으로부터 나온다. 좀 더 정확히 말하면 모든 권력은 먼저 국민 개개인에게서 대통령에게로 수렴된다. 그렇게 대한민국의 권력은 온전히 대통령의 것이 되고, 그 권력을 어떻게 행사하든 대통령 맘이다. 국민은 대통령에게 권력을 줄 뿐 그 권력을 거두거나 통제할 방법이 없다. 대통령을 선출할 수는 있으나 선출된 대통령의 잘못된 권력 행사를 막는 것은 불가능하다. 그러므로 대한민국 대통령의 권력은 과거 로마나 중국 황제의 그것을 능가한다.

오늘 우리 국민은 대한민국 대통령이 왕을 능가하는 대통령, 제왕적 대통령(imperial president, 帝王的大統領)임을 여지없이 보여주는 현실을 목도하고 있다. 대통령은 불과 두 달 전 5기수나 파괴하며 자신이 원하는 사람을 검찰총장에 앉히고 '우리 총장님은 살아있는 권력에 대해서도 엄정한 수사를 해 달라'고 당부를 했다. 그런데 바로 그 검찰총장이 조국을 수사한다고 하자 느닷없이 대통령이 검찰총장에 압력을 가하기 시작했다. 검찰개혁의 핵심인 정치권력으로부터의 독립을 그렇게 주장하던 대통령이 법에 따른 검찰권의 행사를 대놓고 가로막는 것이다. 이것은 대한민국 대통령이 조국을 지키기 위해 자신을 지지하는 세력만 '국민'으로 칭하는 위험한 도박을 감행한 것이자 민주주의의 시스템을 무너뜨리는 무모한 시도다.

몽테스키외가 1748년 《법의 정신》을 통해 삼권분립의 원칙을 밝히고 절대왕정(絕對王政)에 쐐기를 박았지만, 불행히도 21세기 대한민국에서는 절대통정(絕對統政)이 계속되고 있다. 왕이 대통령으로 바뀌었을 뿐 1인 통치는 달라진 것이 없다. 과거 절대왕정이 인간을 종교·관습·제도의 주술에 묶어 비이성적 신정을 펼쳤다면 현재 절대통정은 진영과 적폐라는 이상한 논리로 대중을 감성적으로 종속시키고 시민 각자를 자신의 주체성이 아닌 계파성에 따라 행동하는 꼭두각시로 만들어 버렸다. 그리고 이렇게 정치인에 조종당한 대중은 집단을 내세워 개인을 억압하고 심지어 국가기관까지 압박하는 지경에 이르렀다. 여론과 그에 포함된 감정적 태도가 집단지성을 마비시키면서 이견을 조율하는 민주적 절차가 심각하게 훼손되고 상대방의 결정권을 침해하는 집단패권이 횡행하게 되었다. 미자각상태(未自覺狀態)에서 잠들고 있는 인간에게 이성의 빛을 던져 편견이나 미망에서 빠져나오게 한 계몽의 시대가 대한민국 정치계에는 아직도 열리지 않았다. 그나마 싹트기 시작하던 시민정신은 퇴락하고 미계몽·비이성 집단광기가 스멀스멀 기어 올라와 대한민국을 좀먹을 뿐이다.

최고의 정치는 백성이 정치를 잊는 것이다. 최고의 선정은 백성이 왕을 잊는 것이다. 그런데 대한민국 국민은 어찌나 복이 없는지 날이면 날마다 정치를 걱정하고 대통령을 걱정해야 한다. 대통령이 국민을 걱정하는 것이 아니라 국민이 대통령을 걱정해야 하는 대한민국 정치는 분명 후진적이다. 그래서 대한민국 개혁은 다른 어떤 것보다도 제왕적 대통령제를 뜯어고치는 것부터 시작해야 한다. 제왕적 대통령제를 그냥 두고서는 대한민국의 후진성을 극복할 길이 없다. 사법개혁도 검찰개혁도 따지고 보면 제왕적 대통령제개혁의 종속변수에 지나지 않는다. 국내 대통령학 전문가 함성득 전 고려대 교수는 역대 한국 대통령들의 정치적 실패 원인을 분석한 후 미래 대통령의 성공조건으로, 대박 터트리려고 하지 말고 작은 성공을 목표로 승리를 쌓아 나가고, 쓸데없는 정치보복을 하지 말며, 행정의 달인이 아닌 입법의 달인이 될 것 등을 들었는데, 함 교수 말대로 해서 대한민국 대통령이 성공하면 좋겠지만, 그러나 솔직히 말해 대한민국 대통령이 성공하는 것을 보는 것보다는 차라리 팥으로 메주를 쑤는 것을 보는 것이 빠를 것이다. 이제 우리는 더는 성공한 대통령을 바랄 것이 아니라 대통령제를 과감히 폐지해야 한다. 국민에게 스트레스만 주는 대통령제를 유지할 이유가 무엇인가. 절대통정(絕對統政)의 종말은 하루가 여삼추다.

2019.10.03.

90

검찰개혁의 알파와 오메가

진정한 검찰개혁은 무엇인가. 결론부터 말하면 '검찰 권력이 국민을 위해 쓰이도록 하는 것'이다. 검찰 권력이 집권 세력을 위해 이용된다면 그건 검찰 장악이다. 검찰개혁은 첫째도 국민을 위한 것, 둘째도 국민을 위한 것이어야 한다.

2019년 하반기 대한민국의 화두는 단연 검찰개혁이다. 하지만 검찰개혁의 전도사를 자처하고 법무장관 자리에 올랐던 조국과 그 가족이 수사대상이 되면서 검찰개혁은 난데없는 '조국대전'으로 비화하며, 대한민국은 조국을 지지하는 세력과 반대하는 세력 사이에 내전을 방불케 하는 세 대결을 벌였다. 결국, 조국은 여론에 밀려 사퇴했지만, 검찰개혁의 방향과 방법을 놓고는 아직도 논쟁이 뜨겁다. 집권 세력은 국민을 위해 검찰의 무소불위 검찰 권력을 개혁해야 한다고 주장하는 데 반해 자유한국당 등 일각에서는 검찰개혁은 명분에 불과하고 사실은 집권 세력이 검찰을 장악하여 집권을 연장하려는 꼼수를 부린다고 의심한다.

그렇다면 진정한 검찰개혁은 무엇인가. 결론부터 말하면 '검찰 권력이 국민을 위해 쓰이도록 하는 것'이다. 검찰 권력이 집권 세력을 위해 이용된다면 그건 검찰 장악이다. 검찰개혁은 첫째도 국민을 위한 것, 둘째도 국민을 위한 것이어야 한다. 그야말로 처음부터 끝까지, 오로지 국민을 위한 것이어야 한다. 헌법과 법의 정신에 부합하는 올바른 검찰 개혁, '국민의, 국민에 의한, 국민을 위한' 검찰개혁이 돼야 한다. 정치 권력이 검찰권을 장악하는 것은 결코 용납될 수 없다. 권력기관 개혁에 대한 국민의 명령은 대통령과 청와대로부터 권력을 분산시키고 법과 원칙이 지배하는 사회, 상식과 공정이 지배하는 사회를 건설하라는 것이다.

검찰개혁 중 고위공직자범죄수사처(이하, 공수처) 설치나 검·경 수사권 조정은 무엇보다 그 방향과 내용이 중요하다. 공수처를 설치한다면 그 수사대상에 대통령과 전직 대통령 그리고 국회의원을 반드시 포함해야 한다. 공수처의 장은 대통령이 임명해서는 안 된다. 그렇지 않을 때 공수처는 자칫 권력형 부정부패를 척결하기는커녕 대통령과 집권 세력을 위한 도구로 전락할 것이기 때문이다. 공수처를 설치하는 목적이 권력기관을 견제하는 데 있다면 공수처의 정치적 독립과 중립성 확보는 그 무엇보다 중요하다. 그런 의미에서 공수처장은 경력 15년 이상의 법조 경력자 중에서 법조인들이 직접 선거로 선출하는 것이 하나의 방법이 될 수 있다. 공수처 수사대상에 대통령과 국회의원을 포함하지 않고 공수처장을 선출직으로 하지 않는다면 공수처는 아예 설치 자체를 하지 말아야 한다.

공수처의 대안으로는 일각에서 주장하는 것처럼 대통령 직속 공수처 대신 검찰과 경찰의 특수수사 기능을 통합한 특별수사기구를 설치하는 것이 방법이다. 검찰개혁의 핵심이 정치 권력이 함부로 검찰수사에 개입할 수 없도록 대통령의 검사인사권을 제한하는 것이라는 점에서 특별수사기구는 법무부 산하에 두되 권력 집중을 막기 위해 반부패

수사처, 금융경제범죄수사처, 대테러공안수사처, 마약조직범죄수사처 등으로 분산 설치하는 것도 바람직한 방법이다.

검·경 수사권 조정은, 수사는 경찰에게 대폭 이양하되 수사종결권과 수사지휘권은 검찰이 갖는 방향으로 조정되어야 한다. 검찰의 존재 이유가 경찰의 파쇼화를 막기 위한 것이라는 점에서 검사의 경찰에 대한 통제는 꼭 필요하다. 특히 검·경수사권 분리를 위해서는 먼저 행정경찰과 수사경찰을 분리해야 한다. 그렇지 않으면 비대해진 경찰 권력에 의해 국민의 인권이 침해될 우려가 크다.

개혁과 장악은 다르다. 개혁은 새롭게 변혁을 이루어 보다 나은 상태로 변화시키는 것인데 비해 장악은 사익을 위해 권력을 독단하는 것이다. 진정한 검찰개혁은 검찰의 독립성과 공정성을 담보하고 수호하는 것이다. 검찰개혁이 검찰 권력에 대한 청와대나 법무부의 정치적 장악력 확대로 귀결되어서는 안 된다. 검찰개혁은 명실공이 검찰 조직 문화 개선과 인권 신장이라는 목표에도 충실해야 한다. 검찰의 존재 이유는 법질서 유지와 인권 보호다. 그것을 도외시한다면 검찰이 존재할 이유가 없고, 또 그래서 개혁의 방향도 그것에 맞추어야 한다. 검찰개혁의 방향은 개혁의 목표에 개인의 이익과 정파의 이익을 빼고 나라의 이익과 국민의 이익을 넣으면 답이 쉽게 나온다. 검찰을 권력을 가진 자들의 권력 유지 수단이 아닌 국민의 충복으로 만드는 것, 그것이 검찰개혁의 알파요 오메가다. 그리고 진정한 검찰개혁의 완성은 검찰이 국민의 사랑을 받게 될 때. 그때 비로소 완성된다.

2019.10.18.

91

익명의 정열

정치 조직의 참모들은 늘 정중동의 자세를 견지하며 개인을 죽이고 전체를 살리는 선택을 해야 한다. 조직과 일에 대한 깊은 이해와 그 일을 감당할 수 있는 역량을 갖추되 막상 행함에 있어서는 물위의 백조처럼 우아하고 부드러워야 한다. 정치 조직의 참모는 작열하는 태양처럼 뜨거운 정열을 갖되 수줍은 신부처럼 이를 감출 줄 알아야 한다.

큰일을 하려는 자는 누구든 먼저 사람을 모으고 조직해야 한다. 조직이 만들어졌다고 해서 바로 일을 도모할 수 있는 것도 아니다. 각자 역할을 맡되 그 맡은 역할을 성실히 수행해야 한다. 조직을 지휘하는 지휘자와 팀원들 간 팀워크가 맞아야 함은 물론이다. 팀워크는 대개 조직의 승패를 좌우하는 결정적 요소다.

정치에서 팀워크는 다른 어떤 분야보다 중요하다. 정치는 단독 드리블이 아니다. 그것은 공동의 작업이고 여럿이 협업하여 결과를 내는 작업이다. 이 때문에 정치는 그 지도자만큼이나 참모 각자의 역할이 중요하다. 참모의 역할에 따라 승패가 갈리는 것이 정치니, 팀워크의 중요성은 특별히 따로 강조할 필요조차 없다.

역사상 최고 수준의 팀워크를 보인 정치 팀은 유방과 그의 참모들이다. 그들은 동네 친구라는 미미한 조직에서 출발했지만, 조직을 가꾸고 성장시켜 끝내 중원을 차지했다. 유방은 사실 역발산기개세도, 미래를 내다보는 식견도, 실무를 감당해 낼 능력도, 전쟁에서 이길만한 병법 지식도 없었지만, 그것이 오히려 전화위복이 됐다. 그는 오히려 변변치 않은 능력의 소유자였기에 자신의 무능을 유능한 참모로 보완할 수 있었다. 그는 자신을 물에 비추고 자신의 모습에 취하는 나르시시스트가 아니라 참모들을 자신의 마음에 비추고 그들의 능력을 파악하여 적재적소에 배치할 줄 아는 오케스트라의 지휘자였다. 그 결과 유방의 참모들은 각자 맡은 악기를 유능하게 다루는 숙련된 연주자가 될 수 있었다. 천하의 대계를 세우는 일은 앉아서 천 리를 보는 장량이 맡았고, 양식과 군병 보급과 같은 구체적인 실무는 소하가 해냈고, 싸움은 전쟁의 신 한신이 맡았다. 번쾌는 유방 곁을 늘 지켰으며 하후영은 유방의 발이 됐다. 그 밖에 조참과 관영, 주발과 노관, 역이기와 수하가 각자 자신이 맡은 역할을 해내며 유방과 그의 참모들은 역사상 유례가 드문 아름다운 합주를 보여줬다. 그들은 전체 속에서 개인을 볼 줄 알았고, 자신보다 조직을 우선하며, 조급하게 서두르지도 느긋하게 게으르지도 않았다.

정치는 사람들 사이의 견해차이나 이해관계를 둘러싼 다툼을 해결하는 과정인 까닭에, 정치인은 결과를 도출해 내는 과정을 제대로 이해하고 이를 기꺼이 감내할 수 있어야 한다. 특히 정치 조직의 참모들은 늘 정중동의 자세를 견지하며 개인을 죽이고 전체를 살리는 선택을 해야 한다. 조직과 일에 대한 깊은 이해와 그 일을 감당할 수 있는 역량을 갖추되 막상 행함에 있어서는 물위의 백조처럼 우아하고 부드러워야 한다. 정치 조직의 참모는 작열하는 태양처럼 뜨거운 정열을 가지되 수줍은 신부처럼 이를 감출 줄 알아야 한다. 참모는 '익명의 정열'을 가져야 한다.

청와대 조직에서 참모가 돌출 행동으로 팀워크를 깬다면, 그리고 또 참모가 대통령의 호위무사를 자처한 나머지 분(分)과 격(格)에 맞지 않는 말과 행동을 한다면, 그것은 고스란히 대통령의 부담이 된다. 또 거기서 그치는 것이 아니라 국민의 시름을 더하고 국민 간 분열을 낳는 결과로 이어질 수 있다. 의도가 어떻든 그런 결과가 나온다면 참모의 보필은 완전히 실패한 것이 된다. 소위 '참모 리스크'다. 그런데 유감스럽게도 20대 마지막 정기국회에서 바로 그 참모 리스크가 발생했다. 강기정 정무수석이 야당을 무시하고 국민의 대표로서 질의하는 국회의원에게 고성과 삿대질을 해대는 바람에 정국이 올스톱 될 위기에 처한 것이다.

청와대 참모들은 국민의 대표를 두려워할 줄 알아야 한다. 국민의 대표인 국회의원에게, 그것도 국정감사장에서 질의를 하는 의원에게 고성과 삿대질을 한 것은 부적절한 처신이다. 청와대 참모들은 처신을 잘못하여 대통령에게 누가 되지 않도록 특히 유의해야 한다. 참모는 뜨거운 감정을 갖고 일하되 얼음처럼 단정해야 한다. 청와대 참모는 헌법기관인 대통령을 돕는 보좌진일 뿐 직접 국민을 대표하는 헌법기관이 아니다. 다시 한 번 강조하지만, 야당을 무시하고 국민의 대표로서 질의하는 국회의원에게 고성과 삿대질을 해대는 청와대 참모가 배워야 할 것은 '익명의 정열'이다.

2019.11.08.

92

비도덕적 사회와 군자(君子)

정치적 결단도, 사법적 판단도 종국엔 인간의 일이다. 인간과 인간이 상호 매개되고 이해될 때 개인의 도덕은 사회의 도덕이 되고 개인의 선의는 사회의 선의가 된다. 서로의 차이를 이해하고 존중하며 자유롭고 창의적인 인간들로 구성된 사회는 결코 존립을 위협받지 않는다.

인간의 선의는 과연 사회에 얼마나 유익한가. 개인은 얼마나 도덕적이며 사회는 또 얼마나 도덕적인가. 개인이 도덕적이라고 할 때 사회 역시 개인의 도덕 총합만큼 도덕적인가. 라인홀드 니버는 〈도덕적 인간과 비도덕적 사회〉에서 이에 대한 답을 추구했다. 니버는 집단 간 관계의 수립은 윤리적이기보다는 정치적이라고 본다. 가령 개인들 사이에선 도덕적 설득과 조정을 통해 상호 양보와 합의를 할 수 있지만, 집단 사이에선 도덕에 기초한 합의가 아닌 정치적 합의만 가능하다는 것이다. 따라서 니버는 사회 정의 실현을 위해선 선의에만 호소할 것이 아니라 정치·제도적 장치를 마련하고 강제력을 동원해야 한다고 말한다. 니버가 주장하는 핵심은 개인의 도덕적·사회적 행위는 사회 집단의 그것과 엄격히 구별되는데, 개인은 자신의 이해관계뿐 아니라 타인의 이해관계도 고려하고 때에 따라서는 자신의 이익을 버려 타인의 이익을 추구할 수 있지만, 사회는 그렇지 않다는 것이다.

니버가 말하는 것이 반드시 옳은지에 대해선 이론의 여지가 있을 수 있다. 개인과 사회가 다르다는 것에 일정 부분 동의할 수 있고 사회는 인간과 달리 '마음'이라는 것이 없어 선의를 기대할 수 없기 때문에 제도와 시스템에 기댈 수밖에 없다는 것은 일정 부분 인정된다고 하더라도 제도와 시스템 역시 인간이 만들고 운영하는 것이라는 점에서 개인과 사회를 그렇게 이분법적으로 분획할 수 있는지도 의문이다.

따라서 우리는 이 지점에서 공자의 사회에 대한 처방을 소환할 수밖에 없다. 춘추전국시대라는 특수한 상황에서 공자가 쓰러져가는 사회를 위해 내린 처방은 다름 아닌 '인간'이었다. 아무리 완벽한 시스템이 존재한다고 하더라도 본질적으로 그 시스템을 구성하는 인간이 타락하면 시스템 또한 무너지기 마련이다. 정치적 결단도, 사법적 판단도 종국엔 인간의 일이다. 인간과 인간이 상호 매개되고 이해될 때 개인의 도덕은 사회의 도덕이 되고 개인의 선의는 사회의 선의가 된다. 서로의 차이를 이해하고 존중하며 자유롭고 창의적인 인간들로 구성된 사회는 결코 존립을 위협받지 않는다.

공자는 개인과 사회를 이분법적으로 접근하는 니버와 달리 인간과 사회를 유기적인 것으로 이해했다. 그리고 개인과 사회의 부조화를 해결할 방법으로 '군자(君子)'라는 인간형을 제시한다. 군자는 공자가 도덕적 개인에 머물지 아니하고 공동체의 이익을 도모하는 사회인으로 등장시킨 개념이다. 여기서 군자는 꼭 신분이 높고 배운 것이 많은 사람이 아니다. 옳다고 믿는 바를 지키기 위해 사사로운 이익을 취하지 않는 사람, 언행이 일치하는 사람, 타인과 무리 없이 공존할 줄 아는 사람, 자신의 부족한 점을 끊임없는 반성과 성찰로 극복해 나가는 사람, 타인의 슬픔과 아픔에 공감할 줄 아는 사람, 그런 사람이 바로 군자다. 즉 군자는 개인의 이익에 앞서 타인의 이익을, 나아가 사회의 이익을 도모하는 사람이다. 때문에 군자가 되는 것은 개인적 성취인 벼슬보다 훨씬 높은 사회적 성취고 이기적 성취가 아니라 이타적 성취다.

군자가 많은 사회는 뭇별들의 운행처럼 조화롭다. 공자의 군자는 '군군신신부부자자(君君臣臣父父子子)'로 요약되는 정명론(正名論)과 더불어 개인윤리를 사회윤리로 치환하는 방법에 대한 것이다. 사회의 각 구성원이 각기 인간다움을 회복하고 자신이 맡은 역할을 온전히 수행한다면 세상은 질서 있고 평화로운 세상이 된다는 것이다. 공자의 군자론과 정명론은 결국 안정된 사회를 만들어갈 수 있는 근본적인 요소를 물질이 아닌 '가치'에 두고 상호 '신뢰'를 통해 진정으로 튼튼하고 아름다운 국가를 만들기 위한 시도다.

현대의 라인홀드 니버나 춘추전국시대의 공자 모두 개인과 사회의 조화는 엄연한 숙제였다. 그건 오늘의 대한민국도 다르지 않다. 개인의 이익과 사회의 이익을 어떻게 조화시켜야 할지, 개인은 사회를 위해 무엇을 해야 하고, 사회는 개인을 위해 무엇을 해야 할지. 그리고 그 방법은 무엇인지, 숙제는 오롯이 오늘을 사는 우리의 몫이다. 다만 공자의 군자론과 정명론은 니버의 개인과 사회의 도덕적 배치를 해결하는 좋은 수단임이 분명하다.

2019.11.22.

93

민주주의의 천적, 부정선거

선거는 민주주의의 꽃이다. 선거는 민주 국가에서 국민이 주권을 행사하는 가장 기본적이고 대표적인 방법이다. 선거는 국정을 담당할 대표자를 선출할 뿐 아니라 국가 공권력 행상에 정당성을 부여하는 기능을 한다. 국민을 대신해 국가 정책을 수립하고 집행할 대표자를 올바르게 선출하느냐 하는 것은 그 나라 민주정치의 성패를 좌우한다.

1960년 3월 15일 실시된 정·부통령선거에서 이승만 당시 대통령은 부정과 폭력으로 재집권을 시도했다. 이른바 3·15 부정선거다. 급기야 4·19혁명이 발발했고 이승만 정권이 무너졌다.

지난 19대 대선에서는 일명 '드루킹 사건'이라고 하는 선거 부정이 있었다. 드루킹 일당이 킹크랩을 이용해 기사 댓글 공감 수를 조작한 소위 SNS 부정선거다. 이로 인해 드루킹과 그 일당은 1심과 2심에서 징역형을 선고받은 상태다. 19대 대선에서 당선된 문재인 대통령의 최측근이라고 하는 김경수는 드루킹과 공모하여 댓글 공감 수 조작을 한 혐의로 1심에서 유죄판결을 받고 현재 항소심 절차가 진행 중이다.

그런데 이번에는 지난 6·12 지방자치단체장 선거에서 경찰이 청와대의 지시를 받아 당시 김기현 울산시장 후보에 대한 부당한 수사를 통해 선거에 개입한 정황이 드러났다. 청와대 조국 민정수석실이 김기현 당시 울산시장 관련 정보를 울산지방경찰청에 넘기고, 황운하 울산지방경찰청장이 이를 받아 정치적 목적의 수사를 개시한 혐의가 검찰 수사에 포착된 것이다.

황운하의 김기현 수사는 매우 이례적이었다. 첫째, 선출직 공무원인 지방자치단체장은 민정수석실의 첩보 수집 대상이 아님에도 조국 민정수석실은 김기현 시장 관련 정보를 수집해서 울산지방경찰청에 전달했다. 박형철 반부패비서관은 이 첩보를 백원우 청와대 민정비서관이 줬다고 실토했다. 둘째, 울산지방경찰청이 울산시장 비서실장실 등을 압수·수색하며 전격 강제수사에 나선 2018년 3월 16일은 지방선거를 3개월 앞둔 시점이자 김기현 당시 울산시장이 자유한국당 울산시장 후보로 확정된 당일이다. 울산시장 본인 관련 수사도 아니려니와 보통 선거를 앞둔 시점에서는 강제수사를 자제한다는 점에서 매우 이례적인 수사였다. 셋째, 경찰은 김 전 시장 동생과 비서실장이 건설사업 이권에 개입한 정황이 있다며 김 전 시장 동생과 비서실장을 각각 변호사법 위반과 직권남용·권리행사방해 혐의 기소 의견으로 검찰에 송치했지만, 검찰은 이들 모두에 대해서 무혐의 처분을 내렸다.

위에서 보듯 첩보 수집과 전달 과정의 의문점, 울산경찰청의 수사 착수 시점, 경찰 수사 대상자들이 검찰에서 모두 무혐의 처분을 받은 점 등을 종합해보면 경찰 수사가 정상적인 절차에 따라 합법적으로 이루어졌다고 보긴 어렵다. 특히 당시 김기현 울산시장에 대한 경찰의 수사로 결국 문재인 대통령이나 조국 당시 민정수석과 가까운 더불어민주당의 송철호 후보가 당선되었다는 사실까지 고려하면 선거 개입 의혹은 훨씬 증폭된다. 울산시장으로 당선된 송철호는 노무현 청와대에서 문재인 대통령과 함께 근무한 가까운 사이고, 조국은 송철호 후보의 선대본부장과 후원회장을 맡을 정도로 긴밀한 관계다.

선거는 민주주의의 꽃이다. 선거는 민주 국가에서 국민이 주권을 행사하는 가장 기본적이고 대표적인 방법이다. 선거는 국정을 담당할 대표자를 선출할 뿐 아니라 국가 공권력 행사에 정당성을 부여하는 기능을 한다. 국민을 대신해 국가 정책을 수립하고 집행할 대표자를 올바르게 선출하느냐 하는 것은 그 나라 민주정치의 성패를 좌우한다. 때문에 대의정치가 보편화된 현대 민주 국가에서 선거의 중요성은 이루 다 형용할 수 없다. 따라서 부정선거는 그 생각과 시도만으로도 민주주의를 유린하는 야만 행위다. 더구나 정권 차원에서 권력을 이용하여 벌인 부정선거는 국민을 속이고 공직을 도둑질하는 파렴치한 짓이다. 특히 국가 공무원이 정치적 목적을 갖고 선거에 개입했다면 이는 민주주의를 짓밟고 국가 기강을 무너뜨린 중대 범죄가 아닐 수 없다. 부정선거가 저질러져도 아무런 일이 일어나지 않는 나라라면 그것은 민주 국가도 아니다. 부정선거를 획책하고 실행한 자들은 물론 그로 인해 이익을 본 자들까지 모두 그 책임을 져야 한다. 가사 반사적 이익이라 하더라도 부정선거에 의해 획득된 이익은 모두 제거·환수되어야 한다.

민주주의는 공정한 선거를 먹고 자란다. 민주주의가 부정선거란 걸림돌에 걸리면 새알처럼 부서진다. 이것이 우리가 부정선거를 절대 용서하지 말아야 할 이유다.

2019.11.29.

94

정치쇄신 시무십조(時務十條)

이성이 없는 곳에는 정의도 없다. 이성 정치는 책임지는 정치다. 권력을 위해 투쟁하는 정치가 아니라 합리주의에 기초한 정치다. 진정한 정치개혁은 '이성 재무장 운동'에서 시작돼야 한다.

우리 정치는 현재 격렬한 당파싸움, 사회계급 간 갈등, 전통적 가치에 대한 신뢰 상실로 인해 끊임없는 소용돌이 속에서 자기 파멸을 향해 치닫고 있다. 국론은 사분오열되고, 국회는 마비되고, 국정은 한 치 앞을 내다볼 수 없는 대혼란을 겪고 있다. 도대체 이유가 무엇인가.

정치의 속성은, 특히 민주주의의 속성은 원래 그렇게 중구난방이라는 주장이 가능할 것이다. 사실 그리스 민주주의도 극심한 혼란을 겪기는 마찬가지였다. 그 상황에서 플라톤은 총체적으로 타락한 '정치공동체의 개혁'과 구성원들의 '도덕적 개선'을 통해 정치 혼란을 해결하고자 했다. 이를 위해 플라톤이 구상한 것이 '이상 국가'의 건설과 '철인정치'다. 플라톤은 오랜 교육과 훈련을 통해 도덕적 선에 관한 절대적 지식을 성취한 철학자의 통치를 가장 이상적인 통치로 보았다. 그러나 백 보를 양보해 그것이 유효한 방법이라 하더라도 그리스와 같은 소규모의 도시 국가, '자유인 성인 남성'들만의 직접 민주주의 사회에서나 가능한 것이다.

그렇다면 정치망국론까지 나오는 오늘날의 대한민국 정치 대혼란을 극복하는 좋은 방법은 무엇인가. 그것은 정치인 각자가 정치의 본질로 돌아가 '정치다운 정치'를 하는 것이다. 이에 여기에 '정치쇄신 시무십조(時務十條)'라고 이름 붙여 정치다운 정치 10가지를 제시한다.

제 1조는 '선치(善治)'다. 정치는 남이 안 되게 하는 것이 아니라 남이 잘되게 하는 것이어야 한다. 개인의 사리사욕이나 당파의 이익을 위한 정치가 아니라 오로지 공의를 좇는 정치, 국리민복을 목표에 두는 정치를 해야 한다.

제 2조는 '청치(淸治)'다. 정치인은 깨끗한 정치, 반칙하지 않는 정치를 해야 한다. 정치는 정정당당하게 승부하고 깨끗이 승복하는 것이어야 한다. 토론과 합의를 충분히 거치되 의견이 수렴되지 않으면 표결을 통해 결론을 내고 그 결과에 군말 없이 따르는 정치를 해야 한다.

제 3조는 '삼고초려의 정치'다. 정치도 사람이 하는 일이므로 행하는 사람이 바르고 훌륭하지 않으면 정치가 바르고 훌륭할 수 없다. 그러므로 정치 지도자는 천하의 인재를 두루 모아야 한다. 인재를 구하기 위해서라면 삼고초려는 물론 그 이상도 마다하지 않아야 한다.

제 4조는 '측은지심의 정치'다. 곤궁에 빠진 한 명의 국민을 측은히 여겨 사흘 낮 사흘 밤을 기꺼이 자지 않고 나흘 낮 나흘 밤을 기꺼이 먹지 않는 정치를 해야 한다. 정치인에게 측은히 여기는 마음이 있는데, 어찌 국민의 밥그릇을 뺏어 자기 배를 채우고 국민의 거처를 뺏어 제집으로 삼을 수 있겠는가?

제 5조는 '이성의 정치'다. 이성이 없는 곳에는 정의도 없다. 이성 정치는 책임지는 정치다. 권력을 위해 투쟁하는 정치가 아니라 합리주의에 기초한 정치다. 진정한 정치개혁은 '이성 재무장 운동'에서 시작돼야 한다.

제 6조는 '반성 정치'다. 사람이 아침에 일어나 계획하고 낮에 실행하여도 저녁에 반성하지 않으면 필부의 일도 그릇되거늘 하물며 나랏일을 함에 있어 늘 점검하고 반성하지 않으면 좋은 결과를 낼 수 없음이 당연하다. 정치의 근본은 지난 일을 반성하고 앞으로의 일을 계획하는 데 있다.

제 7조는 '문화 정치'다. 문화 정치는 무(武(무))에 기대하는 정치가 아니라 문(文)을 꽃피우는 정치다. 문화민주주의를 구현하는 정치다.

제 8조는 '탕평 정치'다. 인재를 두루 고용하는 것은 정치 안정의 기본이다. 한정된 그룹의 사람들로 회전문 인사나 반복하는 식이 되어서는 파벌 간 알력이나 당파싸움을 피할 길이 없다.

제 9조는 '선린 정치'다. 이웃 나라들과 선린우호 관계를 맺고 서로 교류 협력하는 정치를 해야 한다. 과거에도 이웃 나라와의 관계를 어떻게 형성하느냐에 따라 나라의 운명이 달라졌지만, 세계 모든 국가가 이웃 나라가 되어 버린 오늘날 이웃 나라들과의 관계는 나라의 부흥과 융성의 존부를 좌우한다.

제 10조는 '미래 정치'다. 정치는 과거를 거울삼아 현재를 정립하고 미래를 계획하는 것이다. 정치는 공동체 구성원의 더 나은 삶에 대한 계획을 세우고 그것을 실행해 나가는 과정이다. 따라서 정치인은 미래를 내다보는 정치를 해야 한다.

2019.12.06.

95

정치개혁과 정치인 육성

공자나 플라톤 시대로부터 2000년이나 더 지난 오늘날 대한민국의 정치 현실은 어떤가. 안타깝지만 별반 나아진 것이 없다. 권력을 쥔 소수가 무리를 지어 패도에 가까운 정치를 일삼고, 민주주의라는 허울 아래 자신의 이익밖에 못 보는 어리석은 다수가 그 소수에 편승하는 기형적인 정치가 횡행한다.

공자의 교육 목표는 군자(君子), 즉 정치 담당자를 육성하는 것이었다. 공자가 살던 시대 정치는 전통적인 신분 질서에 따라 귀족들이 세습하여 담당하고 있었는데, 공자는 타고난 신분이 아니라 갈고닦은 능력과 덕성이 중요하다고 보고, 출신 성분이나 사회적 지위를 상관하지 않고 제자들을 받아들였다. 이는 유교무류(有教無類), 즉 '가르침에는 차별이 없다'는 생각과 '군자는 신분에 따라 결정되는 것이 아니라 교육으로 달성되는 것'이라는 사상의 발로였다.

사실 공자는 지독한 이상주의(理想主義)자였다. 그가 덕과 예에 의한 정치, 즉 덕치주의를 표방한 것부터가 현실과는 너무나 동떨어진 것이었다. 그는 '오로지 백성을 편안하게 하는 것'이 정치의 본질이자 목적이라고 보고 정명론(正名論)과 대동사회(大同社會)를 현실개혁의 대안으로 제시했다. 정명은 각자가 그 이름에 걸맞은 본분과 역할을 다하는 것이고, 대동사회는 재물과 권력이 왕이나 귀족에게 독점되거나 세습되지 않고 백성에게 고르게 분배되는 사회다. 그러나 공자는 이런 사회의 달성은 온고지신(溫故知新)을 통해 달성 가능하다고 보고 즉각적이고 현실적인 제도개혁 대신 근본적이고 지속할 수 있는 개혁 방법을 선택했다. 이렇게 형성된 공자의 수기치인(修己治人)은 '정치는 인간의 문제'라는 인식에서 비롯된 공자 정치사상의 핵심이다.

플라톤의 교육 목표 역시 우수한 정치인의 육성이었다. 플라톤은 정의로운 국가와 개인은 서로 동떨어져 있지 않다고 보았다. 플라톤에게 국가란 '큰 글자로 쓰인 인간'과 같은 것이었다. 인간은 지혜, 용기, 절제라는 세 가지 덕이 갖춰져 내적 질서가 잡힐 때 비로소 행복해지는데, 국가 역시 통치자 계급, 수호자 계급, 생산자 계급이 각기 제 질서를 찾을 때 비로소 정의가 실현된다. 즉 통치자는 지혜의 덕, 수호자는 용기의 덕, 생산자는 절제의 덕을 이루어 개인과 사회가 온전히 제 기능을 다 하게 되면 정의로운 국가가 된다.

플라톤은 사회가 부패하는 이유를 인간의 욕심에서 찾았다. 그 때문에 욕심의 싹은 아예 뿌리부터 잘라 버려야 사회 정의를 이룰 수 있고, 이를 위해 적어도 위정자만큼은 사유 재산을 가져서는 안 된다. 가족도 허용되지 않기 때문에 아이를 낳는다고 하더라도 낳는 즉시 부모로부터 분리돼 공동탁아소에서 양육되어야 한다.

이런 플라톤의 정치사상은 오늘날의 관점에서도 매우 급진적이고 독재적인 요소까지 포함하는 것이다. 그런데 이런 플라톤의 정치철학은 당시 아테네 민주주의에 대한 불신에서 비롯된 것이었다. 플라톤은 자기 스승 소크라테스가 욕심에 눈먼 정치인들에 의해 억울하게 희생당하는 것을 보고 정치를 근본적으로 바꿀 개혁안을 구상했고, 이를 실현하는 하나의 방법으로서 철인 정치라는 이상적 개혁안을 내놓았다. 플라톤은 어떤 행동이 정의로운지 아닌지는 이익을 계산하거나 투표로 정할 수 있는 것이 아니라, 그 행동이 정의로움의 이데아를 따르고 있는가에 따라 결정되는데, 마찬가지로 국가도 선(善)의 이데아를 알고 있는 사람, 곧 철인(哲人)이 통치할 때 비로소 정의로워진다고 보았다.

공자나 플라톤 시대로부터 2000년이나 더 지난 오늘날 대한민국의 정치 현실은 어떤가? 안타깝지만 별반 나아진 것이 없다. 권력을 쥔 소수가 무리를 지어 패도에 가까운 정치를 일삼고, 민주주의라는 허울 아래 자신의 이익밖에 못 보는 어리석은 다수가 그 소수에 편승하는 기형적인 정치가 횡행한다. 소수의 왕과 제후가 권력과 재물을 독점하며 백성의 삶을 도외시한 공자 시대나 타락한 정치인이 시민을 선동하여 정의를 도외시한 플라톤 시대와 다를 게 없다. 정치개혁에 대한 대중의 열망이 타락한 기득권 정치인들에 막혀 제대로 된 진전을 보지 못하고 있는 것도 그 시대나 지금이나 마찬가지다. 그래서 우리는 다시 또 대한민국 정치의 근본적이고도 지속 가능한 개혁 방법을 고민하지 않을 수 없다. 그런데 우리가 역사에서 배운다면, 군자(君子)와 철인(哲人)을 길러 그들에게 정치를 맡기는 것이 유일한 대안이 될 것이다.

2019.12.27

96

경자경장(更子更張)

율곡은 자신이 살던 시대를 일대 경장(更張)이 필요한 시기로 보았다. 율곡의 시대는 조선 건국 초기의 역동성이 사라지고 문물은 잦아들고 백성의 삶은 피폐해지고 국방력은 소진되어 가고 있었다. 이런 상황에서 율곡은 조선 창업 후 200년이 지나는 동안 때가 바뀌고 일도 변화하여 폐단이 많아졌다고 분석하고 "불을 끄고 물에 빠진 사람을 구해주듯 서둘러 개혁해야" 한다고 주장했다.

1574년 우부승지(右副承旨)로 재임 중이던 율곡(栗谷)은 〈만언봉사(萬言封事)〉를 저술해 조정에 올렸다. 〈만언봉사〉는 4번의 사화를 겪은 당시 시대 상황에서 율곡이 목숨을 걸고 올린 직설적 상소문이다. 당시 천재지변이 자주 일어나는 것을 자신의 부덕 때문이라고 여긴 선조는 조정의 신하들과 초야의 선비들에게 "그대들 대소(大小) 신하들은 위로는 조정의 대관들로부터 아래로는 초야의 인사들에 이르기까지 마음과 성의를 다하여 모두 말하고 숨기지 말아 달라"라고 조언을 구했고, 율곡은 선조의 교지(敎旨)와 수교(手敎)에 부응하고자 〈만언봉사〉를 저술했다.

〈만언봉사〉의 첫머리에서, 율곡은 "정치에는 때를 아는 것이 소중하고, 일에는 실에 힘쓰는 것이 필요합니다"(政貴知時 事要務實)라고 했다.

여기서 때를 아는 것이 중요하다고 한 것은 율곡의 시대 인식 때문이다. 율곡은 자신이 살던 시대를 일대 경장(更張)이 필요한 시기라고 보았다. 율곡의 시대는 조선 건국 초기의 역동성이 사라지고 문물은 잦아들고 백성의 삶은 피폐해지고 국방력은 소진되어 가고 있었다. 이런 상황에서 율곡은 조선 창업 후 200년이 지나는 동안 때가 바뀌고 일도 변화하여 폐단이 많아졌다고 분석하고 "불을 끄고 물에 빠진 사람을 구해주듯 서둘러 개혁해야" 한다고 주장했다. 그는 "다하면 변하고 변하면 통한다(窮則變 變則通)"는 옛말을 인용하면서 변화의 방법으로 무실(務實)을 제시했다.

율곡의 무실(務實)은 실심(實心), 실공(實功), 실효(實效)라는 개념으로 요약되는데, 실심(實心)은 참됨을, 실공(實功)은 힘써 행동함을, 실효(實效)는 실질적 성과를 내는 것을 가리킨다. 참된 마음을 갖고 힘써 행해서 실질적 성과를 내는 것이 율곡의 무실사상의 핵심인데, 당시 율곡은 말뿐인 경장(更張)이나 형식적인 개혁(改革)이 아니라 실질적인 변통(變通)을 통해서 실효(實效)를 거두는 개혁을 구상했다. 그는 조정이 재앙에 대처하는 일에나 백성을 교화하는 일에나 인재를 등용하는 일에 형식과 겉치레에 치우쳐서 실효(實效)를 거두지 못하고 있음을 비판하고 실효(實效)가 없다면 실심(實心)이나 실공(實功)이 아무런 소용이 없게 된다고 주장했다.

율곡이 무실(務實)을 특히 강조한 것은 당시 조선 사회가 '실(實)없는 사회'라고 생각했기 때문이다. 그는 〈만언봉사〉에서 당시 조선사회의 '실없음(無實)'을 일곱 가지로 지적했는데, '위 사람과 아래 사람 사이에는 서로 믿는 실(實)이 없고(上下 無交孚之實), 신하들에게는 일을 책임지려는 실(實)이 없고(臣人 無任事之實), 경연에는 무언가 성취하는 실(實)이 없고(經筵 無成就之實), 현명한 사람을 끌어들이는 데에는 거두어 쓰는 실(實)이 없고(招賢 無收用之實), 재앙을 만나도 하늘의 뜻에 대응하는 실(實)이 없고(遇災 無應天之實), 여러 정책에는 백성을 구제하는 실(實)이 없고(群策 無救民之實), 인심에는 선을 지향하는 실(實)이 없다(人心 無向善之實)'는 것이다.

율곡은 이 같은 실없음(無實)을 극복하기 위해 조선사회의 전반적인 변화가 필요하다고 보았다. 따라서 일대 경장(更張)이 필요하고, 그것은 일곱 가지의 무실(無實)을 삼실(三實, 즉 實心과 實功과 實效)을 통해 무실(務實)로 바꿀 때 가능하다고 했다.

2020년 경자년(更子年) 율곡의 무실사상(務實思想)과 경장론(更張論)이 피부에 와 닿는 것은 지금이 율곡이 살았던 시대만큼이나 위기이기 때문일 것이다. 세계로 뻗어 가던 대한민국의 역동성은 사라진 지 오래다. 경제는 뒷걸음치고, 외교는 꽉 막히고, 정쟁은 낮과 밤이 없다. 지금 바로 역사에 경자경장(更子更張)이라 불릴만한 일대 개혁을 시작하지 않으면 대한민국의 미래를 기약하기 어렵다. 율곡의 만언봉사를 명심해 조선이 일대 경장을 했더라면 그 후 임진왜란과 병자호란은 없었을지도 모른다고 생각하면 우리가 지금 바로 경장을 시작해야 할 이유는 더욱 명확해진다.

주: 봉사(封事)란 중국 한대(漢代)에 신하가 임금에게 상소를 올릴 때 검은 천 주머니 속에 넣어 봉하여 올림으로써 그 내용이 사전에 밖으로 누설되는 것을 방지한 데서 생겨난 일종의 상소제도다. 율곡은 상소가 한자로 일만(一萬) 자 내외로 구성돼 있으므로 〈만언봉사〉라고 했지만 실제로는 1만1천6백80자다.

2020.01.10.

97

진영논리와 망가진 국가운영시스템

건강한 사회는 여론이 하부에서 자발적으로 형성되어 상부로 전달되는 사회다. 지역 주민이 서로 얼굴을 맞대고 의견을 모으고, 그것이 중앙정치에 반영되는 시스템이 건강한 사회의 징표다.

2020년 현재 대한민국은 위기다. 대한민국이 건국된 이래 여러 번의 위기가 있었으나 지금의 위기는 과거의 위기와 그 성질에서나 정도에 있어서 크게 다르다. 현재 대한민국이 겪고 있는 위기의 본질은 우리가 그동안 삶의 기준으로 삼았던 보편적 잣대가 더는 기능하지 않게 되었다는 데 있다. 시비(是非)와 선악(善惡)의 구별이 인간 이성과 도덕률이 아닌 피아(彼我)와 우적(友敵)에 의존하게 되면서, 우리 사회는 행위의 준칙을 잃고 몰염치와 몰상식을 전혀 부끄럽지 않게 생각하는 요지경에 이르렀다.

물론 위기의 진원지는 정치다. 집권 세력이 국론분열을 통해 자기편을 결집하고, 여기서 동력을 얻는 전례 없는 일이 벌어지면서, 국민은 자신도 모르는 사이에 또는 좌(左)가 되고 또는 우(右)가 되어 서로 돌팔매질을 하는 일이 벌어졌다. 언론조차 제 기능을 다 하지 못하고 진영 논리에 갇혀 진실과 정의의 등대 역할을 포기하면서 국민은 정치인이 만든 허위 프레임에 갇혀 자신도 모르게 진영 논리에 부화뇌동하게 되었다.

그러나 건강한 사회는 여론이 하부에서 자발적으로 형성되어 상부로 전달되는 사회다. 지역 주민이 서로 얼굴을 맞대고 의견을 모으고, 그것이 중앙정치에 반영되는 시스템이 건강한 사회의 징표다. 하지만 우리 정치는 안타깝게도 지방이 중앙에서 만들어진 진영 논리나 프레임에 갇혀 허우적대면서 국가 전체가 진부하기 이를 데 없는 이념논쟁에 휩싸이고 말았다. 진보가 뭔지, 보수가 뭔지도 모르면서 서로 진보라고 욕하고 보수라고 욕하는 '이념 지상 국가'가 되어 버리고 만 것이다.

결국, 작금의 국가 위기는 진영 논리가 파생시킨 두 가지 시스템 고장에서 찾을 수 있다. 고장 난 시스템 중의 하나는 '국가 행정 시스템'이다. 국가 경영 철학이 부재한 집권 세력이 관료조직에 진영 논리를 주입하면서 행정시스템이 붕괴했다. 오로지 진영 논리에서 국가 운영의 동력을 얻는 이념 지향 정권은 중앙 관료는 물론이고 지방의 말단 관리까지 모두 정치로 끌어들였고, 공무원이 실력과 업무 성과에 따라 승진이나 보직이 결정되는 것이 아니라 오로지 정권이나 권력자와의 친소관계에 따라 그 미래가 결정되면서 본연의 임무인 행정보다는 정치에 매달리게 되었다. 이렇게 되자 관료의 생명인 공공성에 대한 헌신과 애민 정신은 온데간데없이 사라져 버렸다. 중앙 관료들은 공공성을 도외시한 채 사사로운 이익에 몰두해 있고 지방 관료들은 또 타성과 관성에 젖어 세금 축내기에 바쁘다.

고장이 난 또 하나의 시스템은 '감시 및 견제 시스템'이다. 국가 기관 간 감시 및 견제 시스템이 붕괴하고 청와대가 모든 국사를 독점적으로 좌지우지하면서 다른 국가 기관은 그 기능을 상실했다. 대통령의 국가 운영방식이 그 적실성을 잃어버리자, 국가 기관 간 견제와 균형의 원리가 무너지고, 대소 공무원의 기강도 무너졌다. 모든 관직에서 내적 역동성이 사라지고 밖으로는 관민협력시스템이 붕괴하였다. 관료조직은 복지부동과 줄서기에 몰두하게 되었고, 군대마저 진영 논리가 침투하면서 잔약하여 혹시라도 사변이 나면 반드시 오래된 흙담이 무너지듯 허물어지고 말 지경에 이르렀다. 국가 기관 간 감시 및 견제 시스템의 붕괴는 수단과 절차의 적정성이라는 민주주의 작동 원리를 붕괴시켰고, 이로 인해 목적을 위해서라면 수단과 절차 어기는 것쯤 아무렇지도 않다는 인식을 만연시켰다. 현재 민주주의의 토대인 삼권분립이나 국가 기관 간 견제와 균형의 원리가 무너지면서 실질적 법치주의 이념이 퇴색하고, '국가의 건강'마저 위험하게 된 것이다.

지금은 단연코 대한민국의 위기다. 그리고 그 원인은 '국가 행정 시스템'과 '국가 기관 간 감시 몇 견제 시스템'의 붕괴다. 모든 국가 기관이 그리고 그 구성원들이 실체조차 분명한 진영싸움에 가담하면서 국가 경영의 적실성을 담보하는 운영 시스템과 감시 시스템이 고장 났고, 그로 인해 국가 재정의 방만한 경영과 국가 기관의 견제 없는 독주가 가능해졌으며, 이는 다시 국가 기관이나 제 세력 간 극한 대립을 부르면서 국가 전체가 위기에 빠진 것이다. 해법은 망국의 녹, 진영 논리를 우리 사회에서 빨리 벗겨내는 것뿐이다. 한시가 급하다.

2020.01.17.

98

답설야중거(踏雪野中去)

조선시대 정치사에 내로라하는 정치인들이 명멸했지만, 그중에서도 가장 굵은 발자취를 남긴 정치인을 들자면 정암(靜庵), 퇴계, 율곡, 우암이다. 먼저 중종반정으로 출사한 정암 조광조는 높은 이상을 갖고 조선을 요순시대와 같은 태평성대로 만들고자 했던 정치인이었다.

조선시대 정치사에 내로라하는 정치인들이 명멸했지만, 그중에서도 가장 굵은 발자취를 남긴 정치인을 들자면 정암(靜庵), 퇴계, 율곡, 우암이다.

먼저 중종반정으로 출사한 정암 조광조는 높은 이상을 갖고 조선을 요순시대와 같은 태평성대로 만들고자 했던 정치인이었다. 비록 그의 정치실험이 갈등 관계에 있던 공신들의 모함을 받아 기묘사화로 좌절되었지만, 그의 높은 뜻은 이후 조선의 사림파에 전수되어 조선을 관통하는 정치이념이 되었다.

퇴계 이황은 조선 성리학의 기초를 세우고 나아감과 물러남의 의미를 알아 한 단계 높은 정치적 품격을 구현한 정치인이었다. 퇴계는 20세에 주역을 독파한 후 성리학에 관한 집중적 연구를 통해 심오한 학문 세계를 이루었다. 그의 정치이념은 공자의 유교적 이상사회를 현실에서 구현하는 것이었다.

율곡 이이는 조선 중기의 유학자이자 정치가로 현실·원리의 조화와 실심(實心)·실공(實功)·실효(實效)를 강조하는 무실사상(務實思想)을 제시하고 조선 사회의 제도 개혁을 주창했던 개혁가적 정치가다. 율곡은 서얼제도 폐지, 남녀차별 폐지 등 사회개혁을 주창하고 대동사회(大同社會)라는 평등 지향적 사상을 전개했으며, 그 외에도 10만 양병설로 대변되는 군사 개혁 등 부국강병책을 제시했다.

우암은 후세의 학자들에 의해 송자라고 불릴 정도로 주자학에 밝았고 예학에 능했다. 우암은 조선 후기 가장 영향력이 높았던 정치가이자 학자로 조선을 예(禮)의 나라로 만들고자 했다. 조선 후기 사림에서 그의 영향력은 대단한 것이어서 그는 조선왕조실록에 무려 3000번이 넘게 등장한다.

위 4명의 조선의 정치인들은 각기 주장하는 바가 같지 않고 정치적 이념과 그 이념의 현실적 실천 방법과 정도는 달랐으나, 어쨌든 분명한 것은 그들의 전 생애를 통해 일관성을 보여주었다는 사실이다. 그들이 역사에 큰 발자취를 남길 수 있었던 이유는 시류에 부유하지 않고 올곧은 신념과 지조를 갖고 자신의 정치적 이상을 실현하려 노력했기 때문이다.

사람이 한평생을 살며 한순간도 흐트러지지 않고 일관된 행보를 보이기란 쉽지 않다. 처음엔 똑바로 걷다가도 어느 순간 자신도 모르게 갈지자걸음을 걷는 게 인생이다. 처음엔 독립운동을 하다가 어느 순간 일제에 부역해 이름을 더럽힌 정치인들을 우리는 너무도 많이 알고 있지 않은가.

역사는 반복된다지만 지금, 이 순간도 예외는 아니다. 많은 정치인이 일관된 행보를 보이지 못하고 갈지자걸음을 걷다가 자신의 명예를 더

럽히고 한순간 나락으로 추락하고 있다. 처음엔 대단한 국민의 지지를 받으며 나타난 신진 정치인도 어느새 흙탕물을 뒤집어쓴 채 그저 그런 정치인이 되기에 십상이다.

서산대사(西山大師)는 답설야중거(踏雪野中去)라는 시를 지어 인생을 어떻게 살아야 하는지에 대해 일찍이 하나의 지침을 주었다.

踏 雪 野 中 去 (답설야중거)
눈 내린 들판 한가운데를 걸어갈 때에는
不 須 胡 亂 行 (불수호란행)
발걸음을 함부로 어지러이 걷지 말라.
今 日 我 行 跡 (금일아행적)
오늘 내가 걸어간 발자국은
遂 作 後 人 程 (수작후인정)
반드시 훗날 뒷사람의 이정표가 되리니.

백범 선생은 서산대사의 이 시를 평생의 좌우명으로 삼고 일관되고 지조 있는 삶을 살았다. 백범 선생이 38선을 넘으며 이 시를 읊었다는 일화는 매우 유명하다. 이 시를 쓴 백범(白凡)의 친필이 현재 청와대 여민관에 백범 선생의 존영과 함께 걸려 있다.

지금 대한민국은 눈 내린 들판이다. 그런데 앞장서 걸어가는 정치지도자들의 발걸음은 마냥 어지럽다. 뒤따르는 국민은 자기 우두머리를 따라 우왕좌왕, 좌충우돌이다.

2020.02.07.

99

조선 500년 존속의 비밀, 과거제도

과거제도는 동시대의 관점에서 볼 때 공정성과 합리성이라는 측면에서 대단히 혁신적이고 파격적인 시스템이었다. 과거시험보다 더 객관적이고 합리적인 관료 채용 방법은 세계적으로도 그 유례를 찾기 어렵다. 과거제도는 능력에 따른 선발이라는 합리적 기준을 제시했을 뿐 아니라 조선조 내내 일관성을 유지함으로써 조선을 안정적이고 예측 가능한 사회로 만드는 데 일조했다.

조선은 세계 왕조 역사상 유례없이 긴 500년간 존속했다. 그 이유를 두고는 시민정신 자체가 태동하지 못하였기 때문에 근대국가로 발전할 기회를 놓쳤다는 분석도 제시되고 있으나 무엇보다 가장 큰 이유는 관료 채용의 공정성과 관료의 우수성에서 이유를 찾을 수 있다. 조선의 과거제도는 고려 광종 때 후연에서 온 쌍기의 건의를 받아들여 처음 시행되었지만, 고려에선 음서제도 역시 관료 등용의 관문이었던 데 비해, 조선은 과거를 통하지 않고는 청·요직에 나갈 방법이 없었다.

과거제도는 동시대의 관점에서 볼 때 공정성과 합리성이라는 측면에서 대단히 혁신적이고 파격적인 시스템이었다. 사실 과거시험보다 더 객관적이고 합리적인 관료 채용 방법은 세계적으로도 그 유례를 찾기 어렵다. 가령 고대 그리스의 제비뽑기는 무능력자 선발, 공화제 국가에서의 선거는 큰 비용과 마타도어, 중세까지 흔했던 세습제는 기회 차단, 천거나 발탁은 문벌주의와 세도정치라는 폐단을 각기 안고 있었다. 그에 비해 과거제도는 능력에 따른 선발이라는 합리적 기준을 제시했을 뿐 아니라 조선조 내내 일관성을 유지함으로써 조선을 안정적이고 예측 가능한 사회로 만드는 데 일조했다.

조선의 과거시험은 시스템의 정교함이라는 측면에서 타의 추종을 불허했다. 먼저 시험을 소과와 대과로 나누고 소과인 생원시(유교 경전으로 시험)와 진사시(문장, 즉 글짓기로 시험)는 다시 초시와 복시로 나눠, 초시에서는 생원시와 진사시 각 700명, 복시에서는 생원시와 진사시 각 100명을 선발했다. 소과에 합격한 이들에게 자격이 주어지는 대과는 초시, 복시, 전시로 나눠 초시에선 240명을 선발하고 복시에선 33명을 선발했다. 마지막 전시는 복시에 합격한 33명을 상대로 순위를 정하는 시험으로 갑과 3명, 을과 7명, 병과 23명을 뽑고 과마다 다시 등수를 정했다 우리가 장원급제라고 하는 것은 갑과 1등을 말하는 것이다. 성적에 따라 제수되는 관직의 품계가 달라 장원에겐 종6품, 갑과 합격자에겐 정7품, 을과에겐 정8품, 병과에겐 정9품이 부여되었다.

조선 과거시험의 특징 중 하나는 이 시험이 지역주의와 능력주의를 매우 절묘하게 결합한 시험제도였다는 것이다. 소과나 대과 모두 초시(1차 시험)에선 도별로 할당된 인원(지역균형)을 먼저 뽑은 뒤 복시(2차 시험)에서는 점수 순위로 최종합격자를 뽑는 방법(능력주의)으로 지역과 능력의 균형을 맞추었다. 그러나 무엇보다 두드러진 과거시험의 특징은 이 시험이 공직자 선발시험에 그치지 않고 신분 취득이나 유지의 수단으로 기능했다는 것이다. 소과의 경우 합격하면 생원이나 진사라는 직함을 부여받는데 이는 관직에 나가는 것과 상관없이 평생 유지되는 일종의 신분이었다. 또한 조선에서는 평민도 과거에 응시할 수 있었던 반면 양반도 직계 4대 내에 최소한 소과를 합격해야 그 신분을 유지할 수 있었기 때문에 과거 합격은 곧 신분의 상승 또는 유지를 의미하는 것이었다.

과거의 정기시험이라 할 수 있는 식년시는 3년마다 시행되었지만, 이외에도 왕이 성균관의 문묘를 참배한 후에 실시하는 알성시, 나라에 특별한 행사가 있을 때 실시하는 별시 등 부정기시험이 지속해서 시행되었고, 이러한 시험들은 왕권을 강화하고 국론을 통합하는 임무를 수행했다.

흔히들 조선말 매관매직이나 부정행위의 병폐를 들며 과거 무용론을 주장하기도 하지만 이것은 제도 운용의 문제였을 뿐 과거제도 자체의 문제점은 아니었다. 오히려 조선은 과거라고 엄격한 시험제도를 통해 관료의 정당성과 우수성을 담보할 수 있었다. 또한 과거시험은 신분제 사회인 조선에서 신분을 얻고 유지하는 방법이자 관직 진출의 유일한 방법으로 기능함으로써 신분에 따라 관직을 얻는 게 아니라 능력에 따라 신분을 정하는 독특한 임무를 수행했다.

관료 선발의 공정성은 나라의 존립 근거이자 기반이다. 지금 장·차관이나 청와대의 비서실은 물론 지방자치단체의 고위직 공무원들은 모두 소위 '줄 잘 선 자'가 온통 차지하고 있다. 대통령부터 웬만한 정치인 모두가 온통 입만 열면 공정을 외치지만, 과연 민주공화국 대한민국은 조선왕조만큼이나 공정한가?

2020.02.14.

100

율곡(栗谷), 그리고 지금

율곡의 정치사상은 크게 시대를 진단하는 시폐론(時弊論)과 시대에 대한 처방인 시무론(時務論)으로 나눠볼 수 있다. 이 중 시폐론은 시대의 사회적 폐단에 대한 철저한 인식을 바탕으로 공동의 위기의식을 갖는 것이고, 시무론은 시대의 사회적 폐단을 해결하기 위한 대책을 제시함으로써 백성과 국가를 위기에서 구출하는 것이었다.

중종 31년(1536)에 태어나 선조 17년(1584)에 작고한 율곡 이이는 조선이 낳은 경세가다. 율곡이 살던 시대는 안으로는 정치, 경제, 사회적인 혼란을 겪고 있었고, 밖으로는 국력이 크게 약화하고 있었다. 특히 율곡이 정계에서 활동할 당시는 4대 사화(士禍)가 끝나고 선조에 의해 새로운 정치가 모색되고 있었다. 정치적으로는 관리들이 무사안일과 사리사욕의 타성에 젖어 있었으며, 사림의 갈등과 알력이 노골화되고 동서 붕당으로 당쟁이 싹트기 시작하고 있었다. 경제적으로는 토지제도의 문란과 공물, 진상 등 각종 조세제도의 불합리, 세금의 과중한 부과로 인해 민생이 극도로 피폐해져 있었고, 사회적으로는 법에 따른 정의가 실현되지 못하고 있었으며, 인사제도는 능력과 공정성이 보장되지 못하고 있었다. 특히 신분적 차별이 극심하여 서얼, 천민 등의 인권과 민생이 위태로운 시대이기도 했다.

이러한 시대 상황 속에서 율곡은 역사의 흐름을 정확히 읽고 조선왕조가 창업된 지 200년이 지난 당시 16세기 후반의 조선 사회가 중쇠기(中衰期)에 해당한다고 보았다. 율곡은 특히 당시 시대를 토붕와해(土崩瓦解, 흙이 무너지고 기와가 산산이 깨어진다는 뜻)로 진단했다. 이러한 역사 인식과 현실 진단을 바탕으로 율곡은 조선 중기 사회의 대대적인 경장(更張)을 주창했다. 이때 율곡이 개혁의 방법으로 주창한 것이 대동법의 시행, 사창(司倉) 설치, 십만양병설 등이다.

율곡의 정치사상은 크게 시대를 진단하는 시폐론(時弊論)과 시대에 대한 처방인 시무론(時務論)으로 나눠볼 수 있다. 이 중 시폐론은 시대의 사회적 폐단에 대한 철저한 인식을 바탕으로 공동의 위기의식을 갖는 것이고, 시무론은 시대의 사회적 폐단을 해결하기 위한 대책을 제시함으로써 백성과 국가를 위기에서 구출하는 것이었다. 율곡은 이때 만인평등의 입장에서 정치의 주체를 "민(民)"으로 규정하고, 현실참여의 기준을 민에 두고 민본주의 정치이론을 전개했다. 율곡은 또한 정치에서 가장 중요한 것은 "때(時)"라고 보고, 백성과 국가를 위기에서 구하기 위해선 무엇보다 때를 놓치지 말아야 한다고 생각했다.

이러한 인식하에 율곡은 당시 피폐한 민생을 구제하는 방법으로 네 가지 정책, 즉 ① 薄稅斂의 道(박세령의 도, 백성의 세금을 가볍게), ② 輕徭役의 道(경요역의 도, 백성의 부역을 가볍게), ③節用生時의 道(절용생시의 도, 백성이 재화를 생산하는 시기에 부역을 시키지 말 것), ④財民恒産의 道(제민항산의 도, 백성의 지속적인 재화 생산을 가능케 하고 생산된 재산을 평등하게 분배할 것)를 주창했다. 율곡은 "生民(생민)"에 적극적 관심을 두고 적어도 인간으로서 의식주의 충족은 보장되어야 한다고 생각했다. 이를 위해 율곡은 특히 공물, 진상, 군역 등 각종 의무 제도의 모순과 난맥으로 인한 민생의 불안과 민심의 이반, 나아가 농촌 경제의 파탄과 국가 경제의 위기를 비판하고 그 대안을 제시하고자 노력했다.

율곡은 특히 백성의 뜻을 광범위하게 수렴하는 정치의 중요성을 강조했다. 율곡은 언로(言路)가 열려야 국정운영에 도움이 되는 공론이 형성된다고 하면서, 정치지도자는 귀와 마음을 연 현명한 지도자가 되어야 한다고 역설했다. 현명함에는 누구나 한계가 있기에 쓴소리와 조언을 마다치 않는 지성으로 어진 이를 찾는 데 노력해야 한다는 것이다. 율곡은 개혁의 방법에서 상당한 유연성을 갖고 있어 민본이라는 정치의 본질은 시대를 초월해서도 영원히 바뀔 수 없지만, 정치의 형태나 방법론은 시대 상황에 맞게 변용 가능한 것으로 생각했다.

지금 이 나라는 더없이 어지럽다. 정치지도자들은 저만이 옳다고 우기며 잘못된 정책을 고집하고 이를 옹호하는 일부 극성 세력들은 떼를 지어 여기저기 옮겨 다니며 여론을 호도하고 있다. 가히 광기(狂氣)다. 바야흐로 가치가 전도된 시대다. 그러나 율곡이 살던 시대도 그랬다. 그런데도 율곡은 좌절하지 않고 올바른 선비정신을 바탕으로 백성과 국가를 구하기 위해 동분서주하며 분골쇄신(粉骨碎身)의 노력을 멈추지 않았다. 다만 안타까운 것은, 지금 과연 누가 있어 율곡의 역할을 대신하겠는가?

2020.02.21.

101

바이러스와 인류

어쩌면 인류가 핵전쟁에 의해 멸망하리라는 것은 공연한 기우에 불과하다. 과거 인류가 세균과 바이러스에 의해 멸종에 가까운 대재앙을 겪은 것은 그 사회가 후진적이어서 그랬던 것이 아니다. 지금이나 그때나 세균과 바이러스의 공격은 최첨단이다.

2020년 코로나19 바이러스가 대한민국을 멈춰 세우고 있다. 대한민국이 그야말로 '한 번도 경험 못 한 나라'로 가고 있다. 코로나19는 심지어 236년 역사상 처음으로 천주교 미사를 중단시켰다. 지금으로선 코로나 사태가 어디로, 어떻게 흘러갈지 예측하기 어렵다. 다만, 한 가지 분명한 것은 사태가 빨리 진정되지 않으면 우리가 너무 많은 것을 잃게 될 것이라는 점이다.

역사적으로도 문명의 물줄기를 바꾼 것은 전쟁이 아닌 전염병이었다. 인류의 역사가 총, 균, 쇠 3가지로 결정되었다고 하지만, 총과 쇠보다는 오히려 균이 인류의 운명을 바꿔 놓았다.

흑사병은 유럽의 중세라는 시대를 온통 검은색으로 물들였다. 몽골은 현 크림반도의 제노바 식민도시에 흑사병에 걸려 죽은 사람을 공성무기를 이용해 성안으로 던졌다. 까만색 시체에 제노바인들은 너무 놀라서 이탈리아의 시칠리아로 혼비백산 도망했지만, 이탈리아에서 전 유럽으로 흑사병이 퍼지고, 그렇게 중세유럽은 지워졌다. 수 세기 동안 전 세계 사람들은 페스트라는 병 이름만 들어도 공포에 떨어야 했다.

천연두는 아메리카 원주민과 그 문명을 완전히 몰락시켰다. 천연두가 15세기 신대륙에 전파된 것은 스페인의 에르난 코르테즈(Hernán Cortés)가 이끌고 간 500여 명의 군대에 의해서였다. 흔히 신대륙으로 건너간 유럽인들이 총칼로 인디언을 제압했을 것으로 생각하지만, 인디언 제압에 더욱 큰 영향을 미친 것은 바로 유럽인들이 가져간 천연두 균이었다. 이후 인디오 대신에 아프리카 흑인이 노예로 아메리카에 들어오게 되었는데, 이때 흑인들은 황열병을 가지고 왔고, 유럽 식민주의자들이 이번에는 자신들이 황열병에 걸렸다. 로마제국의 쇠락도 사실은 서기 165~180년 사이에 창궐한 천연두에 기인한다. 천연두로 로마의 인구가 급감하자 게르만 용병을 쓸 수밖에 없었고, 로마인들은 급기야 그들의 영원한 수도 '로마'를 버리고 '콘스탄티노플'로 수도를 옮겨야 했다.

티푸스(typhus) 역시 문명의 몰락과 전쟁 승패의 주원인이었다. 아테네를 망하게 한 것도 다름 아닌 티푸스다. 아테나와 스파르타 간의 펠로폰네소스 전쟁에서 스파르타가 승리한 것은 기원전 430년부터 4년 동안 티푸스가 유행해 아테네 인구의 4분의 1이 죽었기 때문이다. 나폴레옹 패망도 결국은 티푸스 때문이었다. 나폴레옹이 1812년 러시아에서 퇴각한 것은 러시아의 추운 날씨 때문도 아니었고 러시아의 군사 공격 때문도 아니었다. 나폴레옹 패전의 원인은 발진티푸스나 참호열 등, 이(louse, 몸에 서식하는 벌레)와 관련된 전염병 때문이었다. 나폴레옹은 1812년 여름 50만 병력을 이끌고 러시아로 진격해 그해 겨울 2만 5천명의 병사가 러시아의 빌니우스에 도착했지만 겨우 3천 명만 살아남았다. 당시 숨진 병사 35명의 유골에서 나온 치아 72개를 분석한 결과 29%의 병사가 리케차란 세균을 보유했다고 한다. 즉 이(louse) 세균과 관련된 질병인 발진티푸스나 참호열에 걸린 것이 나폴레옹이 러시아에서 참패한 주원인이었다.

어쩌면 인류가 핵전쟁에 의해 멸망하리라는 것은 공연한 기우에 불과하다. 과거 인류가 세균과 바이러스에 의해 멸종에 가까운 대재앙을 겪은 것은 그 사회가 후진 사회여서 그랬던 것이 아니다. 지금이나 그때나 세균과 바이러스의 공격은 최첨단이다. 당시 사람들이 당시의 기술로 막을 수 없었던 것처럼 우리도 오늘날의 의학 기술로 코로나19를 막지 못하고 있다. 세균은 페니실린과 항생제의 발달로 그나마 방법이라도 있지만, 바이러스는 유전자 변이라는 무기를 가지고 끊임없이 사람을 공격하는 까닭에 바이러스를 죽일 수 있는 약이 없다. 세계보건기구(WHO)가 21세기를 '전염병의 시대'로 규정한 것은 결코 예사로운 일이 아니다. 신종인플루엔자A(H1N1), 중증급성호흡기증후군(SARS·사스), 중동호흡기증후군(MERS·메르스)에 이어 코로나19까지 그야말로 '바이러스 전성시대'다. 지금부터 인류는 바이러스와의 일대 전쟁을 시작하지 않으면 안 된다. 그리고 이 전쟁은 신속하면 신속할수록, 집중적이면 집중적일수록 좋을 것이다.

2020.02.28.

102

코로나19 팬데믹(pandemic)

세계보건기구(WHO)가 신종 코로나바이러스 감염증(코로나19) 확산 사태를 '팬데믹(pandemic, 세계적 대유행)'이라고 선포했다. WHO 사무총장은 언론 브리핑에서 "놀라운 수준의 확산과 심각성, 그리고 무대책에 대해 깊이 우려하고 있다"고 말했다.

세계보건기구(WHO)가 신종 코로나바이러스 감염증(코로나19) 확산 사태를 '팬데믹(pandemic, 세계적 대유행)'이라고 선포했다. WHO 사무총장은 언론 브리핑에서 "놀라운 수준의 확산과 심각성, 그리고 무대책에 대해 깊이 우려하고 있다"고 했다. 팬데믹(pandemic)은 세계적으로 전염병이 대유행하는 상태를 의미하는 말이다. WHO는 전염병의 위험도에 따라 전염병 경보단계를 1단계에서 6단계까지 나누는데 최고 경고 등급인 6단계를 '팬데믹(pandemic)'이라고 한다. 그리스어로 'pan'은 '모두', 'demic'은 '사람'이라는 뜻으로, 전염병이 세계적으로 전파되어 모든 사람이 감염된다는 의미다.

코로나가 세계 주식시장을 요동치게 하고, 세계 교류와 교통을 차단하고 있다. 독일 메르켈은 전문가의 말을 빌려 "인구 60% 이상이 코로나19에 감염될 수 있다"고 했고, ECB 총재는 "코로나19에 신속하게 대응하지 못하면 08년 금융위기급 충격이 올 수 있다"고 했다. 세계 각국이 '국가비상사태'를 선포하고 있다. 인류 역사상 최악의 팬데믹이 오는 건 아닌지 우려된다. 과거보다 인구가 비교할 수 없을 정도로 많고 공동주택에서 생활하고, 지하철과 버스 등 대중교통 수단이 발달한 현대 생활에서 사람 간 접촉은 피할 수 없다. 그리고 이런 상황은 전염병의 감염에 더없이 좋은 환경이다.

지금까지 역사상 최악의 팬데믹은 흑사병이다. 흑사병은 유럽에 유입된 지 불과 수년 만에 시칠리아, 이탈리아, 스페인, 영국과 프랑스, 유럽 중부의 오스트리아, 스위스, 독일을 거쳐 벨기에, 네덜란드로, 그리고 처음 선보인 지 고작 3년여 만에 스칸디나비아 국가에까지 이르렀다. 기록에 따르면 전 유럽 인구의 1/3 또는 1/4, 숫자로는 2500만에서 6000만 명에 이르는 유럽인이 이 병으로 사망했다.

천연두 역시 흑사병 못지않은 최악의 팬데믹이다. 천연두는 지금은 극복하였지만, 호랑이보다도 더 무서운 병으로 불릴 만큼, 한 번 걸리면 목숨을 부지하기 힘든 병이었다. 천연두 바이러스에 감염되면 열이 나고, 특히 얼굴 부위에 발진과 포진이 생기며 병이 나은 후에도 흉터가 남게 된다. 천연두의 기원은 매우 오래인데, 기원전 1143년에 사망한 이집트의 파라오 람세스 5세의 미라에서 천연두의 흔적이 발견되어 당시 천연두 바이러스가 계급을 가리지 않고 대유행했다는 것을 보여준다. 로마의 아우렐리우스 황제, 영국의 여왕 메리 2세, 프랑스의 왕 루이 15세, 러시아의 황제 표트르 2세 등 유럽의 많은 통치자가 천연두로 목숨을 잃었고, 청나라의 순치 황제 또한 천연두로 목숨을 잃었다는 기록이 남아 있다.

천연두 바이러스는 여러 면에서 나라의 운명을 바꾸고, 역사와 문화를 변화시키는 계기가 되었는데, 가령 스페인의 코르테스는 1519년 신대륙을 정복하기 위해 500여 명의 병사를 이끌고 남아메리카 대륙 아스테카 문명의 중심지에 도착했다. 아스텍인들은 스페인군의 30배에 달하는 군대로 첫 전투에서 크게 이겼지만, 그 후부터 시름시름 앓더니 하나둘 죽기 시작했다. 바로 유럽인들이 가져온 천연두 때문이었다. 천연두에 대한 면역을 갖고 있던 스페인 병사들과 달리, 면역 체계가 없던 아스텍인들은 천연두 바이러스에 의해 몇 주 만에 전 인구의 4분의 1이 사망했고, 덕분에 스페인군은 손쉽게 신대륙을 차지할 수 있었다.

근대 들어 최초의 팬데믹은 제1차 세계 대전이 끝난 1918년과 1919년 사이에 유행한 스페인 독감이었다. 당시 전 세계 인구의 5분의 1이 스페인 독감에 걸려 5천만 명에 이르는 사람들이 사망했다. 사실상 전쟁보다 더 많은 인명 피해를 낸 인류 역사상 최악의 전염병이었다. 이로부터 40년 뒤인 1957년에는 아시아 독감으로 100만 명이, 그로부터 10년 뒤인 1968년에는 홍콩 독감으로 70만 명이 사망하는 팬데믹이 또 벌어졌다.

2019년 말에 시작된 코로나가 벌써 세계 각 대륙, 각 국가로 퍼졌다. 많은 희생자가 나오고 세상을 멈춰 세울 듯 그 기세가 요란하다. 코로나 사태는 어디서, 언제쯤 멈출까. 우리가 할 수 있는 건 이제 역사상 최악의 전염병이 되지 않기만을 바라는 기도 외에는 없는 것인가.

2020.03.13.

103

정치중독(政治中毒)

정치중독은 무서운 병이다. 여기에 잘못 걸려들면 평생 벗어나지 못하고 가산을 탕진하고 주위 사람들로부터 고립되고 끝내 신세를 망친다. 심지어 죽을 때까지 벗어날 수 없다고 하는 것이 정치중독이다. 그런데 최근 들어서는 기성 정치인이나 정계의 문을 두드리는 정치 지망생들 말고도 정치병에 걸린 일반인들이 많다.

중독의 폐해를 말하자면 마약중독을 빼놓을 수 없다. 마약에 한 번 빠지면 벗어난다는 것은 여간 어려운 게 아니다. 중독성이 비교적 약하다고 하는 담배도 끊기 어렵다는 걸 생각하면, 중독성이 그보다 훨씬 강한 마약에서 벗어난다는 건 그야말로 백년하청(百年河淸)이라 해도 과언이 아니다.

흔히 중독이라고 하면 술이나 약물과 같은 물질이 몸속으로 들어가 나타나는 현상을 생각하지만, 중독의 개념은 약물중독뿐 아니라 행위중독으로도 개념이 확대되고 있다. 행위중독은 정신의학에서는 비물질 관련 중독 장애의 하나로 술이나 마약과 같은 물질을 섭취하지 않지만 물질 관련 중독 장애에서 나타나는 행동을 보이는 것을 말한다. 예를 들어 내성, 금단증상 및 의존성이 있고 이로 인해 이차적인 문제가 발생하는데도 불구하고 그 행위를 지속하는 상태다.

행위중독 중에서도 가장 대표적인 것이 도박중독이다. 도박이란 '불확실한 결과에 돈을 걸고 하는 내기'를 말한다. 그런데 도박은 인간의 본성 속에 들어있는 사행성의 발로인 까닭에 인간 삶에 어느 정도 불가피한 측면이 있고, 또 합법적인 도박도 있어 무조건 나쁘다고 할 수는 없다. 그러나 지금 우리 사회는 가히 '도박공화국'이라고 할 정도로 도박에 경도되어 있다. 특히 인터넷을 통한 도박이 크게 유행하면서 최근에는 여성 중독자의 비율이 늘고 있고 심지어 청소년들도 도박에 무방비로 노출되어 있어 정말 큰 문제가 아닐 수 없다.

그러나 도박중독보다 더 무서운 행위중독이 있다면 그것은 다름 아닌 정치중독이다. 정치에 중독되면 마치 캠퍼스 증후군 유사의 행동을 보인다. 선거철만 되면 출마를 한다고 주위에 설레발을 치는 중독자들이 넘쳐나는 것도 이 때문이다. 변호사인 어떤 인사는 실제 본선에는 한 번도 나가지 않았으면서도 총선철만 되면 빠짐없이 예비후보로 등록한다. 그가 이런 행보를 보이는 걸 두고는 사실은 그런 방법으로 자신의 사무실을 선전하는 것이라는 말도 있으나 그보다는 오히려 정치중독 때문이라고 보는 것이 더 정확할 것이다. 제삼자가 보기에 전혀 당선 가능성이 없는데도 친지나 주위 사람들에게 큰 민폐를 끼쳐가며 어울리지 않는 출마를 계속하는 것 역시 정치중독 때문이라고 해야 한다.

정치중독은 무서운 병이다. 여기에 잘못 걸려들면 평생 벗어나지 못하고 가산을 탕진하고 주위에 사람들로부터 고립되고 끝내 신세를 망친다. 심지어 죽을 때까지 벗어날 수 없다고 하는 것이 정치중독이다. 그런데 최근 들어서는 기성 정치인이나 정계의 문을 두드리는 정치 지망생들 말고도 정치병에 걸린 일반인들이 많다. 이들 정치병 환자들은 어떤 정치적 현상이나 사건을 그 자체로 접근하기보다는 각자 자신의 프레임과 패러다임을 들고 자신들 입맛대로 재단하고 해석한다. 정말 심각한 건 이들은 특정 성향에 심하게 편향돼 있어 합리성과 객관성이라곤 찾아볼 수 없는데도 스스로 정의의 사도를 스스로 칭한다는 것이다.

정치중독자 중에는 사실 자존감이 낮고 열등감이 높은 사람들이 많다. 이들은 정치에 대해서 논쟁을 펼치고 같은 처지인 사람들과 교류하면서 관심을 얻는 것으로 자신의 열등감을 메우려 한다. 이 때문에 정치병 환자들은 대부분 피상적인 거대 담론이나 타 진영에 대한 극단적인 혐오감의 표출 등 장소나 상황과 무관하고 일상과도 거리가 먼 대화에 함몰된다는 특징이 있다. 이들은 상대가 특정 성향이라는 이유로 이를 타도의 대상으로 매도하기도 하고 심지어 자신의 정치 성향을 남들에게 강요하기도 한다. 더 나쁜 경우는 자신이 지지하는 정당을 반대하는 인물이나 단체, 또는 계층이나 지역을 무자비하게 공격하고 그것을 마치 정의나 애국으로 포장한다는 사실이다.

정치는 어디까지나 삶을 위한 것이다. 삶이 정치를 위한 것이 되어서 안 된다. 그것은 후보자에게도 유권자에게도 적용되는 양보할 수 없는 진리다. 그래서 정치에 중독되거나 정치병에 걸려서 일상의 삶을 망가뜨리는 것은 주객이 전도된 것이다. 그래서 우리는 이 말을 명심하는 것이 좋을 것이다. '정치에 관심을 가지라, 그러나 중독되지는 마라!'

2020.03.20.

104

아모르파티(amor fati)

가수 김연자가 불러 공전의 히트를 한 '아모르파티'라는 제목의 노래가 있다. 여기서 아모르파티는 '자신의 운명을 사랑하라'라는 뜻이다. 독일의 철학자 니체가 사용한 이 말은 인간이 가져야 할 삶의 태도를 설명하는 용어다. 운명애(運命愛)라고 번역할 수 있는데, 니체는 삶이 만족스럽지 않거나 힘들더라도 자신의 운명을 받아들여야 한다고 역설하며 이 말을 사용했다.

과연 운명은 존재하는가. 소위 운(運)이 있으면 노력 없이도 결과를 얻고 운이 없으면 아무리 노력해도 아무것도 얻지 못하는 일이 생기는가. 운이 인간의 모든 것을 결정한다면 인간의 노력이란 것은 사실 아무런 의미가 없는 것인가. 필자는 사실 운이라는 것을 그렇게 믿지 않는 편이다. 한 인간의 삶을 관통하는 어떤 정해진 운명이 있다고 보지도 않는다. 그러나 그것을 운명이라 부르든, 어떤 다른 이름으로 부르든 어떤 비밀스러운 힘으로 인해 한 인간에게 주어지는 결과와 그가 투입한 노력이 비례하지 않는 경우가 있다는 점을 부인하지 않는다. 오히려 노력과 결과가 비례하지 않는 경우가 비일비재하다는 점을 인정한다.

가수 김연자가 불러 공전의 히트를 한 '아모르파티'라는 제목의 노래가 있다. 여기서 아모르파티는 '자신의 운명을 사랑하라'라는 뜻이다. 독일의 철학자 니체가 사용한 이 말은 인간이 가져야 할 삶의 태도를 설명하는 용어다. 운명애(運命愛)라고 번역할 수 있는데, 니체는 삶이 만족스럽지 않거나 힘들더라도 자신의 운명을 받아들여야 한다고 역설하며 이 말을 사용했다.

그런데 운명을 받아들인다는 것은 자신에게 주어지는 고난과 어려움 등에 굴복하거나 체념하는 것과 같은 수동적인 삶의 태도를 의미하지 않는다. 니체가 말하는 '아모르파티' 즉 '운명에 대한 사랑'은 자신의 삶에서 일어나는 고난과 어려움까지도 받아들이고, 부정적인 것을 긍정적인 것으로 가치 전환하는 적극적 방식의 삶의 태도를 의미한다. 그래서 '아모르파티'는 니체 철학 전반과 연관을 가진 개념으로 '디오니소스적 긍정'의 최고 형식으로 불린다. 니체의 관점에서 보면 삶은 같은 것의 무한한 반복을 이루는데 이때 허무주의에 빠지지 않고 삶을 긍정해야 한다는 점에서 아모르파티가 요구된다는 것이다. 즉, 아모르파티는 특정한 시간이나 사건에 대한 순간적인 만족이나 긍정을 의미하는 것이 아니라, 삶 전체와 세상에 대한 긍정을 통해 허무를 극복하는 것을 의미한다.

인생을 살다 보면 시운(時運) 때문이든, 다른 이유 때문이든 뭔 액운이 꼈는지 일이 도통 가로막히는 때가 있다. 이런 때 운명 탓을 하며 쉽게 자포자기하는 사람도 있고 굴하지 않고 다시 도전하는 사람도 있다. 그런데 분명한 것은 자포자기에서 얻어지는 것은 없다는 사실이다. 유위(有爲)에서 무(無)가 나올 수는 있으나 무위(無爲)에서 유(有)가 나올 수는 없는 것이 세상 이치다. 가사 결과가 가혹하다 하더라도 그것을 받아들고 꿋꿋이 앞으로 나가야 뭔가 달라질 수 있다. 주어진 결과에 자포자기해 아무것도 하지 않는다면 아무것도 달라지지 않을 것이다. 주어진 운명을 비관하고 다음을 포기해 버리는 삶과 그것을 발판으로 다시 딛고 일어서는 삶은 그 종점이 같을 수 없다.

사실 인간의 삶은 선택의 연속이다. 우리의 오늘 선택이 어떤 결과를 가져올지는 아무도 알지 못한다. 그렇다고 해서 선택을 하지 않을 수도 없다. 내 삶의 선택을 남에게 맡긴다 해도 그 맡기는 것조차 선택이다. 즉, 우리는 선택으로부터 결코 자유로울 수 없고 선택을 포기할 수도 없다. 우리가 선택하지 않는다면 오히려 우리가 선택된다. 삶에서 능동성을 포기하는 순간 우리의 삶은 어느새 삶의 주체성을 상실한다. 따라서 선택 뒤에 그 어떤 가혹한 운명이 닥친다고 하더라도 그 운명조차 나의 것으로 받아들여야 한다. 매사가 내가 생각한 대로 흘러가지 않는다고 하더라도, 내가 노력한 만큼의 결과가 나오지 않는다고 하더라도 적어도 운명을 비관할 필요는 없다.

우리는 지금 코로나19라는 가혹한 사태를 겪고 있다. 경제적 타격은 깊고 정신적 스트레스는 폭발 직전이다. 듣도 보도 못한 가혹한 타격을 입고 있는 자영업자들의 한숨 소리는 차라리 너무도 깊어 들리지도 않는다. 마스크를 쓰지 않으면 이상한 취급받는, 마치 영화에서나 나올 법한 오늘 우리 삶의 모습은 분명 낯설고 기괴하다. 그러나 바로 이런 때 니체는 부정적인 것을 긍정적인 것으로 가치 전환하라고 말한다. 하긴 언제인들 삶이 가혹하지 않은 적이 있었던가. 그러니 일어나 선택하라! 그리고 아모르파티!

2020.04.10.

105

사무사 무불경(思無邪 毋不敬)

사악한 위정자들일수록 입으로는 정(正)을 부르짖으면서 손으로는 부정(不正)을 저지르고, 겉으로는 사회 정의를 부르짖으면서 속으로는 사리와 사욕을 챙기고, 형식적으로는 위민과 애국을 강조하지만 실제로는 당파와 분파의 이익을 추구한다. 이것이 우리가 경계를 늦추지 말아야 하는 이유다.

사무사(思無邪)는 '논어'에 나오는 말로, '생각에 잘못됨이나 간사함이 없다'는 뜻이다. 공자가 『논어(論語)·위정(爲政)』편에서 "시 삼백 편은 한마디로 생각에 사특함이 없다"(詩三百, 一言而蔽之曰 思無邪)라고 한데서 유래한다.

공자는 제자를 가르치는 데 있어 역사적으로 전해 내려오는 시(詩)를 우선했다. 시는 인간의 가장 순수한 감정에서 우러나는 것이므로 정서를 순화하고 다양한 사물을 인식하는 데는 그만한 전범(典範)이 없다고 생각했다. 공자는 이런 생각에 따라 그때까지 전해 내려오는 시 3천 수를 추려 3백여 편으로 엮어 시경(詩經)을 편찬하고, 그 내용을 압축하여 사무사(思無邪)라는 한마디로 정리했다.

무불경(毋不敬)은 예기에 나오는 말로 '매사에 공경하지 않음이 없다'라는 뜻이다. "사람이 몸을 수양함에는 언제나 공경치 않음이 없어야 하고, 용모는 늘 도의를 생각하는 것같이 엄숙해야 하며, 말은 부드럽고 명확해야 하니, 이렇게 하면 덕이 절로 쌓아져서, 백성을 다스려 편안하게 할 수 있으리라."(曲禮曰 毋不敬 儼若思 安定辭 安民哉)라는 말에서 나왔다.

율곡 이이(李珥 1536~1584)는 "사무사 무불경(思無邪 毋不敬) 두 구절을 일생 마음에 두고 실천하라, 마땅히 이것을 벽 위에 써 붙여서 잠시이라도 잊어서는 안 된다."라고 격몽요결 지신장(持身章)에 썼다. '사무사 무불경'은 '생각에 간사함을 갖지 말고, 매사에 공경한다'는 의미다. '사무사 무불경'의 자세는 공적 업무를 맡은 사람들이 자기 이익을 위해 공적 이익을 침해하거나 훼손하는 것을 막아준다.

'정의론'으로 유명한 존 롤스는 '이해상충(COI: Conflict of Interests)' 상황에 관해 "사람들은 그들의 노력으로 산출될 더욱 큰 이득의 분배 방식에 대해 무관심하지 않고, 자신들의 목적을 추구하기 위해 적은 몫보다는 큰 몫을 원하기 때문에 이해관계가 상충하게 된다"라고 했다. 이런 롤스의 견해에 의할 때 위정자의 경우 그 일의 성격상 나라의 공익과 개인의 사익이 첨예하게 부딪히고, 이때 위정자가 자신의 목적을 우선하게 되면 공익이 심각하게 훼손될 수밖에 없다. 그래서 위정자는 항상 '사무사 무불경'을 명심해야 한다.

한편 우리는 위정자들이 '사무사 무불경'을 빙자해 꼼수를 부리는 것을 경계해야 한다. 간교한 위정자들은 정치적으로 불리하거나 손해를 볼까 봐 가능한 모든 수단을 내세우되 마치 아닌 듯 위장을 한다. 또 사악한 위정자들일수록 입으로는 정(正)을 부르짖으면서 손으로는 부정(不正)을 저지르고, 겉으로는 사회 정의를 부르짖으면서 속으로는 사리와 사욕을 챙기고, 형식적으로는 위민과 애국을 강조하지만 실제로는 당파와 분파의 이익을 추구한다. 이것이 우리가 경계를 늦추지 말아야 하는 이유다.

21대 국회가 곧 문을 연다. 그런데 벌써 여기저기서 자격 없는 당선자들의 얘기가 들린다. 21대 국회는 유난히 사익과 공익을 구분하지 못하고, 정치의 도리와 근본을 알지 못하는 사람들이 국민의 선택이라는 이름으로 대거 국회에 입성하게 됐다. 이들이 어떤 꼼수를 부려 어떤 사익을 취할지 벌써 걱정이다.

다산 정약용은 목민심서에서 이렇게 적고 있다. "예나 지금이나 정치를 하는 자는 크게 두 가지 부류로 나누어 볼 수 있다. 하나는 분골쇄신하는 노력 봉사에 적극적인 활동을 보여주는 사람과, 다른 하나는 무사안일주의에 만족하는 사람이다. 전자는 봉사 정신의 투철함과 동시에 자기 역량에 자신이 있는 사람이지만, 후자는 일신상의 안일만을 꾀하며 전진하려는 기백이 없는 자이다."

21대 국회에서 분골쇄신 노력하는 정치인들을 가능한 한 많이 봤으면 한다. 늦게까지 의원 회관에 불을 밝히고 현실 진단과 대안 제시를 위해 분투하는 국회의원들을 많이 봤으면 한다. 아니 그렇진 못하더라도 제발 사리와 당리를 위해 꼼수 부리는 국회의원만은 많지 않길 바란다. 그래서 필자는 21대 국회의원 모두가 율곡이 말한 대로 '사무사 무불경(思無邪 毋不敬)' 두 구절을 사무실 벽에 써 붙일 것을 권한다.

2020.04.29.

106

위선의 함정

위선이 문제인 것은 가져오는 사회적 폐해가 생각보다 크기 때문이다. 신이 아닌 인간은 완벽하게 선할 수도 없고 완벽하게 정의로울 수도 없다. 그런데도 선을 독점하거나 참칭하게 되면 국민에게 나중에 속았다는 감정을 갖게 한다. 그리고 그것은 결국 단순한 실망을 넘어 분노로 이어진다.

하나의 유령, 위선이라는 유령이 대한민국을 떠돌고 있다. 온통 나라가 위선으로 가득 차 있고 여기저기 위선자들이 판을 친다. 모든 사회의 역사가 '선과 위선의 투쟁'의 역사라지만 오늘 대한민국에서의 위선은 그 정도가 가히 견디기 어렵다.

조 모는 서울대 교수 시절 수많은 트윗을 하며 정의와 공정의 사도 노릇을 했다. 그러나 그는 지금 서울대 교수라는 특권을 이용해서 자녀의 입시에 도움이 되는 각종 특혜를 얻고 청와대 민정수석이라는 권력을 이용해서 불법 주식 투자로 사익을 챙겼다는 혐의로 기소되어 재판받고 있다. 그는 도덕적으로 잘못이 있을지언정 법적으로 문제가 될 것은 없다며 무죄 주장을 하고 있지만, 그가 가사 법적 처벌을 피한다고 하더라도 이미 잃은 권위와 신뢰를 되찾긴 어려울 것이다.

방송국에서 앵커 노릇을 하던 손 모 역시 정의와 공정의 담론을 주도하며 10년이 넘도록 가장 신뢰받는 언론인으로 선정되기도 했다. 최순실 태블릿 PC를 처음으로 입수해 관련 자료를 폭로하며 박근혜 탄핵에 불을 지핀 것도, 안희정 전 충남지사의 성폭행 피해자를 방송에 전격 출연시켜 세상을 놀라게 한 것도 그였다. 그러나 그는 모 프리랜서 기자를 폭행했다는 혐의로 수사를 받은 데다 그 폭행의 이유를 두고 불륜설이 제기되는 등 여러 구설에 오르며 언론인으로서의 신뢰와 권위를 상실했다.

윤 모는 누구도 쉽게 이의를 달거나 문제를 제기할 수 없는 성역과도 같은 상징인 위안부라는 방어막 뒤에 숨어서 사익을 챙겼다는 의혹을 받는다. 워낙 견고한 방어막을 쳤기 때문에 각종 반칙을 저지르는 동안 아무도 그를 제지할 수 없었는데, 그는 이런 면책특권을 만끽하며 아무런 죄책감이나 거리낌 없이 사익을 추구했다는 것이다. 그와 그를 옹호하는 자들은 단순한 회계 착오에 불과하다며 혐의를 부인하고 있지만, 그가 위안부 할머니들을 앞세워 이런저런 명목으로 걷어 들인 돈을 착복해 집을 사고 딸의 미국 유학 자금으로 사용했다는 의혹까지 불거지며 그는 이미 도덕적 정당성을 상실했다.

조 모에 대한 국민의 분노가 컸던 것은 그의 말과 그의 행동이 달랐기 때문이다. 그는 공직에 임명되거나 나서는 인사들의 부적절한 언행을 누구보다 신랄하게 비판했다. 그런데 정작 본인이 고위직에 지명되면서 밝혀진 것은 과거에 본인이 비판한 인사들의 그것을 훨씬 능가했다. 국민이 윤 모에 대해 느끼는 감정 또한 마찬가지다. 그는 오랫동안 위안부 인권운동의 대부 노릇을 하며 선한 투사로서의 명성과 특권을 누렸다. 그런 그가 일본군 위안부 피해자 할머니에 대한 지원과 진상 규명이라는 이름으로 막대한 후원금을 모금해 이를 사적으로 유용하고 가족 비즈니스까지 나아갔다는 사실에서 국민은 윤 모가 그렇게 부르짖었던 인권과 정의의 구호가 자신의 치부 수단에 불과했음을 알게 된다. 위선자들은 보통 제기되는 사안에 대해 자신들의 역할이나 업적에 비할 때 사소한 문제라는 생각을 가진다. 그들은 자신들은 큰일을 하는 사람들이고 정의와 공정을 위해 전면에 나서 투쟁하는 사람들인데 별것도 아닌 일로 트집을 잡는다고 생각한다. 그러나 그런 식으로 자기최면을 거는 동안 그는 부지불식간에 '위선의 함정'에 빠지고 만다. 위선의 옷을 입으면 마치 방탄조끼를 입고 알몸의 총잡이와 결투하는 것처럼 손쉽게 상대를 제압할 수 있기 때문이다.

사실 위선이 문제인 것은 그것이 가져오는 사회적 폐해가 생각보다 크기 때문이다. 신이 아닌 인간은 완벽하게 선할 수도 없고 완벽하게 정의로울 수도 없다. 그런데도 선을 독점하거나 참칭하게 되면 국민에게 나중에 속았다는 감정을 갖게 한다. 그리고 그것은 단순한 실망을 넘어 분노로 이어진다. 가령 공익단체나 시민단체에 기부금이나 후원금을 내던 사람들이 위선자에 질려 후원을 끊으면 그 피해는 고스란히 사회적 약자에게 돌아간다. 그러니 우리는 '무오류의 착각'에 빠져 선을 스스로 칭하는 일도 해서는 안 되고, 그런 자들에게 속지도 말아야 한다. 위선의 시대, 위선이 판치는 대한민국 국민으로 사는 일은 이래저래 쉽지 않다.

2020.05.22.

107

왼 바람 거센 시대 오른 날개 펴기

자유를 최대한으로 보장하면서 공동체를 지키고 유지하는 것이 보수 제일의 가치다. 개인의 자유를 지키는 가치가 '자유민주주의'이고, 기업의 자유를 지키는 가치가 '시장경제주의'다. 외적으로부터 공동체를 지켜야 하기에 '국방과 안보'가 지대한 관심사가 된다. 공동체를 무너뜨리는 내부의 적들을 막아야 하기에 '법치주의'를 신봉한다.

요즘은 마치 진보는 선이고 보수는 악인 것처럼 주장하는 견해가 유행이다. 21대 총선에서 보수가 참패한 뒤로는 보수의 이념이 잘못되었으니 훨씬 더 왼쪽으로 가야 한다는 식의 주장도 나온다. 그러나 이는 보수의 가치를 알지 못한 데서 비롯된 오인식(誤認識)이다.

보수의 최대 가치는 무엇인가? '자유'와 '공동체'다. 자유를 최대한으로 보장하면서 공동체를 지키고 유지하는 것이 보수의 제일의 가치다. 개인의 자유를 지키는 가치가 '자유민주주의'이고, 기업의 자유를 지키는 가치가 '시장경제주의'다. 외적으로부터 공동체를 지켜야 하기에 '국방과 안보'가 지대한 관심사가 된다. 공동체를 무너뜨리는 내부의 적들을 막아야 하기에 '법치주의'를 신봉한다.

그러나 개인의 자유에 기초한 시장경제주의를 중시하다 보면 사회와 경제의 발전에서 뒤처지는 개인과 집단이 발생한다. 여기서 자유민주주의에 내재한 또 하나의 중요한 가치, 평등의 이념이 대두한다. 평등은 모든 인간의 존엄성 유지라는 가치와 공동체의 항상성 유지라는 가치 아래에 개인의 자유를 일정 부분 조정하는 자유민주주의 이념이다. 그리고 이에 대한 실천적 가치가 '복지'다. 결국 '평등'과 '복지'는 자유민주주의와 시장경제주의를 보완하는 가치다.

정치이론가이자 사회비평가였던 러셀 커크(1918~1994)는 자신의 저서 〈보수의 정신〉에서 '보수란 무엇인가'를 압축적으로 잘 설명했다.

보수는 초월적 질서 또는 자연법 체계가 사회와 인간의 양심을 지배한다는 믿음이다. 불변의 도덕적 질서가 있다는 신념으로, 옳고 그름을 판단하는 강한 의식으로, 정의와 명예를 소중하게 생각하는 개인적 확신으로 인간이 지배되는 사회는 어떤 정치적 메커니즘을 채택한다 해도 매우 훌륭한 사회라고 믿는다.

보수는 획일적 평등주의를 배격하고 다양성과 인간 존재의 신비로움에 대한 애정을 품는다. 인간 사회의 건강성과 다양성을 보존하려면 질서와 계급, 물질적 조건의 차이, 다양한 종류의 불평등을 인정해야 한다고 설명한다.

보수는 자유와 재산권이 밀접하게 연관돼 있다고 믿는다. 위대한 문명은 사유재산권을 토대로 수립되며, 사유재산제도는 인류에게 책임감을 가르치고 성실해야 할 동기를 제공하며 생각할 여가와 행동할 자유를 제공해준 강력한 도구라고 생각한다. 대신 재산보유자에게는 의무가 따르며 보유자는 도덕적·법적 의무를 즐겁게 받아들여야 한다고 믿는다.

보수는 추상적 설계에 따라 사회를 구성하려는 '궤변론자'를 믿지 않고 법률과 규범을 믿는다. 보수주의자는 현대인이 거인의 어깨 위에 있는 난쟁이이며 그들의 조상보다 멀리 볼 수 있는 유일한 이유는 앞서 살았던 인물들의 위대한 능력 때문이라고 생각한다. 정치에서는 전례, 격언, 심지어 선입견을 따르는 편이 현명하다고 생각한다.

보수는 변화가 유익한 개혁이 아닐 수 있음을 인정한다. 갑작스럽고 맹렬한 개혁은 느닷없이 깊이 째는 수술만큼이나 위험하며 신중한 변화야말로 사회를 보존하는 수단이라고 여긴다.

이상 커크의 견해에서 보듯이 보수주의 정치철학은 인간의 정신적 본성의 고양을 가장 중요한 관심사로 여긴다. 개별적 인간 존재의 존엄성을 지키고자 하며, 이 견해에 기초하여 사회질서 유지라는 목표와 조화되는 한 개인의 최대한의 자유를 성취하는 것을 정치적 목적으로 삼는다.

사실 보수의 가치는 인간 본성에 가깝다. 그러므로 그 어떤 사회도 보수를 저버리고 유지되기 어렵다. 따라서 보수가 사는 길은 오히려 보수가 보수의 가치를 철저히 지키는 것이다. 보수의 가치를 신념으로 충전하고 그 가치를 훼손하는 세력에 결연히 맞서는 것이다. 인간의 인간에 대한 신뢰가 쇠락하고 전 세계적으로 포퓰리즘 정부가 득세하면서 보수의 이념이 마치 낡은 유물로 취급되는 오늘날 보수는 오히려 사회를 건강하게 추동시키는 오른쪽 날개를 활짝 펴야 한다.

다만, 진정한 보수주의자라면 시대정신이라는 바람을 탈 줄도 알아야 한다. 보수가 개인 자유의 확대와 공동체의 유지라는 가치를 고수하는 한, 그 실현 방법은 시대에 따라 얼마든지 달라질 수 있다. 그래서 인간의 존엄성 고양과 인간 행복의 증진을 위한 유연한 사고와 행동은 진보의 바람이 거센 이 시대 진정한 보수주의자의 제일 덕목이 될 수밖에 없다.

2020.05.29.

108

시민단체 세도정치

경국지세(傾國之勢) 세도정치가 21세기 대한민국에 다시 나타났다. 시민단체라는 일단의 세력에 의한 세도정치다. 좌파 시민단체들은 그 조직력과 자금력을 이용해 선거 승리에 상당한 이바지를 한 뒤 청와대나 정부 요직을 독차지하거나 당에 대한 영향력으로 공천을 받아 소속원들을 국회에 입성시켰다.

국왕의 위임을 받아 정권을 잡은 특정인과 그 추종 세력에 의해 이루어지는 조선의 정치형태를 세도정치(勢道政治)라고 한다. 조선의 세도정치는 정조 초의 총신 홍국영이 정치기반을 굳히기 위해 자기 누이를 정조의 원빈(元嬪)으로 봉하게 하면서 시작됐다. 홍국영은 궁중의 숙위소(宿衛所)에 머물면서 인사를 비롯한 모든 정사를 독단했는데, 그가 정조에게 발탁된 뒤 4년 만에 추방되면서 막을 내리긴 했지만, 그의 권력은 한때 세도재상(勢道宰相)이라 불릴 만큼 막강했다.

홍국영 이후 세도정치가 다시 시작된 것은 정조가 죽고 순조가 11세의 나이로 즉위하면서부터다. 정조의 유탁을 받은 김조순이 자기 딸을 왕비로 들여 순조를 보필하게 하면서 안동김씨 세도정치가 시작됐다. 이후 헌종 때는 풍양 조씨의 세도정치가 15년 가까이 계속됐고 이어 다시 안동김씨에 의한 세도정치가 약 15년간 이어졌다. 이후 고종의 생부로 정권을 장악한 흥선대원군이 안동김씨 세력을 몰아내고 독재적 세도정치를 폈다. 그러나 그가 다시 10년 만에 명성황후에 의해 실각한 뒤로는 구한말까지 여흥 민씨 일족에 의한 세도정치가 계속되었다. 민씨 세도정치가 극에 달한 시점에는 국가 요직을 차지한 민씨 일족이 무려 1,000명을 넘었다. 이렇듯 조선 후기는 외척의 세도정치가 만연하면서 그 일족이 요직을 독차지하고 갖가지 비행을 저질러 백성의 삶이 피폐해지고 급기야 나라가 망하는 원인이 되었다.

경국지세(傾國之勢) 세도정치가 21세기 대한민국에 다시 나타났다. 다름 아닌 시민단체라는 일단의 세력에 의한 세도정치다. 시민단체들, 그중에서도 좌파 시민단체들은 그 조직력과 자금력을 이용해 선거 승리에 상당한 이바지를 한 뒤 청와대나 정부 요직을 독차지하거나 당에 대한 영향력으로 공천을 받아 소속원들을 국회에 입성시켰다. 이런 식의 영향력을 가진 대표적인 단체가 민변, 참여연대, 경실련 등인데, 멀리 갈 것도 없이 문재인 대통령이 민변 출신이고 서울 시장 박원순은 참여연대 출신이다. 또 공정거래위원장을 지내고 지금도 계속 중용되고 있는 김상조나 청와대 민정수석을 지내고 법무장관에 임명됐다가 대한민국 사회를 발칵 뒤집어 놓은 조국 역시 참여연대 출신이다. 그런가 하면 조국 후임 법무장관을 지낸 박상기는 경실련 출신이다. 현재 여당인 더불어민주당에 포진한 변호사 출신 의원들은 박주민을 비롯한 대다수가 민변 출신이다.

그 외에도 시민단체 출신들이 정부 요직이나 국회에 많이 포진하면서 정부나 여당은 시민단체 눈치를 살피게 되었다. 정치 성향을 띤 일부 좌파 시민단체는 시민단체가 마땅히 경계해야 할 정파성을 오히려 노골적으로 드러내며 스스로 권력기관화 되었다. 권력을 경계하고 견제해야 할 시민단체가 권력 행사의 주체가 되면서 브레이크 없는 기관차가 되고 만 것이다. 특히 시민단체 특유의 감성 논리가 국회와 정부에 여과 없이 침투되면서 국회와 정부에 아마추어리즘이 성행하게 되었다. 그것을 아주 적나라하게 보여준 것이 '인터넷전문은행' 개정안이 참여연대 등 시민단체의 입김에 휘둘리며 국회에서 부결된 사건이다. 산업자본의 은행 소유를 제한하는 '은산(銀産) 분리'를 일부 완화한 인터넷은행법 개정안은 '핀테크 혁명'에 필수로 꼽힌다. 더구나 지난해 11월 여야 합의로 국회 정무위원회에서 의결되고 본회의 표결 전 여야가 통과에 합의까지 했다. 하지만 참여연대 등 좌파 성향 시민단체와 보조를 맞춘 몇몇 의원의 반대에 막혀 법 개정이 무산되고 말았다.

시민단체의 세도정치의 부작용은 여기서 그치지 않는다. 가령 정의기억연대라는 시민단체를 통해 위안부 운동을 해 온 윤미향이 정의연 활동을 하며 회계 부정과 횡령을 했다는 혐의로 수사를 받게 되자 더불어민주당은 금태섭 징계 등을 통해 소속 의원들에 대한 입막음까지 시도하며 윤미향 지키기에 올인했다. 이를 두고는 더불어민주당이 시민단체의 눈치를 살피기 때문이라는 해석이 지배적이다. 지금 대한민국 시민단체의 세도정치는 조선의 외척 세도정치만큼이나 해롭고 위험하다. 시민단체 세도정치 더는 안 된다. 대한민국의 미래를 위해 여기서 멈춰야 한다.

2020.06.12.

109

'정치적 도덕가' VS '도덕적 정치가'

정치권력이 국민의 합의를 저버리면 국민은 그릇된 권력에 저항할 자유가 있다. 국민의 삶에 영향을 미치는 의사결정에 국민 스스로 참여할 수 있을 때, 현재의 정부에 반대하고 다른 대안으로 대체할 기회가 있을 때 비로소 그 정부는 정당하다.

고대 정치는 플라톤과 아리스토텔레스에서 보듯 올바르고 선한 삶의 방식과 결부되어 생각되었다. 동양에서도 공자 이래 정치는 늘 덕과 결부되어 논해졌다. 그러나 근대에 들어 정치는 도덕이나 종교적 윤리로부터 분리되었다. 가령 마키아벨리에게 덕이란 힘에 기대어 국가를 지키는 군주의 기량으로, 홉스에게는 국가에 안정을 가져오는 합리적이고 실증적인 실용지(實用知)로 이해되었다. 정치가 그 결과물로서 추구하는 공공의 복지라는 목적을 윤리에 적합한 것으로 본다고 하더라도 그것을 실현하는 수단으로서의 정치는 권력을 유지하고 국가를 장악하는 지식 또는 기술로서 윤리와는 관계없다는 인식이었다. 하지만 이러한 마키아벨리나 홉스식의 견해는 군주의 지배를 정당화하거나 독재를 미화하는 구실로 작용하였다. 가령 마키아벨리의 정치이론은 정치에서 덕을 분리하자는 주장이 아니었음에도 이를 의도적으로 왜곡하여 수용한 많은 독재자는 공동체를 위한다는 핑계로 정치를 폭력화하고 개인의 자유와 권리를 짓밟는 일이 행해졌다.

정치를 목적을 위한 수단으로 인식한다고 하더라도 항상 남는 문제는 과연 그 목적이 수단을 합리화할 만큼 정당한가 하는 것이다. 정치의 목적을 개인의 자유를 보존하기 위한 최소한의 공동체 유지로 보든, 공동체의 발전과 공동체 구성원의 복지와 평등을 구현하기 위한 작용으로 보든, 정치가가 견지해야 할 제일 덕목은 공동체를 위한 사려와 공동체 구성원을 위한 배려다. 여기서 정치는 덕과 선이라는 윤리로부터 분리될 수 없는 것임이 선언되지 않을 수 없다. 여기서 칸트는 수단으로서의 정치라는 점을 인정한다고 하더라도 정치 자체에 윤리가 추구되어야 함을 역설한다. 그는 정직이 가장 좋은 정치윤리라는 입장을 일관되게 견지했는데, 그에게 정치는 그저 행복이라는 목적을 실현하는 단순한 수단이 아니라 인간의 보편적 윤리와 공공의 복지와 함께 추구되는 또 하나의 도덕이었다. 그 때문에 칸트에게서는 자기 행복을 위해 도덕을 왜곡하는 '정치적 도덕가'는 단호히 배척되고 '국가를 위한 사려'와 도덕의 양립을 도모하는 '도덕적 정치가'가 추구된다. 이때 정치의 원칙으로 제시된 것은, 보편적 법칙하에서의 한 사람의 자유와 다른 모든 사람의 자유의 양립이라는 법의 정의로부터 직접 도출되는 '공리'에 따르고, 평등의 원리에 기초하는 만인의 통합된 의지의 '요청'에 응하고, 자유와 평등의 원리에 따라서 공동체 내의 협조를 도모하는 '문제'에 몰두하는 것이다.

자신과 자신의 일파를 위해 도덕과 상식을 왜곡하는 자는 칸트 말하는 '정치적 도덕가'에 불과하다. 국가를 위한 수준 높은 사려와 인간

보편의 도덕적 양심을 도모하는 정치가야말로 칸트가 말하는 '도덕적 정치가'다. 그런데 매우 유감스럽게도 대한민국은 도덕적 정치가는 드물고 정치적 도덕가가 판치는 나라가 되어 버렸다. 민주주의라는 허명 아래 덕과 선이라는 정치윤리를 갖추지 못한 자들이 현대판 중우정치라는 시대의 포퓰리즘을 타고 정치권력을 획득·행사하고 있다. 여기서 생기는 문제는 대다수의 정치적 무관심과 일부의 정치적 과의식에 의해 촉발된 중우정치에 편승해 성립된 정치권력이 과연 국민의 충성을 받을 자격이 있느냐는 것이다.

정치권력이 국민의 합의를 저버리면 국민은 그릇된 권력에 저항할 자유가 있다. 국민의 삶에 영향을 미치는 의사결정에 국민 스스로 참여할 수 있을 때, 현재의 정부에 반대하고 다른 대안으로 대체할 기회가 있을 때 비로소 그 정부는 정당하다. 개인의 권리 신장과 공동체의 유지라는 가치를 발전적으로 계승하는 민주주의가 다른 정치적 대안들보다 나은 이유는 바로 민주적 권력 경쟁 메커니즘을 제도적으로 보장하기 때문이다. 여기서 의회 내 민주주의든 당내 민주주의 등 민주적 경쟁 메커니즘을 무력화시키는 그 어떤 세력도 타도의 대상이 될 수 있다. 민주주의는 권력 독점을 치료하는 중요한 해독제다. 따라서 불의한 정치권력을 거부하는 권리는 민주주의 국민에게 내재한 천부적 권리다. 이것은 결국 우리가 자신과 자신의 일파를 위해 도덕과 상식을 왜곡하는 '정치적 도덕가'를 몰아내야 하는 이유이기도 하다.

2020.06.19.

110

공화정의 본질과 위기

국민에 의해 선출된 대통령이 공화정의 제1원리인 공공선과 배치되는 정책을 펼 때, 지방자치단체의 장이나 국회의원이 국가 이익이나 국민의 이익과 동떨어진 행보를 보일 때 이를 제재하고 그들로부터 권력을 회수할 방법이 있는가.

우리나라 헌법 제1조는 '대한민국은 민주공화국이다'라고 선언한다. 민주공화국은 '민주주의'와 '공화주의'를 기반으로 한 나라, 즉 주권이 국민에게 있고 군주나 특정한 개인의 이익이 아닌 공적 가치를 추구하는 나라를 말한다. 우리 헌법 제1조가 민주공화국을 천명한 이유는 자명하다. 대한민국의 주인은 국민이고 대한민국의 나라 운영은 개인의 사리사욕이 아닌 공공선을 추구해야 한다는 점을 분명하게 밝힌 것이다.

지금 대한민국의 주권이 과연 국민에게 있는지는 의문이다. 국민이 대통령을 선출한다고 해서, 국민이 국회의원을 선출한다고 해서 주권이 국민에게 있다고 말 할 수 있는가. 국민에 의해 선출된 대통령이 공화정의 제1 원리인 공공선과 배치되는 정책을 펼 때, 지방자치단체의 장이나 국회의원이 국가 이익이나 국민의 이익과 동떨어진 행보를 보일 때 이를 제재하고 그들로부터 권력을 회수할 방법이 있는가.

대한민국 국민은 대표를 선출할 수 있을 뿐 사실상 대표가 민주정과 공화정의 가치를 배신해도 이를 제어할 방법이 없다. 일단 선출된 대통령이 국가권력을 독점적으로 행사하면서 국민 전체의 이익이나 공공선을 위한 정치가 아닌 권력 생산이나 권력 유지를 목적으로 일부 국민만을 위한 정치를 해도 국민은 속수무책으로 당할 수밖에 없다. 공화정이 1인이 지배하는 전제정이나 몇몇이 지배하는 과두정과 다른 이유는 공화정은 어떤 경우에도 권력의 집중을 허용하지 않는다는 점이다. 공화정은 공적 가치를 실현하는 것이 정치라고 믿는 까닭에 사익이 공익을 침해할 가능성을 차단하기 위해 권력의 균형과 견제를 매우 중시한다. 이런 이유로 공화주의 사상이 낳은 정수가 바로 삼권분립이다. 그런 의미에서 삼권분립이 보장되지 않는 나라는 이미 공화제 국가가 아니다. 그런데 문재인 청와대는 행정은 물론 사실상 사법과 입법 권력까지 장악하고 이들을 마치 줄에 매달린 꼭두각시처럼 조종하고 있다. 심지어 시민단체마저 대통령 권력에 편승해 삼권분립을 위협한다. 이는 전통적으로 시민의 권력이 공공선을 해칠 수 있다는 이유로 정부 권력 외에 시민의 권력도 견제 대상으로 보는 공화주의 원리에 반한다.

공화주의(republicanism)는 원래 라틴어 res publica(공적인 것)에서 유래한 것으로 정치를 구현하는 데 있어 사적 행위와 대비되는 공적 원리를 강조한다. 또한 공화주의는 공공선에 대한 헌신, 공적 결정에 대한 적극적인 참여와 모든 시민이 공동체로부터 배제되지 않고 권리와 혜택을 누리는 시민권의 원리를 핵심 내용으로 한다. 이 점에서 대통령이나 여당이 야당을 배제하고 국민의 의사를 무시하고 국정을 좌지우지하는 것은 공화정의 원리에 반한다. 특히 21대 국회에서 더불어민주당이 176석을 차지했다고 해서 국회를 독단적으로 운영한다면 이는 공화주의 원리에 정면으로 반하는 것이 된다.

사실 공화주의는 자유주의와 더불어 현대 국가를 형성하는 두 개의 큰 축인 동시에 자유주의를 견제하는 이념이기도 하다. 즉, 사적 자유와 권리로부터 국가의 기능을 도출하고 공적 질서를 구축하는 것이 자유주의라고 한다면, 공익을 우선시하면서 사익이 공적 영역을 침해하면 정치가 부패하고 공공선이 훼손된다고 믿는 것이 공화주의다.

따라서 정치권력은 법을 제정하거나 법을 집행하는 데 권력 담당자들의 사익을 철저히 배제하고 공공선의 실현을 특히 염두에 두어야 한다. 여기서 특히 주의할 것은 만약 공공선이라고 여긴 것이 실현되어도 개개인에게 돌아갈 혜택이 균등하게 배분되지 않는다면, 그건 이미 공동체 구성원의 동등성과 평등을 부정하는 셈이므로 공공선이라 할 수 없다는 것이다. 그러므로 정치권력에 위한 법의 제정과 집행이 공동체의 이익을 위한 것으로 실현되고 그 이익이 공동체 구성원 모두에게 돌아가도록 하는 것은 공화주의가 결코 포기할 수 없는 목표다. 그런 까닭에 공동체의 법질서라고 하는 도구가 공동체 구성원 개개인을 지켜주는 훌륭한 방패가 아니라 권력자의 권력을 지키는 칼로 기능할 때 공화정의 몰락은 이미 시작되는 것이다.

지금 대한민국은 분명 공화정의 위기다. 국민이 각성한 인식으로 눈을 부릅뜨고 지켜내지 않으면 안 된다.

2020.06.26.

111

항룡유회(亢龍有悔)

공자는 "항룡은 너무 높이 올라갔기 때문에 존귀하나 지위가 없고, 너무 높아 교만하므로 자칫 민심을 잃을 수 있으며, 남을 무시하므로 보필도 받을 수 없다"고 했다. 따라서 항룡의 지위에 오르면 후회하기에 십상이므로, 이것이 바로 '항룡유회'라는 것이다.

문재인 대통령이 소위 잘나가고 있다. 박근혜 대통령 탄핵을 업고 손쉽게 대통령이 되더니 김정은과 트럼프의 도움을 받아 6.13 지방선거에 압승하고, 코로나19 혜택까지 얻어 4.15 총선까지 대승했다.

지금으로선 문재인 대통령은 임기 말년에 으레 나타나는 레임덕도 겪지 않을 전망이다. 176석을 가진 집권 여당 더불어민주당은 청와대와 찰떡궁합을 자랑하며 청와대의 지시를 일사불란하게 따르고 있고, 문재인 대통령을 지지하는 소위 '문빠'라고 하는 일단의 사람들은 문재인 대통령을 위해서라면 섶을 지고 불구덩이에라도 들어갈 태세다. 그야말로 거칠 것 없는 탄탄대로다. 우리나라 역대 대통령 중 이렇게 운 좋은 대통령이 언제 있었나 싶다.

그러나 이런 문재인 대통령에게도 걸리는 게 없는 건 아닐 것이다.

바로 대권 계승 문제다. 대권 계승이 문재인 대통령이 바라는 대로 되어야 퇴임 후를 보장받고 본인이 원하는 대로 퇴임 후엔 잊힐 수 있을 것이기 때문이다. 문재인 대통령이 누구를 후계자로 염두에 두고 있는지는 알 수 없지만 지금 각종 여론조사 부동의 1위를 달리는 이낙연은 엄밀히 말해 친문 적자가 아니다. 2위를 달리고 있는 이재명은 재판에서 살아남을지도 의문이지만, 설령 살아남는다고 하더라도 역시 친문 적자가 아니라는 점에서 문 대통령 처지에서 썩 내키는 패가 아니다. 문재인 대통령으로선 조국이나 김경수 정도가 딱 좋을 것인데 이들은 수사와 재판을 받으며 사실상 대권주자에서 멀어졌다. 그렇다고 해서 지금 소위 친문들에게 잘 보이려 온갖 용을 쓰는 김두관이나 추미애 정도를 대권주자로 키우는 것도 쉬워 보이지 않는다. 특히 문재인 대통령으로서는 여권에서 호남 주자가 나서고 야권에서 영남 주자가 단일후보로 나서면 승리를 장담할 수 없다. 대선이 가까워져 오면 올수록 후계 문제가 문재인 대통령의 머리를 아프게 할 가능성은 그래서 높다.

문재인 대통령에게 걸리는 게 또 하나 있다면 항룡유회(亢龍有悔)의 법칙일 것이다. 《주역(周易)》에 나오는 항룡유회는 하늘 끝까지 오른 용은 결국 떨어질 수밖에 없다는 법칙, 인과율의 법칙이기 때문에 누구도 거스를 수 없다. 문재인 대통령 본인이야 '나는 권력 농단을 한 일도 없는데 뭐 별일 있겠어?'라고 자문하며 안심하려 들겠지만 그건 두고 봐야 알 일이다.

공자(孔子)는 "항룡은 너무 높이 올라갔기 때문에 존귀하나 지위가 없고, 너무 높아 교만하므로 자칫 민심을 잃을 수 있으며, 남을 무시하므로 보필도 받을 수 없다"고 했다. 따라서 항룡의 지위에 오르면 후회하기에 십상이므로, 이것이 바로 '항룡유회'라는 것이다. 즉, 높은 자리에 있는 자, 많은 것을 얻은 자는 적당한 선에서 만족할 줄 알아야지 하늘 높은 줄 모르고 나대다가는 오히려 일을 망치고 자신을 망치게 된다는 것이다. 공자의 말은 결국 지위가 높을수록 겸손을 잃지 말 것이며 스스로 분수를 알고 만족한 삶을 살아야 화를 당하지 않는다는 경고다.

문재인 대통령과 친문 권력자들이 항룡유회의 세상사 법칙을 과연 피해갈 수 있을지는 이들이 역사를 거울삼아 어느 선에서 하늘로 오르는 것을 멈추고 하강할지에 달렸다. 장량(張良)은 전한(前漢)의 고조(高祖)를 도와 공을 세운 개국공신이었지만 항룡유회의 교훈을 일찍 깨닫고 지극한 영예를 스스로 멀리해 일신과 가문을 보존했다. 천하를 평정한 한 고조 유방은 한나라 황실의 안녕을 위하여 전쟁에 공로가 있었던 여러 장수를 차례로 주살하여 뒷날의 걱정거리를 없앴는데, 고조의 이러한 의중을 살핀 장량은 모든 영예와 권력을 마다하고 시골에 은둔하는 삶을 선택하여 고조를 안심시키고 천수를 누릴 수 있었다. 반면 진(秦)나라 때의 정치가 이사(李斯)는 본인이 재상에 올랐을 뿐 아니라 그의 일족 모두가 고위 고관에 올라 최고의 권세와 번영을 누렸지만, 장량과 달리 진시황이 죽은 후 실권을 장악한 조고(趙高)의 참소로 몰살당하는 비운을 맞았다.

권력이란 물이나 불과 같은 것이다. 잘 이용하면 자신도 이롭고 남도 이롭게 할 수 있지만 잘못 이용하면 자신을 망치고 가문을 망친다. 문재인 대통령과 친문 권력자들이 항룡유회의 교훈을 다시 마음에 새길 때다.

2020.07.03.

112

권색이원(權色異源)

어쨌거나 한 자리에 너무 오래 머무르며, 색욕의 위험성을 간과하고, 권력을 이용해 색욕을 채우려 한다면 이는 패가살신(敗家殺身)의 지름길이다. 힘깨나 쓰는 권력자들, 특히 제왕적 권력을 누리는 사람들일수록 이를 특별히 경계해야 할 것이다.

박원순 서울시장이 사망했다. 충남지사 안희정이 김지은을 성추행하고 성폭행한 죄로 실형 3년 6개월을 선고받고 복역 중인 가운데 오거돈 부산시장은 여비서 성추행 혐의로 부산시장 직을 내놓고 수사를 받는 처지가 되었다. 이런 상황에서 페미니스트를 자처해온 서울시장 박원순마저 성추행 혐의로 피소를 당한 상태에서 스스로 목숨을 끊은 것이다.

박원순은 특히 부천 성고문 사건의 피해자 권인숙을 변호하는 등 여성 인권과 성평등을 실현하기 위한 노력을 지속해 해왔다는 평을 들었다는 점에서 그의 성추행 피소는 대한민국 정계뿐 아니라 시민단체와 여성계에도 큰 충격을 안겼다. 더구나 안희정이나 오거돈과 달리 박원순은 스스로 생을 마감함으로써 권력의 위험함과 무상함을 더 크게 부각하게 했다.

그렇다면 소위 '박원순 사태'가 발생한 이유는 무엇일까. 원인을 알아야 재발을 막을 수 있다는 점에서 이를 짚어볼 필요가 있다. 무엇보다 그가 서울시장을 너무 오래 했다는 것이 하나의 원인이 될 것이다. 권력은 물과 같아 고이면 반드시 썩는다. 그리고 자칫 썩은 물은 권력자의 파멸을 불러온다. 그런데 박원순은 오히려 만나는 사람마다 자신이 조선시대 한성판윤을 통틀어도 서울의 수장을 가장 오래 했다고 자랑했다 하니(한성판윤의 평균 재직 기간은 6개월이었다) 권력 놀음에 위기가 닥치는 걸 몰랐다고 해야 한다. 박원순이 유방의 책사 장량이 자신과 가문을 지킨 상지상책, 성공불거(成功不居)의 교훈을 명심했더라면 비극을 피할 수 있었을지도 모른다.

두 번째는 색욕을 방심한 탓일 것이다. 어쩌면 박원순은 '나는 도덕 관념이 좀 남다르다'라고 생각하며 경계를 늦추었을지도 모른다. 그러나 인간의 욕구 중에서 가장 큰 두 가지가 있다면 식욕과 색욕이다. 식욕은 생명을 유지하는 길이고 색욕은 종족을 유지하는 방법이다. 그래서 인간에게 식욕이 없다면 인간은 그 존재를 유지하지 못했을 것이고 인간에게 색욕이 없다면 존재를 계승하지 못했을 것이다. 동물을 보면 먹이를 찾고 짝을 찾는 일이 일생의 전부라고 해도 과언이 아니다. 그런데 인간도 엄연히 동물인 이상 식욕과 색욕에서 결코 자유롭지 않다. 따지고 보면 인간 역시 먹고 마시는 일과 남녀관계가 삶 전부라고 해도 과언이 아니다. 결국, 인간은 누구도 색욕에서 벗어날 수 없으니 특별히 경계하지 않으면 문제가 생기는 것이다. 그래서 권력자가 주변에 여성들을 두고 몸가짐을 단정히 하지 않는 것은 고양이 앞에 생선을 놓아두는 격이다. 자고로 역사상 실패하지 않은 계책이 있다면 미인계라고 할 정도니, 권력자는 이 점을 특별히 명심하지 않으면 안 되는 것이다.

세 번째는 권력과 색의 역학관계 때문이다. 권력의 행사는 본질적으로 에너지를 발산시키는 작용인데 이 과정에서 마찬가지로 에너지 발산 작용인 성적 충동이 추동된다. 따라서 권력을 행사하는 자들은 특별한 자제력을 발휘하지 않으면 성적으로 일탈하기 쉽다. 권력자들은 특히 그들이 갖는 특유의 보상 욕구가 성적 일탈로 이어지기 마련이다. 즉, 권력자들은 자신들은 나라를 위해, 공공의 이익을 위해 큰일을 하는 사람이니 자신같이 훌륭한 사람을 모시는 비서는 당연히 자신을 좋아하고 받아들일 것이라는 생각을 한다. 그러나 비극은 이 지점에서 발생한다. 과거로부터 재색동원(財色同源)이라 하여 재물과 색은 그 근원이 같아 재물이 많은 사람은 여자가 많다. 그러나 엄밀히 말해 권력과 색욕은 그 근원이 같지 않아 권력을 가진 자가 여복이 많은 것은 아니다. 이렇게 말하면 과거 왕들은 여자가 많지 않았냐고 말할지 모르지만, 엄밀히 말해 왕이 여자가 많았던 것은 권력 때문이 아니라 그의 돈 때문이다. 과거 왕조국가에서 왕보다 더 부자인 사람이 어디 있는가. 사실 권력과 색은 가깝지 않은 것인데 권력으로 색을 얻으려 들면 부작용이 생기기 마련이다.

어쨌거나 한 자리에 너무 오래 머무르며, 색욕의 위험성을 간과하고, 권력을 이용해 색욕을 채우려 한다면 이는 패가살신(敗家殺身)의 지름길이다. 힘깨나 쓰는 권력자들, 특히 제왕적 권력을 누리는 사람들일수록 이를 특별히 경계해야 할 것이다.

2020.07.17.

113

《동물농장》, 그리고 《대한농장》

대한민국에서는 어떤 국민은 다른 국민보다 더 평등하다. 이 때문에 그들은 그 어떤 잘못을 해도, 심지어 명백한 범죄를 저질러도 다른 평가를 받는다. '법 앞에 평등'이라는 오래된 명제도 그들 앞에선 무용지물이다. 그들은 어떤 잘못을 해도 특권층이기 때문에 용서받을 수 있다.

대한민국 국민은 평등한가. 성별, 빈부 등과 상관없이, 정치적 이념이나 이해관계에 상관없이 대한민국 국민은 평등한가. 이 물음에 생각을 깊이 해보지 않은 사람들은 얼른 '그렇다'라고 답할 것이다. 그리고 그 이유로 대한민국 헌법에 그렇게 돼 있다고 할 것이다. 실제로, 우리 헌법 제11조는 제1항에서 "모든 국민은 법 앞에 평등하다. 누구든지 성별·종교 또는 사회적 신분에 의하여 정치적·경제적·사회적·문화적 생활의 모든 영역에 있어서 차별을 받지 아니한다"고 선언하고, 제2항에서 "사회적 특수계급의 존재는 인정되지 아니하며, 어떠한 형태로도 이를 창설할 수 없다"라고 규정한다.

그러나 위 헌법 조문을 믿고 '대한민국 국민이 법 앞에 평등하다'라거나 '대한민국에는 특수계급이 없다'라고 믿는 국민이 있다면 그들은 매우 순진한 것이다. 우리 헌법에서 '평등'의 의미는 '평등해야 한다'는 것일 뿐 실제로 '평등하다'는 것이 아니다. 즉, '모든 국민은 법 앞에 평등하다'라는 문구는 목표 명제일 뿐이다. 그것은 당위를 선언할 뿐 현상을 확인하는 문구가 아니다.

대한민국 국민이 평등하지 않다는 것이야 어제오늘의 일이 아니지만, 특히 오늘 문재인 정권에선 평등에 관해 암암리에 통용되는 명제가 하나 있다. '모든 국민은 평등하다, 그러나 어떤 국민은 더 평등하다.' 조지 오웰의 소설 《동물농장》의 명언, "모든 동물은 평등하다, 그러나 어떤 동물들은 더 평등하다"라는 명제가 실제로 통용되는 곳이 바로 대한민국이다. 대한민국에서는 어떤 국민은 다른 국민보다 더 평등하다. 이 때문에 그들은 그 어떤 잘못을 해도, 심지어 명백한 범죄를 저질러도 다른 평가를 받는다. '법 앞에 평등'이라는 오래된 명제도 그들 앞에선 무용지물이다. 그들은 어떤 잘못을 해도 특권층이기 때문에 용서받을 수 있다.

그 특권층의 이름은 '친문 귀족'이다. 그리고 그 중 대표적인 사람이 조국이다. 조국과 그의 가족은 친문 귀족이기 때문에 갖가지 비리로 기소되고 재판을 받아도 그들의 우두머리가 잡은 정권의 옹호 대상이다. 손혜원도 마찬가지다. 그 때문에 가령 그가 비공개 정보를 이용해 부동산 투기를 했다 하더라도 그것은 지역발전을 위한 것이므로 하등 문제가 될 게 없다. 윤미향 또한 친문 귀족의 비호를 받는 사람이다. 그가 위안부 관련 시민단체 활동을 하면서 회계 부정을 저지르고 공금을 개인적으로 사용했다 하더라도 그는 특권층이기 때문에 비난받아선 안 된다. 친문 귀족에 속하기만 하면 민주주의를 짓밟는 선거부정 범죄를 저질러도 하등 문젯거리가 될 게 없다. 울산시장 선거부정 사건도, 드루킹 댓글 공작 선거도 친문 귀족들 앞에서는 수사도 재판도 흐지부지되고 만다. 친문 귀족들은 대한민국의 성역이기 때문에 성범죄를 저지르고 목숨을 끊은 사람도 공적이 많아서 오일장으로 성대하게 장사를 치르지 않으면 안 된다.

대한민국 특권층 친문 귀족들은 사실 그들 우두머리의 지배 아래 촛불혁명이란 이름의 혁명을 일으킨 〈대한농장〉의 인간들이다. 소설《동물농장》에서 인간에 의해 착취당하던 메이너 농장의 동물들이 우두머리 돼지의 지도로 혁명을 일으켜 인간들을 내쫓고 착취가 없는 '모든 동물이 평등한' 이상사회, 즉 동물농장을 건설하려 한 것처럼 대한농장의 혁명 세력들은 '기회는 평등하고, 과정은 공정하고, 결과는 정의로운 사회'라는 캐치프레이즈 아래 혁명을 일으켜 구집권세력을 몰아냈다. 그러나 어느새 대한농장에서는 메이너 농장의 돼지들처럼 친문 귀족만이 권력을 누리는 독재체제가 강화되어 농장의 인간들이 혁명 전보다 더 심한 착취를 당하게 된 것이다. 이렇게 되자 대한농장의 인간 군상들은 의식까지도 지배하는 전체주의적 공포사회 속에서 서로를 물어뜯는 지경에 이르렀다. 정말 무서운 것은 친문 귀족들은 아무런 피해가 없는데 애먼 자들이 서로 치고받으며 피를 철철 흘린다는 것이다. 이렇게 문재인 치하의 인간농장은 아수라장이 되었다. 현대판《동물농장》의 비극이 21세기 대한민국에서 버젓이 벌어지기 시작한 것이다.

2020.07.31

114

국론을 분열시킨 죄

국가는 구성원들이 합의에 따라 자연 상태를 문명 상태로 변화시킨 조직이다. 따라서 국가지도자의 일차적 임무는 국가의 구성원들을 화합하게 하고 투쟁 상황에서 벗어나게 하는 것이다. 그런데 문재인 정권은 국론통합은 고사하고 대한민국을 만인 대 만인의 전쟁터로 변질시켰다.

문재인 정권에서의 국론분열이 심각하다. 집권당인 민주당은 국민을 통합하기는커녕 갈라치기를 하는 데 여념이 없다. 특히 국정의 최종책임자인 문재인 대통령조차 국론통합에는 관심이 없어 보인다. 오히려 민주당의 국민 분열행위를 짐짓 모르는 체하며 그 수혜를 누리는 듯도 하다.

문재인 정권은 일찍이 국민을 진보와 보수라는 프레임으로 갈라놓았다. 자신을 자칭 개혁 세력으로 칭하며 자신의 편이 아닌 세력을 반개혁 세력이라 적대했다. 검찰 개혁을 시도한다며 흠 많은 조국을 내세워 국민을 조국 지지파와 조국 반대파로 갈라놓았다. 그 결과 국민이 광화문과 서초동에서 각기 시위를 벌이면서 엄청난 국력 낭비와 국론분열이 일어났다. 다분히 의도적인 이런 국민 갈라치기 결과 검찰은 정권의 충견 노릇을 하는 검사와 그렇지 않은 검사로 분열되었다. 심지어 정치적 중립과 안정성을 그 생명으로 하는 법원마저 친정부 세력과 반정부 세력으로 갈라져 서로 반목하는 일이 벌어지고 일부 법관들은 서로를 경원시하며 심지어 같이 식사도 하지 않는다는 말이 무성하다.

이 나라가 예로부터 당파싸움이 잦았다고는 하지만 지금처럼 국민이 철저하게 분열된 적은 없었다. 정치인들 싸움에 국민까지 끌어들여 서로 싸우게 한 것은 역사상 그 유례를 찾아보기 어려운 일이다. 사실 정치란 것이 분쟁을 해결하는 것인데 문재인 정권은 어찌 된 일이지 어울리지 않는 이념 싸움뿐 아니라 지역 간, 세대 간 싸움을 부추기고 심지어 철 지난 반일 감정을 소환해 한국인과 일본인이 서로 적대하도록 만든다. 최근에는 급기야 임대인과 임차인까지 상호 협력관계가 아닌 적대적 관계로 만드는 데 성공했다. 임대차 문제는 수요와 공급의 시장 자율에 맡기는 것을 원칙으로 하되 꼭 필요한 최소한의 사항을 법으로 규정해야 함에도 시시콜콜 지침을 제시함으로써 착한 임대인과 임차인마저 서로 싸우게 한 것이다. 이것은 사실 문재인 정부의 무능함에서 비롯된 부동산 정책실패를 국민의 부담으로 돌린 것이다. 예로부터 유능한 자는 사람 숫자보다 물건이 부족하면 물건을 만들어 사람 숫자에 맞추지만 무능한 자는 물건을 더 많이 만들 생각은 못 하고 부족한 물건을 쪼개서 사람 수에 맞춘다. 내 집을 갖고 싶은 것이야 너무나 당연한 인간의 욕구인데 문재인 정부는 집을 더 공급해서 모든 국민이 갖게 할 생각은 못 하고 더 좋은 곳에 더 좋은 집을 가지려고 시도하는 국민을 나쁜 사람으로 몰고 있다.

사실 정치는 만인 대 만인의 투쟁을 상호 협력관계로 변화시키는 것이다. 홉스에 따르면 사람의 본성은 원래 이기적이기 때문에 홉스의 '자연상태'에서는 모든 사람이 서로에게 적일 수밖에 없다. 즉, 홉스가 말하는 자연상태, 어떠한 원리나 법이 없는 상태에서 인간은 만인에 대한 만인의 투쟁을 통해 존재할 수밖에 없다. 이런 이유로 자연상태에서 모든 사람은 자기를 보호하는 일차적 목적을 달성하기 위해 끊임없이 힘의 증대를 추구한다. 그러나 무한한 힘의 축적과 행사는 그에 비례해서 인간의 삶을 불안정하게 만들게 되고, 이런 딜레마를 겪으며 인간은 다른 사람과 공존하지 않고는 자기보존의 목적을 성취할 수 없다는 것을 깨닫는다. 즉, 인간은 만인 대 만인의 투쟁 상태가 인간 모두에게 생존의 위협이 된다는 것을 인정하고, 이러한 상황을 극복하기 위해 상호협정을 통해 모든 사람의 타고난 자유와 권리를 제한함으로써 시민법의 한 형식인 사회계약을 성립시키게 되었다. 이렇게 해서 인간은 자연상태를 벗어나 문명상태로 진입하게 된 것이다.

국가는 구성원들이 합의에 따라 자연상태를 문명상태로 변화시킨 조직이다. 따라서 국가지도자의 일차적 임무는 국가의 구성원들을 화합하게 하고 투쟁 상황에서 벗어나게 하는 것이다. 그런데 문재인 정권은 국론통합은 고사하고 대한민국을 만인 대 만인의 전쟁터로 변질시켰다. 이것은 국민과 역사에 죄를 짓는 일이다. 문재인 정권은 정치적 이익을 위해 국민을 분열시키는 일을 당장 멈추어야 한다. 정권은 유한하지만, 역사의 평가는 냉혹하고 오욕은 길다.

2020.08.07.

115

분열망국(分裂亡國)

나라가 분열되고 국민이 분열되는 상황을 끝내는 유일한 방법은 정치인들이 자신의 정치적 이익을 위해 국민을 분열시키는 행태를 멈추는 것이다. 국론을 분열시키고 국민을 이간질하는 정치인들이야말로 빨리 제거되어야 할 이 나라의 악성 종양이다.

고려 태조 왕건이 삼국을 통일한 이래 통일국가를 형성해 오던 한반도는 일제 치하 이후 북쪽과 남쪽으로 나뉘었다. 이후 남쪽은 난데없는 지역주의가 기승을 부리면서 다시 영남과 호남이라는 지역 기반으로 두 조각으로 쪼개졌다. 마치 삼국시대로 되돌아간 형국이 된 것이다. 이후 김대중 대통령이 집권하며 지역주의가 쇠퇴하는가 싶더니 느닷없이 종북과 친일이라는 프레임으로 또다시 나라가 두 동강 났다. 종북이 뭔지 친일이 뭔지 모르는 국민도 얼떨결에 종북파가 되고 친일파가 되었음은 물론이다. 이렇게 형식상 하나의 나라인 한반도 남쪽은 사실상 두 개의 나라가 되어 버렸다.

고려 건국 이후 하나의 나라이던 한반도가 두 동강이 난 것도 안타까운 일인데 그나마 남쪽이 이렇게 다시 지역으로 쪼개지고 이념으로 쪼개진 이유는 무엇인가. 한반도인의 DNA에는 분열의 피가 흐르기라도 하는 것인가.

한반도 거주자가 특별히 더 분열 지향적인지는 확실치 않다. 아니, 오히려 다른 나라 국민 못지않게 관용과 화합의 정신을 가진 것으로 보이는 점도 있다. 왜냐하면 종교적 측면에서 보면 한반도인의 관용 정신은 상당한 것으로 보이기 때문이다. 예로부터 한반도에서는 종교의 유무로, 종교의 종류로 이익이나 불이익을 받는 일이 없었다. 또, 한반도 거주자들은 서로 돕는 상부상조의 정신이나 환난상휼의 정신이 매우 강했다.

그런데 왜 한반도의 남쪽 나라, 대한민국은 친일이니 종북이니 하면서 이념적 논쟁을 계속하는 것일까. 그것은 정치권이 자신의 정치적 이익을 위해 국민을 이리저리 갈라치기 때문이다. 정치를 하는 자들이 집권의 수단으로 국민 분열을 획책하고 조장하기 때문이다. 한반도 남쪽에서 정치인에 의한 국민 분열 책동이 시작된 것은 1960년대부터이다. 1967년 제6대 대통령 선거에서 지역주의 맹아가 싹트더니 1971년 제7대 대통령 선거를 계기로 영·호남 대립 구도가 노골화되었다. 특히 박정희가 김대중과 대통령 자리를 두고 경쟁하면서 호남 비하 지역주의와 빨갱이 프레임이라는 이념 몰이가 생겨난 것이다. 이후 지속된 지역 대립의 첨예화와 지역 할거주의에 기초한 정치체제의 구축이 오늘날 문제가 되는 지역 갈등, 지역주의의 근본 원인을 제공했다.

그런데 정말 문제는 정치인들에 의해 시작된 한반도의 분열이 좀처럼 끝날지 모른다는 것이다. 보수 쪽에서는 상대방을 종북 공산주의로 몰고, 진보 쪽에서는 상대방을 친일파 프레임을 씌워 공격하는 빈도가 잦아지고 그 강도가 세지고 있다. 특히 문재인 정권 들어서는 광복회장 김원웅의 2020년 8.15 경축사에서 보듯 진보를 자칭하는 쪽이 친일파 운운하며 나라를 친일과 반일로 나누고 있다. 이것은 과거 보수정권이 김대중 등 진보 인사를 빨갱이라고 낙인찍어 정치적 재미를 봤던 것의 반대 선상에 있다. 친일파 운운하는 자들은 이념논쟁으로 재미를 보자 심지어 '토착 왜구'라는 개념까지 만들어냈다. '친일파' 프레임만으로 모자랐는지 왜구라는 프레임까지 씌워 공격을 가하는 것이다.

그러나 이런 분열책으로 정치권은 재미를 보는지 몰라도 국민은 분열되고 나라는 망가진다. 정치권의 분열책은 국민 간 불신을 키워 나라를 증오의 용광로로 만들어 버린다. 총만 들지 않았을 뿐 서로에 대한 적개심은 금방이라도 상대방을 없애 버릴 태세다. 이런 증오와 적개심이 지속된다면 필경 한반도의 남쪽 나라는 국민이 잘살고 행복한 나라는커녕 내전 상태가 계속되는 혼란한 나라로, 불행한 국민으로 전락하고 말 것이다. 크고 작은 정치 보복 또한 계속될 것이다. 대통령의 흑역사가 이미 우리 국민의 관전 포인트가 된 지 오래지만, 앞으로도 이런 불행한 관행은 멈추지 않을 것이다. 국민이 대통령을 증오하고 원망하는 상황이 지속되며 대통령이 퇴임 후에 보복당하는 일도 5년 주기로 반복될 것이다.

나라가 분열되고 국민이 분열되는 이런 상황을 끝내는 유일한 방법은 정치인들이 자신의 정치적 이익을 위해 국민을 분열시키는 행태를 멈추는 것이다. 국론을 분열시키고 국민을 이간질하는 정치인들이야말로 빨리 제거되어야 할 이 나라의 악성 종양이다.

2020.08.21.

116

인류세(人類世)

혹자는 인간의 과학 문명이 인간을 멸종의 위기에서 구해줄 것이라는 낙관적인 생각을 할지도 모른다. 그러나 대멸종에 관한 한 인간은 다만 동물이며, 결코 신이 아니며, 과거 멸종했던 다른 종족들과 다른 길을 갈 능력을 갖추고 있지 않다.

다시, 가혹한 시대다. 한동안 지구를 주름잡으며 개체를 늘려온 또 하나의 종족이 사라진다. 코로나19는 그 서막의 실마리다. 인간이 멸종한다면 6번째 대멸종이다. 많은 분류군의 생물이 동시에 절멸하는 현상을 일컫는 '대멸종'은 그간 오르도비스기부터 백악기까지 총 5번 있었다. 이제 6번째 대멸종은 플라스틱이 화석으로 발견되는 멸종으로 '인류세'라는 이름으로 불린다.

혹자는 인간의 과학 문명이 인간을 멸종의 위기에서 구해줄 것이라는 낙관적인 생각을 할지도 모른다. 그러나 대멸종에 관한 한 인간은 다만 동물이며, 결코 신이 아니며, 과거 멸종했던 다른 종족들과 다른 길을 갈 능력을 갖추고 있지 않다. 비교적 엄청난 과학 문명에도 불구하고 인간이 시공간에 의해 한계 지어진 유한한 존재라는 것은 하나도 변한 게 없다. 따라서 결국 인간은 대멸종을 피하지 못할 것이다. 공룡이 지구상에 수억 년을 지배하면서 적수가 없었지만 결국 멸종을 맞았듯이 인간 역시 언젠가 종말을 맞을 것이다. 인류가 개체 수를 수십억까지 늘리며, 과거 지구를 지배했던 그 어느 종족과도 비교할 수 없을 정도로 육지와 바다, 그리고 하늘까지 호령하는 삶을 살았다는 그 엄청난 얘기는 인간 종족의 멸망과 함께 우주 깊숙이 파묻힐 것이다.

인간이 대멸종을 겪을 것이라는 전망은 분명 인간에게 좋지 않은 소식이다. 그러나 문제는 인간의 대멸종이 아니다. 대멸종이 인간의 능력을 넘어서는 것이라면 인간이 그런 운명을 겪게 된다 한들 그것을 걱정할 필요는 없을 것이기 때문이다. 문제는 인류가 대멸종을 당하기 전에 인간들의 욕심과 부주의로 인하여 탄생한 제 문제로 고통스럽게 겪어야 할 갖가지 질병과 재난이다. 대멸종의 전조로 나타나게 될 지구상의 갖가지 질병과 재난은 그동안 인간이 겪지 않았던 전대미문의 상황 속으로 인간을 밀어 넣을 것이다. 가령 코로나19와 같은 전염병의 창궐로 인간들은 상호교류와 접촉을 차단당한 채 고립된 생활을 이어가지 않으면 안 될 것이고, 기후변화에 기인한 홍수나 가뭄, 추위와 폭염 등은 지금까지 인간이 겪어보지 못한 고통을 안길 것이다.

그러나 더 큰 문제는 인간이 궁극적으로 수천 년간의 투쟁과 노력을 통해 얻어낸 개인의 자유를 너무도 손쉽게 빼앗길 것이라는 점이다. 호시탐탐 권력의 확대를 노리는 국가는 이 틈을 타고 질병과 재난에 대처한다는 이유로 개인의 권리와 자유를 제한하거나 억압하려 들 것이다. 종교의 자유, 집회의 자유, 표현의 자유, 거주이전의 자유 등 인간을 인간답게 하는 자유가 전염병 예방을 이유로, 천재지변에 대응한다는 등의 이유로 수시로 제한되고 때로는 그런 종류의 자유들이 아예 인정되지 않는 일이 생길 것이다.

가장 우려스러운 일은 국가가 개인의 정보를 수집하고 개인을 감시하는 일이 예사로 벌어지며, '개인의 자유'는 '전체의 안전'에 자리를 빼앗기고 '현재의 행복'은 '미래의 불안'에 저당될 것이라는 점이다. 국가가 개인의 삶에 간섭하고 통제하는 일이 비일비재해지고 개인의 이익은 전체의 이익이라는 핑계로 철저하게 유린당할 것이다. 사유재산이 부정되고 시장경제 체제가 무너질 것이다. 물론 인간이 만든 최고의 발명품 '민주주의'도 사멸하고 말 것이다.

그것이 언제가 될지는 모르지만, 인간은 분명 대멸종의 운명을 겪을 것이다. 그러나 우리가 정작 두려워해야 할 것은 인간 대멸종이 아니라 그 전에 지구상에 나타날 각종 전염병과 재난 등이 가져올 인간 자유의 박탈이다. 인간이 인간을 인간답게 하는 가장 기본적인 자유를 박탈당한 채, 마치 새장 안의 새처럼 사육되는 신세가 되는 것이다. 이때 인간은 이미 멸종한 것이 된다. 왜냐하면, 우리가 '인간'이라 부르는 종족은 우리에 갇혀 그저 던져 주는 먹이나 먹고 사는 그런 존재가 아니기 때문이다. 존재한다 한들 이미 자유를 잃었다면, 인간의 존엄성을 상실했다면 이미 우리가 아는 '인간'이라 할 수 없다.

신이여, 제발 인간을 욕되게 하지 마소서! 멸족은 받아들일망정 자유가 박탈된 삶, 존엄성이 상실된 삶은 결코 인정할 수 없나이다!

2020.08.27.

117

닫힌 사회, 열린 사회

자유로운 토론과 합리적 비판을 통한 개인의 자유 확대와 인류의 삶의 점진적 개선만이 인간답게 사는 사회를 만들 수 있는 유일한 길이다. 이것이 우리가 내일 지구가 멸망하는 한이 있더라도 오늘 닫힌 사회를 강력히 거부하고 열린 사회를 위한 노력을 멈춰선 안 되는 이유다.

2020년 대한민국 곳곳이 닫히고 있다. 코로나19는 문재인 정권 출범 후 자유주의 기운이 쇠하여 가던 대한민국을 일순간 폐쇄국가로 전락시켰다. 책 속에 나오는 옛 나라, 먼 나라 얘기로만 알았던 전염병 공포는 대한민국 사회 곳곳을 차단했다.

몇 달 지나면 가라앉을 줄 알았던 코로나 쇼크가 1년 가까이 이어지면서 경기 침체가 극에 달하고 있다. 가뜩이나 어렵던 자영업은 코로나19로 인해 아사지경에 이르렀다. PC방, 노래방, 식당 등이 더는 버티지 못하고 문을 닫고 있고, 심지어 대기업 계열의 프랜차이즈 영화관이나 화장품 프랜차이즈들조차 속속 철수에 나섰다. 사태가 해를 넘기면 살아남을 영업장이 없다는 우울한 얘기까지 들린다.

그러나 닫히는 게 영업장만은 아니다. 모임이 닫히고, 집회가 닫히고, 관계가 닫힌다. 사람을 만나는 일도 모임 하는 일도 금기시된다. 혹여나 모임이라도 열었다가, 집회라도 갔다가 코로나에 걸리면 그 비난을 전부 짊어져야 한다. 한순간 반사회적 탕아가 되고, 사는 아파트에서, 다니는 직장에서 쫓겨날 수도 있다.

코로나19와 함께 대한민국은 더는 개인주의 사회가 아닌 전체주의 사회가 되어 간다. 전체의 이익이라는 이름으로 개인의 자유가 희생되어도, 그것은 어쩔 수 없는 일이고, 사람이 서로 무리를 짓는 일은 이제 해서는 안 되는 위험한 일로 치부된다. 사회적 동물인 인간이 비사회적으로 살 것을 사회로부터, 국가로부터 강요받게 된 것이다. 집회·결사의 자유는 K방역이라는 이름으로 억압되고, 종교의 자유조차 아무렇지도 않게 제한된다. 정부와 대통령에 반대하는 세력은 코로나19라는 상황을 빌려 공동체를 망가뜨리는 세력으로 매도된다. 심지어 자유로운 토론과 비판조차 허용되지 않는다. 전 정권을 혹독히 비판하면서도 자신들에 대한 비판을 용납하지 않는 문재인 정권에서 코로나19는 전체주의 이데올로기를 합리화하는 무기가 되어 버렸다.

그러나 더 심각한 것은 인간의 존재 조건이 위협당하는 어처구니없는 상황에서도 코로나19 확산의 방지라고 하는 거부하기 힘든 명분이 개인의 자유 운운하는 것조차 물색없는 일로 만들어 버렸다는 사실이다. 인간의 존재 조건을 위협하는 일이 아무렇지 않게 벌어지는 데도, 사회를 송두리째 바꾸겠다는 계획이 공공연히 시도되는 데도 이를 그저 수용하지 않으면 안 되는 닫힌 사회가 된 것이다.

칼 포퍼(Karl Popper. 영국의 철학자)는 '열린 사회와 그 적들'이라는 책에서 인류가 살아남을 수 있는 유일한 사회는 열린 사회라고 단언했다. 그는 열린 사회를 전체주의의 대립개념인 개인주의 사회이자 부분적인 개혁을 시도하는 점진주의적 사회라고 정의하고, 혁명을 통해 단번에 이루어지는 완전한 사회란 있을 수 없으며, 세상을 더 나은 사회로 이끄는 방법은 점진적 사회개혁이라는 점을 강조했다. 충격 요법에 의존한 급진적 개혁은 자유를 파괴할 뿐 결코 문제를 해결할 수 없다는 것이다. 한때 마르크스주의자로서 사회주의운동에 참여했던 칼 포퍼가 나치즘과 파시즘, 러시아혁명 등을 목격한 뒤 전체주의 이데올로기의 비인간성에 환멸을 느끼고 자유주의 이데올로기의 대변자로 변화한 데서 알 수 있듯 그 어떤 전제주의 이데올로기도 비판적 합리주의를 대체할 수는 없다. 전체를 내세워 개인을 구속·억압하고 타인과 타자에 대한 거부와 투쟁하는 사회는 닫힌 사회다. 반면에 열린 사회는 적대적인 폐쇄성을 초월한 무한의 개방적 사회로서 인류애로 전 인류를 포용하는 사회이다. 베르그송(Bergson, Henri. 프랑스 철학자)은 인류애를 결합원리로 하는 사회가 이상적인 열린 사회라면 가족애나 조국애 등에 바탕을 둔 사회는 현실적인 닫힌 사회라고 명명했다.

코로나19가 더는 타자를 배척하고 자유를 억압하는 수단이 되어서는 안 된다. 자유로운 토론과 합리적 비판을 통한 개인의 자유 확대와 인류의 삶의 점진적 개선만이 인간답게 사는 사회를 만들 수 있는 유일한 길이다. 이것이 우리가 내일 지구가 멸망하는 한이 있더라도 오늘 닫힌 사회를 강력히 거부하고 열린 사회를 위한 노력을 멈춰서는 안 되는 이유다.

2020.09.24.

118

조이공문(弔李公文)

오호통재라! 이공(李公)은 대한민국의 자랑스런 공무원이었거늘, 그 어찌 이공의 나라는 이공이 슬리퍼를 벗어놓았다는 이유로, 구명조끼를 입었다는 이유로, 이공이 이혼을 했다는 이유로, 이공이 빚이 많다는 이유로 이공을 월북자로 몰아 이공을 폐기 처분한단 말인가.

아하, 연평도 바다 거친 파도 소리는 이승을 떠나지 못한 이공(李公)의 혼이 내는 구슬픈 울음소리인가. 무도한 김정은 정권에 의해 이공이 억울한 죽임을 당하고 그 육신 바이러스만도 못한 취급을 받으며 불태워지니 이공의 영혼은 억울해 서해 파도 소리로 물화(物化)하였는가. 아하, 서해 석양빛은 누명을 벗으려는 이공의 혼이 화(火)하여 빚은 몸부림인가. 북한은 이공이 월북했다 한마디 말도 없는데 이공의 나라 대한민국은 이공이 월북을 한 게 틀림없다며 이공이 죽어 마땅하다는 듯 행태 하니, 이공은 석양빛이라도 되어 그 결백을 밝히려는가.

이공은 어업지도선에서 지도 업무를 하던 대한민국 해양수산부 소속 공무원! 2020년 9월 21일 서해 북방한계선(NLL) 인근 연평도 해역에서 근무 중 실종되었다가 다음 날인 22일 오후 3시 30분 북측에 발견됐고, 6시간 후인 같은 날 오후 9시 40분 북측 해역에서 북한군에 의해 피격 살해됐다. 그리고 약 30분 후인 오후 10시 11분 이공의 시신은 북한군에 의해 불탔다.

이공의 실종부터 시신 소각까지, 이공의 나라는 이공을 살리려는 아무런 노력도 하지 않았다. 이공이 실종돼 해상 표류한 30여 시간 동안은 물론 이공이 NLL 북쪽으로 유입된 뒤인 골든타임 6시간 동안에도 이공의 나라 정부와 군은 이공이 죽어가는 과정을 모두 알면서도 지켜보기만 했다. 그 흔한 확성기 방송 한번 없었고 이공을 구하려는 어떤 수단도, 어떤 방법도 사용하지 않았다. 이공이 북측에 의해 죽임을 당한 곳은 북측 NLL로부터 불과 321m 떨어진 해상이었다.

이공! 얼마나 원통하신가. 이공의 나라 대한민국 대통령 문재인의 입장 발표가 대면보고 이후 하루 반나절이 지난 24일 오후 5시 10분에야 나왔다는 것이, 이공이 피격당한 지 3일 만에야 정부가 이공의 죽음을 발표했다는 것이, 또 이공의 죽음이 발표된 후인 25일 북한이 통전부 이름으로 '미안하게 생각한다'는 내용의 통지문을 보내오자 이를 받은 문재인 청와대와 여당이 "북한의 깊은 사과는 처음 있는 일"이라며 북한의 사과에 몹시 감읍해야 했다는 것이!

오호통재라! 이공은 대한민국의 자랑스런 공무원이었거늘, 그 어찌 이공의 나라는 이공이 슬리퍼를 벗어놓았다는 이유로, 구명조끼를 입었다는 이유로, 이공이 이혼을 했다는 이유로, 이공이 빚이 많다는 이유로 이공을 월북자로 몰아 이공을 폐기 처분한단 말인가.

오호통재라! 이공이 아버님 뼈를 받고 어머님 살을 빌려 세상에 나와 가정에선 한 여자의 지아비이자 아이들의 아버지로, 사회에선 대한민국의 공무원으로 한세상 살며 갖은 수고 마다하지 않았거늘 그 공다 어디 가고 이렇게 불명예만 남았단 말인가!

그러나 이공! 이공은 아시라. 이공의 고등학생 아들은 대통령 문재인에게 편지를 써 이공이 얼마나 자상한 아빠였는지를 알리고, 이공이 죽어가는 동안에 이 나라는 무엇을 했는가, 대통령은 무엇을 했는가를 따져 묻고 있음을 아시라. 이공의 형이 이공의 억울한 죽음과 월북자라는 불명예를 벗겨 주려고 무진 애쓰고 있음을, "동생은 조국에 헌신하고 봉사한 애국자"라면서 이공이 월북했을 리 없다며 국제 공조 조사를 통한 철저한 진상 규명을 촉구하고 있음을 아시라.

이공은 또 아시라. 우리 국민 대다수가 이공의 죽음에 엄청난 분노를 표하고 있음을, 도대체 이 나라가 이공을 구하려고 노력하지 않은 이유가 무엇인지, 이 나라가 도대체 누구의 나라인지, 나라의 존재 이유가 무엇인지, 대통령 문재인은 도대체 그 시간 동안 무엇을 했다는 것인지 따져 묻고 있음을 아시라.

이공! 너무도 억울해 연평도 바다를 떠나지 못하고 있다면 이제 부디 그 원한 모두 내려놓으시고 편히 영면하시라. 그리고 부디 이공의 억울한 죽음이 불씨 되어 타오른 우리 국민의 분노가 이공의 억울한 죽음을 세상에 널리 알려 공표하고 이 나라가 '국민의 나라'임을 다시 한번 만천하에 떨쳐 보여줄 그 날을 기쁘게 보시라. 이공은 부디 이 글을 조문(弔文)으로 받으시고 원통함 모두 내려놓으시고 우리의 서해를 지키는 혼령이 되어 주시라.

2020.10.08.

119

가붕개 vs 천룡인

불행히도 대한민국은 건국된 지 70년이 넘어가면서 건국 초기 자유주의 이념에 기초한 능력사회에서 신분사회로 급격히 후퇴하고 있다. 링컨이 주창한 민주주의 이념인 '국민의, 국민에 의한, 국민을 위한 정치'가 실종되고 '운동권 기득권의, 운동권 기득권에 의한, 운동권 기득권을 위한 정치'가 기승을 부리고 있다.

대한민국은 현재 정치 기득권 세력들에게 점령당했다. 기득권 정치인들은 정치라는 무기를 갖고 자신의 배를 불리는 것만으로도 모자라 자식들에게까지 꿀단지를 물려주려 한다. 문재인 정부 들어 정치 기득권자들의 지위 세습이 노골화되면서 대한민국은 더는 실력과 능력에 의해 개인의 지위와 신분이 결정되는 나라가 아니라 핏줄에 의해 그것이 결정되는 사회가 되어 버렸다.

문재인 정권 들어 대한민국은 급격히 계급화 되었다. 박근혜 정권 시절 최순실 딸 정유라의 부정 입학사태에서 비롯된 '공정'에 대한 요구가 분출하며 수많은 시민이 광장에 모여 '특권과 반칙'이 없는 사회를 외쳤지만 공정 사회는 아직도 요원하다. 기존 특권층을 대체하는 또 다른 특권계층이 만들어졌을 뿐이다. 오히려 불공정이 일상화·노골화되면서 문재인 정권의 기득권 정치인들은 자신들이 권력과 그 부산물을 누리는 걸 넘어 그것을 상속할 방법을 찾는 지경에 이르렀다.

그런데 정말 최악인 것은 정치 기득권자들의 이런 터무니없는 시도가 상당 부분 성공했다는 점이다. 이는 우리 사회가 '개방적 자유 사회'에서 '폐쇄적 신분사회'로 진입했음을 의미한다. 그 단적인 예가 젊은이들 사이에서 유행하는 '가붕개'와 '천룡인' 개념이다. 가붕개는 "개천에서 가재, 붕어, 개구리로 살아도 행복한 세상을 만드는 게 중요하다"라는 조국의 발언에서 시작된 용어로 일반 서민 대중을 의미한다. '천룡인'은 일본 애니메이션 '원피스'에 등장하는 말로, 자신을 스스로 창조주의 후예라 칭하며 모든 규범 위에 군림하는 종족으로 문재인 정권에서 탄생한 특권층을 가리킨다.

가붕개와 천룡인을 가르는 건 혈통과 DNA다. 가붕개가 서민계급이라면 천룡인은 특권계급이다. 천룡인은 특권층이기 때문에 입학 부정을 저질러도 사실상의 부대 탈영을 해도 처벌받지 않는다. 그들은 천룡인이기 때문에 사회적 손가락질의 대상이 되고 형벌을 받을 만한 일을 저질러도 처벌의 예외다. 이들은 특별한 사람들이기 때문에 특별한 취급을 받아야 한다. 무엇보다 그들은 입학이나 취직 등에서도 특별한 우대를 받아야 한다. 최근 더불어민주당 우원식 의원이 발의한 '민주유공자 예우법'은 이 같은 특권의식이 내면화된 방증이다. 법으로까지 만들어 '민주유공자'로 규정하고 나아가 자녀에게 지위를 대물림하는 '세습특권'을 인정받겠다는 것이다.

그러나 신분적 특권을 법적·집단으로 인정받으려는 이러한 시도는 과거 기득권의 그것을 훨씬 능가하는 구시대적이고 반동적인 행태다. 물론 역사적으로 기득권 세력을 몰아낸 신진 세력은 늘 정의니, 공정이니 얘기하면서 마치 국민을 위한 정치를 할 것처럼 거창한 구호를 외쳤지만 결국은 자신들이 기득권을 대체하는 새로운 특권층이 되는 경우가 비일비재했다. 하지만 문재인 정권의 정치 기득권자들이 시도하는 천룡인은 과거 그 어느 경우보다 파렴치하고 악질적이다.

불행히도 대한민국은 건국된 지 70년이 넘어가면서 건국 초기 자유주의 이념에 기초한 능력사회에서 신분사회로 급격히 후퇴하고 있다. 링컨이 주창한 민주주의 이념인 '국민의, 국민에 의한, 국민을 위한 정치'가 실종되고 '운동권 기득권의, 운동권 기득권에 의한, 운동권 기득권을 위한 정치'가 기승을 부리고 있다. 운동권 세력들은 특유의 보상심리에 기초해 신분적 특권을 대놓고 요구하고 있다. 이는 결국 우리 헌법이 금지하는 특권계급을 창설하겠다는 불순한 시도다.

운동권 기득권의 국민 배신행위를 방치하면 대한민국은 머지않아 '귀족사회'가 되고 말 것이다. 때문에 '자유 대한민국', '민주 대한민국'을 지키기 위해선 대한민국을 운동권 귀족사회로 만들려는 저들의 시도를 단호히 분쇄해야 한다. 민주화 운동이라는 탈을 쓰고 권력을 사유화하고 이권을 챙기는 이들, 타락한 세력들을 일소해야 한다. 이를 위해서는 한국 정치를 뿌리째 바꾸는 '국민혁명'이 필요하다. 전 국민의 각성과 분발 없이는 운동권 기득권 세력들의 후손들은 천룡인으로 호의호식하고 그들을 제외한 모든 국민은 천룡인을 주인으로 섬기며 가붕개로 사는 참담한 비극을 막을 수 없을 것이다. 그 어느 때보다도 국민의 각성과 분발이 필요한 시점이다.

2020.10.16.

120

원전 폐쇄와 文 정권의 허영심

정책 결정 과정에서 특히 경계해야 할 것은 허영심이다. 대부분 허영심은 말이 많고 천성적으로 부정직(不正直)과 한 패거리이다. 허영심에 물든 사람들은 생각하기 전에 입 밖으로 내놓으며, 설령 나중에 자기주장이 잘못된 것을 알아차린다 해도 그것을 인정하지 않는다. 그들은 정책 결정 과정에서 꼭 필요한 논의와 논쟁을 '허영심끼리의 충돌'로 만든다.

문재인 정부 들어 이루어진 원전 폐쇄 결정에 대한 감사원 감사 결과 충격적인 사실이 드러났다. 문재인 정부가 월성 1호기 조기 폐쇄와 관련해 사실을 왜곡·은폐해가며 '원전 폐쇄 몰이'를 벌였다는 것이다. 당시 산업부 장관이던 백운규는 문재인 대통령이 "월성 1호기 언제 멈추나?"라고 묻자 산업부에 원전 조기 폐쇄를 지시했고, 한수원은 용역 보고서를 조작하여 월성 1호기의 경제적 가치를 의도적으로 낮춰 폐쇄를 정당화했다는 것이다. 결국 원전 폐쇄 결정을 함에 있어 관계자들이 모두 부정직했을 뿐 아니라 심지어 범죄행위도 서슴지 않았음이 밝혀진 것이다.

국가의 미래와 국민의 삶에 지대한 영향을 끼치는 원전 폐쇄와 같은 중요한 결정을 하면서 대통령 말 한마디에 원전의 경제성을 조작하는 등 온갖 탈법과 불법을 동원했다는 것은 실로 충격적이다. 한 나라의 정책 결정(policy making)은 두말할 것도 없이 매우 신중해야 한다. 국가 목표를 달성하기 위해 정책대안을 탐색하고, 그 결과를 예측·분석하고 채택하는 과정인 정책 결정이 잘못되면 돌이키기 어렵고 국가와 국민, 특히 미래 세대에 엄청난 피해를 주기 때문이다. 그래서 정책 결정에서 반드시 요구되는 것이 투철한 장인정신(匠人精神)이다. 정책을 개발·분석·채택하는 일련의 과정 하나하나에 정책 결정자의 손길이 닿고 혼이 스며들지 않으면 일을 그르치기에 십상이다.

정책 결정 과정에서 특히 경계해야 할 것은 허영심이다. 대부분 허영심은 말이 많고 천성적으로 부정직(不正直)과 한 패거리이다. 허영심에 물든 사람들은 생각하기 전에 입 밖으로 내놓으며, 설령 나중에 자기 주장이 잘못된 것을 알아차린다 해도 그것을 인정하지 않는다. 그들은 정책 결정 과정에서 꼭 필요한 논의와 논쟁을 '허영심끼리의 충돌'로 만든다. 허영심의 포로가 되어 자기 자신에 대한 기만적 과신에 빠진 나머지 자신의 잘못을 인정하거나 사과하려 들지 않는 것이다. 마치 왕자병이나 공주병에 걸린 어린아이와 다를 바 없다. 가령 23번이나 부동산대책을 내놓고도 오히려 집값 폭등을 불러오고 어설픈 임대차 3법으로 전세 대란을 야기하고도 제대로 된 반성이나 사과 하나 없는 것은 바로 文 정권이 허영심의 포로가 되었기 때문이다.

무릇 허영심에 물든 자들은 소영웅주의나 포퓰리즘에 빠져 결정을 그르친다. 이 때문에 이들은 차라리 아무것도 하지 않는 편이 낫다. 노자(老子)는 하는 일만 많으면 도리어 혼란을 초래하고, 공을 서두르면 도리어 파멸에 빠지며, 오히려 무위함이 대성에 이르는 방법이라고 했다.

문맥으로 볼 때 여기서 무위는 단순히 아무것도 하지 않는다는 의미가 아니라 하나의 일을 해도 치열하게 하는 것을 말한다. 유위가 때로는 해가 되고 무위만 못한 이치를 이른다.

누구처럼 영화 한 편 보고 감상에 빠져 원전 폐쇄를 결정하는 식은 정말 곤란하다. 쇼펜하우어는 인간의 허영심이 인간을 얼마나 사악하게 만들고 논쟁을 무의미한 것으로 만들며 진실을 드러내는 것을 방해하는지에 대해 "인간의 품성이 사악하지 않다면, 다시 말해 우리가 근본적으로 정직하다면, 우리가 먼저 제시한 견해가 맞는 것으로 낙착되건, 다른 사람의 견해가 맞는 것으로 낙착되건 상관없이 모든 쟁론은 오로지 진실을 드러내는 쪽으로 귀착할 것이다. 그렇게 되면 어느 쪽이 옳은지 그른지는 대수롭지 못한 지극히 부차적인 일이 될 것이다. 그렇지만 우리는 이 타고난 허영심 때문에 우리가 먼저 제기한 견해가 틀리고, 상대의 견해가 옳다고 결론이 나는 꼴을 보고 싶어 하지 않는다."라고 말한 바 있다.

문재인 정권은 이번 월성 1호기 감사 결과가 나온 뒤에도 탈원전 정책을 밀어붙이겠다고 공언한다. 아직도 사악한 허영심에서 벗어나지 못한 탓이다. 감사원이 월성 1호기 폐쇄의 타당성에 관해 판단을 유보했지만 갖가지 감사 방해를 뚫고 내놓은 이번 답변은 사실상 문재인 정부의 원전 정책에 대한 경고다. 여기서 정부는 더 늦기 전에 탈원전 정책을 전면 재검토해야 한다. 기껏해야 5년간 나라 운영을 맡은 자들이 자기들 맘대로 국가와 국민의 미래를 결정지을 권리는 없지 않은가?

2020.10.23.

121

세종의 독서와 천하위공(天下爲公)의 리더십

천하는 모두의 것이다. 임금보다도 사직보다도 민(民)이 귀한 것이다. 세종은 이를 명확히 인식하고 실천한 위대한 정치인이었다. 필자가 오늘 특별히 세종의 리더십을 논하는 것은 대통령을 위시한 위정자들의 대오각성을 촉구하기 위함이다.

세종은 세자 시절이 2개월밖에 안 될 정도여서 사실상 제왕 교육을 제대로 받지 못했다. 다만 세자가 되기 전부터 이미 많은 책을 섭렵하던 세종은 왕이 된 이후에도 손에서 책을 놓지 않고 책을 통해 통치이념과 통치술을 배웠다. 세종이 특히 애독한 책은 춘추(春秋), 사기(史記)와 더불어 중국의 3대 역사서로 일컬어지는 자치통감((資治通鑑)이었다.

자치통감은 중국 춘추시대 이후부터 송 건국 이전까지 1,362년의 역사를 294권, 300만 자에 담은 대역사서이자 제왕학 교과서다. 사마천의 사기(史記)가 약 55만 자인 것을 생각하면 300만 자의 자치통감은 엄청난 분량인데 – 이런 대역사서 편찬할 수 있었던 것은 자치통감 편찬이 사마광의 단독 작업이 아니라 북송의 황제 신종의 명에 따른 국가적 사업이었고 사마광 외에도 여러 사람이 저술에 참여했기 때문이다 – 세종은 자치통감의 세세한 구절을 암기할 수 있을 만큼 이 책을 읽고 또 읽었다.

세종은 평생 독서를 통해 정사(政事)의 지혜와 동력을 얻었다. 세종은 정책을 시행하는 데 먼저 독서를 통해 구상하고, 구상한 것을 경연을 통해 신하들과 토론하고, 그 후에는 반드시 옛 자료를 찾고 정리하여 책으로 만들고, 백성의 삶에서 실제 활용을 통해 부족한 점을 보완했다. 그리고 마지막으로 많은 사람이 접할 수 있도록 인쇄해서 반포했다. 조선의 음악, 천문관측서, 농서, 의학서 들이 모두 이 같은 과정을 통해 만들어졌다.

세종은 32년간 재위하면서 오직 백성을 정치의 중심에 두었는데, 이는 독서를 통해 얻은 성현의 가르침과 역사의 교훈을 그대로 실천한 것이다. 세종은 자치통감에 나오는 천하위공(天下爲公), 즉 '천하는 모두의 것'이라는 말을 교훈 삼아 '사람을 근본으로 삼는 이인위본(以人爲本)'의 정치를 했다. 재위 기간 내내 '이민위천(以民爲天)', 즉 '백성을 하늘같이 소중히 여겨 나라를 다스리는 근본으로 삼는다'는 자세를 견지하는 한편 "백성이 가장 귀중하고 사직(社稷)이 그다음이고, 임금은 가벼운 존재이다"라는 맹자의 민귀군경(民貴軍輕) 사상을 실천하려 노력했다.

세종은 재위 기간 내내 지극한 백성 사랑을 몸소 실천했다. 그가 한글을 만든 것도 글을 몰라 억울한 일을 당하고 불편을 겪는 백성의 고충을 덜어주기 위한 것이었다는 점을 생각하면 그의 백성 사랑이 얼마나 지극했는지 알 수 있다. 세종은 어떤 정책을 시행하기 전에 그것이 백성들에게 가져올 폐해가 없도록 치밀하게 준비했다. 세종은 어떤 정책을 시행하거나 그 결과를 보고받을 때면 '이것이 백성에게 유용한가'

를 먼저 물었다. 백성에게 피해가 돌아갈까 우려하여 '지킬 수 없는 법은 반드시 폐지해야 한다'고 하며 실용적 법 제정과 실행에 초점을 맞추었다. 이를 위해 세종은 생각을 일깨우는 일을 멈추지 않았다. 세종은 자신도 만년에 '내가 경서와 사기는 보지 않은 것이 없고 또 지금은 늙어서 능히 기억하지 못하나 지금에도 오히려 글 읽는 것을 치우지 않는 것은 다만 글을 보는 동안에 생각이 일깨워져서 여러 가지로 정사에 시행되는 것이 많기 때문이다. 이로써 본다면 글 읽는 것이 어찌 유익하지 않으랴'라고 하여 자신이 글을 읽는 이유가 글을 통해 깨달은 바를 정사에 반영하기 위한 것임을 밝힌 바 있다.

최근 문재인 정부가 부동산 정책, 과세 정책 등 아무런 준비 없이 이런저런 설익은 정책을 시행하다 국민을 실험 대상인 마루타로 만들고 있다. 특히 문제는 국민을 통치의 대상으로만 보고 제재 일변도의 정책을 펴고 정책실패의 책임을 전 정부 탓으로, 국민 탓으로 돌리는 것이다. 그러나 이것은 천하위공(天下爲公)의 자세가 아니다. 국민을 무시하고 권력을 사유물로 여기는 파렴치하고 오만한 행태다.

천하는 모두의 것이다. 임금보다도 사직보다도 민(民)이 귀한 것이다. 세종은 이를 명확히 인식하고 실천한 위대한 정치인이었다. 필자가 오늘 특별히 세종의 리더십을 논하는 것은 대통령을 위시한 위정자들의 대오각성을 촉구하기 위함이다. 연목구어(緣木求魚)의 어리석은 꿈일 수 있겠지만 대통령 문재인이 세종의 애민 정신과 천하위공의 자세를 그 십 분의 일이라도 닮기를 바랄 뿐이다.

2020.10.29.

122

정치개혁 약속 방기하고 포기한 文 정권

정치개혁이 완전히 물 건너간 것은 문재인 정권이 향후 당할지도 모르는 정치 보복에 대해 두려움을 갖기 시작한 때부터다. 즉, 전 정권에 대한 정치 보복이 일단락되면서 문재인 대통령은 자신이 퇴임 후 당할지도 모르는 정치 보복을 생각하지 않을 수 없게 되었고, 이를 막는 것을 제1의 정치과제로 삼기 시작했다.

어떤 정권이든 개혁의 성공을 위해선 시대적 과제를 정확히 직시해야 한다. 그리고 맡겨진 사명을 무겁게 받아들여야 한다. 현직 대통령 탄핵이라는 불행한 사태를 겪고 탄생한 문재인 정권의 시대적 사명은 제왕적 대통령제를 개혁하는 것이다. 헌법을 개정해 과도기 체제이자 불완전체제인 87년 체제를 끝내는 것이다. 왜냐하면 대한민국 정치가 후진성을 면하지 못하는 가장 큰 이유라 할 수 있는 망국적 제왕적 대통령제를 종식하는 것이야말로 문재인 정권이 오롯이 짊어져야 할 시대적 사명이기 때문이다. 그런데 문재인 대통령은 정치개혁을 통한 국가 백년대계를 설계하는 대신 전 정권에 대한 정치 보복 쪽으로 방향을 잡았다. 그리고 이것은 문재인 정권의 정치개혁이 실패하는 시발점이 되었다.

그러나 정치개혁이 완전히 물 건너간 것은 문재인 정권이 향후 당할지도 모르는 정치 보복에 대해 두려움을 갖기 시작한 때부터다. 즉, 전 정권에 대한 정치 보복이 일단락되면서 문재인 대통령은 자신이 퇴임 후 당할지도 모르는 정치 보복을 생각하지 않을 수 없게 되었고, 이를 막는 것을 제1의 정치과제로 삼기 시작했다. 그리고 이것은 문재인 대통령이 국정과제로 내세운 검찰 개혁의 순수성을 일거에 무너뜨렸다. 많은 국민이 검찰 개혁이 아니라 검찰 장악이 문재인 정권의 목표라는 의구심을 가지게 되면서 정권에 등을 돌리기 시작했고 광화문 광장의 대규모 시위 등 反문재인 투쟁이 나타났다. 사실 문재인 정권의 레임덕은 이때 이미 시작됐다고 해도 과언이 아니다.

그런데 이것은 대한민국 전체로 볼 때 큰 비극이다. 대통령 임기의 전반부를 정치 보복에, 후반부를 미래의 정치 보복 방지에 보내면서 문재인 정권은 '정치개혁'이라는 중차대한 소임을 방기했다. 아직도 삼류에 머무는 후진적인 정치를 선진정치로 탈바꿈시키는 과제는 더는 미룰 수 없는, 이 시대가 당연히 감당해야 할 책무다. 그렇다면 문재인 대통령은 대한민국 대통령들의 연이은 흑 역사가 단순히 대통령 개인의 문제가 아니라 시스템의 문제라는 점을 인식하고 이 문제를 근본적으로 해결하려는 더욱 진지한 태도를 보였어야 한다. 더는 대통령으로 인해 나라가 혼란해지고 국격이 훼손되고 국민이 불행해지는 것을 막는 방법을 찾았어야 한다.

물론 문재인 정부가 헌법 개정을 시도하지 않았던 것은 아니다. 그러나 이해할 수 없는 것은 문재인 정부가 헌법을 개정한다고 하면서도 정작 권력구조 개혁에는 관심을 두지 않았다는 점이다. 정부 주도로 헌법 개정안을 내고 조국을 내세워 발표한다고 요란을 떨었지만 정작 중요한 권력구조 개혁은 모두 빼고 기본권과 경제 부분에 대한 개혁만 운운했다. 헌법 개정에 대한 발표를 총리나 법무부장관이 아닌 당시 민정수석 조국에게 맡겨 3일에 걸쳐 발표하게 한 것부터가 한바탕 '정치쇼'였다. 그렇게 문재인의 진정성 없는 헌법 개정 시도는 변죽만 울리다 이내 흐지부지되고 말았다.

우리는 여기서 문재인 정권이 과연 정치개혁에 대한 의지가 있는 것인지 의심하지 않을 수 없다. 제왕적 대통령제의 폐해는 아무 관심도 없이 오로지 검찰 개혁 타령이나 한 것부터 순수하지 않다. 문재인표 정치개혁이 공염불에 불과하다는 것은 최근 민주당이 '귀책 사유가 있을 때는 공직 후보자를 내지 않는다'는 당헌을 전 당원 투표라는 방법으로 간단히 뭉갠 것에서도 여실히 드러났다. 중대한 귀책 사유가 있을 때 공천하지 않겠다는 당헌은 문재인 대통령이 민주당 당 대표로 있을 때 정치개혁의 상징으로 만든 것이다. 따라서 약속대로라면 적어도 문재인 대통령은 정당민주주의를 후퇴시키고 국민으로부터 쏟아질 비판을 당원의 뜻으로 포장해 책임을 전가하는 민주당의 태도에 응당 제동을 걸었어야 한다. 그러나 문재인 대통령은 이를 아는지 모르는지 여전히 눈을 가리고 귀를 닫고 입을 닫고 있다.

그러나 이것은 국민에 대한 약속과 시대적 사명을 모두 방기하는 무책임한 행위다. 권력은 짧고 평가는 길다. 이제라도 문재인 대통령은 마땅히 감당해야 할 정치적 책무를 회피한 정권은 그 책임에서 절대 벗어날 수 없다는 것을 명심해야 할 것이다.

2020.11.06.

123

무너지는 헌법, 망해가는 대한민국

문재인 정권에서 대한민국은 더는 '공화국'이 아니다. 공화국은 공공선을 실현하고 공적 가치를 추구하는 국가형태다. 그러나 문재인 정권에서 대한민국은 운동권 귀족 등 문빠 일족의 이익을 실현하는 국가일 뿐이다. 문빠들은 이런 저런 모습으로 나라의 권력과 이권을 독차지한다. 결국 대한민국은 공화국이 아니라 '문빠국'이다.

헌법상 대한민국은 '민주공화국'이다. 여기서 '민주'는 국가의 주인이 국민이란 뜻이고 '공화국'은 국가가 어느 개인이나 일부 파벌의 이익이 아니라 국민 모두의 이익을 추구한다는 의미다. 그렇다면 대한민국은 정말 민주공화국인가?

문재인 정권에서 대한민국은 더는 '민주국'이 아니다. 형식상으로는 대통령 등 국민대표 선출권을 가진 국민이 주인인 것처럼 보이나 실제로 이 나라 주인은 한 줌도 안 되는 소위 '문빠'들이다. 이들은 문재인 대통령의 열렬한 지지자이자 민주당의 권리당원들이다. 이런 위치를 이용해 이들 문빠들은 청와대나 정부의 정책 결정이나 집행에 엄청난 영향력을 행사하고 민주당의 선거 후보 등 각종 결정을 좌지우지한다. 가령 이들에게 잘못 보이면 금태섭 전 의원처럼 민주당 공천에서 배제되고 징계까지 당한다. 결국, 문재인 정권에서 나라의 주인은 국민이 아니라 청와대나 민주당을 쥐고 흔드는 문빠들이다.

문재인 정권에서 대한민국은 더는 '공화국'이 아니다. 공화국은 공공선을 실현하고 공적 가치를 추구하는 국가형태다. 그러나 문재인 정권에서 대한민국은 운동권 귀족 등 문빠 일족의 이익을 실현하는 국가일 뿐이다. 문빠들은 이런저런 모습으로 나라의 권력과 이권을 독차지한다. 결국 대한민국은 공화국이 아니라 문빠국이다.

헌법상 대한민국은 '자유민주주의' 국가다. '자유'는 인간의 본질이다. 따라서 자유는 심지어 공공선의 증진이나 공동의 이익 증진을 위해서도 제한될 수 없다. 개인의 자유 제한이 정당화되는 것은 그로 인해 공동체 전체의 자유가 증진될 때뿐이다. 그러나 문재인 정권 아래에서 국민의 자유는 지나치게 억압되고 있다. 가령 소위 5·18 망언 처벌법은 법의 목적이나 취지를 떠나 법의 한계를 벗어난 것이다. 너무나 쉽게, 아무렇지도 않게 표현의 자유를 억압하고 코로나19 방역이라는 핑계로 집회·결사의 자유를 제한하는 것은 문재인 정권에서의 대한민국이 더는 자유민주주의 국가가 아니라는 움직일 수 없는 증거다.

문재인 정권이 북한 인권탄압 상황에 대해 눈감는 것 역시 문재인 정권의 자유에 대한 경시를 보여준다. 자유국가는 어떤 경우에도 북한과 같은 인권탄압 국가를 용인해선 안 된다. 문재인의 여러 실정 중에서도 가장 대표적인 것이 바로 자기 고모부를 고사총으로 쏴 죽인 인권 탄압자이자 희대의 독재가 김정은과 놀아났다는 것이다.

헌법상 대한민국은 '법치국가'다. 법치는 사람이 아닌 법에 따라 모든 국가작용이 이루어지는 국가 시스템이다. 법치국가에서 모든 사람은 법 앞에 평등하므로 혈통이나 신분 등 그 어떤 이유로도 차별받지 않는다. 그러나 문재인 정권에서 대한민국은 더는 법치국가가 아니다. 문재인 정권은 법의 형식을 빌려 불공정과 불평등을 정당화한다. 문파 귀족들은 법망도 자유자재로 피하고 가붕개들은 작은 잘못에도 감옥에 가야 한다. 법치국가에서 법은 정의와 평등을 실현하는 도구지만 문재인 정권에서의 법은 '내로남불'의 도구일 뿐이다.

헌법상 대한민국은 '사유재산'이 제도적으로 보장되는 나라다. '시장경제'와 '사유재산제'는 우리 헌법의 경제이념이다. 그러나 문재인 정권에서 대한민국은 더는 사유재산제가 보장되지 않는 나라, 시장경제가 작동되지 않는 나라다. 문재인 정부는 부동산세 등 각종 세금을 마구 올려 이를 퍼주기 재원으로 사용하고 임대차 3법 등 엉터리 인기영합주의 법을 마구 만들어 이 나라의 시장경제와 사유재산제를 무력화시켰다.

헌법상 대한민국은 '미래 세대'들의 나라다. 우리뿐만 아니라 우리 자손의 안전과 자유와 행복을 영원히 확보할 책임이 있다. 그러나 문재인 정권에서 대한민국은 더는 우리의 미래 세대, 우리 자손들을 생각하지 않는 나라다. 문재인 정권의 정치는 오늘만 지향한다. 문재인 정권은 미래 세대가 나랏빚 갚느라 허덕이든 말든, 지금 당장 국민에게 인기만 얻을 수 있다면, 원하는 후임자를 세워 퇴임 후를 보장받을 수만 있다면 국고를 모두 탕진해도 아랑곳하지 않는다. 대한민국 망해가고 있다. 헌법이 붕괴하고 있다. 나라를 살리려면 하루속히 정권을 교체하는 수밖에 다른 방법이 없다.

2020.11.12.

124

혼용무도(昏庸無道)

어리석고 무능한 지도자는 예나 지금이나 경계 대상이다. 국민에게 고통을 주고 국가를 멸망으로 이끌기 때문이다. 그래서 예로부터 세상은 혼용무도(昏庸無道) - '사리에 어둡고 어리석은 임금'을 의미하는 혼용(昏庸)과 '도리가 제대로 행해지지 않는 어지러운 세상'이란 뜻의 무도(無道)가 합쳐져 만들어진 말이다 - 라는 말로 어리석은 지도자를 경계해 왔다.

엄혹한 시대다. 전염병이 창궐하는 시대다. 우리가 누리던 소소한 일상, 여기저기 옹기종기 카페에 앉아 마음껏 수다를 떠는 동네 아줌마들도, 이 집 저 집으로 우르르 몰려다니는 아이들의 모습도 본 지 오래다. 마치 외계에서 온 종족만큼이나 낯선 마스크 종족들이 서로를 잔뜩 경계하며 날 선 신경을 곤두세우는 생경한 광경이 어느새 익숙한 풍경으로 우리 곁에 다가와 있다.

TV 속 '자연인'이 한층 더 부러워 보이는 것도 코로나가 가져온 일상의 변화다. 한편으론 호기심에서 한편으로는 산속 깊은 곳에 들어가 사는 사연이 궁금해서 화면에 눈길을 주면서도, 사실 속으로는 썩 부럽지는 않던 자연인이 한층 더 좋아 보이고 부럽게 생각되는 것도 코로나가 가져온 일상의 변화다. 그러나 자연인들이 부러워진 건 비단 코로나 때문만은 아니다. 자연인들은 적어도 집 걱정은 하지 않는다. 적어도 이리저리 이사 다닐 걱정, 전세금 올려 줄 걱정은 하지 않아도 된다. 그러나 그들은 무엇보다 이 꼴 저 꼴 무능한 지도자 꼴은 보지 않아도 된다.

오늘 대한민국에서는 어리석은 국토교통부 장관이 대통령의 어리석음을 타고 최장수 국토교통부장관 타이틀을 거머쥐었다. 여기에 민주당은 '임대차 3법'이라는 천하의 기묘한 법을 내놓아 전·월세를 폭등시키더니 민주당 대표라는 이낙연은 호텔을 개조해서 전·월세를 놓겠다는 기상천외한 발상으로 국민을 아연실색게 하고 있다. 국민보고 닭장 같은 고시원에 들어가 입 닥치고 살라는 것인가? 사실 오늘 대한민국에선 주거가 불안정해지며 많은 젊은이가 결혼까지 포기하고 있다. 사실 현대 생활에서 안정적 주거 없이 결혼하고 아이를 낳는 건 모험이기 때문이다. 하물며 동물들도 알을 낳고 새끼를 낳아 기르기 위해 자기 집을 갖는데 만물의 영장인 인간이 가정을 꾸리고 아이를 낳아 기를 보금자리가 없다는 것은 얼마나 비극인가.

어리석고 무능한 지도자는 예나 지금이나 경계 대상이다. 국민에게 고통을 주고 국가를 멸망으로 이끌기 때문이다. 그래서 예로부터 세상은 혼용무도(昏庸無道) – '사리에 어둡고 어리석은 임금'을 의미하는 혼용(昏庸)과 '도리가 제대로 행해지지 않는 어지러운 세상'이란 뜻의 무도(無道)가 합쳐져 만들어진 말이다 – 라는 말로 어리석은 지도자를 경계해 왔다.

당나라의 명재상 위징은 "요순임금 시대에는 사방의 문을 활짝 열어 천하의 현명하고 덕망 있는 선비를 초빙하고, 시야를 넓혀 민간의 소리를 들었으며, 백성들의 정서를 살펴 정치를 맑게 했습니다. 이처럼 했기 때문에 성스럽고 현명한 군주는 무슨 일이든 분명하지 않은 것이 없었습니다. 그래서 사악한 '공공'(共工)이나 '곤' 같은 사람들도 그 영명함을 가릴 수 없었고 간사한 자의 교묘한 말과 간계로도 그들을 어둡게 할 수 없었습니다. 그러나 반대로 진나라 2세는 깊숙한 궁궐에 숨어 있으면서 조정 신하들과 백성들을 물리치고 조고의 말만을 들었습니다. 그래서 천하가 붕괴하고 민심이 돌아섰어도 그 실태를 알지 못했습니다. 수양제는 우세기의 말만 믿고 각지에서 의병이 일어나 성을 공격하고 군현을 뒤흔들고 있는 것도 몰랐습니다. 그러므로 군주 된 자는 여러 다른 의견을 듣고 아랫사람들의 합리적 건의를 받아들여야만 합니다. 그렇게 하면 제아무리 권세가 큰 대신이라도 아랫사람들의 소리를 가리거나 군주를 어리석게 할 수 없으며, 백성들의 실정이 조정에 그대로 반영될 수 있습니다."라고 말한 바 있다.

지도자의 가장 큰 악덕은 어리석음과 편협함이다. 그런데 대한민국 대통령 문재인은 어떤 이유인지 부동산 정책에 23번이나 연거푸 실패한 김현미 국토교통부 장관을 경질하지 않고 오히려 감싸고 있다. 그리고 부동산값 폭등이나 전·월세 폭등에 대해서는 일언반구 말 한마디가 없다. 청와대 구중궁궐 장막 속에 숨어 몇 사람 측근의 말만 듣고 두루 사람을 만나지 않는 탓으로 보인다. 광화문 대통령은커녕 구중궁궐 대통령이 되어 버린 것이다. 문제는 어리석은 지도자로 인한 화는 고스란히 국민에게 미친다는 것이다. 대한민국 국민은 도대체 언제까지 혼용무도(昏庸無道)의 세상에서 고통받으며 살아야 하는가?

2020.11.19.

125

문재인의 작법자폐(作法自斃)

공수처법은 정치적 독립성과 중립성 확보가 생명이라 할 수 있는 수사기관을 대통령의 하명 수행기관으로 전락시킨 것일 뿐 아니라 그동안 문재인 정권이 입이 닳도록 말해온 기소권 수사권 분리 원칙에도 역행한다는 점에서 반개혁적이고 반동적이다.

역사상으로 정치적 부메랑을 맞은 사람들은 셀 수도 없이 많지만, 그중에서도 가장 대표적인 사람으로 프랑스혁명 당시의 급진파 지도자 로베스피에르와 전국시대 진(秦)나라 때의 재상 상앙(商鞅)을 들 수 있다.

로베스피에르(1758-1794)는 계몽사상가 루소를 숭배한 사람으로 일생 청빈하게 살며 민생문제를 해결하려 노력했다. 하지만 인기영합정책과 공포정치를 병행하다 파멸을 자초하고 말았다. 그는 개혁이라는 명분에 빠져 지나친 시장개입으로 국가 재정을 파탄 내고 서민경제를 망가뜨렸다. 혁명 직후 그는 주요 식료품의 가격을 현행가격의 절반 이하로 내리거나 동결하는 '최고가격제'를 시행했는데, 대표적인 것이 '반값 우유 정책'이다. 생필품 가격 상승으로 고통받는 국민 여론을 의식한 조치로 우윳값을 내리지 않으면 단두대로 보내겠다는 엄포까지 놓았다. 그러나 도입 당시에는 폭발적인 지지를 얻은 최고가격제는 점차 예상치 못한 방향으로 흘러갔다. 축산 농가들이 젖소 사육을 포기하고 소를 도축해 고기로 내다 팔기 시작하면서 젖소가 줄어들자 우윳값이 폭등한 것이다. 당황한 로베스피에르는 우윳값을 잡기 위해 건초값을 내리라고 명령했다. 그러나 이 조치는 더 큰 문제를 불러왔다. 수지가 맞지 않자 농부들이 건초생산을 중단하거나 축소하는 바람에 건초값이 폭등한 것이다. 건초와 우유 공급이 줄어들자 우유가 예전 가격의 10배까지 치솟았다. 국민 불만이 들끓으면서 로베스피에르의 인기는 추락했고 그는 결국 정적들에게 이끌려 단두대에서 처형당하는 신세가 되고 말았다.

상앙(商鞅~BC338)은 변법(變法)으로 일컬어지는 일대 개혁정치를 단행하여 훗날 진나라가 천하를 통일하는 기초를 다졌다. 그는 20년간 진나라의 재상으로 있으면서 엄격한 법치주의 정치를 펼쳐 나라를 강국으로 성장시켰다. 그러나 그는 죄를 지은 범법자를 숨겨주는 경우 그 죄인이 범한 죄와 같은 형으로 처벌하는 등 너무 가혹한 법을 시행했기 때문에 백성들의 원망을 샀다. 그는 결국 말년에 도망자 신세가 돼 진나라를 탈출하다가 국경에서 잡혀 자신이 만든 거열형에 처해졌다. 처벌이 두려워 아무도 그를 숨겨주지 않았다. 그는 그제야 "작법자폐(作法自斃)로구나! 내가 만든 법에 내가 죽는구나!"라고 절규했다.

2020년 대한민국에선 개혁을 표방한 문재인 대통령의 독주가 계속되고 있다. 청와대의 충실한 조력자를 자처한 더불어민주당은 180석의 위력으로 공수처장추천비토권을 폐기해 버렸다. 불과 얼마 전 공수처법 통과의 명분으로 내세웠던 조항을 법을 개정해 간단히 없애버린 것이다. 그런데 이는 결국 판사, 검사에 대해 수사와 기소를 할 수 있는 권력기관의 책임자를 대통령 마음대로 임명하겠다는 의도를 노골화한 것이다. 사실상 헌법적 근거가 전혀 없는 괴물 기관의 수장을 대통령 맘대로 임명하겠다는 것은 이 나라를 유신시대로 돌리겠다는 대국민 선전포고다. 이런 식이라면 공수처는 판검사 등 고위공직자에 대한 사찰기관이 될 게 뻔하다. 시민단체의 고발장 하나만으로 고위공직자에 대한 정보를 다 뒤져볼 수도 있고 수사라는 이름으로 신상 정보며 출입국기록까지 들여다볼 수 있게 된다.

공수처법은 정치적 독립성과 중립성 확보가 생명이라 할 수 있는 수사기관을 대통령의 하명 수행기관으로 전락시킨 것일 뿐 아니라 그동안 문재인 정권이 입이 닳도록 말해온 기소권 수사권 분리 원칙에도 역행한다는 점에서 반개혁적이고 반동적이다. 문재인 정권이 공수처장을 자기편으로 앉히고 이념 지향적인 코드 변호사들을 검사로 임명해 정권을 향한 수사를 막겠다고 나서도 사실상 이를 견제할 방법이 없다. 그러나 예언하건대 훗날 공수처는 문재인 대통령과 그 일파의 발목을 잡을 것이다. 로베스피에르나 상앙은 혁명과 개혁이라는 이름으로 공포정치를 폈지만 결국은 거열형에 처해지고 단두대의 이슬로 사라지는 운명을 피하지 못했다. 어떻게 잠시 위기를 모면할 수는 있을지 모르지만, 권력기관에 내 사람을 앉힌다고 해서 죄과를 피할 수는 없다. 그 이유는 정권에 대한 최종 심판자는 권력기관이 아니라 바로 국민이기 때문이다.

2020.12.10.

126

무(無)의 공효(功效) 망각한 문재인 검찰개혁

인간 세계 역시 유와 무의 이치는 사물 세계와 다르지 않다. 존재와 비존재가 합쳐져 인간 세상이 만들어진다. 즉, 존재는 수레바퀴 통의 바큇살이요, 비존재는 바퀴통 속 아무것도 없는 공간이다. 이렇게 유는 무와 이웃할 때 비로소 공효가 있으니 이를 가리켜 무의 공효라 한다.

세상 만물은 무(無)가 있어 유(有)가 쓸모가 있다. 빈 곳이 있어 채워진 곳이 쓸모가 있고, 없는 곳이 있어 있는 곳이 유용하다. 그러므로 무는 없되 있는 것이고, 유는 있되 없는 것이다.

노자는 『도덕경』에서 무의 공효에 대해 "수레바퀴는 서른 개의 바큇살이 하나의 바퀴통에 집중되어 있으나 그 바퀴통 속에 아무것도 없는 공간이 있어서 수레(車)로서 쓸모가 있다. 진흙을 이겨서 만든 질그릇은 빈 부분이 있어서 그릇 구실을 할 수 있고, 지게문과 창문을 뚫어서 방을 만들 때 아무것도 없는 빈 곳이 있으므로 방으로 쓸 수 있는 것이다. 그런 까닭에 '있는 것'이 이익이 되는 것은 '없는 것'이 쓸모가 있기 때문이다"라고 말한 바 있다.

인간 세계 역시 유와 무의 이치는 사물 세계와 다르지 않다. 존재와 비존재가 합쳐져 인간 세상이 만들어진다. 즉, 존재는 수레바퀴 통의 바큇살이요, 비존재는 바퀴통 속 아무것도 없는 공간이다. 이렇게 유는 무와 이웃할 때 비로소 공효가 있으니 이를 가리켜 무의 공효라 한다. 삶과 죽음, 존재와 비존재라는 거시 명제로부터 삶의 세계, 그중에서도 나라 살림살이로 시각을 좁힌다고 하더라도 무의 공효는 다를 바 없으니 무가 있어 유가 있고, 유가 있어 무가 있을 수 있다. 따라서 정치에 능숙한 이는 비움과 채움의 의미를 알아 비워서 채우고 채워서 비워야 한다. 때로는 법으로 다스리고 때로는 무법으로 다스리며 때로는 유위(有爲)로 다스리고 때로는 무위(無爲)로 다스려야 한다. 이렇게 유법과 무법, 유위와 무위로 국민을 설득해 스스로 행하게 하는 것이 높은 수준의 치술이다.

그러나 문재인 정권은, 공간을 만들지 못해 질그릇을 망가뜨리는 도공과도 같이, 무위와 무법의 공간을 만들지 못해 나라를 망치고 있다. 그들은 손대지 않아야 할 곳에 손을 대고, 채우지 않아야 할 곳을 채우고, 금하지 말아야 할 것을 금한다. 마치 세상 만물을 모두 법으로 규율해 바둑판처럼 각 잡힌 세상을 만들 태세다. 하지만 이것은 채우면 채울수록 급기야 마치 수레바퀴가 바큇살로 모두 채워져 수레의 기능을 하지 못하게 되는 평범한 이치를 알지 못한 데서 나오는 행동이다.

문재인 정권은 산을 물로, 물을 산으로 만들겠다고 덤빈다. 흰 것을 검다고 하고 검은 것을 희다고 한다. 이러한 존재 전도와 가치 전도는 그들이 개혁이라 부르는 사회변혁을 위한 것이다. 그러나 개혁은 허울일 뿐 '문재인 개혁'의 목표는 국민의 자유 증진이나 공공선의 실현이 아니다. 문재인 정권의 목표는 장기집권이고 이를 위한 구체적 로드맵은 국민 세뇌와 권력기관 포섭을 통해 대한민국의 모든 권력을 손아귀에 넣는 것이다. 이를 위해 문재인 정권은 자신들이 추진하는 개혁이 국민을 위한 것인 것처럼 국민을 기만한다. 그들은 국민에게 빵부스러기를 계속해 던져 주며 국민을 속인다. 편 가르기와 이간질 정책에 더해 퍼주기 정책으로 확실한 입막음을 한다.

그러나 이들의 음험한 시도를 간파한 윤석열 검찰총장이 성역 없는 수사를 천명하자 문재인은 윤석열 총장을 제거할 계획을 세우고, 행동대장 추미애를 법무부장관으로 내세워 인사권, 수사지휘권, 직무배제권 등 갖가지 방법을 동원해 갖은 압박을 하다 급기야 비겁하고 좀스러운 2개월 정직이라는 징계를 내린 것이다. 목표는 공수처 출범 때까지 시간을 버는 것이다.

그러나 문재인 정권은 너무도 어리석어 무가 있어 유가 있고 유가 있어 무가 있다는 평범한 진리를 놓치고 있다. 검찰의 정치적 중립성과 독립성을 훼손하는 일은 검찰이라는 수레의 바큇살을 모두 부러뜨려 결국 못 쓰게 만드는 일임을 간과하고 있다. 문재인 정권의 목적이 검찰을 망가뜨려 자기 정권을 보호하는 것이라면 아마도 목표 달성을 자축하고 있을지도 모른다. 물론 이 경우 어리석기는커녕 교활하다고 해야 할 것이다. 하지만 그들이 분명히 알아야 할 것은 안심하기엔 이르다는 것이다. 문재인 정권은 항상 반격이 더 무서운 법이고 승부는 경기가 끝나봐야 안다는 사실을 명심해야 한다.

2020.12.18.

127

장량의 처세술과 리더십

장량의 처세술과 리더십의 극치는 그가 '물러남'과 '그침'의 도를 알았다는 데 있다. 그는 '성공한 자리에는 오래 머물지 않는다'는 성공불거(成功不居)와 '자신의 본분을 알고 그칠 줄을 안다'는 지지(知止)의 철학을 몸소 실천했다. 그는 끝없는 탐욕을 스스로 경계하고 권력자와 권력의 본질을 정확히 파악해 사실상 주인을 리드하되 드러나지 않는 처세로 천하를 평정했다.

처세술(處世術)의 국어사전적 표현은 '사람들과 사귀며 세상을 살아가는 수단'이다. 보통은 '상황에 맞는 약삭빠른 처신'이란 의미로 사용된다. 그래서 처세술에 능한 자들은 자신의 실제 능력이나 재주와 무관하게 출세가 빠른 경우가 많고, 그런 이유로 처세술은 마치 기회주의자들의 전유물인 듯 생각되는 수가 많다.

반면 리더십은 '조직이나 집단에 영향을 미치는 긍정적인 힘'으로 이해된다. 즉 집단이나 조직의 활동을 촉진하고 목적을 달성해 나가는 힘, 혹은 조직이나 집단의 공통 목표를 달성하기 위해 집단 구성원들이 목표 지향적인 행동을 하도록 집단의 상호작용을 돕는 지도자의 영향력을 의미한다.

그런데 처세술과 리더십은 서로 다른 듯 보이나 동전의 앞뒷면과 같이 서로 분리될 수 없는 관계다. 처세술이 조직 속에서의 개인의 행동에 초점을 맞춘 것이라면 리더십은 개인의 조직 내 행동에 초점을 맞춘 것이다. 때문에 한 조직을 이끌어 가는 사람에게는 그의 처세술이 곧 리더십과 연결되게 마련이다. 또한, 리더십이라고 하는 것이 반드시 조직의 수장이나 우두머리에게만 요구되는 것이 아니란 걸 생각하면 조직 내 모든 개인의 처세술은 리더십과 연결되지 않을 수 없다. 사실 따지고 보면 리더십은 인성이 동반된 높은 수준의 처세술이다.

이런 의미에서 역사상 최고 리더십을 보여준 사람 중 하나가 한 고조 유방의 책사 장량(張良)이다. 사마천의 사기에는 수많은 리더가 등장하는데 제왕만 90여 명에 제후는 200명이 넘고, 참모는 수를 헤아리기 어렵다. 그런데 사마천은 그들 중 가장 이상적인 리더로 제왕은 전설 속의 황제 요·순을, 참모는 장량을 꼽았다. 요·순이 전설 속의 인물이라는 점을 고려하면 사실상 장량이 최고의 인물이라는 얘기다.

그렇다면 장량은 누구인가. 본래 장량의 집안은 대대로 명문가였지만 진시황에 의해 조국이 망하자 진시황을 죽여 원수를 갚으려 했다. 그러나 진시황 암살 시도가 실패로 돌아간 후 그는 병법을 익혀 항우에게 크게 밀리던 유방을 도와 함양에 진격하고 '홍문의 회'에서 유방의 목숨을 구하는 등 많은 공을 세웠다. 하지만 어떻게 보면 '전쟁의 신' 한신이나 '위대한 재상' 소하에 비해 그 역할이 크게 두드러져 보이지는 않는다.

그러나 장량의 처세술과 리더십은 바로 이 지점에서 빛을 발한다. 그는 유방이 '장막 안에 앉아 천 리를 보는 사람'이라고 했을 만큼 세상을 읽고 전략을 짜는 데 능했지만 앞서지 않고 뒤를 든든하게 받쳐주며 부족한 점을 채워주는 참모의 길을 걸었다. 그는 그저 묵묵히 자신의 임무를 수행하였을 뿐 자신의 존재를 드러내 보이는 행동을 하지 않았다. 일례로 그는 한 고조를 도와 나라를 일으켰지만, 자신의 공을 일절 내세우지 않았다. 한 고조 유방은 개국 공신 서열 1위에 소하를, 2위에는 조참을 지명했다. 막강한 무공으로 항우와의 모든 전투를 승리로 이끈 한신은 21위였다. 하지만 막상 유방의 책사였던 장량의 개국 공신 서열은 62위에 불과했다. 그런데 사실 이 점은 오히려 장량의 처세술이 달인의 경지에 이르렀음을 보여준다. 그가 개국 공신 서열에서 의도적으로 뒷자리를 차지해 유방과 뭇 경쟁자들의 의심을 피했다고 볼 수 있기 때문이다.

장량의 처세술과 리더십의 극치는 그가 '물러남'과 '그침'의 도를 알았다는 데 있다. 그는 '성공한 자리에는 오래 머물지 않는다'는 성공불거(成功不居)와 '자신의 본분을 알고 그칠 줄을 안다'는 지지(知止)의 철학을 몸소 실천했다. 그는 끝없는 탐욕을 스스로 경계하고 권력자와 권력의 본질을 정확히 파악해 사실상 주인을 리드하되 드러나지 않는 처세로 천하를 평정했다. 그렇게 그는 나라를 세우고 그 나라를 반석 위에 올려놓았지만, 자신의 공을 내세우며 권력자와 다투거나 다른 이와 다투지 않았다.

한 나라의 국정을 책임진 사람이라면 지위가 어떻든 그가 처한 자리에서 인성에 바탕을 둔 처세술과 리더십을 발휘하여 국리민복(國利民福)에 이바지해야 한다. 물론 장량을 본받는 것은 좋은 방법이 될 것이다.

2021.01.08.

128

이재용 파기환송심은 원님재판

재판은 그 본질과 한계를 지켜야 한다. 가장 좋은 재판은 수긍이 가는 재판이다. 재판부의 오버는 생각보다 큰 후유증을 남긴다. 정치의 사법화도 경계해야 하지만 사법의 정치화도 마땅히 경계해야 한다.

이재용 파기환송심 재판은 원님재판이다. 준법감시위원회를 만들어 투명경영을 하면 양형에 반영할 수 있다며 이를 설치하도록 사실상 강제하고도, 막상 실효성이 없다는 판단 아래 준법감시위원회 설치와 활동을 양형에서 배제한 것은 지나치게 자의적인 판단이 아닐 수 없다. 더구나 진정성과 노력은 인정하면서도 새로운 유형의 범죄 발생에 대한 방지책이 구체적으로 제시되지 않았다는 등 이해하기 어려운 이유를 들며 양형 사유에서 배제한 것은 오히려 구체적이지 못하다. 사실 이재용 파기환송심 재판(이하, 이번 이재용 재판)은 여러 가지 문제점을 노출했다. 누구도 만족시키지 못한 재판일 뿐 아니라 논리의 정합성은 물론 재판 이념의 구현이라는 점에서도 수준 미달의 재판이다.

이재용 재판은 사법의 한계를 넘어섰다. 재판은 일어난 일에 대한 사후적 판단일 뿐 사전적 예방행위나 현재적 집행 행위가 아니다. 다수의 횡포로부터 소수를 보호할 필요성, 도덕적 원리의 구현 및 사회정의 실현 등의 이유로 사법적극주의(judicial activism)가 용인된다고 하더라도, 이 용어가 대개 판사가 법을 해석하고 판결할 때 특정 결과를 염두에 두고 판사 개인의 정치적인 목표 달성을 꾀하는 것을 비판하는 의미로 쓰인다는 점을 생각하면, 과연 사법부가 사기업에 어떤 행위를 사실상 지시하고 이를 사기업 총수의 양형 사유로 삼는 것이 사법의 한계 내에 있다고 볼 수 있는지 의문이다.

이번 이재용 재판은 법인 삼성과 자연인 이재용을 동일시하는 우를 범했다. 재판부의 판시대로라면 이재용은 삼성의 돈을 횡령하여 자신의 경영권 승계를 위해 뇌물로 사용한 경영자다. 그렇다면 삼성은 횡령당한 피해자고 이재용은 삼성에 피해를 준 가해자다. 그런데 재판부는 왜 삼성이 준법감시위원회를 만들어 투명경영을 하면 그것을 이재용의 양형에 반영할 수 있다고 한 것인가. 가사 경영자의 횡령 등으로부터 회사 재산을 지키기 위해서 준법감시위원회가 필요하다 하더라도 피해자 회사에 그것을 설치한다 한들 그것이 이미 벌어진 이재용의 범법행위에 면죄부를 줄 이유가 되는가. 삼성의 준법 투명경영을 담보하기 위한 목적이라면 오히려 주식회사를 자기 개인 소유물인 것처럼 취급한 것을 경계하며 이재용 개인의 재산을 털어서라도 회사에 합당한 보상을 하라고 요구했어야 이치에 맞는 것 아닌가.

이번 이재용 재판에는 일관성이 없었다. 재판부는 뇌물액을 86억 8천만 원으로 보고 징역 2년 6월을 선고했다. 그런데 징역 2년 6월은 2심 재판부가 뇌물액을 36억 원으로 보았을 때 선고한 형이다. 그리고 이 사건 1심 재판부는 뇌물액을 89억 원으로 보고 징역 5년을 선고했었다. 다른 사정변경이 없고 뇌물 액수가 3억 원가량 줄었을 뿐인데 형량이 1심의 절반으로 준 것이다. 그렇다면 이번 재판부는 준법감시위원회의 활동을 양형에 반영해서 형량을 1심보다 적은 2년 6월로 정하되 다만 준법감시위원회가 기대에 못 미쳤기 때문에 실형을 선고할 수밖에 없다는 논리를 폈어야 한다. 그런데도 이번 재판부는 준법감시위원회의 활동이 실효성이 없다며 이를 양형에 반영하지 않는다고 설시했다. 앞뒤가 안 맞고 다분히 여론을 고려한 판결이 아닐 수 없다.

이번 이재용 재판은 재판의 신속성이라는 점에서 큰 문제를 남겼다. 법언에 '지체된 정의는 정의가 아니다'라는 말이 있다. 그런데 재판부는 2019년 9월 대법원에서 파기환송이 된 이래 무려 1년 4개월에 걸쳐 재판했다. 사실 유무죄 여부와 횡령액은 대법원에 의해 정해졌고 양형 판단만을 남겨두고 있었다는 점에서 집중심리를 했다면 2개월 이내, 그렇지 않았다 하더라도 4~5개월 이내 선고를 할 수도 있었다. 재판부가 느닷없이 준법감시위원회를 꺼냈다가 특검에 기피신청을 당해 9개월이나 시간을 낭비한 것 역시 재판부의 책임이라는 점에서 그것이 재판 지체의 변명이 될 수도 없다.

재판은 그 본질과 한계를 지켜야 한다. 가장 좋은 재판은 수긍이 가는 재판이다. 재판부의 오버는 생각보다 큰 후유증을 남긴다. 정치의 사법화도 경계해야 하지만 사법의 정치화도 마땅히 경계해야 한다.

2021.01.22.

129

'포퓰리즘'에 병드는 대한민국 민주주의

대한민국 민주주의는 여론조작과 포퓰리즘으로 망가지고 있다. 유권자들은 결국 어느 당, 어느 후보가 당선되는 것이 자신에게 유리하냐는 판단에 따라 선거를 한다. 그런데 내 손에 들어온 돈은 추상적 이익이 아니라 구체적 이익이기 때문에 현금 살포는 강력한 효과를 발휘한다.

2022년 대권의 향방은 어떻게 될까. 더불어민주당이 정권 연장에 성공할 것인가. 아니면 야권이 정권교체에 성공할 것인가. 이 문제에 답하기 위해선 더불어민주당의 집권 전략을 먼저 알아야 한다. 더불어민주당의 이해찬은 20년 집권론, 심지어 100년 집권론을 공공연히 내세운 바 있다. 이해찬을 비롯한 더불어민주당의 이런 장기집권 공언은 의미 없는 허장성세에 불과한 것일까?

결론부터 말하면 그렇지 않다. 더불어민주당은 스스로 밝혔듯이 지난 4.15 총선에서 빅데이터와 시뮬레이션을 통한 맞춤형 공천 전략을 구사했다. 나경원을 이기기 위해 같은 판사 출신에 여성인 이수진을 공천한 것이나 광진에서 오세훈 후보를 이길만한 기존 후보가 없자 정치 신인 고민정을 전격 공천한 것 등은 더불어민주당의 선거 전략이 얼마나 치밀한 것인지를 잘 보여준다. 사실 자칭 진보세력이라고 하는 일단의 세력들은 노무현의 불행한 죽음 이후 집권 필승전략을 짜고 이를 실행할 방법을 찾았다. 문재인의 대통령 당선은 이들 세력의 작품이다. 문재인이 '양비'라고 부른다는 양정철이나 김경수가 대통령 문재인 만들기의 주역이었다는 것은 공지의 사실이다.

그에 비해 국민의힘의 전신인 자유한국당의 선거 전략은 너무나 안이하고 나태했다. 지난 4·15 총선에서 자유한국당은 선거를 '이기는 것'이 아니라 선거를 '이긴 후'를 먼저 생각했다. 떡 줄 사람은 생각도 하지 않는 데 김칫국부터 마셨다는 얘기다. 자유한국당 지도부는 자기 계파, 자기 사람을 심는 데만 열을 올렸다. 가령 양산에 출마해 김두관과 맞붙겠다는 홍준표를 굳이 공천에서 배제한 것은 정적을 미리 제거하려는 술책이었다.

그렇다면 자유한국당의 후신인 국민의힘은 어떤가. 아직도 모래알 느낌이다. 선거에서 이기기 위한 전략이 안 보이고, 선거 승리를 위해 기꺼이 내 어깨를 빌려주겠다는 사람도 보이지 않는다. 문재인 심판론에 힘입어 서울시장과 부산시장 보궐선거에서 여론이 조금 우세하게 돌아가자 벌써 다 이긴 듯 행세한다. 미스터트롯 식의 경선은 이미 물 건너가고 경선은 올드 보이들의 귀환 장이 되어 버렸다. 이유와 경위야 어떻든 안철수와의 단일화도 난관을 겪고 있다.

그러는 사이 더불어민주당은 선거에서 이기기 위해 필승의 포퓰리즘 카드를 꺼내 들었다. 바로 현금 살포다. 재난지원금이든 영업 손실 보상금이든 어떤 명목이든 선거를 앞두고 돈을 푸는 것은 매표행위다.

선거법에서 입은 풀고 돈은 묶은 이유가 무엇인지를 생각해 보면 선거를 앞두고 유권자에게 돈을 주는 것이 그 자체로 부정선거를 획책하는 것이라는 점은 분명해진다. 그런데도 더불어민주당은 아랑곳하지 않는다. 자영업자 영업 손실보상이라는 카드를 꺼내더니 소급이 어려워지자 다시 4차 지원금 카드를 꺼내 들었다. 부산시장 선거 승리를 위해서는 또다시 가덕도 신공항 카드를 꺼냈다.

대한민국 민주주의는 여론조작과 포퓰리즘으로 망가지고 있다. 사실 현대 대중민주주의 국가의 선거는 이미 이념 대결이나 정책 대결이라기보다 포퓰리즘 대결의 성격을 띤다. 유권자들은 결국 어느 당, 어느 후보가 당선되는 것이 나 자신에게 유리하냐는 판단에 따라 선거를 한다. 그런데 내 손에 들어온 돈은 추상적 이익이 아니라 구체적 이익이기 때문에 현금 살포는 강력한 효과를 발휘한다.

지금 대한민국의 집권당 더불어민주당은 선거의 공정성 따위는 안중에도 없다. 2022년 대권도 수단 방법을 안 가리고 차지하려 들 것이다. 하지만 지금 여기서 선거용 돈 풀기를 멈추지 않으면 대한민국의 미래는 더는 없다고 봐야 한다. 돈이라는 마약에 취한 국민은 선거 때마다 돈을 바랄 것이고 집권 세력은 선거 때마다 어떤 핑계를 대서라도 돈을 풀려 할 것이다. 야권은 여론조작이나 금권선거에 대한 강력한 대책을 세워야 한다. 포퓰리즘을 민주주의의 적으로 생각하는 국민의 각성된 시민의식이 절실히 필요한 것은 두말할 필요가 없다.

2021.01.29.

130

국민역적퇴치운동

대한민국도 이제 역적을 손절할 때가 되었다. 대한민국이 더는 역적들의 나라여서는 안 된다. 국민이 부패하고 타락한 정치인과 관리를 위해 세금을 내는 나라여서는 안 된다. 더는 역적들이 국민 세금으로 호사를 누리게 해서는 안 된다. 국민이 준 권력으로 역적들이 제 입에 맛있는 음식 쑤셔 넣고, 제 방에 호화로운 가구 들여놓게 해서는 안 된다.

권력을 이용해 일신의 부귀와 영화를 도모하는 자들은 역적이다. 권력을 이용해 자신의 권력 연장을 꾀하는 자들은 역적이다. 권력을 이용해 나랏돈을 자기 돈처럼 쓰는 자들은 역적이다. 권력을 이용해 능력 없는 자들에게 직을 나눠 주는 자들은 역적이다. 능력도 없으면서 아부와 아첨으로 저 자신 고위직을 맡는 자들은 역적이다. 자고로 권력을 사유화하는 자들은 모두 역적이다.

국민 세금으로 비싼 음식, 비싼 술 먹는 자들은 역적이다. 국민 세금으로 고급 차 타고 좋은 가구 들여놓는 자들은 역적이다. 굳이 안 가도 되는 해외 출장 가면서 나랏돈 쓰는 자들은 역적이다. 권력을 이용해 제 자식 부정 입학과 부정 취직을 도모하는 자들은 역적이다. 권력을 이용해 법망을 빠져나가는 자들은 역적이다. 권력을 이용해 여론을 호도하고 여론을 조작하는 자들은 역적이다. 권력을 이용해 언론에 이런저런 형태의 영향력을 행사하는 자들은 역적이다. 공직에 있으면서 정치권에 줄 서는 자들은 역적이다. 공직에 있으면서 정치권의 끄나풀 노릇을 하는 자들은 역적이다. 공직에 있으면서 선별적으로 수사하고 기소하는 자들은 역적이다. 공직에 있으면서 양심을 버리고 시류에 휩쓸려서 재판하는 자들은 역적이다. 시민단체 활동한다며 국가 보조금 받고 국민 후원금 받아 제 주머니 채우며 사실상 놀고먹는 자들은 역적이다. 정치하면서 민생 살피지 않고 다음 선거에만 몰두하는 자들은 역적이다. 정치하면서 선심성 퍼주기 일삼는 자들은 역적이다. 공직에 있으면서 공직자의 역적질을 눈감아 주는 자들은 역적이다.

나라는 대개 역적 때문에 망한다. 역적들이 공직을 이용해 매관매직을 일삼기 때문에 망한다. 돈으로 공직을 얻은 자는 본전을 뽑기 위해 반드시 부패한다. 그래서 돈으로 공직을 사는 일은 망국의 근원이다. 나라는 정치적 목적으로 국민에게 돈 뿌리는 역적 때문에 망한다. 명목이 무엇이든 정치적 목적으로 나랏돈 뿌리는 건 나라의 미래를 팔아먹는 일이다. 나라를 망하게 하는 일이다.

역적질은 전염성이 있다. 역적은 다시 역적을 낳는다. 역적균은 코로나 균보다도 무섭다. 그래서 역전균은 초기에 뿌리 뽑아야 한다. 역적을 없애는 방법은 역적질을 한 자들을 철저히 심판하는 것이다. 역적을 없애는 방법은 역적이 공직에 있을 때는 물론 공직에서 물러난 후에도 끝까지 심판하는 것이다. 역적을 없애는 방법은 역적의 역적질을 국민에게 소상히 알리고 역사에 기록하는 것이다. 역적을 없애는 방법은 역적질로 얻은 이익을 남김없이 환수하는 것이다. 그것이 명예든, 경제적 이익이든 마지막 한 톨까지 박탈하는 것이다. 역적을 없애는 방법은 역적과 그 잔당들까지 하나도 빠짐없이 응징하는 것이다. 역적을 없애는 방법은 역적에겐 죽음을, 충신에겐 영광을 내리는 것이다.

대한민국도 이제 역적을 손절할 때가 되었다. 대한민국이 더는 역적들의 나라가 되어서는 안 된다. 국민이 부패하고 타락한 정치인과 관리를 위해 세금을 내는 나라여서는 안 된다. 더는 역적들이 국민 세금으로 호사를 누리게 해서는 안 된다. 이제 국민이 준 권력으로 역적들이 제 입에 맛있는 음식 쑤셔 넣고, 제 방에 호화로운 가구 들여놓게 해서는 안 된다. 베트남의 국부로 칭송받는 호찌민은 권력으로 단 한 치의 부귀영화도 누리지 않았다. 그는 국가의 주석 자리에 있으면서도 단 한 번도 개인적인 호사를 누리지 않았다. 그는 비싼 음식을 먹지도, 비싼 옷을 입지도, 호화로운 침대에 눕지도 않았다. 그는 오로지 조국의 진정한 독립을 염원하며 한 평생 담대하고도 검소한 삶을 살았다. 대한민국도 이제 이런 지도자가 나와야 한다.

우리가 존경할 만한 지도자를 두기 위해서는 국민의 인식 대전환이 필요하다. 우리가 나라의 주인으로서 주인의식을 갖고 능력과 청렴성을 갖춘 사람을 지도자로 뽑아야 한다. 더는 역적들의 세 치 혀에, 역적들이 나랏돈으로 쥐여 주는 몇 푼의 돈에 현혹되어서 역적을 지도자로 뽑아서는 안 된다. 이제는 이 나라 권력이 역적들의 손에 들어가게 해서는 안 된다. 역적으로부터 나라를 지키는 것, 그것은 모든 국민의 의무다.

2021.02.19.

131

권력 시계와 레임덕

대통령의 레임덕은 사실 그 본질이 현재 권력과 미래권력의 충돌이다. 권력은 속성이 미래지향적인 까닭에 미래권력이 모습을 드러내기 시작하면 현재권력은 바로 빛을 잃는다. 때문에 현재권력은 자신의 권력을 보다 오래 유지하기 위해 미래권력의 등장을 가능한 한 늦추려 한다. 그리고 자신이 원하는 방향으로 미래권력을 설계하려 든다.

임기제 대통령이 피할 수 없는 것이 '레임덕'이다. 권력이 왕이나 황제에 버금간다고 해서 제왕적이라 불리는 대한민국 대통령조차 과거 황제나 왕만 못한 것이 있다면 종신이나 세습이 허용되지 않는다는 점이다.

대통령의 레임덕은 사실 그 본질이 현재권력과 미래권력의 충돌이다. 권력은 속성이 미래지향적인 까닭에 미래권력이 모습을 드러내기 시작하면 현재권력은 바로 빛을 잃는다. 때문에 현재권력은 자신의 권력을 보다 오래 유지하기 위해 미래권력의 등장을 가능한 한 늦추려 한다. 그리고 자신이 원하는 방향으로 미래권력을 설계하려 든다. 반면 미래권력은 현재권력을 이용해서 자신의 권력을 창출하려 든다. 그리고 현재권력이 방해된다 싶으면 일전도 불사한다. 물론 이 싸움에서 패하는 쪽은 대개 현재권력이다.

최근 문재인 '권력 시계'에서 권력이 급격히 빠져나가고 있음을 보여주는 일대 사건이 벌어졌다. 소위 '신현수 사태'다. 박범계 법무장관이 검찰고위급 인사를 하면서 청와대 민정수석을 건너뛰었고, 이에 불만을 품고 임명된 지 불과 40일밖에 안 된 민정수석이 사표를 던졌다는 것이 사건의 골자다. 그러나 확인되지는 않았지만, 박범계가 문재인 대통령의 재가도 받지 않고 검찰고위급 인사를 발표했다는 보도까지 나오면서 청와대에서 초유의 하극상이 벌어진 것이 아닌가 하는 의혹이 크게 일고 있다.

그런데 아주 이상한 것은, 사정이 이런데도, 청와대가 신현수 민정수석이 배제된 검찰 고위급인사 과정을 속 시원하게 밝히지 않는다는 점이다. 박범계 법무장관 역시 국회에 나와서 의원들의 거듭된 질문에도 '청와대 답변'으로 갈음하겠다는 대답을 수십 번 반복할 뿐 끝내 내막을 밝히지 않았다. 그러나 사실 사태의 핵심은 간단하다. 대답이 어려운 것도 없다. 누가, 언제 검찰 인사안을 청와대에 가지고 들어가서 문재인 대통령의 재가를 받았는가만 밝히면 된다. 그런데도 청와대가 이를 밝히지 않는 것은 국민에게 밝힐 수 없는, 드러나면 문재인 대통령의 권위에 치명적인 손상이 될 어떤 사건이 발생했다는 의미일 수 있다. 만약 항간의 소문대로 이광철 민정비서관이 신현수 민정수석을 패싱하고 재가를 받았다면 이는 민정수석실에 신현수를 능가하는 외부 권력의 힘이 작동한다는 의미고, 박범계가 민정수석실을 아예 패싱했다면 법무장관인 동시에 국회의원인 박범계 본인이나 그가 속한 일파의 힘이 대통령을 능가한다는 의미가 된다.

이 대목에서 우리가 주목하지 않으면 안 되는 것이 미래권력이다. 신현수 민정수석을 패싱시킬 만한 힘이라면, 그리고 현직 대통령을 압박

할만한 힘이라면, 그것은 미래권력밖에 없다. 항간에서는 청와대 민정수석실에 미래권력의 힘이 작동하고 있고 이들 힘이 민정수석을 건너뛰고 비서관들에 직접 미치고 있다는 관측이 있다.

대통령 권력의 생산지인 민정수석실을 점령하면 현직 대통령 권력을 무력화시킬 수 있고 차기 권력을 창출하는 데 절대적으로 유리하다. 이 때문에 미래권력이 박범계 법무장관과 민정수석실 비서관들을 매개로 해서 차기 권력 창출에 도움이 되지 않는 문재인 측근 신현수 민정수석을 몰아내려 했을 가능성이 있다. 일각에서는 작년에 벌어진 추미애와 윤석열의 갈등도 표면상으로는 검찰개혁이 명분이지만 사실은 미래권력 대 현재권력의 싸움으로 본다. 즉, 윤석열 검찰총장의 존재가 자신들의 권력 창출에 방해가 된다고 본 세력이 미리 윤석열을 제거하고 자기 사람을 검찰총장 자리에 앉히려 한 것이 추윤대전(追允大戰)의 감추어진 실상이라는 것이다.

어쨌거나 문재인 대통령의 임기가 1년 남짓 남았다. 1/5이 남은 것이다. 그런데 권력은 미래로의 원심력이 작용하는 탓에 임기 말이 될수록 남은 임기만큼의 비율로 권력을 행사하는 것은 가능하지 않다. 사실 신현수 사태가 터진 것도 대통령이 임기를 끝내기 1년도 더 전 레임덕을 넘어 사실상 '데드 덕(Dead Duck)'에 빠졌기 때문이라고 할 수 있다. 이제 문재인 대통령이 할 수 있는 것은 그저 견디는 것뿐이다. 침몰하는 현재권력이 부상하는 미래권력을 이길 수는 없다. 권력을 한껏 누린 대통령이 인제 와서 '권력 시계'와 '레임덕' 생리를 몰랐다고 한들 그 누가 그 뒤늦은 변명을 믿어주며 일말의 동정이라도 보내겠는가?

2021.02.25.

132

시민의 승리, 정치혁명의 시작

지금 대한민국은 문재인 정권에 의해 법치사회에서 권력사회로 후퇴하고 있다. 정권을 위한 정치를 하면 권력사회로 내려가게 되고 국민을 위한 정치를 하면 질서사회로 올라가는데 문재인 정권은 자기들 정권만을 위한 정치를 하고 있다. 그 때문에 지금 바로 문재인 정권을 심판하고 새로운 정부를 세우지 않으면 한국사회는 법치사회에서 질서사회로 올라가는 길을 영원히 잃게 될지도 모른다.

4·7 재·보궐선거가 야권의 승리로 끝났다. 국민의힘 오세훈 후보가 57.50%를 득표하며 더불어민주당 박영선 후보(39.18%)를 18.32%포인트 차로 압도했다. 서울시 25개 자치구 모두 오세훈 후보가 승리했다. 부산에서도 박형준 후보가 압승했다. 이번 선거는 어떤 의미를 갖는가.

문재인 정권의 '데드 덕(Dead Duck)'을 의미한다. 문재인 대통령이 지방선거와 총선에서의 여당 압승을 기반으로 역사상 최초로 레임덕 없는 대통령이 될 것이라는 전망이 있었지만, 이번 참패로 문재인 대통령은 역사상 유례없는 데드 덕에 빠질 가능성이 커졌다. 다음 선거를 의식하게 마련인 더불어민주당은 청와대와의 거리두기에 나설 것이고 정권교체 가능성이 커지면서 문재인 정권의 비리 등에 대한 내부고발이 이어질 것이다. 문재인 정권은 갈수록 자중지란에 빠지게 될 것이다. 울산시장 부정선거, 원전 비리, 라임·옵티머스 사태 및 김학의 전 차관 불법 출금 등에 대한 검찰의 수사가 본격화되며 청와대는 국정 장악력을 급속하게 상실하게 될 것이다.

학생운동권 좌파 세력의 몰락을 의미한다. 운동권 좌파 세력은 소득주도성장 등 좌파 이론에 근거한 경제정책을 폈으나 코로나 이전 한국의 경제성장률은 OECD 국가 중 최하위였다. 수요억제를 골자로 한 반시장적 좌파 부동산 정책은 집값만 폭등시켰다. 좌파의 특권인 돈 퍼주기에 몰두한 나머지 국가부채는 천정부지로 늘어났고 재정건전성은 급격히 악화하였다. 친북 친중 좌파 외교를 펼치며 반일 정책을 노골화했으나 북한과 중국에는 무시당하고 미국에는 의심의 눈초리를 받고 일본에는 정상 간 교류를 구걸하는 신세가 되었다. 이번 선거는 이런 운동권 좌파 세력을 퇴출하겠다는 국민의 결단이다.

이번 선거는 운동권 좌파 세력의 특권계급 창설 시도에 대한 준엄한 심판이라는 의미도 갖는다. 설훈이 대표 발의하고 73명의 의원이 동조한 소위 '민주유공자 예우에 관한 법률안'은 학생운동으로 구속되거나 제적되거나 불이익을 받은 학생운동 세력과 그 자녀들에게 교육, 취업, 대출, 의료, 양육, 양로 등에 혜택을 주자는 것이다. 사실상 운동권 국회의원들이 셀프 입법으로 셀프 특혜를 시도한 것이자 요람에서부터 무덤까지 특권을 누리는 세습특권계급을 창설하겠다는 오만한 발상이다. 이번 선거는 이런 오만방자한 좌파 운동권 세력에 대한 징치다.

이번 선거는 여권 대권 주자의 몰락 내지 퇴조를 의미한다. 이낙연 상임선대위원장은 사실상 대권 주자 지위를 상실하게 되었다. 이 위원장은 당 대표 시절 귀책사유가 있으면 후보를 내지 않기로 한 당헌·당규를 고쳐가면서까지 재보선 후보 공천을 감행했다. 이제 참패의 책임을 지지 않을 수 없다. 그의 대권 꿈은 사실상 사라졌다고 봐야 한다.

이재명 지사 역시 지지율 하락에 시달리며 대권의 꿈에서 멀어질 것이다. 이번 선거는 여권의 포퓰리즘, 돈 퍼주기 정책의 약발이 다 했음을 의미한다. 이번 선거 결과로 이재명은 이러지도 저러지도 못하는 처지가 되고 말았다. 재정 풀기와 증세 등 진보적 경제기조에 대한 국민의 반감이 확인된 이상 기본소득을 대선 브랜드로 내세운 이 지사가 기존 정책을 밀고 나가긴 어려울 것이다. 하지만 노선을 변경하거나 수정하는 순간 이재명의 선명성이 사라지며 집토끼가 등을 돌리게 될 것이다. 물론 여권의 충격적인 패배가 지금 대선주자 지지율 1위에 올라 있는 이재명에게 힘을 실어주는 쪽으로 작용할 가능성이 없지는 않다. 하지만 이 지사가 안정적 독주 체제를 갖추지 못한다면 정세균 총리 등 후위 그룹의 추격이 본격화되며 더불어민주당은 여러 대선주자가 각축을 벌이는 춘추전국 상태에 빠지게 될 것이다.

이번 선거는 윤석열 전 검찰총장의 대권 주자로서의 입지구축과 그의 대선 승리를 의미한다. 이번 선거의 승리가 상당 부분 윤석열 효과의 후광이고 보면 윤석열의 대권 주자로서의 입지는 한층 더 굳어질 것이다. 거기다 윤석열 전 총장에 대한 국민의 높은 기대와 현재 야권에 대선주자가 없다는 점까지 고려하면 윤석열의 대권가도는 탄탄대로라고 봐야 한다. 윤석열의 청와대 입성은 시간문제다.

2021. 4. 7. 대한민국 정치혁명이 시작되었다.

2021.04.09.

133

윤석열, 이렇게 정치하라

윤석열은 반드시 성공한 정치인이 되어야 한다. 그의 성공은 개인의 문제가 아니라 국민의 문제이고 나라의 문제다. 성공한 대통령이 되려면 윤석열 스스로 성심을 다하고 인화에 힘쓰고 도의에 입각한 말과 행동을 통해 민심을 얻는 정치를 해야 한다. 또한, 과학적이고 합리적이며, 두루 소통하고 포용하는 정치를 해야 한다.

첫째, 국민의 신뢰(信賴)를 얻는 정치를 해야 한다. 공자는 《논어(論語)》에서 '민무신불립(民無信不立)'이라 했다. 국민의 신뢰와 지지를 얻지 못하는 국가는 존립 자체가 어렵다는 말이다. 어느 날 제자 자공(子貢)이 정치에 관해 묻자 공자는 "양식을 풍족하게 하고, 군대를 풍족하게 하고, 백성들이 군주를 믿게 하는 것이다"라고 답했다. 자공이 세 가지 중에 부득이 버려야 한다면 무엇을 포기하느냐고 묻자 공자는 '군대'라고 하였다. 그다음으로 무엇을 버려야 하는지 묻자 '양식'이라고 했다. 공자는 마지막까지 포기해서는 안 되는 것은 '백성의 믿음'이라며 "백성들의 믿음이 없으면 나라는 존립할 수가 없다(民無信不立)"라고 하였다.

둘째, 인화(人和)에 힘쓰고 도의(道義)에 입각한 정치를 해야 한다. 맹자는 "하늘이 주는 기회는 지리상으로 이로운 것만 못하고, 지리상의 이점은 사람들이 화목함만 못하다(天時不如地利, 地利不如人和 천시불여지리, 지리불여인화)"라고 하였다. 천시, 지리, 인화의 세 가지 요소 가운데 국가의 흥망성쇠를 결정하는 요소가 인화라는 것이다. 맹자는 또한 '바른 도로 행동하면 돕는 사람이 많고, 무도한 행동을 하면 돕는 사람이 줄어든다(得道者多助, 失道者寡助 득도자다조, 실도자과조)'라고 하여 정치의 요체가 도의(道義)임을 강조했다.

셋째, 성심(誠心)을 다하는 정치를 해야 한다. 중국 청나라 왕조의 4대 황제인 강희제는 '짐은 하늘을 섬기는 신하'라고 천명하고 백성을 섬기는 정치를 했다. 강희제는 백성들의 농사를 돕기 위해 서양 역법과 수학 공부를 시작하고 급기야 라틴어까지 익혔다. 그는 천하가 태평해지고 조정이 안정된 지 오래되었을 때도 "내가 어떻게 해야 백성에게 도움이 될까?"라는 질문을 자신에게 끊임없이 던졌다. 보통 통치 기간이 길면 안이함에 빠져 불필요한 사업을 벌이거나 엽기적인 취미를 쫓느라 국정을 등한시하기 마련인데 강희제는 62년이나 재위하면서도 초심을 잃지 않았다. 그는 늘 "국궁진췌 사이후이(鞠躬盡瘁 死而後已, 몸을 아끼지 않고 최선을 다하여 죽기까지 힘쓴다)"가 자신의 마음가짐이라고 밝혔다. 그 때문에 강희제에게 감동한 부베나 히버트를 비롯한 선교사들은 하나같이 보고서나 회고록에서 강희제가 자신이 만나본 어떤 유럽 군주보다도 뛰어나다며 입에 침이 마르도록 찬양했다.

넷째, 과학적인 정치를 해야 한다. 세종대왕은 합리적이고 실증적인 정치를 했다. 해시계, 측우기 등의 각종 발명과 의서, 약서, 법서, 농서, 천문서, 악서 등의 발간은 모두 그의 과학정치가 빚어낸 산물이다. 세종대왕은 글자를 창제함에서도 그저 새 글자를 만드는 데 그치지 않고 가장 과학적이고 백성들이 가장 배우기 쉬운 글자를 만들고자 노력했다. 그 결과 세종은 한글의 창제철학인 '어리석은 백성이 쉽게 배워 쓸 수 있도록 한다'라는 목적을 구현하기 위해 음운론과 음성학을 비롯한 연구에 매진해 가장 과학적인 제자원리(製字原理)를 도입했다.

다섯째, 소통하고 포용하는 정치를 해야 한다. 세종 치세의 많은 업적은 많은 부분이 훌륭한 당대 최고의 신하와 학자의 보필 덕이다. 하지만 이들의 보필을 받을 수 있었던 것은 세종의 사람됨 때문이다. 그의 정치적 소양, 넓고 깊은 학문적 성취, 역사와 문화에 대한 깊은 통찰력과 판단력, 중국문화에 경도(傾倒)되지 않은 주체성과 독창성, 의지를 관철하는 신념·고집, 노비에게까지 출산휴가를 주는 인권 의식 등 세종 개인의 사람됨이 당시의 정치적·사회적·문화적·인적 모든 여건과 조화됨으로써 빛나는 민족문화를 건설할 수 있었다.

윤석열은 반드시 성공한 정치인이 되어야 한다. 그의 성공은 개인의 문제가 아니라 국민의 문제이고 나라의 문제다. 성공한 대통령이 되려면 윤석열 스스로 성심을 다하고 인화에 힘쓰고 도의에 입각한 말과 행동을 통해 민심을 얻는 정치를 해야 한다. 또한, 과학적이고 합리적이며, 두루 소통하고 포용하는 정치를 해야 한다. 이렇게 하면 윤석열은 대한민국 역사에, 아니 세계사에 우뚝 선 대통령으로 남을 것이다.

2021.04.16.

134

시민정치참여와 유권자혁명

유권자 혁명의 시작은 유권자의 미래가 선거에 달려 있다는 각성이다. 정치인 스스로 정치를 바꾸기를 기대할 수 없으므로 유권자가 나서 정치를 바꿔야 한다는 사명감이다. 무엇보다 중요한 것은 젊은 유권자들의 정치에 관한 관심이다.

Q. 사회자: 푸코 씨에게 질문드리겠습니다. 푸코 씨는 왜 그렇게 정치에 관심이 많습니까? 선생님은 철학보다도 오히려 정치에 훨씬 관심이 많은 것으로 알고 있습니다만….

A: 미셸 푸코 : 제가 왜 정치에 관심이 있는지 물으시는데요. 저라면 차라리 '왜 정치에 관심을 가지면 안 되느냐?'고 묻겠습니다. 제 말은 어떤 이데올로기, 은폐, 눈가림 때문에 정치에 관심이 없느냐 하는 겁니다. 정치는 우리에게 가장 중대한 문제인데 말입니다. 사회의 경제적 관계와 권력 시스템이 우리의 일상을 통제하고 있습니다. 정치가 우리 삶의 핵심이라는 거지요.

Q. 사회자: 어쩔 수 없이 관심을 가졌다는 말이군요. 그렇지요?

A: 미셸 푸코: 그렇습니다. 전혀 이상할 게 없어요. 정치에 관심이

없는 것, 오히려 그게 문제입니다. 그러니 저에게 묻기 전에 사람들에게 왜 정치에 관심이 없는지 물어보세요. 그럼 답변이 올 것입니다. 아니면 이렇게 물어도 됩니다. "젠장, 네놈은 도대체 왜 정치에 관심이 없는 거야?"(사람들 폭소)

위 대화는 1971년 11월 미셸 푸코-놈 촘스키 대담에서 미셸 푸코가 한 말이다. 프랑스 철학자 폴 미셸 푸코(Paul michel foucault, 1926~1984)는 '나는 왜 정치에 관심이 있는가'라는 글에서 "우리 주변, 가족, 우리 동네에서 조금만 시야를 넓혀보면 모든 게 정치와 연관되어 있음을 곧바로 알게 된다. 인간관계, 연애, 결혼은 물론이고, 예술, 종교도 정치에서 벗어나지 못하며, 어떤 측면에서는 오히려 더 강력한 영향을 받고 있다. 따라서 정치에 관한 관심은 교양의 '최소 요건'이라고 할 수 있다"라고 말했다.

철학자 푸코의 말에서 넉넉히 알 수 있듯이 푸코의 정치에 관한 관심은 학문으로서가 아니라 '시민의 정치참여'라는 형식이었다. 푸코는 공동체 구성원은 그가 어떤 직업을 가졌든 그가 어떤 일을 하든 정치에 관심을 가져야 한다고 주장한다. 그 이유는 공동체 구성원의 삶은 그 어떤 것도 정치의 영향에서 벗어날 수 없고 정치를 떠나 존재할 수도 없기 때문이다.

일찍이 그리스 철학자 플라톤 역시 푸코와 같은 생각을 가졌다. 그는 '정치를 외면한 가장 큰 대가는 가장 저질스러운 인간들에게 지배당하는 것이다'라는 말을 한 것으로 알려졌다. 그러나 플라톤이 정확히 위와 같은 워딩을 한 것은 아니고 그런 의미의 말을 했다는 것이 정설이다. 어쨌든 여기서 중요한 것은 정치가 비록 질 낮은 영역이라 해도 이를 포기할 수 없다는 점이다. 정치가 바로 서야 나라가 바로 서고 국민이 행복하게 살 수 있다는 것이다. 그러나 유감스럽게도 대한민국 정치권은 이미 오래전에 자정능력을 상실했다. 더는 정치인들에게 정치개혁 문제를 맡겨 둘 수는 없다. 그래서 강제가 필요하다. 기성 정치인과 기성 정당에 정치인 각자와 정당정치가 개혁하고 변화하지 않으면 퇴출당할 것이라는 신호를 보내고 선거와 투표를 통해 그들에게 개혁과 변화를 강제해야 한다.

지금은 유권자 혁명이 필요한 시대다. 유권자들은 '선거는 후보자의 과거가 아니라 유권자의 미래에 관해 이야기하는 것'임을 알아야 한다. 유권자 혁명의 시작은 유권자의 미래가 선거에 달려 있다는 각성이다. 정치인 스스로 정치를 바꾸기를 기대할 수 없으므로 우리 유권자가 나서 정치를 바꿔야 한다는 사명감이다. 무엇보다 중요한 것은 젊은 유권자들의 정치에 관한 관심이다. 20, 30대 젊은이들이 정치에 관심을 두고 유권자 혁명을 주도해야 한다. 청년실업·저출산·주거 문제는 바로 청년 유권자의 문제다. 그들의 현재와 미래에 관한 문제다. 이런 중요한 문제를 구시대 이념을 가진 기성 정치인들이 좌지우지하게 둘 수는 없다. 길어야 20~30년을 살 사람들이 앞으로 70~80년을 살 사람들의 미래를 자기들 맘대로 계획하고 재단하는 것은 어불성설이다.

따라서 지금 우리에게는 이런 표어가 꼭 필요하고도 유용할 것이다. "시민들이여, 젊은이들이여 정치를 외면하지 마라. 아니 적극적이고 능동적으로 정치에 참여하라. 그래서 그대들의 미래를 스스로 결정하라."

2021.05.07.

135

메르켈 - 대체 불가능한 리더십

기자 회견에서 한 기자가 독일 총리 메르켈(Merkel)에게 물었다: "우리는 당신이 항상 같은 옷만 입고 있는 것을 주목했는데, 다른 옷은 없나요?" 그녀가 대답했다. "나는 모델이 아니라 공무원입니다."

기자 회견에서 한 기자가 독일 총리 메르켈(Merkel)에게 물었다: "우리는 당신이 항상 같은 옷만 입고 있는 것을 주목했는데, 다른 옷은 없나요?"

그녀가 대답했다. "나는 모델이 아니라 공무원입니다."

다른 기자 회견에서 한 기자가 물었다: "집을 청소하고 음식을 준비하는 가사 도우미가 있나요?"

그녀가 대답했다 : "아니요, 저는 그런 도우미가 없고 필요하지도 않습니다. 집에서 남편과 저는 매일 이 일들을 우리끼리 합니다."

그러자 다른 기자가 물었다: "누가 옷을 세탁합니까, 당신이나 당신의 남편?"

그녀가 대답했다 : "나는 옷을 손보고, 남편이 세탁기를 돌립니다. 대부분 이 일은 무료 전기가 있는 밤에 합니다. 가장 중요한 것은, 우리

아파트와 이웃 사이에는 방음벽이 있지만, 이렇게 함으로 이웃에 피해를 주지 않게 되지요." 그리고 그녀는 말했다. "나는 당신들이 우리 정부의 일의 성과와 실패에 대해 질문하여 주기를 기대합니다."

Ms. Merkel은 다른 시민들처럼 평범한 아파트에 살고 있다. 별장, 하인, 수영장, 정원은 없다. 부동산, 자동차, 요트와 개인 제트기를 사지도 않았다. 그녀는 독일 총리로 선출되기 전에 이 아파트에 살았고, 선출된 후에도 그곳을 떠나지 않았다. 그녀는 16년 동안 한결같이 옷을 갈아입지 않았다. 그녀는 지난 16년 동안 능력, 수완, 헌신 및 성실함으로 8천만 독일인을 이끌었다. 그녀가 16년 통치하는 동안 위반과 비리는 없었다. 그녀는 어떤 친척도 지도부에 임명하지 않았다. 그녀는 정의로운 지도자인 척하지도, 자신의 앞선 사람들과 싸우지도 않았다. 그녀는 위선의 말도 하지 않았고 사진 찍히려 어색한 웃음을 웃어 보이지도 않았다.

앙겔라 메르켈(66). 독일 최초의 여성 총리인 그녀는 분단 시절 동독의 동베를린 물리화학 연구소에서 일하다 36세 때인 1990년 정치에 입문했고 2005년 총리에 올랐다. 메르켈은 총리에 취임한 후 대연정을 통해 독일의 정치적 안정을 꾀하는가 하면 연정 상대 정당을 바꿔가며 대단한 정치력과 노련한 지도력으로 여러 난관을 극복했다. 그녀는 한결같은 성실함으로 경제의 순항을 이끌었다. 메르켈은 재임 동안 유럽의 병자로 불리던 독일을 경제 대국의 자리에 올려놓았다. 2019년 독일 실업률은 3%로, 사실상 완전 고용을 달성했다. 국제적으로도 메르켈은 글로벌 금융 위기, 남유럽 재정 위기, 대규모 난민 이주 사태를 맞아 EU가 단합하도록 이끌며 '유럽의 여제(女帝)'로 불렸다.

메르켈에 대한 독일 국민의 사랑은 압도적이다. 취임 15년 주년인 2020년에도 지지율 74%를 기록했다. 실용·이성에 기반을 둔 메르켈 리더십은 코로나19 사태를 맞아 더욱 진가를 발휘했다. 부유한 서구 가운데 유일한 코로나 방역 성공 사례가 독일이다. 양자역학을 전공한 '과학자 총리'의 진가가 유감없이 발휘됐다. 카리스마도, 쇼맨십도 없는 메르켈 총리는 TV에 나와 대국민 담화를 통해 "코로나19 사태는 2차 세계대전 이후 최대 위기"라며 "개개인의 연대가 지금처럼 중요한 적은 없다"고 사태의 심각성을 알렸다. 같은 시기에 도널드 트럼프 미국 대통령은 코로나19 사태를 은폐하며 국민에게 장밋빛 약속을 남발한 것과는 너무나 대조적이다.

그런 메르켈이 2021년 말 은퇴한다. 이제 우리는 메르켈만큼 참을성과 끈기, 침착함, 명석함을 갖춘 지도자를 다시 만나기 어려울 것이다. 오바마는 메르켈에 대해 "신뢰할 수 있고, 정직하며 지적으로 정확한 사람"이라고 평했다. 우리는 오랫동안 그녀의 '대체 불가능한 리더십'을 그리워하게 될 것이다. 그러나 우리는 아마도 그보다 더 오랫동안 그녀만큼 '인간적인 대단히 인간적인' 지도자를 만날 수 없을 것이다.

2022년 3월 9일 수요일, 대한민국에서 다시 대통령 선거가 열린다. 메르켈은 우리의 타산지석이다. 그녀를 보며 우리도 그녀처럼, 침착하고 명석하며 참을성 있는 지도자, 또한 동시에 인간적인 매력을 가진 지도자를 갖고 싶다고 생각하게 된다. 필자가 윤석열에게 그런 리더십을 기대한다면 지나친 바람일까?

2021.05.14.

136

윤석열의 서사, 그래서 윤석열

윤석열의 '나는 사람에게 충성하지 않는다'는 말은 충성의 대상이 '권력자'가 아닌 '국민'임을 천명한 것이다. 또한, 충성의 대상이 '권력자'가 아닌 '국가'임을 선언한 것이다. 이 말은 '민본주의' 사상의 정수다. 우리 역사상 이보다 더 명징하게 국가와 국민에 대한 충성을 맹세한 말은 없었다.

윤석열의 '나는 사람에게 충성하지 않는다'라는 말은 충성의 대상이 '권력자'가 아닌 '국민'임을 천명한 것이다. 또한, 충성의 대상이 '권력자'가 아닌 '국가'임을 선언한 것이다. 이 말은 '민본주의' 사상의 정수다. 우리 역사상 이보다 더 명징하게 국가와 국민에 대한 충성을 맹세한 말은 없었다. 과연 어떤 공직자가 있어 그토록 당당하게 "나는 사람에게 충성하지 않는다"는 말을 했던가?

예나 지금이나 공직자는 사람에게 충성을 다 해야, 어떤 조직에 줄을 서야 출세가 보장된다. 그것이 엄연한 세태요, 세상의 이치다. 그런데 윤석열은 상관에 대한 충성이 그 어느 조직보다 요구되는 검찰에서 당당히 나는 권력자에게 충성하지 않는 사람이라는 커밍아웃을 했다. 이것은 그가 영웅이기에 가능한 일이다.

그는 서울법대 재학시절 모의형사재판에서 전두환 당시 대통령에게 사형을 구형했다. 매우 정의롭고 용기 있는 일이다. 비록 모의재판이었을지언정 그의 사형 구형은 권력을 이용해 국민을 학살한 전두환에 대한 준엄한 꾸짖음이요 응징이다. 그의 영웅적 자질은 그 안에 이미 내재하여 있다.

영웅은 영웅만의 서사를 가진다. 신화 속의 인물이건 역사 속의 인물이건 모든 영웅은 그들만의 서사를 가진다. 윤석열 역시 영웅의 서사를 가진다. 이것은 비단 그가 모의재판에서 전두환에게 사형을 구형했다는 얘기에 그치는 것이 아니다. 윤석열의 서사는 온갖 권력자와 홍위병들의 압박을 이기고 '생즉사 사즉생(生卽死 死卽生)'의 각오로 묵묵히 검찰총장직을 수행했다는 것이다. 그리하여 조국과의 '윤조대전', 추미애와의 '윤추대전', 문재인과의 '윤문대전'을 모두 승리했다는 것이다. 그런데도 그가 정검갈등(政檢葛藤)으로 나라가 혼란스러워지고 국민이 고통 받을 것을 염려하여 스스로 검찰총장직에서 물러났다는 것이다. 그가 물러나면서도 "내가 어디에 있든 국민을 보호하는 일에 힘을 다하겠다"고 약속했다는 것이다. 이것은 노량해전에서 왜구의 총탄을 맞고 나라와 백성을 걱정해 '나의 죽음을 적에게 알리지 말라'고 한 충무공의 말만큼이나 역사적이고 감동적이다. 윤석열, 그가 대통령이 되어야 하는 이유는 바로 이것이다. 그는 민본주의(民本主義) 정신에 누구보다 투철하다. 그는 정의로울 뿐 아니라 겸손하고 선량하다. 그는 권력의 본령과 권력자의 책무를 잘 알고 있다.

지금 우리 앞에는 운명적으로 수행해야만 하는 과제가 존재한다. 그것은 다름 아닌 대한민국의 일대 개조와 중흥이다. 대한민국은 건국 70년이 지나면서 여기저기 병증이 나타나고 있다. 잘 살고 못사는 것이 자신의 노력에 따라 결정되는 능력사회가 아니라 가문에 따라 결정되는 신분사회로 변질되고 있다. 겉으로는 평등을 내세우면서 속으로는 자유를 억압하는 사회가 되어가고 있다. 지금 여기서 바로 잡지 않으면, 불순한 무리의 준동을 제압하지 않으면 우리 후손들은 자유 없는 세상에 살게 될 것이다. 다시 지배층과 피지배층으로 나뉘어 일단의 무리가 나머지 국민의 삶을 지배하고 그 운명을 마음대로 조종하는 불평등하고 불공정한 사회에 살게 될 것이다. 불행한 삶을 살게 될 것이다.

그래서 윤석열이다. 윤석열은 자유민주주와 법치주의를 지키고, 국민을 보호하는 것을 자신의 과업으로 여긴다. 어떤 고난과 역경을 딛고라도 과업을 완수하겠다고 결심한다. 하지만 영웅의 삶에는 앞길을 막는 장애물이 등장하게 마련이다. 역사 속에서 영웅의 장애물은 간신이다. 간신은 영웅을 모함하고 파괴하려 든다. 벌써 여기저기서 간신들이 윤석열을 모함하느라 바쁘다. 벌써 어떤 자는 공공연히 '윤석열 파일'을 모으고 있다는 정치공작성 발언까지 서슴지 않는다. 제2의 '김대업'이라도 만들 태세다. 그러나 영웅은 그 어떤 장애물도 이기고 숙명적 과업을 성취한다. 윤석열의 말을 다시 한번 새겨보자.

"나는 사람에게 충성하지 않는다."

"앞으로 내가 어디에 있든 자유민주주의를 지키고 국민을 보호하기 위해 힘을 다하겠다."

윤석열은 자신의 말을 실천했고 지금도 실천하기 위해 힘쓰고 있다. 그래서 윤석열이다.

2021.05.28.

137

위민구국의 길 - 윤석열이 가야 할 길

이순신 장군은 올곧은 공직자의 모범이자 위민구국(爲民救國) 정신의 최고 경지를 보여주었다. 그는 공직자로서 한 치의 흐트러진 모습을 보이지 않았으니 공과 사를 분별하며 자기관리에 충실했고 율곡 선생을 만나보라는 권유에 오히려 집안 어른이라는 이유로 평생 만나지 않았다.

우리 역사상 수많은 위인이 있지만, 오늘의 정치·국제상황에서 타임머신으로 대한민국으로 모셔오고 싶은 분은 이순신 장군과 류성룡 선생이다. 두 분은 임진왜란이라는 누란지위(累卵之危)의 위기에서 나라와 백성을 구한 위인이기도 하지만 나랏일을 맡아 보는 사람의 자세가 어떠해야 하는지를 몸소 실천해 보여준 공직자의 전형이기 때문이다.

이순신 장군은 올곧은 공직자의 모범이자 위민구국(爲民救國) 정신의 최고 경지를 보여주었다. 그는 공직자로서 한 치의 흐트러진 모습을 보이지 않았으니 공과 사를 분별하며 자기관리에 충실했고 율곡 선생을 만나보라는 권유에 오히려 집안 어른이라는 이유로 평생 만나지 않았다. 처세에 방해되더라도 인사 청탁은 절대 거절하였고 뇌물은 그 어떤 이유로든 주지도 받지도 않았으며, 후광과 아첨으로 출세하고 승진하는 것을 혐오하였으니, 그는 청백리 그 자체였다. 그는 또한 병영에서도 소금을 굽고 고기를 잡아 군수품을 스스로 조달하는가 하면 연안지역 둔전을 개간해 군사들의 식량문제를 스스로 해결하고, 군사들이 백성을 수탈하고 피해를 주지 못하도록 백성들이 기르는 개에게 손해를 끼친 병졸을 엄히 처벌하고 굶주리는 백성들에게 밥을 얻어먹은 종들을 매로 다스렸다. 그는 전쟁 중에도 백성들을 보살피고 그들이 살아갈 방도를 찾는 데 여념이 없었다.

이순신 장군은 처음부터 끝까지 자신의 직분과 직무에 충실했다. 장수로서 철저한 준비로 적을 미리 이겨놓는 유비무환의 자세를 견지하고, 치밀한 전략 전술로 아군에 유리한 환경에서 적을 맞았다. 그는 적들의 동태를 자세히 관찰하고 보고의 허실을 가려내는 최상의 정보전을 전개해 전력의 열세를 뒤집고 승리를 가져오는 원동력으로 삼았다. 전투 중 몸을 아낄 것을 권고하는 부하 장수들에게는 나의 명(命)은 하늘에 있다고 말해 부하들의 죽음에 대한 두려움을 없애주고, 전쟁 중 공적을 탐해 적의 수급을 취하는 작태를 단호히 비판해 싸움의 목적이 공적에 있지 않음을 알리고, 적의 총알을 맞고도 적을 물리칠 생각에만 오직 분주한 불굴의 의지로 기필코 전쟁을 승리로 이끌었다. 그는 두려움을 용기로 바꾸는 용인술로 부하들을 독려하여 "반드시 죽고자 하면 살고 반드시 살고자 하면 죽는다(生卽死 死卽生)"라는 정신으로 죽음에 대한 두려움을 승리의 의지로 전환했다.

류성룡 선생 또한 공직자의 전형이요, 애국심의 정수다. 그는 선견지명의 인재 등용과 자주국방의 자세로 임진왜란이라는 국난을 슬기롭게 헤쳐 나갔다. 그는 면밀한 국제정세 분석을 통해 임진왜란을 미리 예견하고, 그에 대비하여 이순신을 정읍 현감에서 전라좌수사로 파격적으로 발탁하고, 권율을 형조정랑에서 국경지대의 요충지인 의주 목사로 보냈다. 이것은 탁월한 선견지명일 뿐 아니라 노심초사 애국심의 발로다. 그는 전란 중에도 백성과 군사의 먹거리를 공급하고 나라와 백성의 안위를 걱정하여 경제 활성을 꾀하는 정책을 제시하고 실천했다. 그는 전란으로 피폐한 국가재정과 굶주림에 허덕이는 백성의 삶을 안정시키고자 기득권의 경계와 저항을 뚫고 조세정책의 일대 개혁을 단행해 생산량별로 균등하게 세금을 내게 하고, 공물(貢物)은 쌀로 받는 공물작미(貢物作米)안을 실행했다(이것이 바로 대동법의 원형이다). 그는 또한 국가 관리의 소금 전매제도를 생산자 수익형 전매사업으로 바꿔 쪼들리는 백성의 생활을 돕고 국가재정 확보에 도움을 주었다. 또한 백성의 처지에서 신분제 사회를 타파하는 면천법(免賤法)과 사민평등(四民平等) 사회개혁정책을 실행했다. 류성룡이 군역에서 면제됐던 양반, 천민도 양민과 함께 군역을 지운 속오군(束伍軍)이란 새로운 군 제도는 성리학의 신분사회 벽을 깬 획기적인 군제개혁이다.

위기를 타개하기 위해서는 잘못을 바로잡고 나라를 바로 세워야 한다. 재건축 수준의 대대적 리모델링이 필요하다. 재조산하(再造山河)의 자세로 권력과 금력의 독과점 구조를 깨야 한다. 더는 정치가 권력투쟁 수준에 머물러 있게 해서는 안 된다. 권력투쟁을 정책경쟁으로 바꾸는 정치개혁이 시급하다.

2021.06.04.

138

부위정경(扶危定傾)

윤석열의 대권 도전이 가시화되었다. 그의 출사표 윤곽도 서서히 드러나고 있다. 지금까지 드러난 그의 출사 이유는 부위정경(扶危定傾)으로 요약된다. 위기를 불러온 잘못을 바로잡고, 나라를 바로 세운다는 것이다.

지금 이 나라는 위기다. 나라의 기강과 법도가 무너지고 여기저기서 불의와 불공정이 판을 친다. 기득권층이 공고해지면서 권문세족을 형성하기 시작했다. 특히 여러 정권을 거치면서 각 정권을 창출했던 공신들은 알게 모르게 대한민국의 권문세가가 되었다. 혼맥, 학맥, 지맥 등 각종 인맥과 금력으로 자신들만의 펜트하우스까지 만들었다. 일부 기득권층은 심지어 부(富)의 세습은 물론 권력 세습까지 공공연히 획책하면서 대한민국이 급기야 신분사회로 전환되는 조짐마저 일고 있다. 성공이라는 결과물이 국민 개인의 노력으로 얻어지는 것이 아니라 그가 속한 가정이나 가문의 힘으로 주어지는 일이 비일비재한 것이 그 징표다. 가령 청년세대만 해도 보통 그들을 하나로 묶어 마치 청년이라는 집단이 같은 처지, 같은 상황에 있는 것처럼 일반화하지만 사실 그들의 운명은 그의 부모와 조부모의 권력이나 재력에 따라 너무도 다른 삶의 궤적을 그리게 된다.

위기를 타개하기 위해서는 잘못을 바로잡고 나라를 바로 세워야 한다. 재건축 수준의 대대적 리모델링이 필요하다. 재조산하(再造山河)의 자세로 권력과 금력의 독과점 구조를 깨야 한다. 더는 정치가 권력투쟁 수준에 머물러 있게 해서는 안 된다. 권력투쟁을 정책경쟁으로 바꾸는 정치개혁이 시급하다. 이를 위해 신진 정책 세력들이 대거 국회에 진입할 수 있도록 정치의 독과점 구조를 깨는 법과 제도의 개혁을 서둘러야 한다. 정치의 초점을 권력투쟁에서 국가경영으로, 정치 주체를 기득권 운동권 세력에서 신진 정책 세력으로 키우는 정당 및 선거제도 개혁도 필요하다.

다만, 명심할 일은 국가개혁은 나라를 새로운 질서로 재편하는 과정이기 때문에 단기간에 성과를 기대할 수 없다는 점이다. 막스 베버는 '정치란 단단한 널빤지를 강하게, 그리고 서서히 뚫는 작업'이라고 했다. 설령 개혁이 아무리 미래지향적인 비전을 담더라도, 사람들의 생각은 현재에 충격을 주는 모든 행위에 거부감을 느끼기 때문에 개혁에 방어적이다. 특히 기득권층은 그들이 누리던 특권을 지키기 위해 개혁에 매우 강하게 저항한다. 그러므로 개혁주도자들은 열정뿐 아니라 명확한 비전을 국민과 공유해야 하고 최고 권력자의 위세를 빌어 반대자를 강압적으로 억누르는 태도를 보여서는 안 된다. 먼저 설득을 통해 모든 주체가 개혁에 동참하도록 하는 것이 필요하고, 특히 불가역적 개혁을 위해서는 기존의 틀을 바꾸는 제도개혁을 병행하지 않으면 안 된다. 따라서 개혁에는 반드시 총체적인 전략과 지혜가 필요하다.

개혁이 실패하는 원인은 권력자가 개혁을 특정한 정치적 목적 달성의 수단으로 삼기 때문이다. 정치란, 근본적으로 대립과 갈등을 선포하는 것으로서, 합의보다는 갈등 요소를 강하게 지니는 분열 행위이기 때문에 지도자가 개혁을 자신의 정치적 목적 달성 수단으로 삼게 되면 반드시 나라와 국민은 분열된다. 그 때문에 공자는 노나라의 권력자인 계강자가 정치의 참뜻을 묻자 "정치는 올바르게 하는 것이다. 그대 자신부터 바르게 한다면, 누가 감히 바르지 않으랴"(政者正也 子帥以正 孰敢不正)라고 했다. 정치는 결국 개인의 이익이 아닌 전체의 이익을 위해 바르게 해야 정치의 속성인 분열을 막고 국리민복이라는 근원적 목적을 달성할 수 있다는 뜻이다. 특히 정치가 바르지 않으면 안 되는 이유는 국가는 총과 칼, 그리고 교도소를 가진 특혜 받은 유일한 집단, 즉 물리적 폭력의 사용을 독점하는 공동체인 까닭에 정치가 바르지 않으면 권력자가 권력 남용의 유혹에 빠져 권력을 자신의 정치적 목적 달성을 위한 폭력으로 이용해 국가와 국민을 피폐와 도탄에 빠뜨릴 수 있기 때문이다.

윤석열은 정치의 본령을 정확히 이해하고 법도와 기강이 무너져버린 이 나라를 구하는 데 신명을 다 바쳐야 한다. 그 방법은 오로지 국민을 믿고 국민을 바라보며 단단한 널빤지를 강하게, 그리고 서서히 뚫는 것이다.

2021.06.18.

139

인류 역사는 '자유 신장의 역사'

독일의 철학자 헤겔은 인간의 역사를 가리켜 '자유의 신장사'라고 했다. 인간은 더 많은 사람의 더 많은 자유를 위해 투쟁해 왔으며 그 결과 만인의 자유, 즉 소수의 기득권자만 누리는 자유가 아니라 모든 사람이 누리는 사회적 자유를 획득하게 되었다는 것이다.

독일의 철학자 헤겔은 인간의 역사를 가리켜 '자유의 신장사'라고 했다. 인간은 더 많은 사람의 더 많은 자유를 위해 투쟁해 왔으며 그 결과 만인의 자유, 즉 소수의 기득권자만 누리는 자유가 아니라 모든 사람이 누리는 사회적 자유를 획득하게 되었다는 것이다. 즉, 고대엔 오로지 왕, 하나만이 자유로웠고 중세엔 소수의 귀족만이 자유를 누렸지만, 근대엔 프랑스혁명으로 만인이 자유로울 수 있게 되었다는 것이 헤겔의 역사 인식이다. 그러나 헤겔에 따르더라도 서구 선진국과 달리 인류 전체로 볼 때는 아직도 권력과 부와 명예가 만인에게로 이동해서 모든 이에게 평등하게 분배되어야 한다는 명제는 실현되지 않았다. 따라서 정상적인 국가라면 당연히 국민의 자유 증진을 위한 노력을 게을리 하지 말아야 한다.

국가는 먼저 국민의 법률적 자유를 충실하게 보장해야 한다. 신체의 자유, 재산의 소유·처분의 자유, 언론·출판·결사의 자유, 거주·직업의 자유, 신앙과 양심의 자유 등 이른바 '국가로부터의 자유(freedom from state)'라는 소극적인 의미의 자유에 관한 한, 다른 사람에게 해를 끼치는 것을 막기 위한 목적을 제외하고는, 문명사회에서 시민의 자유를 침해하는 그 어떤 정치권력의 행사도 정당화될 수 없다. 따라서 대개 입법 과잉은 국민 자유의 과다 축소를 가져온다는 점에서 자유를 제한하는 입법은 필요 최소한에 그쳐야 한다.

국가는 또한 '국가에의 자유(freedom to state)'라 할 수 있는 적극적인 자유를 보장해야 한다. 대표적인 것이 정치적 자유다. 정치적 자유는 국민이 선거 및 피선거권을 갖고 자유롭게 국민투표에 참여하고 대표를 선출하여 정부를 구성할 권리를 의미한다. 이 같은 정치적 자유는 근대민주주의 국가에 있어서 가장 중요한 자유로서 개인적 또는 시민적 자유는 바로 이러한 적극적인 정치적 자유의 국민주권 행사가 제대로 행사되는 한에서 비로소 보장될 수 있다.

국가는 무엇보다 경제적·사회적 자유를 보장하고 증진하기 위해 노력해야 한다. 부익부 빈익빈(富益富貧益貧)의 경제적·사회적 상황이 심화하면 가난한 대중에게 보장된 자유는 다만 실업과 기아의 자유일 뿐이다. 이런 상황에서는 대중은 그들에게 법률적·정치적으로 보장된 자유조차 제대로 행사할 수가 없게 되고 결국 자유의 권리 위에서 잠자는 대중이 되어 버린다.

자유의 중요성은 아무리 강조해도 지나치지 않다. 사실 국민주권의 이념도 민주주의도 알고 보면 인류의 자유 확대를 위한 도구에 지나지 않는다. 아무리 주권이 국민에게 있다고, 국민이 나라의 주인이라고 외쳐 본들 집권 세력이 갖가지 이유를 들어 국민의 자유를 박탈하는 한 이미 국민은 이미 집권자들에게 주권을 빼앗긴 것이다. 특히 문재인 정권처럼 국가가 소위 '시장의 자유' 영역에 맡겨 놓아야 할 부분까지 일일이 개입하여 기회의 평등이 아닌 결과의 평등까지 인위적으로 만들려고 할 때 오히려 국민의 자유는 질식되고 현대 복지국가에서 가장 필요한 경제·사회적 자유는 실질적·현실적으로 존립할 수 없게 된다.

2021. 6. 29. 윤석열이 대권 도전을 선언하며 자유의 중요성을 역설했다. 인간은 본래 평등한 존재이므로 각 인간에게는 자유가 보장되어야 하고, 진정한 인간 자유의 실현은 삶의 존엄함에서 발현되는 것이므로, 이를 위한 경제적 기초와 교육의 기회가 보장되어야 한다는 것이다. 아래 윤석열 전 총장의 자유에 대한 인식은 매우 적확하다. 자유는 인간 존재의 본질이다.

"인간은 본래 모두 평등한 존재입니다. 그래서 누가 누구를 지배할 수 없고 모든 개인의 자유가 보장되어야 합니다. 그러나 자유민주국가에서는 나의 자유만 소중한 것이 아니라 다른 사람의 자유와 존엄한 삶 역시 마찬가지로 중요한 것입니다. 존엄한 삶에 필요한 경제적 기초와 교육의 기회가 없다면 자유는 공허한 것입니다. 승자 독식은 절대로 자유민주주의가 아닙니다. 자유를 지키기 위한 연대와 책임이 중요합니다. 그리고 이는 자유민주주의를 추구하는 국민의 권리입니다."

2021.07.02.

140

정치지도자가 반드시 본받아야 할 충무공 리더십

충무공 이순신의 존재감은 역사에 선명하다. 한글을 만든 세종대왕 외에는 사실 그와 비교 가능한 사람조차 없다. 『선조수정실록』은 "우리 군사와 중국 군사들이 순신의 죽음을 듣고 병영마다 통곡하였다. 그의 운구 행렬이 이르는 곳마다 백성들이 모두 제사를 지내고 수레를 붙잡고 울어 수레가 앞으로 나아갈 수가 없었다"고 기록하고 있다.

충무공 이순신의 존재감은 역사에 선명하다. 한글을 만든 세종대왕 외에는 사실 그와 비교 가능한 사람조차 없다. 세종이 왕이라는 특별한 위치에 있었던 점을 고려한다면 충무공은 한반도 역사상 가장 위대한 백성의 영웅이다. 『선조수정실록 』은 "우리 군사와 중국 군사들이 순신의 죽음을 듣고 병영마다 통곡하였다. 그의 운구 행렬이 이르는 곳마다 백성들이 모두 제사를 지내고 수레를 붙잡고 울어 수레가 앞으로 나아갈 수가 없었다"고 기록하고 있다. 사실 충무공은 강직한 성품 탓에 3번의 파직과 2번의 백의종군을 겪을 만큼 관직 생활이 순탄치 않았다. 그런 가운데서도 충무공은 세계전쟁사에 으뜸가는 업적을 이루었다. 무엇이 이를 가능하게 했을까? 무엇보다 충무공이 갖고 있었던 4

가지 특별한 리더십 때문이다.

첫째는 소통의 리더십이다. 충무공은 삼도수군통제사가 된 뒤 한산도의 통제영에 '운주당'이라는 건물을 지은 뒤 여러 장수와 의논하고, 지위가 낮은 군졸이라도 서슴지 않고 와서 말을 하도록 했다. 전투를 앞두고는 부하 장수들을 모두 불러서 계책을 묻고 전략을 세운 뒤 싸웠다. 그는 부하들과 수시로 전략 전술을 토론했는데, 가령 임진왜란 발발 한 달 전에는 유성룡이 보내준 『증손전수방략(增損戰守方略)』이란 책을 전달받고 부하 장수들과 밤새 연구한 결과 그 책이 매우 훌륭한 것으로 결론 내렸다고 『난중일기』에 기록하고 있다.

둘째는 유비무환의 리더십이다. 충무공은 전쟁을 앞두고는 항상 충분한 대비 태세를 갖추었다. 『난중일기』에서도 '요행과 만일이란 실로 병가(兵家)의 장구한 계책이 아니다'라고 언급했듯이 먼저 전쟁을 위해 무엇이 우리에게 유리하고 불리한지를 따져 상황을 파악한 뒤 전쟁을 철저히 대비했다. 충무공은 조선과 일본의 군사력 차이를 잘 이용했다. 가령 일본 군선은 작고 견고하지 못한 대신 속도가 빨랐지만, 조선의 군선은 크고 튼튼하지만 둔중하고 느린 것을 십분 이용하여 적선과 부딪히는 당파(撞破) 전술을 쓰는 동시에 돌격함 거북선을 제작해 조선 수군의 장점을 극대화하고 단점을 보완했다.

셋째는 관민 통합의 리더십이다. 충무공은 민군 통합전비 태세를 훌륭히 강구했다. 가령 전쟁으로 군량을 확보하기 어려워지자 백성들에게 소금 등 생필품을 제공해주고 반대급부로 식량을 얻었다. 『선조실록』에도 이순신이 육지에서 군수품을 공급하기 어려워지자 "일면의 바다와 포구를 부속시켜 주면 양식과 장비를 자급자족하겠다"라며 바닷물을 끓여 소금 구워 팔고, 곡식 수만 섬을 비축했다는 내용이 나온다. 또 한산도 군영에 생활 비품을 마련하고 백성이 이주해 살도록 하는가 하면 명량해전에서는 여러 섬에 흩어져 정박한 피난선 100여 척을 수군의 뒤에 벌려 세우도록 해 전선으로 위장하는 등 민간 전력을 전쟁에 십분 이용했다.

넷째는 원칙 고수의 리더십이다. 충무공은 '도성 밖의 일은 장수가 처결한다'라는 원칙을 고수했다. 그는 왕명을 받들어 전쟁터에 나가 있는 장수에게 조정이 구체적인 전술을 지시하는 것은 명백한 잘못이라는 것을 지적하고 목숨을 걸고 원칙을 지켜 전쟁을 승리로 이끌었다. 가령 1597년 일본군 장수 고니시 유키나가 측이 경상우도 병마절도사 김응서에게 가토 기요마사의 행적을 알려주자 선조는 배를 이끌고 가토 기요마사를 잡도록 했다. 그러나 이순신은 그 정보가 속임수라고 판단해 따르지 않았고 이 때문에 "왜장을 놓아주어 나라를 저버렸다"는 모함으로 파직을 당했다. 하지만 훗날 비슷한 상황이 재연됐을 때 이를 따른 원균이 칠천량 해전에서 조선 수군 대부분을 잃고 본인도 전사했다는 점을 고려하면 충무공의 원칙 고수 리더십이 얼마나 중요한 것이었는지를 알 수 있다.

바야흐로 대권가도가 시작되었다. 지도자의 리더십은 나라를 구하기도 하고 나라를 파멸로 몰아넣기도 한다. 역사상 잘못된 리더십으로 백성을 도탄에 빠뜨리고 나라를 피폐하게 한 예는 너무도 많다. 지금 대한민국 정치지도자들의 리더십은 심각한 위기다. 충무공의 리더십을 갖춘 정치지도자의 출현이 시급한 것도 이 때문이다. 필자는 대한민국 정치지도자들이 앞다투어 충무공의 리더십을 본받을 것을 기대한다.

2021.07.09.

141

재조산하(再造山河)의 꿈, 윤석열의 꿈

지금 대한민국은 재조(再造)가 필요하다. 대한민국이 이승만의 결단으로 자유국가가 되고 박정희의 용기와 지혜로 산업국가가 되고, 김영삼과 김대중의 노력으로 민주국가가 되었다면, 이제 윤석열은 재조산하를 통해 대한민국을 진정한 공화국가로 만들어야 할 사명이 있다.

재조산하(再造山河)는 임진왜란 당시 실의에 빠져있던 서애 류성룡에게 충무공 이순신이 적어준 글귀로 '나라를 다시 만든다'라는 뜻이다.

일설에는 명나라 사신이 선조에게 외교문서를 보내 "류성룡에게 국정을 맡기면 사직을 안정시키고 산하(山河)를 중흥(再造)시킬 것"이라고 한 데서 비롯된 말이라고 한다. 여기서 산하(山河)는 '나라'라는 뜻이고 재조(再造)는 '다시 만든다'라는 뜻이니 'nation rebuilding'의 의미가 된다.

이순신이 한산대첩에서 승리했을 때 류성룡이 선조에게 올린 상소문에는 '국가재조지운(國家再造之運)'이라는 말이 나오는데, 이 말은 '나라를 다시 만들 수 있는 운세'라는 뜻이다. 이때 류성룡의 생각대로 선조가 시기를 놓치지 않고 재조산하(再造山河)의 꿈을 꾸었더라면 조선의 운명은 아마도 크게 달라졌을 것이다. 그러나 선조는 그만한 인물이 못 되었으니 선조에게 있어 조선은 다시 세워야 할 나라가 아니라 명나라의 도움으로 이미 다시 세워진 나라였다. 그래서 선조실록에는 재조산하(再造山河)가 아닌 '재조지은(再造之恩)'으로 등장한다. 반민족적이고 과거지향적인 선조의 인식이 아쉬울 뿐이다.

이 때 선조가 재조산하의 기치를 제대로 높이 내걸었더라면 이후 조선은 강병부국으로 능히 탈바꿈했을 것이다. 나라는 창업보다 수성이 어렵다고 한다. 이를 적나라하게 보여준 예가 진(秦)나라다. 진은 중국 최초의 통일 국가(B.C.221~B.C. 207)일 뿐 아니라 차이나(China)라는 중국의 영문 이름은 진(Chin)에서 유래했을 정도로 그 위상을 뽐낸 나라다. 진은 목공 때 동쪽으로 진출하여 오패(五覇)의 하나가 되더니 전국시대에는 효공이 상앙을 등용하여 부국강병책을 실시하고 나중에는 진왕정(시황제)이 6국을 멸하고 B.C. 221년 통일을 달성하였다. 이후 시황제는 다섯 번이나 전국을 순회할 만큼 열정적으로 국사에 임해 강력한 중앙집권 국가를 만들었다.

그러나 진시황 사후 진나라는 수성에 실패하고 말았다. 최초의 통일 왕조 진의 창업은 강력한 군주와 이를 떠받치는 이사(李斯) 등 유능한 신하에 의해 가능했으나 지나치게 인적 관계에 의존하고 시스템을 구축하지 않았기 때문에 결국 진시황 사후 지록위마라는 유명한 고사를 남긴 2세 황제 호해와 환관 조고의 우매하고 탐욕적인 정치로 민란이 끊이지 않다가 진승오광의 난이 일어나면서 B.C. 207년 멸망하고 말았다.

반면 진을 이은 한나라는 유방이 오랫동안 항우와의 쟁패를 통해 어렵게 창업했으나 서한(西漢) 15대, 동한(東漢) 15대를 이으며 총 400여

년을 지속했다. 이는 창업뿐 아니라 재조산하에 성공했기 때문이다. 유방은 7년 동안 재직하면서 사직을 안정시키고자 공신들에게는 잔혹한 정치를 했으나 백성들을 위해서는 여러 가지 선정을 베풀었다. 유방의 넷째 아들이자 5대 황제인 문제나 7대 황제인 무제는 그때마다 중흥에 성공하였고 한 나라 시대 중국의 영토는 중앙아시아, 인도차이나, 한반도까지 뻗었으며, 유교와 도교를 중심으로 하는 중국 전통문화가 확립되었다. 진나라가 이룩한 제국 체제 역시 한나라에 의해 계승·발전되어 1911년에 이르기까지 수백 년을 지속했다. 유럽 문명의 원형이 로마에 의해 이루어졌다면, 중국 문명의 원형은 한나라에 의해 이루어졌다 할 수 있으니 중국 글자를 한자(漢字)로, 중국 민족을 한족(漢族)으로 부르는 것도 그 때문이다.

사실 미국 역시 건국 후 재조산하에 성공하며 초강대국의 위치를 유지하는 나라다. 초대 대통령 워싱턴은 3기 집권의 유혹을 물리치고 과감히 대통령직에서 내려옴으로써 나라가 13개국으로 나누어지고 왕정이 될 위기를 이겨냈고, 16대 대통령 링컨은 자칫 나라가 쪼개질 위기에서 인권과 공화정 그리고 민주주의에 대한 확고한 신념으로 국가통합과 국론통합을 일궈냈다.

지금 대한민국은 재조(再造)가 필요하다. 윤석열이 대통령이 되어야 하는 이유도 바로 이 재조산하의 필요성 때문이다. 대한민국이 이승만의 결단으로 자유국가가 되고 박정희의 용기와 지혜로 산업국가가 되고, 김영삼과 김대중의 노력으로 민주국가가 되었다면, 이제 윤석열은 재조산하를 통해 대한민국을 진정한 공화 국가로 만들어야 할 사명이 있다.

2021.08.06.

142

대장동 사건의 본질

대장동의 본질은 '약탈'이다. 국민의 삶의 터전인 집과 논밭을 강제로 수용해서 아파트를 짓고 고가에 분양해서 일부 개발업자들에게 천문학적인 이익을 안긴 강탈 행위다. 토지를 수용하는 경우 시가 보상의 원칙에 따라 정당한 보상이 주어져야 하는데도 대장동은 공영개발이라는 핑계로 충분한 보상을 하지 않았다. 그런데도 막상 아파트를 분양할 때는 상한제 적용으로 비싼 값을 받았다.

대장동의 본질은 '배신'이다. 배신자는 사업의 설계자다. 대장동은 공영개발이 아니라 공공이 참여한 민간개발로 최종 의사결정권자는 이재명 지사였다. 이 지사 자신도 "이 설계는 제가 한 것"이라고 했을 만큼 대장동 개발을 추진한 장본인은 이재명 당시 성남시장이다. 이재명 시장과 그 측근들은 공권력을 이용해 철저히 사익을 추구했다. 시민들을 위해서 일해야 할 선출직 공무원이 몇몇 개발업자의 이익에 복무한 것이다.

대장동 개발의 시행사인 '성남의 뜰'은 화천대유와 아주 이상한 계약을 했다. 통상 우선주 발행에 있어서 그 비율은 우선주보다 보통주가 높은 비율로 발행되지만 대장동 개발 사업에서는 우선주가 93%, 보통주가 7%인 기이한 형태로 주식이 발행됐다. 우선주에 확보된 이익외 나머지 이익을 보통주 7%를 들고 있는 화천대유 등 특정인이 받을 수 있도록 설계를 한 것이다. 이런 식의 주주 계약은 배임 행위다. 이는 결국 대장동 개발의 설계자이자 지휘자인 이재명이 성남시민을 배신했다는 말이 된다.

대장동의 본질은 '약탈'이다. 국민의 삶의 터전인 집과 논밭을 강제로 수용해서 아파트를 짓고 고가에 분양해서 일부 개발업자들에게 천문학적인 이익을 안긴 강탈 행위다. 토지를 수용하는 경우 시가 보상의 원칙에 따라 정당한 보상이 주어져야 하는데도 대장동은 공영개발이라는 핑계로 충분한 보상을 하지 않았다. 그런데도 막상 아파트를 분양할 때는 상한제 적용으로 비싼 값을 받았다. 땅은 반값에 강제수용하고, 분양은 상한제 적용으로 고가 분양해서 원주민들과 분양받은 국민을 약탈한 것이다. 입만 열면 기본 소득, 기본 주택 운운하면서 국민 위하는 척하던 이재명이 대놓고 시민의 재산을 약탈한 것이다.

대장동의 본질은 '돈 빼먹기'다. 대장동 사업에서는 성남시 주거복지 재원으로 활용돼야 할 개발이익이 특정인에게 집중되었다. 최근 3년간 25억 원을 투자한 성남도시개발공사는 1,830억 원의 배당 이익밖에 못 얻었지만, 3억 5,000만 원을 투자한 화천대유 등은 4,040억 원의 배당을 챙겼다. 시행사 성남의 뜰이 배당한 5,900여억 원의 70%가량이 지분율 10%에도 못 미치는 화천대유, 천화동인 등 특정 투자자에게 돌아갔다. 물론 특정 투자자 뒤에 정치인이 있을 것이다. 원희룡 국민의힘 후보는 제주지사를 해 본 경험상 "정치인과 부동산 개발업자가 만나 서로의 썩은 내를 맡는 시기를 거쳐 더러운 공동체가 탄생하고 수천억의 눈먼 돈이 그들에게 흘러 들어가는 일련의 과정이 모두 그려진다"라고 했다. 대장동의 본질은 정치인과 건설업자의 부패카르텔이다.

대장동의 본질은 '사법거래'다. 대장동 사건이 정말 추악한 것은 불법으로 얻은 전무후무한 개발이익을 지키기 위해 고위 법조인과 가족들이 부패 방패막이로 나섰다는 것이다. 권순일 전 대법관은 대법관직에서 물러난 지 불과 몇 개월 만에 화천대유에 고문으로 이름을 올리고 월 1500만 원을 받아 챙겼다. 그것도 모자라 화천대유에 임직원으로 이름을 올리고 급여도 챙겼다. 권순일은 이재명 선거법 위반 사건에서 이재명 살리기에 나섰던 인물이라는 점에서 사후수뢰죄의 의혹마저 일고 있다. 이 외에도 박영수 전 특검, 강찬우 전 검사장 등 고위직 출신 법조인들이 화천대유의 고문이나 자문으로 나섰는가 하면 전직 검사 출신 국회의원 곽상도와 박영수의 자녀들까지 화천대유에 빨대를 꽂았다.

대장동은 투기 세력의 돈을 받아먹는 데는 여야도 없고, 직역도 없다는 것을 여실히 보여준 사건이다. 공무원이라는 자들이, 법조인이라는 자들이 모두가 도적 떼임을 보여준 사건이다. 그야말로 '부패완판'이다. 윤석열 후보는 이미 정치 선언을 하면서 "정권교체를 이루지 못하면 개악과 파괴를 개혁이라 말하고, 독재와 전제를 민주주의라 말하는 선동가들과 부패한 이권 카르텔이 지금보다 더욱 판치는 나라가 돼 국민이 오랫동안 고통받을 것"이라고 했다.

윤석열의 진단은 옳다. 처방전도 윤석열이 갖고 있다. 특검도 도입해야 하고 국정조사도 해야 한다. 지금 이 거대한 부패의 뿌리를 완전히 뽑기 위해 가장 중요한 것은 윤석열을 대통령으로 뽑는 것이다.

2021. 10. 1

143

정치의 목적은 생민(生民), 정치의 방법은 소통(疏通)

맹자는 정치는 '이익을 좇는 행위'가 아니라 '덕을 추구하는 행위'가 되어야 한다고 봤다. 맹자는 '왕에게 필요한 것은 백성의 배고픔과 가난에 대해 공감할 수 있는 능력'이라면서, 모든 사람의 관심사는 욕망과 경쟁, 부와 권력뿐인데, 왕마저 생산 증대와 군대의 필승만을 원한다면 배고프고 가난한 사람들은 누가 살필 것인가라는 근본적인 문제를 제기했다.

"이익이 아니라 덕을 좇아야 한다." 기원전 4세기 중국 140여 개에 달했던 도시국가들이 7개 강대국으로 정리된 후에도 치열한 전쟁이 끊이지 않던 전국시대 각자의 이익을 좇아 반복되는 전쟁 속에서 자신의 가르침을 전하고 다닌 맹자는 "왕이 지녀야 할 것은 덕이고, 덕은 타인의 불행에 공감할 수 있는 마음"이라고 했다.

맹자는 정치는 '이익을 좇는 행위'가 아니라 '덕을 추구하는 행위'가 되어야 한다고 봤다. 맹자는 '왕에게 필요한 것은 백성의 배고픔과 가난에 대해 공감할 수 있는 능력'이라면서, 모든 사람의 관심사는 욕망과 경쟁, 부와 권력뿐인데, 왕마저 생산 증대와 군대의 필승만을 원한다면 배고프고 가난한 사람들은 누가 살필 것인가라는 근본적인 문제를 제기했다.

맹자(기원전 372~289년)는 공자(기원전 551~479년)가 세상을 떠난 지 100여 년 후에 태어났다. 당시는 힘만이 지배하는 혼탁한 세상이었다. 이때 맹자는 오히려 인간은 본성이 선하다는 성선설과 이를 바탕으로 인정(仁政)을 편다면 왕도정치(王道政治)를 구현할 수 있다는 정치사상을 설파했다. 맹자가 추구한 것은 문제가 해결된 유토피아가 아니라 사람이라면 누구나 바라는 가장 기본적인 일이 문제가 되지 않는 정치 공동체였다. 인간에게는 선한 본성이 있다고 믿고 당장 눈앞에 보이는 '힘'을 좇지 않고 장기적으로 세상을 구하는 '인정'에 호소한 것이다.

맹자는 왕도정치의 방법론으로, 먼저 형벌을 감면해주고, 세금을 경감해줘 백성들이 부모에게 효도하고, 윗사람이나 어른들을 공경하게 해야 한다고 했다. 맹자는 또한 사람이 먹고사는 데 불안하면 자신이 사는 곳을 원망하고 다른 곳으로 가면 상황이 나아질까 생각하게 되는 것이라며 백성들이 생활 터전을 떠나지 않고 먹고살 수 있도록 해주어야 한다는 점을 강조했다. 사람이 먹고사는 기본적인 일에 마음이 편해야, 다른 곳으로 떠나려는 마음을 먹지 않아야 인간의 인간다운 삶이 가능하다는 것이다.

사실 정치의 목적은 맹자가 살던 2300여 년 전이나 지금이나 다르지 않다. 정치의 방법 또한 그때나 지금이나 하등 다를 것이 없다. 측은지심(惻隱之心)을 갖고 배고픈 사람을 먹이고, 병든 사람을 치료하고 집 없는 사람에게는 살 곳을 주는 것이 정치다. 이 때문에 맹자는 "어떻게 내 나라를 이롭게 할 것인가"라는 왕의 물음에 "어째서 이익에 대해서만 말씀하십니까"라고 되물었다. 그것이 개인의 이익이든 국가의 이익이든 이익을 논하기 전에 덕에 대해 논해야 한다는 점을 강조한 것이다. 맹자가 진정 추구하고자 한 것은 '인간의 인간다운 삶'이었다. 그의 민귀군경(民貴軍經) 사상은 "인간은 훨씬 더 숭고하다. 인간은 훨씬 더 고귀하다"라는 인간 존중의 마음에서 출발한다. 맹자는 "백성이 귀중하고 사직은 그다음이며 임금은 대단치 않다"며 왕의 자질 중 가장 중요한 한 가지 조건은 백성을 귀중히 여기는 마음이니 무엇보다 백성을 굶을 걱정에서 벗어나게 해야 하고, 배가 고파 죄를 짓게 한 뒤에 백성을 처벌하는 일은 하지 말아야 한다고 역설했다.

작금 대한민국 대통령을 뽑는 일정이 한창이다. 그런데 실망스러운 일이 한둘이 아니다. 몇몇 후보들의 행보를 보면 국민을 위한 정치를 하겠다는 것인지, 권력을 차지해서 국민 세금으로 호의호식하며 자신과 일파의 이익을 취하겠다는 것인지 도무지 알기가 어렵다. 그들에게서는 국민에 대한 측은지심이 조금도 보이지 않는다. 정치의 도리는 온데간데없고 국민에 대한 예의도 찾아보기 어렵다. 오죽하면 대한민국 정치의 현주소가 과연 맹자가 살던 전국시대보다 나아진 것이 있을까 하는 의심마저 든다. 정치인들이여, 제발 기본으로 돌아가자. 정치는 목적은 생민(生民)이고 정치의 방법은 소통(疏通)이다. 정치인들은 이 점을 명심하고 제발 국민과 늘 소통하며, 국민이 굶지 않도록, 배고프지 않도록, 병마와 전염병으로 고통 받고 죽지 않도록, 집도 절도 없이 밖에서 숙식하지 않도록, 이리저리 유랑하지 않도록 국민의 삶을 보살피는 일에 최선을 다해주기를 바란다.

2021. 10. 22.

144

대통령 자질 중 99%는 리더십, 세종대왕에게 배워라

이상적인 정치리더십이란 어떤 것인가. 멀리 갈 것도 없이 우리 역사에서 찾을 수 있다. 바로 세종대왕이다. 그는 리더십의 결정체다. 그가 누구도 범접하기 어려운 정치적 업적을 일궈낼 수 있었던 것은 바로 그의 불가사의한 리더십 덕택이다.

대통령은 나라의 리더다. 이 때문에 대통령의 필수적 자질은 리더십이다. 리더십이 없는 사람이 대통령이 되면 본인은 물론 국민이 불행해진다. 안타깝게도 지금 대한민국 국민은 부패로, 경제침체로 고통 받으며 위대한 리더십을 가진 위대한 리더를 고대하고 있다. 그렇다면 이상적인 정치리더십이란 어떤 것인가. 멀리 갈 것도 없이 우리 역사에서 찾을 수 있다. 바로 세종대왕이다. 그는 리더십의 결정체다. 그가 누구도 범접하기 어려운 정치적 업적을 일궈낼 수 있었던 것은 바로 그의 불가사의한 리더십 덕택이다.

세종은 먼저 '실력의 리더십'을 보여주었다. 세종은 왕자 시절부터 책 읽는 데 열중했고 특히 어떤 책은 1000번을 정독했다고 한다. 건강을 걱정한 태종이 '독서금지령'을 내린 적도 있을 정도다. 세종은 왕이 되어서도 새벽 4시에 일어나 자정이 넘어 취침할 때까지 공부와 경연을 게을리하지 않았다. 역사와 경전 그리고 철학은 물론이고 현실적인 학문에도 관심을 쏟았다. 그 때문에 그는 음악, 과학, 무기 제조, 인쇄 등에 이르기까지 다방면에 걸쳐 보기 드문 성과를 낼 수 있었다.

세종은 '언행일치의 리더십'을 보여주었다. 언행을 겸손하게 함으로써 신하들의 반감을 사지 않았고 반대파의 목소리도 기꺼이 수용하는 태도로 정치적 적을 만들지 않았다. 제도와 정책을 시행함에서도 충분한 사전 준비와 예행연습을 통해 혹 발생할 수 있는 실수와 폐해를 줄이려 노력했다

세종은 '솔선수범의 리더십'을 보여주었다. 가뭄이 계속되어 수많은 백성이 초근목피로 연명하자 이를 자신의 부덕으로 여기고 신하들의 만류를 뿌리친 채, 경복궁 경회루 옆에 초가집을 짓고 무려 2년 4개월을 기거하며 백성의 아픔을 함께했다. 반찬 개수도 줄이고 잠도 줄이는 등 과도할 만큼 자기 행동을 통제했다. 정치적 쇼가 아닌 진심으로 백성을 위하는 마음이었고, 이 때문에 신하들은 물론 조선의 전 백성이 이런 세종의 애민 정신을 칭송해 마지않았다.

세종은 '용인의 리더십'을 보여주었다. 그는 황희 등 노련한 대신 세력과 집현전 출신의 젊은 인재들을 고루 등용, 신구의 조화와 힘의 균형을 꾀했다. 인재의 특성을 파악해 그들이 능력을 충분히 발휘할 수 있는 직책을 마련해 주었다. 가령 확고한 정치적 신념과 청렴성이 돋보인 황희에게는 인사, 행정 및 재정을, 감수성이 풍부하고 마음이 어진 맹사성에게는 교육과 문화를, 융통성이 뛰어나고 순발력이 강했던 윤회에게는 외교를, 강직한 김종서에게는 국방을 책임지게 했다.

세종은 '경청의 리더십'을 보여주었다. 세종은 항상 신하들에게 이렇게 말했다고 한다. "내가 무엇을 잘못하고 있는지 지적해 달라." "백성들이 어디가 아픈지 알려 달라." "그것을 해결할 방법을 함께 만들어 가자." 세종은 또한 백성들의 의견을 듣고자 노력했다. 토지 조세 제도의 확립 과정에서 소위 '공법'을 제정하려 할 때는 5개월 동안 전국의 17만여 가구를 대상으로 설문조사를 실시하기도 했다. 세종은 이렇듯 단순한 생각과 즉흥적인 발상에서 명령을 내리거나 정책을 시행하지 않았다. 토론과 경연을 통해 정책을 가다듬고 그것을 공론화해 많은 사람의 관점에서 심사숙고하게 하고 이를 바르게 시행하게 했다.

결국 세종의 리더십 키워드는 솔선수범과 소통이다. 그는 정책 하나를 집행하더라도 권위로 하지 않고 타협과 소통 그리고 솔선수범을 통해 정착시켰다. 그의 치세에서는 당대 모든 분야, 즉 농학, 문학, 사학, 언어학, 음악, 법학, 수학, 과학, 공학, 철학, 경제학, 회계학, 천문학, 물리학은 물론 군사적인 측면과 인권에서도 비약적 발전이 있었다. 이 때문에 조선은 사실상 세종대왕 집권 대에 다 만들어졌고, 이후 수백 년간 약간씩 보수만 하면서 흘러갔다는 말이 있을 정도다.

대통령이 되려는 자는 먼저 리더십부터 갖추어야 한다. 세종의 리더십을 벤치마킹하는 것이 물론 좋은 방법이 될 것이다. 물론 그와 같이 된다는 것은 쉽지 않겠지만 적어도 그와 같이 되려 노력은 할 수 있지 않겠는가?

2021. 10. 28.

145

정치 거목 윤석열

윤석열이 필자를 가장 매료시킨 지점은 그의 '원칙주의'다. 그는 그 원칙의 기초 위에 이상의 나래를 펼치려는 이상주의자다. 원칙주의자인 동시에 이상주의자는 반드시 법치주의 신봉자가 된다. 윤석열 또한 이 법칙에서 조금도 벗어나 있지 않다. 윤석열은 법치야말로 다른 모든 분야의 출발점이라고 본다.

필자는 윤석열이란 인간의 크기와 강직함을 보고 그에게 매료되었다. 특히 조국 법무장관 임명 과정에서 조국과 그 일가의 범죄 혐의가 노출되었을 때 그가 보인 법과 원칙에 따른 수사는 필자에게 감동을 주었다. 이후 추미애를 비롯한 문재인 정권 홍위병들의 전방위적인 공격이 계속될 때 이를 묵묵히 견디는 맷집 또한 필자를 매료시켰다.

그러나 윤석열이 필자를 가장 매료시킨 지점은 그의 '원칙주의'다. 그는 또 그 원칙의 기초 위에 이상의 나래를 펼치려는 이상주의자다. 원칙주의자인 동시에 이상주의자는 반드시 법치주의 신봉자가 된다. 윤석열 또한 이 법칙에서 조금도 벗어나 있지 않다. 윤석열은 법치야말로 다른 모든 분야의 출발점이라고 본다. 그것이 무엇이든 원칙과 상식을 따르면 얼마든지 좋은 결과가 도출된다고 믿는다. 이 때문에 원칙의 길을 묵묵히 걷는 그는 거창한 말을 늘어놓지 않는다. 국민을 현혹할만한 공약도 던지지 않는다. 당장 도움이 된다 해서 임기응변식 방책을 쓰는 것도 좋아하지 않는다. 법치를 강조하면서 원칙과 상식을 따르는 그가 거기서 벗어나는 행동을 할 수는 없는 것이기 때문이다.

윤석열의 '법치론'은 조선 시대 최고의 학자로 일컬어지며 송자(宋子)라는 칭호를 얻은 우암 송시열의 '질서론'을 닮았다. 송시열은 조선사회를 이상적인 정치이념인 유교적 질서가 지배하는 사회로 만들고자 했다. 왕이라고 해서, 왕족 일가라고 해서 특별히 예외로 취급되는 것이 아니라 왕마저도 왕가마저도 그 질서에 편입되어야 한다고 보았다. 예송논쟁은 사실 송시열의 '질서론'에서 파생된 하나의 현상이다. 왕가라고 해서 사회적 질서 체계에서 벗어날 수 없다는 것이다. 윤석열 또한 같은 태세를 견지한다. 그는 문재인 정권에 공을 세운 조국이라 해서 예외가 될 수 없다며 조국에 대한 수사를 멈추지 않았다. 이런 점에서 '조국 논쟁'에서의 윤석열은 '예송논쟁'에서의 송시열이다.

윤석열은 '사람에게 충성하지 않는다'라는 말을 한다. 이 말은 사람에게 충성하는 것이 아니라 법과 원칙을 따르겠다는 뜻이다. 오직 국가와 국민에 충성하겠다는 뜻이다. 이 말은 윤석열의 체화된 가치관의 표출이다. 윤석열은 헌법적 가치와 국가 운영시스템을 온전히 지키는 것이 민주주의를 지키는 길이라 믿는다. 윤석열이 그리는 사회는 단순한 형식적 법치 사회가 아니다. 윤석열은 인류 보편적 질서에 의해 구동되는 사회를 지향한다. 윤석열은 왕이나 대통령 등 사람에 의해 작동되는 사회가 아니라 미리 정립된 시스템에 의해 구동되는 사회를 추구한다. 윤석열의 위대함은 바로 이 지점에 있다. 정치를 오래 하지 않은 신인임에도 정치의 본령을 정확히 이해하고 있다는 점에서 그는 이미 정치 거목이다. 오랫동안 사람들의 발길이 닿지 않은 원시림 속에서 크게 자란 거목이다. 그는 또한 가공되지 않은 다이아몬드 원석이다. 그 안에는 빛나는 광채가 들어 있다. 그는 10차례 경선 토론에서 깊이와 넓이를 제대로 보여주었다. 그는 사실 인간에 대한 예의로, 정치 선배들에 대한 예의로 공연히 매를 맞았다. 얼마든지 주먹을 뻗어 카운터펀치를 날릴 수 있었음에도 펀치를 날리지 않았다. 이것은 윤석열이기에 가능한 일이다.

윤석열의 상대는 아직도 조국이다. 조국은 불공정과 몰상식의 대명사다. 그런데도 조국은 지금도 문재인 뒤에서 민주당에 영향력을 행사하고 있다. 문재인은 대장동 게이트로 이재명의 목덜미를 움켜쥐고 있고, 조국은 다시 문재인의 목덜미를 움켜쥐고 있는 형국이다. 반대로 이재명은 문재인의 아킬레스건을 쥐고 있다. 이렇게 해서 조국- 문재인 -이재명의 삼각 공동체가 윤석열의 상대가 되었다. 윤석열이 저 불의의 삼각동맹을 깨는 데는 우리 국민의 전폭적인 지지가 필요하다. 우리는 윤석열이라는 거목이 우리보다 훨씬 높은 위치에서 바라보는 안목을 믿고 윤석열이라는 원석이 그 안에 감추고 있는 아름다운 광채를 믿고 그에게 위민구국의 사명을 맡겨야 한다. 우리 정치사에 오랜만에 거목이 나타났다. 그의 정치가 기다려지는 이유다.

2021. 11. 4.

146

국민 불행 불러온 자화자찬 대통령

문재인 대통령은 실정엔 침묵하고, 성과는 자화자찬하고, 곤란한 문제엔 말장난으로 일관한다. 민생현장과 따로 가는 인식은 참담할 지경이다. 이념에 얽매여 독선과 오기의 국정 운영을 한 탓에 임기 내내 정책과 정치실패가 이어졌다. 그 폐해는 말로 다 하기 어렵다.

문재인 대통령은 실정엔 침묵하고, 성과는 자화자찬하고, 곤란한 문제엔 말장난으로 일관한다. 민생현장과 따로 가는 인식은 참담할 지경이다. 이념에 얽매여 독선과 오기의 국정 운영을 한 탓에 임기 내내 정책과 정치실패가 이어졌다. 그 폐해는 말로 다 하기 어렵다.

국가 빚은 산더미다. 문재인 정부는 재정 건전성 악화와 포퓰리즘 정책 등에 대한 전문가들의 우려와 경고에도 불구하고 한해도 빠짐없이 추경을 편성했다. 임기 내내 빚으로 선심성 복지·고용 예산을 증가시켰다. 그 결과 재정 건전성이 극도로 악화 됐다. 내년에 국가채무는 1천68조3천억 원으로 사상 처음 1천조 원을 넘어선다. 누적된 빚 부담은 고스란히 차기 정부와 국민 몫으로 남게 됐다.

부동산 문제는 참담하다. KB국민은행에 따르면 10월 서울 아파트

평균 매매가는 12억 1,639만 원으로 현 정부 출범 초기보다 두 배 급등했다. 부동산 가격이 두 배 가까이 뛰어 무주택자가 집을 가지기는 하늘의 별 따기가 됐다. 더 심각한 것은 같은 기간 서울 아파트 평균 전셋값이 4억 원대에서 6억 원대로 50% 이상 올랐다는 것이다.

국민은 갈가리 찢겼다. 문 정부는 그것이 무엇이든 '내 편은 옳고, 네 편은 그르다'라는 식의 '갈라치기'를 시도했다. 유주택자와 무주택자, 정규직과 비정규직, 노동자와 기업 등을 갈라치기 하더니 최근엔 종부세 대상 국민과 아닌 국민을 갈라치기도 한다. 종부세 대상자는 일부 부자들 얘기라는 식이다. 그러나 종합부동산세 대상자 102만 7000명에 평균 가구 수 2.3명을 곱하면 236만 명, 즉 총인구의 4.6% 정도가 종부세 영향권에 있는 셈이고 주택소유자 수 대비로는 6.4%에 이른다. 납부세액도 50% 급증했다. 그런데도 문재인 정부는 종부세는 일부 부자들의 문제일 뿐이라고 편을 가른다. 문 정부의 갈라치기 탓에 성별·지역별·계층별 분열과 대립이 이제 치유 불가능할 지경까지 이르렀다.

빈부격차는 확대되었다. 한국의 상대적 빈곤율은 16.7%로 경제협력개발기구(OECD) 37개국 중 4번째로 높은 수준이다. 우리 국민 6명 가운데 1명은 기준 중위소득의 50%에 미치지 못한다는 뜻이다. 최근 한국사회여론연구소(KSOI)가 발표한 여론조사에서 우리 국민 32.8%가 우리 사회에서 차별이 가장 심한 영역으로 빈부격차에 따른 차별을 꼽았다. 빈자를 위한다는 정부가 빈부격차를 더 확대한 것이다. 문재인 정부의 총체적 실패를 고스란히 보여주는 대목이다.

안보는 총체적 위기다. 북한은 문재인 정부 동안 내 35차례의 미사일을 발사했다. 박근혜 전 대통령 재임 기간의 26차례보다 많다. 북한은 최근에는 잠수함발사탄도미사일(SLBM) 발사 등 도발을 강행하고 있다. 그런데도 문재인 정부는 최근 '도발' 표현을 쓰지 말라고 위협하는 김정은 정권의 눈치를 보느라 북한의 탄도미사일 발사에 대해서도 도발이라는 말도 못 꺼내고 있다.

일자리는 대폭 사라졌다. '일자리 정부'란 구호가 무색하다. 친(親)노동·반(反)기업 정책이 일자리 참사를 불렀다. 소득 주도 성장 정책으로 최저임금 과속 인상과 주 52시간 근로제 등을 강행해 일자리 쇼크와 자영업자의 몰락을 초래했다. 재정정책으로 만들어낸 '공무원 늘리기'와 '단기 알바 급조' 등 즉흥적이고 기형적인 정책만 속출한 탓에 문재인 정부에서 공무원은 약 12만 명 늘어났다. 이전 두 정부에서 증가한 공무원의 2배를 넘는다. 현 정부에서 청년 체감 실업률은 25% 넘게 치솟았다. 4년간 약 100조 원을 일자리 예산으로 쓰고도 구직 포기자가 사상 최다에 이른다.

문재인 정부는 처참하게 실패했다. 그런데도 문재인 정부는 현실과 괴리된 발언만 계속하며 성찰과 반성을 모른다. 국민과의 대화한다면서 최대 국정 실패로 꼽히는 부동산 문제는 단 한 줄 언급에 그치고, 국민 분노를 사고 있는 대장동 게이트에 대해서는 언급조차 하지 않았다.

국민만 불쌍하다. 어쩌겠는가? 국민 불행을 불러오고도 이를 방관하는 대통령을 뽑았으니….

2021. 11. 26.

147

윤석열 팬덤의 기원

국민은 왜 윤석열에게 열광하는가. 어쩌면 다소 엉성해 보이고, 때로는 실수도 잦을 것 같은 아저씨에게 왜 그토록 많은 지지를 보내는가. 정치 입문 4개월 만에 제1야당 대선후보를 거머쥔 윤석열, 대선 지지율 1위를 굳힌 윤석열, 그에겐 도대체 어떤 매력이 있는 것인가.

국민은 왜 윤석열에게 열광하는가. 어쩌면 다소 엉성해 보이고, 때로는 실수도 잦을 것 같은 아저씨에게 왜 그토록 많은 지지를 보내는가. 정치 입문 4개월 만에 제1야당 대선후보를 거머쥔 윤석열, 대선 지지율 1위를 굳힌 윤석열, 윤석열에겐 도대체 어떤 매력이 있는 것인가.

윤석열의 얼굴에는 '평범'이 들어있다. 윤석열은 동네 아저씨의 얼굴을 하고 있다. 그가 잠바를 하나 걸치고 모자를 쓰고 토리와 함께 산책이라도 나서면 그가 검찰총장을 지낸 강골 검사라고 생각할 사람은 아무도 없을 것이다. 어쩌면 너무나 편해서 그 누구라도 그 아저씨에게 다가가 아주 쉽게 아무런 말이라도 걸 것이다. 그는 친근하다. 이 때문에 그는 검찰 내에서도 '석열이형'으로 통했다. 수사팀을 이끌면서도 큰 틀에서 방향을 제시한 뒤 세부적인 부분에선 하급자의 얘기를 존중해

주는 스타일이었다. 때론 잘못을 호되게 질책하지만, 따로 불러 위로를 해주는 형 같은 사람이었다고 한다. 그는 검찰총장 재직 시 자신의 '직무 정지' 여부를 결정하는 검사징계위원회가 열린 날에도 충암고 동기의 장례식장에 들렀을 만큼 인연도 소중히 한다. 그가 정치 입문 후 전·현직 의원 60여 명이 포함된 200여 명의 매머드급 대선캠프를 단기간에 꾸릴 수 있었던 것도 바로 그의 이런 소탈하고 인간적인 매력 때문이라는 것이다.

윤석열의 얼굴에는 '정직'이 들어있다. 그의 얼굴에서는 링컨이 느껴지기도 하고 전체적으로 불굴의 의지를 갖고 2차 대전을 승리로 이끈 철의 재상 윈스턴 처칠을 떠올리게도 한다. 그는 이상이 높으며 용기가 있는 사람이다. 그의 다문 입에서는 '결기'가 읽힌다. 그는 검사 생활하면서도 권력과 타협하지 않았고 권력에 아부하지도 않았다. 그는 2003년 참여정부 초기에는 안희정과 강금원을 구속했다. 2006년 대검 중수부 검찰연구관 시절에는 현대차 비자금 사건을 맡았는데, 당시 정상명 검찰총장에게 정몽구 회장을 구속해야 한다고 주장하며 동시에 사직서를 내밀었다고 한다. 그가 2013년에는 국정원 여론조작 사건 특수부팀장으로 임명되었다가 좌천되었던 것도 권력에 아부하지 않고 타협하지 않았기 때문이다. 그는 대선에 뛰어든 뒤에도 표를 얻기 위해 아첨하고, 표를 얻기 위해 얼굴을 바꾸거나 하지 않는다. 이것은 사실 오바마와 그 참모들이 재선 선거운동을 하면서 읽었다는 로마시대 선거지침서 퀸투스 툴리우스 키케로의 『선거에서 이기는 법』의 내용에 정면으로 배치되는 행보다. 키케로는 선거에서 이기려면 '거절 대신 적절한 거짓말을 해라', '애매한 일반론을 고수해 적을 만들지 말라', '모든 사람의 어떤 부탁이든 들어주겠다고 약속하라'라고 충고한다. 그러나 윤석열은 거짓말로 국민을 속이지 않는다. 국민을 속여서 대통령이 되고 싶은 생각은 없기 때문이다. 그는 정직함을 무기로 대통령직에 오른 에이브러햄 링컨의 길을 걸을 것이다. 그는 정직이 최선의 방책이라고 믿고 그 길을 포기하지 않을 것이다.

윤석열의 얼굴에는 '배려'가 들어있다. 그는 음식을 만들어 식구들을 먹이는 것을 좋아한다. 또 손님을 집으로 초대할 때도 음식을 만들어 대접하기를 좋아한다. 그는 기르는 고양이와 개에게도 직접 밥을 만들어 먹인다. 그는 요리를 매우 잘한다고 한다. 음식의 조리법과 재료의 유래를 줄줄 꿰고 있고, 김치찌개와 대구식 소고기뭇국을 가장 좋아한다고 한다. 실제로 그가 집사부일체에서 보여준 김치찌개와 계란말이 요리는 30년 주부의 요리 자존심을 무참하게 꺾어 놓았다는 후문이다. 검찰 선배인 정점식 국민의힘 의원은 "윤 후보는 상대방의 말에 공감 잘하고, 내면이 부드럽고 감성적인 사람"이라고 평가했다

무엇보다 윤석열의 얼굴에는 '신뢰'가 들어 있다. 때문에 국민은 그가 하는 말을 믿고, 그가 가는 길이 옳다고 믿는다. 국민은 즉흥적이거나 대중영합적인 정책을 펴는 대신 예측 가능한 정책을 지향하는 윤석열의 정치를 신뢰한다. 윤석열이 국민의 신뢰라는 엄청난 정치적 자산을 획득한 것이다. 윤석열 팬덤의 기원은 '윤석열의 얼굴'이다.

2021. 12. 2.

148

윤석열 정치의 의미

윤석열의 당선은 대한민국 정치의 주류가 바뀌는 걸 의미한다. 운동권 세력이 좌지우지해 오던 한국 정치의 담당자가 바뀐다는 것을 의미한다. 그동안 한국 정치가 3류에 머문 이유는 정치가들이 아마추어였기 때문이다. 프로의식이 없었기 때문이다. 이제 대한민국 정치에 새바람이 불기 시작했다.

윤석열은 우리 역사상 보기 드문 정치인이다. 대개 정치인은 다른 정치인의 추천이나 천거 또는 자천을 통해 정치인의 길로 들어서지만, 윤석열은 국민의 부름을 받아 정치권에 나왔다. 국민은 이 나라의 공정과 상식이 무너지는 것을 보며 윤석열에게 급하게 SOS를 쳤고 윤석열은 이에 화답했다. 그는 정권이 권력을 이용해 국민의 등을 치고 약탈하는 것을 차마 그냥 두고만 볼 수 없어 대선에 뛰어들었다. 문재인 정권의 무능과 무도함에 지친 국민을 그냥 외면만 하고 있을 수 없어 국민의 부름에 응했다. 윤석열은 대선에 출마하는 것으로 정치를 시작했다.

정치는 그가 전에 생각하지 않았던 길이다. 그는 정치인이 누리는 호사를 위해 정치를 시작한 것이 아니다. 그저 근사한 명함이 필요해서, 생계 수단으로 정치를 하는 것도 아니다. 소위 입신양명을 위해 정치를 시작한 것도 아니다. 그에게 역사에 이름을 남기겠다는 공명심이 넘치는 것도 아니다. 그는 소위 '정치를 위한 정치'를 하는 것이 아니다. 그가 정치를 시작한 것은 오로지 국민의 부름을 외면할 수 없었다는 것이다. 한 줌도 안 되는 운동권 정치세력에 의해 이 나라 대한민국이 파멸의 구렁텅이로 빠져드는 것을 그대로 두고 볼 수 없었다는 것이다. 더는 이 나라가 갈기갈기 찢기고 국제사회의 외톨이가 되는 것을 지켜보고 있을 수만은 없었다는 것이다.

윤석열은 그 동기뿐 아니라 정치적 자질에서도 출중함을 보여주고 있다. 그는 자신에게 주어진 사명을 잘 알고 있다. 그는 대의를 위해 자신의 명예나 권위쯤 아무렇지 않게 버릴 줄도 안다. 무엇보다 그는 정치경력이 짧음에도 정치의 본령과 본질을 정확히 꿰뚫고 있다. 정치는 근본적으로 '사람'이 아닌 '사람들'이 하는 것임을 알고 있다. 정치는 '뺄셈'이 아닌 '덧셈'의 함수라는 것도 알고 있다. 그는 자신의 것을 먼저 내주는 것이 정치임을 알고 있다. 그는 정치는 '선악'과 '시비'를 가리는 것이 아니라 '우열'을 가리는 것임도 알고 있다. 윤석열은 그 어떤 이와도 국민을 위한 선의의 우열 경쟁을 할 준비가 되어 있다. 이것이 그가 끝까지 안철수를 놓지 않고 그 손을 잡은 이유다. 사실 이번 윤석열과 안철수의 단일화를 두고는 득표에 크게 도움이 안 된다는 일각의 시각도 있다. 그러나 윤석열은 정권교체에 대한 0.1%의 국민 우려마저 불식시키고자 했다. 그것이 정권교체를 바라는 국민에 대한 예의라고 생각했다. 그는 처음부터 끝까지 안철수를 정치적 동지로 생각했다. 99가지 생각이 달라도 정권교체라는 목표만 같다면 정치적 동지가 될 수 있다고 보았다. 이 때문에 안철수가 그를 공격할 때도 대응을 삼가고 인내했다. 그는 인내와 결단의 승부사다. 사실 그가 국민의힘에 전격 입

당하여 후보직을 차지한 것도 결단과 인내의 승리다. 혹자들은 이준석의 몽니 등을 거론하며 윤석열이 국민의힘에 입당하지 않고 제3지대에서 독자 창당을 했다면 보다 쉬운 길을 갔을 것이라고들 한다. 그러나 윤석열은 자신의 선택이 옳다는 것을 보여주었다. 윤석열은 정면승부를 택했고 결국 승리했다.

윤석열의 당선은 대한민국 정치의 주류가 바뀌는 걸 의미한다. 운동권 세력이 좌지우지해 오던 한국 정치의 담당자가 바뀐나는 것을 의미한다. 그동안 한국 정치가 3류에 머문 이유는 정치가들이 아마추어였기 때문이다. 프로의식이 없었기 때문이다. 이제 대한민국 정치에 새바람이 불기 시작했다. 대한민국 정치를 주름잡던 기득권 패권 세력을 일소하고 각자의 위치에서 열심히 일하던 사람들이 정치의 주역으로 나설 수 있게 되었다. 윤석열은 정치권에 빚이 없다. 이 때문에 그는 자신이 등용하고 싶은 인재들을 마음껏 등용할 수 있다. 그가 여러 차례 공언한 것처럼 그는 관료조직은 물론 민간의 인재들을 등용할 것이다. 이제 윤석열의 정치는 청와대가 옥상옥이 되어 시시콜콜 일일이 지시하고 간섭하는 식이 아니라 정부와 민간의 각 전문가가 서로 얼굴을 맞대고 치열하게 고민하는 방식이 될 것이다. 이를 위해 윤석열은 천하의 인재를 두루 모을 것이다. 능력 있는 사람은 그 누구든 등용될 것이다. 윤석열 시대가 시작되었다. 대한민국에 새 정치가 시작되었다.

2022. 3. 4.

149

윤석열 시대, 그 이름의 의미

민(民)이 윤석열에 거는 기대는 26년간 공정과 정의를 위해 어떠한 권력에도 굴하지 않았던 그 모습 그대로 정치를 해달라는 것이다. 촛불로 집권했다고 하는 자들의 '내로남불' 정치가 아닌 불편부당한 정치를 해달라는 것이다. 큰 소리로 부르짖지 않아도, 특별한 대책을 세우지 않아도 일상에서 정의의 숨결을 느낄 수 있는 사회를 만들어 달라는 것이다.

윤석열은 대한민국 역사상, 아니 한반도에 명멸한 모든 나라를 통틀어 민(民)이 그 손으로 직접 세운 최초의 정치지도자다. 그는 엄밀히 말해 어떤 특정인이 세운 것도, 어떤 특정 정당이 세운 것도 아니다. 그는 국민이 불러내 정치의 자리에 세우고 대통령의 자리로 밀어 올렸다. 그런 의미에서 그는 진정한 의미에서 '민의 대통령'이다.

그렇다면 민들은 왜 검찰총장이라는 지극히 비정치적인 자리에 있던 그를 불러내 굳이 정계로 입문시켰을까. 횃불을 높이 밝히고 정치초보자 윤석열을 불러냈을까. 그가 아니면 안 되는 일을 맡기기 위함이다. 주권자인 민들은 나라에 위기가 오고 있음을, 이대로는 이 나라가 얼마 가지 못할 것임을 알았다. 민들은 본능적 후각을 통해 나라 한구석이 썩는 냄새를 맡았다. 민들은 본능적 청각을 통해 나라를 떠받치는 주춧돌에 금이 가고 기둥이 갈라지는 소리를 들었다. 여기서 민들은 아주 중요한 결정을 했다. 집권자 문재인 일파에게 더는 권력을 맡길 수 없다는 결정이었다. 그렇다고 야당 '국민의힘'에도 권력을 맡길 수 없다는 결정이었다. 여기서 민이 선택한 대안이 바로 '대통령 윤석열'이다.

그렇다면 도대체 민들은 무얼 믿고 정치 초보에게 나라의 운명을 맡기기로 한 것일까. 윤석열은 민을 배신하고 국민을 약탈한 자들을 응징한 인물이다. 민은 대통령이란 자가, 장관이라는 자가, 민에 의해 일시 공직을 맡은 머슴에 불과한 자가 주인인 민을 배신하고, 끼리끼리 벼슬자리를 나누고, 이권을 나누고, 그것도 모자라 그런 자들을 나무라는 민을 공공연히 무시하는 것을 보면서 이 나라에 가장 시급한 문제는 법치를 바로 세우고 공정과 상식을 바로 세우는 것임을 알았다. 그리고 살아있는 본보기 '윤석열'을 발견했다. 그렇게 윤석열은 민에 의해 발탁되었다.

민이 윤석열에 거는 기대는 26년간 공정과 정의를 위해 어떠한 권력에도 굴하지 않았던 그 모습 그대로 정치를 해달라는 것이다. 촛불로 집권했다고 하는 자들의 '내로남불' 정치가 아닌 불편부당한 정치를 해달라는 것이다. 큰 소리로 부르짖지 않아도, 특별한 대책을 세우지 않아도 일상에서 정의의 숨결을 느낄 수 있는 사회를 만들어 달라는 것이다. 나라의 공정과 상식을 바로 세우고 민을 편 가르지 말고 통합의 정치를 하라는 것이다. 정권의 정치적 유불리가 아닌 민의 이익과 국가의 이익을 국정의 기준으로 삼으라는 것이다. 자유민주주의와 시장경제라는 헌법적 가치를 바로 세워 통합과 번영의 시대를 열라는 것이다.

그리고 윤석열은 민의 요청에 화답하고 있다. 윤석열은 정치를 시작한 이후 여러 어려움도 있었지만 그럴 때마다 국민이 자신을 불러낸 이유를 생각하고 오직 국민만 믿고, 오직 국민의 뜻을 따르는 길을 걷고 있다. 그리고 그는 거창하게 정의를 내세우지 않아도, 정의가 무엇인지 고민하지 않아도 일상에서 정의를 느낄 수 있는 사회를 만들겠다고 약속한다. 국민 개개인에게 공정한 기회가 보장되고 자율과 창의를 마음껏 발휘할 수 있는 역동적인 나라, 노동의 가치가 존중받고 민간 중심의 경제로 중산층을 더욱 두껍게 하는 나라를 세우겠다고 약속한다. 민주주의를 위협하는 부정부패는 네 편 내 편 가릴 것 없이 민의 편에서 엄단하고 누구에게나 공정하게 적용되는 법치의 원칙을 확고하게 지킬 것을, 한미동맹을 재건하고 자유민주주의, 시장경제, 인권의 핵심 가치를 공유하면서 포괄적 전략동맹을 강화해 나갈 것을 약속한다. 의회와 소통하고 야당과 협치할 것을, 국정 현안을 놓고 국민과 진솔하게 소통하고 참모 뒤에 숨지 않고 정부의 잘못은 솔직히 고백할 것을 약속한다. 현실적인 어려움은 솔직하게 털어놓고 시대를 관통하는 공정과 상식의 자유민주주의 정신과 더 자유롭고 더 공정한 대한민국, 국민을 속이지 않는 정직한 정부, 국민 앞에 정직한 대통령 될 것을 약속한다.

이제 한반도에 일대 사건이 발생한다. 민에 의해 옹립된 최초의 지도자, 그리고 역사에 그 이름 길이 빛날 지도자의 새 역사가 시작된다. 그 이름하여 '민의 대통령 윤석열 시대'다.

2022. 3. 11.

150

헌법과 운동화

정치는 비린내 나는 삶의 현장에 관한 것이요, 굵은 땀과 흐르는 눈물에 관한 것이다. 따라서 정치인은 언제든 현장을 멀리해서는 안 된다. 정치인이 구중궁궐에 들어박히는 순간 그는 이미 정치를 포기한 것이다. 정치인의 역할은 그 권한의 크기에 따라 다르지 않다. 정치인은 그 누구든 현장에서 답을 찾아야 한다.

정치는 공동체의 이익을 구현하기 위한 기술이요, 인간의 현실과 이상 사이를 조율하는 차원 높은 예술이다. 정치는 본디 공동체를 지키고 공동체 내의 갈등을 조정하는 방법에 관한 것이다. 본질적으로 공동체가 유지되기 위해서는 공동생활에서 일어나는 필연적인 대립·분쟁이 조정되고 통일적인 질서가 유지되어야 한다. 그런데 공동생활의 틀 속에서 단순히 개개인의 도덕이나 자율적인 규범만으로 질서를 유지하는 것은 사실상 불가능하다. 정치는 바로 이때 국가권력이라는 강제력을 배경으로 법과 그 밖의 방법을 동원하여 질서를 유지한다.

정치가 이렇듯 숙명적으로 '갈등의 불'의 한복판에서 벌이는 인간 구조작업인 까닭에 정치인은 기본적으로 비상한 태세를 요구받는다. 특히 공동체 내 최고 권력의 담지자는 그 권력에서 나오는 본질적 의무를 부담한다. 그 의무는 개인적이거나 도덕적인 것이 아니라 사회적이거나 강제적이다. 권력자가 그 의무를 이행하지 않을 때 그것은 단순히 비도덕이나 무책임의 문제가 아니라 반사회적이거나 위법이라는 문제를 발생시킨다.

최고 권력자가 생래적으로 지는 어려운 의무는 내부의 적들로부터 질서를 유지하는 문제다. 즉 법치의 영역이다. 민주공화국에서 국민통합은 인치로 달성되는 문제가 아니다. 최고지도자가 정치에 성공하느냐 여부는 바로 이 법치의 구현 여부에 달려 있다. 국민통합의 달성 방법은 바로 한 치의 오차 없는 법치의 구현이다. 이 때문에 법치는 안보나 외교보다 훨씬 어려운 영역이다. 최고지도자가 국민통합이니 화합이니 하는 말로 법치를 포기하거나 후퇴시키면 공동체의 질서유지라는 임무를 회피하는 꼴이 된다. 국민통합과 화합의 첩경은 법치를 바로 세우는 것이다. 좋은 사람이 되고 싶다는 호인욕(好人慾)이나 결단 부족에서 유래하는 인정론(人情論)에 휘말려 법의 엄정한 집행이라는 사회계약을 포기할 때 그 자체로 국민통합은 요원해진다. 상자에 든 썩은 사과를 골라내지 않으면 상자에 든 사과가 전부 썩어버린다. 썩은 사과를 골라내야 한다는 당위는 그 사과가 다른 사과보다 큰 것이라는, 또 그 사과가 더 맛있는 사과라는 존재에 의해 달라지지 않는다.

칸트는 "내일 지구가 멸망한다고 하더라도 오늘 사형수를 남김없이 처단해야 한다"라고 말했거니와 이 말이 전하는 포인트는 법치 구현은 그렇게 쉽게 달성되지 않는다는 사실이다. 내일 지구가 망하는 데 굳이 사형수를 처형할 필요가 무엇이 있겠는가, 어차피 내일이 되면 지구상 모든 사람이 죽을 것이고 그 사형수 역시 내일이면 죽을 것인데 굳이 뭐 그렇게 요란스럽게 사형수를 처형하는 수고를 할 필요가 있겠는가.

그러나 여기에 바로 핵심이 있다. 법치는 말처럼 쉬운 것이 아니다. 법치가 바로 서기 위해서는 먼저 권력자가 인치의 유혹에서 벗어나야 한다. 법치가 바로 서기 위해서는 시스템을 갖추고 법 집행에서의 이탈의 여지를 없애야 한다,

최고지도자의 성공 여부를 가름하는 또 하나는 현장성의 구현 여부다. 정치는 비린내 나는 삶의 현장에 관한 것이요, 굵은 땀과 흐르는 눈물에 관한 것이다. 따라서 정치인은 언제든 현장을 멀리해서는 안 된다. 정치인이 구중궁궐에 들어박히는 순간 그는 이미 정치를 포기한 것이다. 정치인의 역할은 그 권한의 크기에 따라 다르지 않다. 정치인은 그 누구든 현장에서 답을 찾아야 한다. 현장에서 답을 찾지 못하는 정치인이라면 그는 이미 실패한 것이다. 율곡은 정치의 본령을 현실에 대한 정확한 진단과 그 진단을 바탕으로 한 대안 제시 및 실천에서 찾았다. 정치의 장은 바로 현장이다. 성공한 대통령이 될 수 있느냐 하는 것 역시 법치와 현장성의 준수와 유지에 있다. 나를 통제하는 위 사람이 없을 때 정치인은 내 맘대로 하고 싶다는 유혹에 빠진다. 바로 이때 최고지도자가 들여다봐야 할 것이 헌법이다. 나를 통제하는 사람이 없어 방종으로 흐를 때 운동화를 찾아 신고 달려가야 할 곳이 현장이다. 윤석열 대통령은 부디 앞으로 헌법과 운동화를 가까이하기를 바란다. 이것이 성공한 대통령이 되는 지름길이다.

2022. 3. 17.